本书由靖之霖（北京）律师事务所李崇杰主任资助出版

中国政法大学国家法律援助研究院
2021年第1辑（总第1辑）

刑事法学研究

靳村题

吴宏耀　主编
孙道萃　执行主编

中国政法大学出版社
2021・北京

图书在版编目（CIP）数据

刑事法学研究. 2021 年. 第 1 辑/吴宏耀主编. —北京：中国政法大学出版社, 2021. 5
ISBN 978-7-5620-9732-7

Ⅰ. ①刑…　Ⅱ. ①吴…　Ⅲ. ①刑法—法学—中国—文集　Ⅳ. ①D924. 01-53

中国版本图书馆CIP数据核字(2021)第115615号

书　名　刑事法学研究（2021 年第 1 辑）
XINGSHI FAXUE YANJIU.2021.1
出版者　中国政法大学出版社
地　址　北京市海淀区西土城路 25 号
邮　箱　fadapress@163.com
网　址　http://www.cuplpress.com (网络实名：中国政法大学出版社)
电　话　010-58908466(第七编辑部) 010-58908334(邮购部)
承　印　固安华明印业有限公司
开　本　720mm × 960mm　1/16
印　张　24.75
字　数　418 千字
版　次　2021 年 5 月第 1 版
印　次　2021 年 5 月第 1 次印刷
定　价　98.00 元

《刑事法学研究》
编委会

《刑事法学研究》
首届编辑部成员

前　言

迈向新时代的中国刑事法学研究

党的十八大，特别是十九届三中全会、四中全会以来，党和国家对刑事司法改革作出了一系列重大战略部署，我国刑事司法的全面深入改革正加速步入深水区，中国特色的刑事法治建设迎来前所未有的历史契机与重大机遇。这不仅持续地生产出一系列扎根刑事法治建设的前沿问题，也为中国刑事法学研究提供了源源不断的素材与对象，必将成为全面推进依法治国中的一道亮丽风景线。中国政法大学国家法律援助研究院自成立以来，始终以充分发挥国家型智库的时代使命作为根本立足点与进步动力，同时也积极参与国家刑事司法改革活动，先后以专报、咨询意见等方式建言献策，竭力贡献学术能量。

在新时代背景下，我国法学研究范式正在经历着一场历史性的深刻转变：从唯“西方法学”马首是瞻转向中国问题，日渐重视中国刑事法治的本体性、自主性的研究。2017 年，习近平总书记视察中国政法大学时特别指出，“我们有我们的历史文化，有我们的体制机制，有我们的国情，我们的国家治理有其他国家不可比拟的特殊性和复杂性，也有我们自己长期积累的经验和优势，在法学学科体系建设上要有底气、有自信。要以我为主、兼收并蓄、突出特色，深入研究和解决好为谁教、教什么、教给谁、怎样教的问题，努力以中国智慧、中国实践为世界法治文明建设作出贡献。对世界上的优秀法治文明成果，要积极吸收借鉴，也要加以甄别，有选择地吸收和转化，不能囫囵吞枣、照搬照抄”。习近平总书记的上述论述为新时代中国刑事法学研究指明了前进的方向。正在积极走向世界的中国刑事法学，既要放眼人类命运共同体共同关注的共性问题，又要立足中国的现实国情和需要。因此，本书积极倡导“中国问题、世界眼光”的学术风向，以期为我国法学研究范式进阶略尽绵薄之力。

有鉴于此，中国政法大学国家法律援助研究院依托中国政法大学刑事法学科在全国学术研究中的优势地位，拟牵头创立《刑事法学研究》。《刑事法学研究》秉持学术至上的诚恳态度，求真务实，研究实实在在的“中国问题”，不唯学术 GDP。拟每年出版 1 辑，尊崇质量上乘，宁缺毋滥，以期为全国刑事法学者、刑事法业务专家搭建一个学术交流的自由平台，推动一种以解决中国刑事法问题、服务中国刑事法实践为导向的刑事法学研究范式的渐次转型。

在各届学仁的支持下，经历了为期半年的组稿工作，《刑事法学研究》(2021 年第 1 辑）终于将正式面世。作为法学学术交流队伍的新成员，我们既心怀忐忑，亦不乏雄心。之所以感到忐忑，是因为当下的法学学术市场上业已琳琅满目，任何一种学术增量的尝试都带有不小的风险与挑战，而《刑事法学研究》会不会湮没于一众法学出版物之中，令人颇为担忧。然而，正如我们在创建时立下的“豪言壮语”，仍然希望本书为当下迈向新时代的中国刑事法学研究带来一些本体性、自主性的研究成果，以飨读者。基于这样的初心，《刑事法学研究》的基本宗旨是，立足中国刑事法治的理论关切，遵循社会主义法律体系的基本原理，以关注、解决中国刑事法问题为研究导向，积极整合刑事法学的一体化研究景象，打通理论与实践之间的交互通道，切实提升中国刑事法学理论体系的发展与发达，最终致力于为中国刑事法学走向世界发声发光。

当然，我们深知，这一愿景的实现并非一蹴而就的，需要锲而不舍地耕耘与建设，逐渐积累学术力量。《刑事法学研究》(2021 年第 1 辑）的出版，正是迈向这一长期愿景的第一步。本辑共设置了八个专题，收录了二十二篇刑事法学文献。总体上，本辑具有以下特点：一是，在学科层面，较为充分地契合了刑事法学一体化的研究方向，既包括刑事实体法、程序法、犯罪学等传统部门研究，与此同时，以刑事一体化为视野，重点探讨了轻罪治理现代化等综合刑事法学的前沿领域。二是，在议题层面，高度关注中国问题，透析本土法治需求，使法学研究有的放矢，更好地服务于公共议题的深入探讨。例如，针对 2020 年备受关注的鲍某某性侵养女案、韩国素媛案、N 号房事件等舆论焦点，特设“案例聚焦·性侵未成年人的法律保护”专题；再如，以张玉环案平反为契机，进一步反思冤假错案的预防与纠正，如此等等。三是，进一步沟通理论与实践，既将理论研究与司法实践的迫切需要紧密结合，同时能够针对司法实践的实证调研进行理论升华。为此，本辑重点关注了司法体制改革、认罪认罚从宽制度改革等重大体制、制度发展，在理论层面尝试提出新命题、新角度、新思路。

在“特稿”专题中，樊崇义教授受邀撰写了《我国刑事诉讼法实施四十周年的历史回顾与理论前瞻》一文，高度契合了本书紧扣时代脉搏、聚焦中国问题的宗旨。结合一系列影响刑事法治的重要事件，樊先生对中国刑事诉讼法实施四十年来的巨大变化进行了回顾，充分总结了我国刑事诉讼制度的问题与不足，并对我国今后一个时期的刑事诉讼发展进行了展望。

国家治理体系及治理能力现代化是党的十九届四中全会提出的重大时代命题。在犯罪治理进程中，占案件总数八成的轻罪案件已经成为我国刑事案件的主流，深刻地影响了我国刑事司法的发展方向，并对我国的协调效率与公正价值提出了更高要求。有鉴于此，本辑设立“时代前言·轻罪治理现代化”专题，收录了四篇轻罪治理领域的学术论文。以正当防卫认定困境为切入点，在《探索防卫过当的轻罪治理路径》一文中，王红博士提出将致伤型防卫过当纳入轻罪的调整范围，并论证其必要性、可行性及具体路径的选择。从基层检察视野出发，检察官贾晓文、张美惠在《轻罪治理现代化的基层检察经验与立法展望》中全面梳理了基层检察机关在办理轻罪案件时参与社会治理的工作经验，并就轻罪检察工作的特点，着重分析了有待解决的若干问题及轻罪诉讼体系构建的立法前景。轻罪治理的现代化同时意味着刑罚的轻缓化，黄珺珺博士在《非监禁刑改革路径探索——以轻缓化为方向》一文中对此进行了研讨，以社会化和轻缓化的视角作为整体的改革方向，以思考非监禁刑的完善对策。在《轻罪治理现代化的路径实现》一文中，徐歌旋博士融汇刑事实体法、程序法，着力于通过一体化思维应对轻罪治理的必然趋势，从轻罪范围的划定、刑罚轻重的衡量和诉讼程序的设置等方面提出轻罪治理的体系化构建思路。

认罪认罚从宽制度是我国刑事司法领域一项重大的程序性变革，标志着我国刑事司法从“对抗”走向“合作”。这一程序范式变革衍生出了相当复杂、多样的理论问题，相关学术论文也汗牛充栋。为避免学术泡沫，切实增进学术增量，本辑在“司法改革专题·认罪认罚从宽制度改革”专题中仅精选两篇学术论文，分别对认罪认罚从宽中的反悔问题、证据问题展开研讨。首先，在《认罪认罚后被告人反悔问题研究》一文中，潘金贵教授、高松林博士以C市Y中级人民法院及其辖区为主要样本，结合司法实践经验，通过理论和实践的双重视角，对认罪认罚后被告人反悔的正当性、预防机制与合理规制等问题，进行了较为深入、系统的探讨。其次，蓝文想硕士在《证据裁判原则在认罪认罚从宽制度中如何展开》一文中对认罪认罚与证据裁判原则的关系进行了剖析，并基于我国证据审查的多中心格局，从收集机制、说服机制以及配套责任机制等方面提出落实证据裁判原则的展开路径。

性侵未成年人是极其严重的犯罪行为，严重损害了未成年人的身心健康。近年来，随着引爆舆论的一系列国内外个案不断涌现，人们逐渐意识到，完善性侵未成年人的法律保护具有重要意义，也是刑事治理现代化迫切需要回应的关键领域。在“案例聚焦·性侵未成年人的法律保护”专题，本辑收录了三篇论文。在《性侵未成年人的罪与罚》一文中，栗向霞博士从对性侵未成年人案件涉及的罪名与刑事处罚问题入手，重申儿童最大利益原则的价值，建议刑法以修正案的方式调整有关性侵未成年人犯罪的刑法条文，完善性同意年龄、性侵犯罪人信息登记查询和公告制度等。比较法视野是增进性侵未成年人法律保护的重要借镜。牟钰博士撰写的《英国刑事法律中关于性侵儿童案件的基本问题》，深入介绍和分析了英国刑事实体法和证据法中关于性侵儿童案件的基本问题，对我国的制度完善无疑具有参考价值。在《性侵未成年人犯罪刑事治理——基于“两高”发布的指导案例与典型案例的分析》一文中，操宏均博士对最高人民法院和最高人民检察院发布的指导案例与典型案例进行了深度分析，全面归纳了我国性侵未成年人案件的新特点。针对这些新特点，本文建议从刑事政策、刑事立法、刑事司法等方面予以积极回应，以完善该类犯罪的刑事治理。

同样需要特别关注的是“刑事错案的预防与纠正”问题。刑事错案是我国刑事程序法长期以来的学术焦点，经由2020年平反的张玉环案发酵，这一问题再次引发了社会各界的广泛深思。李思远博士在《刑事错案中的证据原理探析——以聂树斌案为研究对象》一文中深度解析了聂树斌案原审错判中的证据问题，并对如何进一步贯彻证据裁判原则、防范冤假错案提供了深刻的见解。由袁鑫硕士译就的理查德·A. 利奥教授的论文《三个谬误：虚假口供和错误定罪形成之路径》超越了国别界限，在理论层面分析了误分类错误、强制错误、污染错误三种虚假口供的形成机理，为进一步理解冤假错案的形成原因提供了真知灼见。何琳博士翻译的寺崎嘉博教授《关于自白法则》一文则从日本刑事证据法出发，对自白的排除应当适用任意性标准抑或违法排除说，进行了严密的论证与批判，这对反思我国非法证据排除规则的犯罪嫌疑人、被告人供述排除问题具有启发意义。

在“学术争鸣”专题，本辑精选了六篇学术论文。由王平教授、姜悦博士撰写的《刑罚一体化视角下的罚金刑“空判”现状、成因及其应对》一文聚焦司法实践中较为突出的罚金刑“空判”现象，提出了深刻的分析与洞见。近年来，检察长列席审委会引发公众热议。刘树德教授、喻娟法官在《审委会议决刑事个案场域的辩护律师之定位——以审委会民主集中制为视角》一文中深入分析了检察长列席审委会议决引发的个案实践困境、辩护律师参与审委会议决的实践及价值，并旗帜鲜明地支持辩护律师参与审委会制度。针对余金平交通肇事案中暴露的法律争议，黄晓亮教授与陈安悦硕士在《混乱还是有序：自首之司法认定的现状及反思——以余金平案为起点》一文中对该案的自首认定问题予以透彻分析，对今后我国自首认定的司法实践具有指导意义。李梦博士的《犯罪成立视域下的罪量因素分析》一文对犯罪认定中的罪量因素进行了理论分析，进一步明确了罪量因素在我国刑法上的功能及正当性。就科学技术对刑事法学的深刻影响，本辑也收录了两篇前沿论文。由赵新新博士撰写的《论区块链项目中ICO的刑事法律风险及其防范》，由张昱琦博士完成的《科学证据对司法决策的影响与启示》，分别从科学技术应用中的刑事法律风险与科学技术融入刑事司法决策进程两个角度，增进了我们对科学发展下的复杂世界的理解。

在“域外视野”专题中，高童非博士后在《中世纪教会与神明裁判之兴衰》一文中娴熟地运用了法律史研究方法，纠正了既往对神明裁判的误解，即神明裁判的消亡并非世俗力量削弱了教会的权威，或是理性战胜了迷信，而是教会出于神学上的考量而主动作出的选择。哈达尔·阿维拉姆教授所著的《历史背景下的帕克：正当程序模式中的形式主义与公平》一文，由余鹏文硕士翻译完成，该文进一步发展了帕克教授提出的正当程序模式，并论证了两种差异化的正当程序观，即形式主义和公平。

最后，在“名家访谈”专题中，本辑收录了郭翔教授《关于所谓中国青少年犯罪研究会的“科学方法论”问题》一文。在本文中，郭翔教授着重回忆并介绍了中国青少年犯罪研究会开展的两项实证调研成果，包括对八省市的青少年违法犯罪调查，以及对湖北省武汉市武昌区展开的青少年违法犯罪调查。郭翔教授所提供的关于青少年犯罪研究的大量实证数据，以及关于中国青少年犯罪研究会的口述历史，相信对加强青少年犯罪研究将大有裨益。

人云："编辑乃为人做嫁衣"。然而，从另一面看，编辑工作也颇有"编学相长"的无穷受益。而且，一本出版物的选题用稿，也在一定程度上展示着编辑团队的视野格局与问题意识。在研究生期间，我一直负责中国政法大学研究生院院刊《研究生法学》的编辑工作；后又参与《诉讼法论丛》《诉讼法学研究》等辑刊的编辑实务，对于编辑之苦乐多有体验。当年，尤其受方流芳教授《〈哈佛法律评论〉：关于法学教育和法学论文规范的个案考察》（《比较法学研究》1997 年）一文的影响，深以为编辑法学刊物，完全可以借鉴美国法律评论的经验，将编辑实务全权委托给在读的青年研究生，让他们来实质负责选题、审稿等编辑工作。一则，研究生学习阶段正是求知若渴的时节，通过阅读他人的学术文章，恰可以在编辑中博观约取、厚积薄发；更重要的是，由此似乎还可以建立一种新的学术品评机制：不是由心怀"成见"的资深学者裁定学术的未来，而是让朝气蓬勃的学术新人来决定当下法学研究的问题意识和学术走向。梁任公曾云，"老年人常思既往，少年人常思将来。惟思既往也，故生留恋心；惟思将来也，故生希望心。惟留恋也，故保守；惟希望也，故进取。惟保守也，故永旧；惟进取也，故日新。惟思既往也，事事皆其所已经者，故惟知照例；惟思将来也，事事皆其所未经者，故常敢破格"。故此，本书将编辑实务全权委托给年轻的编辑团队，也是一次学术生产机制的探索和尝试。唯希望编辑团队可以像梁任公所言，能"常思将来"、能"进取"、能"日新"。

吴宏耀
2021 年 5 月 1 日

目 录

特 稿

时代前沿·轻罪治理现代化

司法改革专题·认罪认罚从宽制度改革

案例聚焦 · 性侵未成年人的法律保护

刑事法治 · 刑事错案的预防与纠正

学术争鸣

域外视野

名家访谈

编后记

特　稿

我国刑事诉讼法实施四十周年的历史回顾与理论前瞻

樊崇义*

摘　要：刑事诉讼法的进步是一个国家制度文明的标志。自 1979 年以来，我国刑事诉讼法从制定再到三次修改，已历经四十年，中国刑事诉讼法也经历了从无到有、从有到逐渐完备的过程。本文对四十年来中国刑事诉讼法的发展与变化作出了全面的总结和分析，指出其进步之处，也批评其需要改进的部分。随着我国法治进程的不断推进，我国在制度建设、司法理念等方面依旧面临着除旧布新的需要，本文期望能为未来刑事诉讼法的进一步完善提供有益的建议。

关键词：刑事诉讼法　四十周年　司法理念　人权保障

我国刑事诉讼法从 1979 年制定，历经三次修改，迄今已经实施了四十年。作为一名诉讼法学者，笔者亲自参加了法典制定和历次修改的论证与讨论，见证了这一发展历程。以下，本文旨在对刑事诉讼法四十年来的发展过程、取得的成就、存在的不足进行梳理与总结，并对我国今后刑事诉讼法的发展作一展望。

一、发展与过程

（一）1979 年《刑事诉讼法》的制定

1979 年 7 月 1 日第五届全国人民代表大会第二次会议通过，1979 年 7 月 7 日全国人民代表大会常务委员会委员长令第六号公布，自 1980 年 1 月 1 日起施

* 樊崇义，中国政法大学教授，博士生导师，国家法律援助研究院名誉院长，北京师范大学“京师首席专家”。本文原是为“第十四届尚权刑事辩护论坛”所撰写的。

行，共四编十七章 164 条。

1979 年制定，用彭真委员长的总结，主要是“拨乱反正，有法可依”，也就是结束“文化大革命”中乱抓乱捕，不讲条件不讲规格，冤假错案丛生等现象。我清楚地记得，1979 年《刑事诉讼法》第 40 条关于逮捕的条件的规定，就是彭真同志亲自拟定的，即“对主要犯罪事实已经查清，可能判处徒刑以上刑罚的人犯，采取取保候审、监视居住等方法，尚不足以防止发生社会危险性，而有逮捕必要的，应即依法逮捕”。

（二）1996 年《刑事诉讼法》（第一次修改）

根据 1996 年 3 月 17 日第八届全国人民代表大会第四次会议《关于修改〈中华人民共和国刑事诉讼法〉的决定》第一次修正，中华人民共和国主席令第六十四号公布，自 1997 年 1 月 1 日起施行，共四编十七章 225 条。

1996 年《刑事诉讼法》的第一次大修，是我国民主与法治的进程，以及社会、经济、思想等发生巨大进步和变化的体现。1996 年《刑事诉讼法》对 1979 年刑事诉讼法进行大修，共修改 109 处，将原刑事诉讼法从 164 条增至 225 条。这些修改集中到一点就是在我国刑事诉讼法中确定了“无罪推定”的基本原则，且 1996 年《刑事诉讼法》第 12 条明确规定，“未经人民法院依法判决，对任何人都不得确定有罪”。

此外，1996 年《刑事诉讼法》明确地规定了“疑罪从无”的处理程序，其具体表现有三：一是对原刑事诉讼法关于“人犯”的规定，以及笼统的“犯人”“犯罪分子”的称谓，立法明确规定为“犯罪嫌疑人”，只有决定起诉、交付法院审判才称之为“被告人”；二是将刑辩律师参与诉讼行使辩护权的时间从 1979 年《刑事诉讼法》规定的开庭前 7 日，提前到将犯罪嫌疑人首次接受讯问或被采取了强制措施之日作为其委托律师提供法律帮助的时间，而将委托辩护人的时间提前至案件移送审查起诉时；三是在 1996 年《刑事诉讼法》第 162 条第 3 项明确规定，人民法院对“证据不足，不能认定被告人有罪的，应当作出证据不足、指控的犯罪不能成立的无罪判决”的“疑罪从无”的处理方法。

（三）2012 年《刑事诉讼法》（第二次修改）

根据 2012 年 3 月 14 日第十一届全国人民代表大会第五次会议《关于修改〈中华人民共和国刑事诉讼法〉的决定》第二次修正，共五编二十一章 290 条（含附则）。

2012年《刑事诉讼法》在1996年《刑事诉讼法》的基础上又进行了大修。我们知道，随着我国国际地位的变化，国家对外开放的力度越来越大。同时，顺应世界人权发展的潮流，对于人权问题，尤其是诉讼中的人权保障，要求越来越严格。

2012年《刑事诉讼法》修改的集中之处是把我国2004年《宪法》所确定的"尊重和保障人权"写入刑事诉讼法。人权保障原则进法典，这又是我国刑事诉讼法立法和实践的一大进步！其具体内容包括以下几个方面。

（1）把"尊重和保障人权"作为刑事诉讼法的重要任务，载入2012年《刑事诉讼法》第2条。

（2）确定了非法证据排除规则，并规定了具体程序的措施，一是在第50条规定了"不得强迫任何人证实自己有罪"原则；二是比较详细地规定了非法证据排除的原则和程序；三是在2012年《刑事诉讼法》第121条明确规定侦查讯问可以进行录音录像。这些规定对遏止刑事诉讼法刑讯逼供有着重大的功能和作用。

（3）改革和完善辩护制度，一是侦查阶段律师的"辩护人"地位得到确认；二是辩护人的责任发生了变化，强调实体辩护与程序辩护并重；三是改善律师会见难的问题；四是扩大辩护人的阅卷权；五是对追究辩护人刑事责任作出管辖权的调整，由办理辩护人所承办案件的侦查机关以外的侦查机关办理；六是扩大了法律援助的适用阶段与范围。

（4）简易程序的扩大、死刑复核程序的改革、未成年人案件诉讼程序的增设，等等，均体现了"尊重和保障人权"原则。

（四）2018年《刑事诉讼法》（第三次修改）

第十三届全国人民代表大会常务委员会第六次会议于2018年10月26日通过并发布实施，共五编二十二章308条。

2018年《刑事诉讼法》第三次修改的幅度不大。在本次修改前，为加大反贪力度，整合反腐职权，我国进行了国家监察体制改革。在本次刑事诉讼法修改中，修正案结合了以审判为中心诉讼制度的改革，出台了认罪认罚从宽诉讼制度，总结了监察改革"三大试点"和十八个认罪认罚从宽试点的经验，共作出26项修改决议，把2012年《刑事诉讼法》增至308条。其主要内容有四：一是调整了检察职能，规定了刑事诉讼法和监察法的衔接程序；二是增加规定了缺席审判制度；三是速裁程序和认罪认罚从宽程序进法典；四是值班律师制度进法典。

二、进步与评价

总体而言，我国刑事诉讼法从 1979 年产生到 2018 年第三次修改，历经四十年，其进步与发展举世瞩目。

（一）科学、民主、文明的发展方向势不可挡

从我国刑事诉讼法的产生，“拨乱反正，有法可依”到“无罪推定”“疑罪从无”，再到“尊重和保障人权”，直至 2018 年的第三次修改关于“认罪认罚从宽”制度的确立，这一发展变化的过程，伴随着我国依法治国的进程，刑事诉讼程序不断地迈向“科学、民主、文明”，已经形成了不可逆转的“定力”。何谓“定力”，就是规律，就是中华民族不断迈向人类社会现代化的历史必然，这种必然性势不可挡，更是任何个人、任何势力都不可逆转的。因此，在发展的过程中，我们要坚持方向自信和制度自信。

（二）人权保障的“以人为本”的根基越来越牢

我国刑事诉讼法从产生到三次修改的四十年，其根本哲理就是以人权保障为核心的“以人为本”哲学理论。刑事诉讼法就是实践中的人权法和宪法的应用法，以人权保障为核心的“以人为本”的理念是其存在与发展的根基。特别要指出的是，我国刑事诉讼法的最基本的中国特色就是我们党的“以人民为中心”的指导原则在诉讼中的应用。刑事诉讼法的四十年，告诉我们坚持“以人民为中心”，坚持“人权保障原则”，坚持“人本主义”的哲学理念永远不能动摇。

（三）程序的独立价值是永恒的话题

四十年来关于实体与程序的关系，传统的“重实体轻程序”的陋习在我国盛久不衰。从理论到实践，两种认识的博弈从未间断。但在争鸣之中，人们已经认识到“重实体轻程序”的危害性，尤其是纠正的一大批冤假错案让人们深刻地认识到“程序的独立价值是永存的”。由此，才使“无罪推定”“疑罪从无”“非法证据排除”等一系列程序保障举措陆续进法典，并得以贯彻实施。

（四）诉讼模式的适时转型已经势在必行

我国的刑事诉讼模式属于传统的“职权主义”模式，也有人称之为“强职权主义”。在职权主义模式中，诉讼中的人权、民主、文明无从提起。四十年来，我国的诉讼立法和实践顺应时代发展的要求，与时俱进，尤其是 1996 年、

2012年刑事诉讼法的修改，在诉讼程序中大量地吸收了当事人主义诉讼程序。当事人、诉讼参与人的参与权、知情权依法得到了保障，使得我国的诉讼程序更加科学、民主、文明。“法律正当程序”“程序公正保障实体公正”“只有程序正义才能保障社会的公平正义”，其程序独立价值的理念，已经深入人心！

（五）刑事诉讼构造在不断调试

关于控辩审的法律关系，四十年来立法者用补短板、强弱项的方法，使我国的刑事辩护制度得到了不断的发展和完善。一是犯罪嫌疑人、被告人有权获得辩护的宪法原则贯彻始终；二是刑事诉讼法的辩护人的地位和权利不断得到强化和扩大，尤其是刑事辩护中的会见难、阅卷难、质证难逐渐得以解决；三是获得辩护的范围和参与诉讼的阶段不断得以扩大和提前；四是刑事辩护全覆盖和值班律师制度的确立，为刑事辩护的发展开拓了广阔的空间；五是法律援助的阶段和范围也在逐步发展和扩大；六是律师队伍的发展和壮大有目共睹。

三、问题与不足

我国刑事诉讼立法的进步和发展仍然在行进中，行走的道路仍然是曲折的，前进的方向是明确的，存在的问题是突出的。

（一）立法还是比较原则笼统，可操作性较差

众所周知，刑事诉讼法是一部应用法。作为应用法，其实务性较强，它必须有利于实务操作和应用。我国的刑事诉讼法在立法的技术上，传统的做法是“易粗不易细”，由此，法律的条文不仅原则而且数量也少。我国是刑事诉讼法条文数量最少的国家。由于法典条文少，导致司法解释的数量不断增加，到目前为止，《最高人民法院、最高人民检察院、公安部、国家安全部、司法部、全国人大常委会法制工作委员会关于刑事诉讼法实施中若干问题的规定》48条，公安部关于《公安机关办理刑事案件程序规定》388条，《人民检察院刑事诉讼规则》684条，《最高人民法院关于适用〈中华人民共和国刑事诉讼法〉的解释》548条〔1〕。以上四个方面的司法解释已达到1668条。这些解释是《刑事诉讼法》308条的5倍多。法典条文少而原则，各个部门的解释大量涌出，对

〔1〕《最高人民法院关于适用〈中华人民共和国刑事诉讼法〉的解释》于2020年12月7日由最高人民法院审判委员会第1820次会议通过，自2021年3月1日起施行。此处的2012年通过的司法解释，现已失效。

法治的统一适用可能造成较严重的危害。所以，在司法实践中，由于部门利益而导致的相互推诿、相互扯皮，有的重大疑难案件长期解决不了；给社会公平正义带来一定危害，给当事人和诉讼参与人带来一定损失的案件也时有发生。

（二）立法关于统一的证据规则体系还尚未建构

证据是刑事诉讼法的核心和基础。我国刑事诉讼法从 1979 年颁布到 2018 年的修正，其重点均未把证据当作重点加以修改和完善，尤其是已为当今各国应用比较成熟的证据规则体系，在我国立法上还是空白。

（三）对于各实务部门权力的制约、监督以及诉讼中的程序性制裁机制，立法缺乏刚性规定，大大地制约了公平正义的实现

我国刑事诉讼法虽然有“人民法院、人民检察院和公安机关进行刑事诉讼，应当分工负责，互相配合，互相制约”和“人民检察院依法对刑事诉讼实施法律监督”的规定，但是，在具体程序中，尤其是在实际工作中，配合有余，制约较少，监督更是软弱无力，缺乏具体的制约措施和程序举措。诉讼中程序性的制裁机制明显不足，对于程序违法的做法，程序制裁机制基本上是空白。例如《刑事诉讼法》第 251 条第 1 款规定：“最高人民法院复核死刑案件，应当讯问被告人，辩护律师提出要求的，应当听取辩护律师的意见。”如果司法实践中法官未讯问被告人，依法应当听取而未听取辩护律师意见，则所作出的裁定是否有法律效力？该条并未作出程序性制裁的明确规定。关于类似这种程序性制裁的规定，我国刑事诉讼法多处是空白，或规定明显不足，不利于彰显程序正义。

（四）刑事诉讼法立法滞后于司法改革

党的十八届四中全会关于全面依法治国的决定颁布以来，我国的司法改革发展迅速，也取得了一系列严格执法、取信于民的经验和成绩，这些与刑事诉讼关系十分密切的成果，亟待总结与修法。例如，关于人权司法保障的各项制度建设、关于以审判为中心诉讼制度改革所取得的成果，关于刑事辩护制度的新举措，关于审前程序的改革，关于证据制度的新发展，关于如何贯彻认罪认罚从宽制度的措施，等等，都有待认真总结，都有待对刑事诉讼法进行再次修改。

四、展望与发展

我国刑事诉讼法四十年来的发展和进步举世瞩目。但是今后的发展和进步，

其任务还是相当艰巨的。按照党的十八届四中全会关于全面依法治国的要求和提出的具体任务，还将付出巨大的努力。就党的十八届四中全会决定的要求“保证公正司法，提高司法公信力”而言，刑事诉讼法的立法和实施，笔者认为有以下问题，必须着手解决。

（1）如何从立法和实施中完善确保依法独立公正地行使审判权和检察权，解决这一问题必须从立法上明确规定“各级党政机关和领导干部应支持法院、检察院依法独立地行使职权”的具体制度。

（2）优化司法职权配置，建立健全和完善公检法各司其职、相互制约和监管的体制机制，并明确规定程序性制裁措施。

（3）立法要进一步规定和推进以审判为中心诉讼制度的改革和完善，以确保侦查、审查起诉的案件事实证据经得起法律的检验。

（4）刑事诉讼法必须建构完善的证据规则体系，一是要完整地规定刑事证据规则，二是要规定更为详细的收集、固定、保存、审查、判断证据的具体制度和程序，三是要完善证人、鉴定人、侦查人员出庭制度，四是要完善非法证据排除规则。

（5）建构刑事诉讼中的人权司法保障体系，详细地规定诉讼过程中当事人和其他诉讼参与人的知情权、陈述权、辩护辩论权、申请权、申诉权的制度保障，尤其是刑事辩护制度体系的保障性制度和程序。

（6）建构完备的法律援助制度体系。

（7）完善对人身自由限制的各种强制措施制度，尤其是关于拘留、逮捕等强制措施的条件的规定，以及落实少捕、慎捕的具体程序和措施。

（8）对诉讼中讯（询）问制度录音录像和律师在场制度的建构。

（9）建构更为完善的认罪认罚制度。

（10）刑事案件的质量保障制度体系的构建，尤其是司法责任制的实施措施。

（11）诉讼中涉案财产处置制度和对冤假错案的纠正赔偿制度的建设。

以上仅仅是根据党的十八届四中全会关于依法治国建设中，有关刑事诉讼立法的短板和弱项的列举；如果对照域外各国和联合国有关刑事诉讼的规定和要求，还有许多适合中国国情的有关规定，还会有更多的内容，这都是我国刑事诉讼法必须加以研究和吸收的，不再一一列举。我国刑事诉讼法的完善和进步，最根本的问题还在于诉讼理念的转变。总结四十年经验，刑事诉讼法的每一个进步无不和诉讼理念的转变相关，只有建构科学、民主、文明的司法理念，促使诉讼理念的转变，才能在修法和实施上获得一定的发展和进步！

总结四十年的发展进程，笔者认为，在新的历史时期，司法理念的转型主要有以下几个方面。

第一，坚持“以人为本”的世界观和方法论，把“人民至上，以人民为中心，尊重和保障人权”的理念，作为刑事诉讼法修改和完善，以及贯彻实施的基本法则，从“人本主义”法哲学的高度，补短板，强弱项，才能制定现代化的刑事诉讼法。

第二，对于刑事犯罪的斗争和治理，要从“高压、从重、从快的控制犯罪型”转向“正当法律程序型”，充分认识程序的独立价值，正确处理“实体正义”与“程序正义”的法律观，才能实现真正的社会公平正义。

第三，坚持我国刑事诉讼法发展的“定力”不动摇。所谓“定力”，就是沿着我国刑事诉讼法从“有法可依”到“无罪推定”再到“尊重和保障人权”这一发展的“科学、民主、文明”规律，行稳致远，坚定不移向前走，逐步形成具有中国特色的“诉讼文化”。不仅要把这一诉讼文化建设落实到司法机关和辩护律师，还要普及到每一个公民，如此就会少出或不出冤假错案，更不会出现把刑辩律师赶出法庭，甚至毫无道理地乱抓乱捕等问题。

第四，要坚持与时俱进，跟上诉讼结构和诉讼模式转型的步伐。四十年来，我国刑事诉讼法在诉讼模式的转型上，已经做到从职权主义转向“职权主义与当事人主义相结合”的模式，诉讼类型从“压制型诉讼”转向“权利型诉讼”。2018 年《刑事诉讼法》的修改，认罪认罚从宽制度进法典，要求我们的认识从“权利型诉讼”转向“协商型诉讼”，因为到目前为止，已经有很多的刑事案件在适用认罪认罚从宽程序，这就促使我们必须从“对抗”走向“合作”，建构协商型诉讼迫在眉睫。在这一转型中，要求今后公安司法机关和刑辩律师必须从政策交易型转向控辩协商型。积极建构协商平台和制定协商程序是当前的一项重要任务。

第五，在司法部门和刑辩律师队伍的建设方面，要走专业化道路，要迈向“理性”。因为真正优秀的法官、检察官、警察和律师，要依靠自己的理论能力和理论努力，建立处理法律实践难题的概念、原理、方法，形成特有的知识形态。只会背诵法律条文，机械地套用法条，不会用理论解读法律问题，就不是一个完整的法律人。一句话，必须从法律规定再迈向理性，才是一名真正的法律人。

探索防卫过当的轻罪治理路径

王　红*

摘　要：受我国正当防卫制度理论根据逐步转向权利本位的影响，由致伤型防卫过当在行为上的防卫正当性以及在结果上的有限危害性所决定，为进一步规范致伤型防卫过当的刑罚裁量，有必要将致伤型防卫过当纳入轻罪的调整范围。不论是实质标准说、形式标准说还是实质与形式的混合标准说，致伤型防卫过当在罪刑上均能符合轻罪的内在特质和外在要求，故将致伤型防卫过当纳入轻罪的调整范围具有可行性。致伤型防卫过当轻罪治理的具体路径是：对于仅造成轻伤过当后果的情形，可以扩大免除处罚的适用或者综合运用《刑法》第37条的规定扩大免予刑事处罚的范围以实现刑罚的宽宥，或者更进一步，通过检察机关的酌定不起诉制度将这类轻罪提前分流出罪去；对于造成重伤过当结果并构成故意伤害致人重伤罪的情形，可以提高缓刑的适用范围，对于造成重伤过当结果，仅构成过失致人重伤罪的情形，尽量适用非监禁刑。

关键词：致伤型防卫过当　轻罪标准　免除处罚　酌定不起诉　非监禁

一、问题的缘起——扩大正当防卫成立空间之过渡方案的策略选择

近些年来关于正当防卫的议题之所以持续地得到社会的热切关注和学界的广泛讨论，除了有山东的“于欢辱母杀人案”、江苏的“昆山反杀案”、福建的“赵宇见义勇为案”、河北的“涞源反杀案”、云南的“唐雪反杀案”等轰动全国的大案作为舆情的“导火索”，根本的缘由可能还在于我国正当防卫制度在司法运行过程中长期存在的两处“可燃物”。一是，按照社会一般人的观念本

---

* 王红，北京师范大学刑事法律科学研究院刑法学博士研究生。

应成立防卫的案件大多数时候都被法院错误地认定为不具有防卫性质，进而判决构成一般的刑事犯罪；二是只要发生了重伤、死亡的损害后果，有时候还包括轻伤的损害后果，有的法院就认定为防卫过当，应当负刑事责任，甚至连防卫也不成立。

防卫性质的认定问题以及防卫限度的判断问题，是目前刑法学界公认的压迫正当防卫成立空间的两座大山。然则，欲同时推翻此两座大山，彻底扩大正当防卫的成立空间范围，并不是一蹴而就的。国家对正当防卫法律制度的政治定位（公民与违法犯罪作斗争的武器亦即国家实行社会控制的工具）、〔1〕基层司法对自身裁判功能的首要倾向（关注个案的纠纷解决而疏离法与不法的规范评价）、〔2〕传统文化对生死观念的特殊塑造（因个体死亡会造成社群关系的割断而形成的“讳言死”的儒家思想），〔3〕此三方面作为我国正当防卫司法异化的制度和文化根源，决定了我国当前欲转向扩张正当防卫之路径必然是循序渐进、步步为营的。完全彻底地纠正正当防卫制度的司法适用偏差、一步到位地扩大正当防卫的无罪认定范围，虽然并不具有直接的现实意义，但我们可以把扩大正当防卫的成立空间作为“最高纲领”去努力追求实现。在当前我国刑事诉讼无罪判决率逐年降至不足千分之一的超低水平（尤其是公诉案件）的整体背景下，〔4〕或许可以策略性地选择首先扩大防卫性质的肯定范围以及防卫过当的适用范围，把它作为“最低纲领”去实际践行，从而为最终实现扩大正当防卫的成立空间之“最高纲领”做铺垫。

这条迂回路径之提出主要是基于两个方面的考虑。其一，从当前司法实践中绝大多数涉及正当防卫争议的案件最终都被法院认定为一般刑事犯罪可以知道，在我们所面临的防卫困局中，其实防卫性质的认定问题远要比防卫限度的判断问题更重要、更突出，故有必要首先扩大对行为防卫性质的肯定范围。其二，自由与秩序之间的价值冲突天然存在，处理二者既对立又统一的矛盾关系，绝不是“东风压倒西风”或是“西风压倒东风”如此简单粗暴。过去，基于对秩序维护和社会控制的优先追求而否定正当防卫性质的情形过多；未来，扩大

〔1〕 劳东燕：“正当防卫制度的背后”，载《清华法学》2006 年第 1 期。

〔2〕 劳东燕：“正当防卫的异化与刑法系统的功能”，载《法学家》2018 年第 5 期。

〔3〕 陈璇：“正当防卫、维稳优先与结果导向——以‘于欢故意伤害案’为契机展开的法理思考”，载《法律科学（西北政法大学学报）》2018 年第 3 期。

〔4〕 赵军：“正当防卫法律规则司法重构的经验研究”，载《法学研究》2019 年第 4 期。

正当防卫的成立空间、有罪但应减免处罚的防卫过当，或可以在有罪且不减免处罚的一般刑事犯罪与完全无罪的正当防卫之间起到阶段性的调和作用。

策略性的选择，首先应扩大防卫性质的肯定范围以及防卫过当的适用范围，以此作为正当防卫扩张之路上的一个过渡性方案，这具有重要的承上启下作用。容易被理解的是，放宽当前认定防卫起因、防卫时间和防卫主观要件的标准，增加肯定案件中被告人在紧急状态下采取反击行为所具有的防卫性质的概率，可以改善当前对防卫性质认定难的首要问题，从而起到“承上”的作用。然而，该过渡路线如何能够实现“启下”的目的，即与“最高纲领”之扩张正当防卫的无罪认定范围进行有效的衔接，这就是一个比较难以跨越的鸿沟，亟待我们展开具有开创意义的深度探索。我们知道，正当防卫与防卫过当在“罪”上只可能是非此即彼的矛盾关系，即在有罪与无罪之间不存在第三种状态，故此，本文只能选择从“刑”上剑走偏锋切入，运用“以刑制罪”的非常态反向思维，〔1〕尝试将防卫过当的处遇融入当前新兴建构的轻罪治理体系之中，或许可以在刑事制裁效果上提供一个可能的出口，拉近有罪但应减免处罚的防卫过当与完全无罪且不负刑事责任的正当防卫之间的差距。

二、范围的限定——防卫过当基本的罪刑情况以及必要的类型区分

在司法实践中，构成防卫过当的被告人总共会涉及 4 个罪名，从重到轻依次是故意杀人罪、故意伤害罪、过失致人死亡罪和过失致人重伤罪。根据有学者对防卫过当的实务情况所展开的实证研究显示：“在 798 名构成防卫过当的犯罪人中，构成故意杀人罪的有 15 人，占比 1.88%；构成故意伤害罪的有 773 人，占比 96.87%，其中，致人轻伤的有 101 人，致人重伤的有 427 人，致人死亡的有 245 人；构成过失致人死亡罪和过失致人重伤罪的分别只有 3 人和 7 人，共占比 1.25%。”〔2〕尚且不谈这些构成防卫过当的被告人因被认定罪名的不同而产生的明显的刑罚差距，构成故意杀人罪的防卫人最终被判处的刑罚肯定要比构成过失致人死亡罪的防卫人严厉得多，即便是在“绝大多数属于防卫过当的被告人都会被认定为故意伤害罪”的结论之下进行分析，由于在故意伤害罪的内部实际混杂了致人轻伤、重伤甚至是死亡迥乎不同的情形，因此，仅在构

〔1〕 孙道萃：“罪刑关系视野下以刑制罪的基本问题研究”，载《人大法律评论》2012 年第 2 期。

〔2〕 尹子文：“防卫过当的实务认定与反思——基于 722 份刑事判决的分析”，载《现代法学》2018 年第 1 期。

成故意伤害罪的不同防卫人之间，刑罚差距也是巨大的。造成轻伤过当结果的防卫人可能被免予刑事处罚，而造成死亡过当结果的防卫人则会被判处三年以上十年以下有期徒刑。如此之大的罪、刑落差显然不利于我们从整体上将防卫过当全部融入轻罪的治理体系，因为所谓的轻罪，仅就刑罚限度而言，不论是按照法定刑标准还是宣告刑要求，通常是不超过三年有期徒刑，而构成故意杀人罪和故意伤害（致人死亡）罪的防卫人显然无法完全满足这一条件。故有必要将司法实践中防卫过当的全部情形，根据防卫后果的不同，进一步分为致伤型防卫过当和致死型防卫过当这两种基本的类型。重新排列组合上述统计数据，得出的结果如表1所示。

表1　防卫过当的罪刑情况分析　　（单位：人）

类型	罪名	人数	占比
致伤型防卫过当	故意伤害罪	528	67.04%
	过失致人重伤罪	7	
致死型防卫过当	故意杀人罪	15	32.96%
	故意伤害罪	245	
	过失致人死亡罪	3	

由表1可知，致伤型防卫过当的占比超过了2/3，相较致死型防卫过当，致伤型防卫过当在防卫过当的全部情形中具有更重要、更普遍的实践意义。致伤型防卫过当是指防卫人造成轻伤或者重伤过当结果的防卫过当情形。虽然当前刑法学界对将仅造成不法侵害人轻伤损害后果认定为防卫过当的做法提出了一些批判，比如，“对于任何不法侵害的防卫行为造成轻伤害的，都不可能属于防卫过当，必须认定为正当防卫，因为联系刑法分则的相关条文可以看出，轻伤害不可能属于‘重大损害’”，〔1〕“‘造成重大损害’一般仅限于造成人身重伤或死亡，不包括造成被害人轻伤或财产方面的损失”，〔2〕但本文在此仍选择将造成轻伤防卫后果的情形归入防卫过当的范畴来讨论，主要是考虑到在司法实践中的确存在不法侵害人仅实施了较轻微的不法侵害（例如连续打耳光、拿一

〔1〕张明楷：“防卫过当：判断标准与过当类型”，载《法学》2019年第1期。

〔2〕赵秉志：“于欢案防卫过当法理问题简析”，载《人民法院报》2017年6月24日，第2版。

根树枝击打、撬猪圈的石棉瓦等），但防卫人采取的防卫行为造成的轻伤损害后果超出了制止不法侵害所必需的限度的案例，且不加区分地将造成轻伤损害后果的防卫情形一律认定为正当防卫，可能存在"过正"纠偏之嫌。[1]致伤型防卫过当在罪、刑上呈现的显著特征是，首先，防卫人只可能构成故意伤害罪或者过失致人重伤罪，其次，在被依法减免除处罚之后，防卫人最终被判处的刑罚区间均在，且只可能在三年以下有期徒刑及以下。由这两方面可见，致伤型防卫过当具有融入轻罪治理体系的天然优势。至于致死型防卫过当，若将其一并纳入轻罪治理的范畴，则将会面临三大难以协调的问题：一是，有极少数造成不法侵害人死亡过当结果的防卫人会被认定为构成故意杀人罪，不论是从罪名的角度还是罪行的表现，故意杀人罪都无法与所谓的轻罪兼容并包；二是，即便认为，将防卫人造成不法侵害人死亡的过当情形认定为非法剥夺他人生命的故意杀人罪确有不妥，并纠正认定为故意伤害罪，但不论是综合罪质还是刑罚处罚，故意伤害致人死亡罪也难以与一般的故意伤害罪（包括故意伤害致人重伤）相提并论，故而不宜将其归入轻罪的范围；三是，传统文化对社会民众生死观念的形塑极为深刻，在社会一般人看来，只要出现了死亡这一极其严重的后果，就很难将其作为较轻犯罪来对待。这样看来，当前探索防卫过当的轻罪治理之可能路径，只有致伤型防卫过当在理论上尚且存在一线希望。本文接下来具体论述防卫过当的轻罪治理内容也即限定在致伤型防卫过当的范围，暂且不包含致死型防卫过当。

三、致伤型防卫过当轻罪治理的必要性与可行性

（一）将致伤型防卫过当纳入轻罪的必要性分析

1. 我国正当防卫制度理论根据转向权利本位的必然要求

从刑法教义学层面系统总结司法实践中法院在认定正当防卫上的司法偏差，可以发现，不论是在防卫起因要件上选择采纳德日刑法理论的观点，将我国正当防卫的行使前提限定为紧迫的不法侵害，还是在防卫主观要件上顽固恪守传统理论的通说，要求防卫人必须出于保护合法利益的完全目的，包括在防卫限度要件上长期奉行的"唯结果论"的思维路线，绝大多数涉正当防卫争议的案件都被法院否定了行为的正当防卫性质。这根本上是因为，司法机关站在不法

[1] 王志祥："论正当防卫制度司法适用的纠偏"，载《法学论坛》2019年第6期。

侵害人的角度来衡量判断正当防卫的条件、时机、主观和限度，以在最大程度上维护社会秩序。故此，当前学界学者不约而同地提出，若要改变我国良好的正当防卫立法在司法适用中被歪曲、异化的现状，必须要从根本上将正当防卫的判断基准转向防卫人本位，以迎合新时代下人民群众对个人权利保护的普遍愿望和迫切需求，这是大势所趋。然而，把对防卫人的权利保护置于如此突出重要的位置上，不仅将直接影响未来司法机关对正当防卫各构成要件的具体判断，还可能进一步改变我们对“防卫过当行为在社会危害的程度上与其他犯罪行为没有质的区别”[1]的陈旧认识。因为就防卫人在实行防卫的过程中可以切实有效地保护他的个人权利这一点来说，因正当采取防卫超过必要的限度而被动构成的犯罪行为，与完全基于自由意志主动实施的犯罪行为，在本质上就存在明显不同。面对当前我国正当防卫制度正朝着权利本位，即有利于防卫人的方向逐步转变的新情况，我们认定防卫过当的刑事责任也要随之更为轻缓，而对于其中仅致不法侵害人伤害损害后果的致伤型防卫过当，则需要在更轻一个层次上进行把握而有必要将其纳入轻罪的调整范围。

2. 由致伤型防卫过当行为的防卫性与结果的有限性决定

特征是一事物区别于它事物内在本质的外在根据。致伤型防卫过当作为防卫过当的一个主要类型，首先，它分享了防卫过当区别于一般刑事犯罪的全部特征；其次，为了与致死型防卫过当相区别开来，它又具备一些独有的特征。具体来说，关于防卫过当的特征，虽然理论界存在二特征说与三特征说之争论，但综观不同观点的内容实质，在客观方面行为的防卫性和过当性，以及在主观方面行为人的罪过性，可以说基本包罗了现有理论关于防卫过当的全部特征。然而，在本文看来，防卫行为超出必要限度对不法侵害人造成过当的损害后果，以及防卫人在主观上对其行为与结果的过当性具有罪过，并不能显著反映出防卫过当的典型特征，反而是防卫过当犯罪与一般刑事犯罪行为共同作为犯罪行为所应必备的条件，行为的防卫性才是防卫过当行为与一般犯罪行为最大的不同之处。我们知道，防卫过当完全因遭受现实的不法侵害而起，是发生在正当防卫过程中的犯罪。由于防卫人主观上是出于对合法权利的积极保护，因此，防卫过当行为对社会秩序的维护以及个人权利的保护都还是有一定益处的，而一般犯罪行为对社会则是有害无益。从防卫过当在行为上所具有的防卫的正当

---

〔1〕 陈兴良：《正当防卫论》，中国人民大学出版社2006年版，第169页。

性来说，致伤型防卫过当在本质上属于社会危害性较轻的犯罪。此外，致伤型防卫过当在结果上还具有危害的有限性的特征，与致死型防卫过当显著不同的是，致伤型防卫过当仅造成了不法侵害人伤害的损害后果，而不包括死亡这一不可逆转、无法修复的极其严重的情况。因此，可以说，它所造成的社会危害是有限的，这也决定了致伤型防卫过当轻罪的犯罪本质。

3. 进一步规范致伤型防卫过当的刑罚裁量的现实需要

致伤型防卫过当的犯罪人只可能构成故意伤害罪或者过失致人重伤罪。按照故意伤害罪和过失致人重伤罪的法定刑推理，防卫人在被依法减免除处罚之后，最终被判处的刑罚应在，且只可能在三年以下有期徒刑及以下。事实上，司法实践中绝大多数的致伤型防卫过当的犯罪人均是被法院判处了三年以下有期徒刑及以下，这是有必要将致伤型防卫过当纳入轻罪调整范围的前提所在。然而，仍然存在极少数的个别案件，防卫人仅造成了不法侵害人伤害的损害后果就被判处了三年以上的有期徒刑。例如，在“王泽故意伤害案”中，被告人王泽与被害人朱某在上班期间因琐事产生纠纷，而被朱某殴打，被告人王泽遂使用随身携带的折叠刀捅伤被害人朱某的腰部及胸部，致其重伤。法院虽然认为被告人的行为已经构成故意伤害罪，但也同时采纳了被告人王泽及其辩护人提出其行为属防卫过当的意见。在刑罚裁量的过程中，被告人王泽在同时具备防卫过当和自首这两个法定减轻或者从轻的量刑情节的情形下，最终被法院判处了三年二个月的有期徒刑。[1]这显然没有发挥防卫过当应当减轻处罚的实际效果。因此，将致伤型防卫过当纳入轻罪的调整范围或许还可以反过来进一步规范司法实践中少量存在的对致伤型防卫过当刑罚裁量不合理的现象，亦即轻罪定位可以对致伤型防卫过当犯罪人的刑罚裁量起到一定的提示与约束作用。

（二）将致伤型防卫过当纳入轻罪的可行性分析

自劳动教养制度——作为旧时代的产物——在数十年的质疑与争议中被一声令下彻底废止后，为妥善解决劳教制度撤退后相应区域的法律空白问题，合理分流原收容劳动教养不法行为类型的处遇，[2]刑法理论界正在凝聚共识讨论

〔1〕参见广东省江门市江海区人民法院刑事附带民事判决书（2016）粤0704刑初136号。

〔2〕陈伟：“劳教制度废除后的法律衔接机制探究”，载《暨南学报（哲学社会科学版）》2015年第12期；洪锡雷：“后劳教时代‘轻罪化’立法主张批判”，载《重庆科技学院学报（社会科学版）》2015年第11期。

研究建立一套完整的轻罪制度，以促使刑罚处罚与行政处罚的有效衔接。[1]轻罪治理的新观念、新思路对推进我国刑法转向“严而不厉”的罪刑结构，并最终走向现代化具有重要的法治意义。[2]然而，对于建立轻罪制度的一个大的前提性问题，即轻罪的范围应当如何界定与划分，不论是在刑法理论上还是司法实务中，至今都未能达成统一的认识。但万幸的是，不管按照目前已有的何种理论学说的标准，致伤型防卫过当在罪与刑上都应纳入轻罪的范畴。具体来说：

实质标准说认为，对于轻罪与重罪的划分应当根据犯罪的行为性质、社会危害性以及犯罪人的主观罪过、人身危险性等犯罪本身在主客观方面的内在特质来进行实质的判断。[3]以“综合罪质”作为划分轻罪与重罪的标准，其在理论上的正确合理性是无人置疑的，但落实到具体操作层面，它本身所固有的不明确性又会导致学者之间对罪质轻重与否无休止的价值争论，这是实质标准说被学界广泛批判的原因所在。然而，对于仅造成不法侵害人伤害结果的致伤型防卫过当，如果按照实质标准说的要求来一一考察，不论是其自身的行为性质（针对在先的不法侵害而后才实施抵御性的伤害行为）和所造成的社会危害（仅有超出必要限度的过当结果对不法侵害人造成了一定的社会危害，且不属于造成死亡这一严重的社会危害结果，另外，能够在适当的时候采取防卫对社会整体而言还是有所裨益的），还是防卫人的主观罪过（不完全出于加害故意而存在防卫意思）和其人身危险性（并非出于加害而故意主动实施伤害，而是基于防卫意思被动采取防卫，因而人身危险性小），均能够体现轻罪的多重内在特质。此结论，在本文看来，似乎难以引发不同学者之间过多的价值判断争论。故此，按照实质说的标准可以将致伤型防卫过当视为轻罪。

根据罪刑相当原则的内在要求，即重罪应重罚、轻罪宜轻处，刑罚的轻重与罪质的轻重实际上是相适应的，因此，形式标准说将刑罚的轻重作为划分轻罪与重罪的标准，这使得对犯罪性质进行综合考量的实质标准变得更加明确、具体。包括德国、意大利、法国、日本等在内的大陆法系国家均采取了此种简

〔1〕 高勇、于逸生：“论中国轻罪制度建构的必要性”，载《北方法学》2017 年第 3 期。

〔2〕 储槐植：“走向刑法的现代化”，载《井冈山大学学报（社会科学版）》2014 年第 4 期；何荣功：“我国轻罪立法的体系思考”，载《中外法学》2018 年第 5 期。

〔3〕 郑伟：《重罪轻罪研究》，中国政法大学出版社 1998 年版，第 62~104 页；邢志人：《犯罪预备研究》，中国检察出版社 2001 年版，第 208~209 页；叶希善：《犯罪分层研究——以刑事政策和刑事立法意义为视角》，中国人民公安大学出版社 2008 年版，第 294~295 页。

单的划分方式。在我国，也有许多学者主张从刑罚的角度切入，以刑罚的轻重来反推犯罪的轻重，具体又分为两种意见，一种是周振想教授提出的宣告刑标准说，他明确指出，“应当判处的刑罚为三年以上有期徒刑的犯罪可视为较重之罪，应当判处的刑罚为不满三年有期徒刑的犯罪可视为较轻之罪”。〔1〕一种是张明楷教授主张的法定刑标准说，即“区分重罪与轻罪应以法定刑为标准，而不宜以现实犯罪的轻重为标准”，〔2〕“凡是法定最高刑或应当适用的法定刑幅度的最高刑在三年有期徒刑以下的犯罪，都属于轻罪”。〔3〕采取宣告刑标准说可以很容易得出致伤型防卫过当应属于轻罪的结论。因为首先，防卫过当是法定的量刑情节，对于防卫过当的被告人应当减轻或者免除处罚；其次，司法实践中，防卫过当的案件会经常伴随出现其他法定或者酌定的量刑情节，包括自首、坦白、积极赔偿取得谅解等。因此，不论是防卫人被认定为过失致人重伤罪，还是一般的故意伤害罪，包括故意伤害致人重伤罪，在综合考量各种法定、酌定量刑情节之后，其最终应当宣告判处的刑罚区间均在，且只可能在三年有期徒刑及以下。按照法定刑标准说，也完全可以将致伤型防卫过当合理解释为轻罪。首先，由于刑法规定一般的故意伤害罪和过失致人重伤罪的刑罚本身就已经在三年有期徒刑及以下了，因此，对于构成一般的故意伤害罪和过失致人重伤罪的防卫过当情形显然应属于轻罪。其次，就构成故意伤害致人重伤罪的防卫过当情形来说，虽然刑法规定故意伤害致人重伤罪的刑罚为三年以上十年以下有期徒刑，但是，由于防卫过当条款本身既具有犯罪构成要件的性质（正当防卫明显超过必要限度造成重大损害的应当负刑事责任），又作为法定的量刑情节(应当减轻或者免除处罚)。因此，在本文看来，对被认定为构成故意伤害致人重伤罪的防卫过当人，结合总则、分则的规定，刑法对其最后应当适用的刑罚幅度是三年以下有期徒刑及以下，这才是与致重伤害型防卫过当的罪行相适应的法定刑幅度，故而构成故意伤害致人重伤罪的防卫过当情形，从法定刑的角度来看，也应划分为轻罪的范畴。

不论是实质标准说还是形式标准说，都是以单一的要素（要么是犯罪要么是刑罚）作为划分标准，均不能完全将刑法中的轻罪与重罪区分开来，有些场合下还可能显得过于绝对化。比如，在《刑法》第七章危害国防利益罪中有些

〔1〕 周振想编著：《刑法学教程》，中国人民公安大学出版社 1997 年版，第 271 页。

〔2〕 张明楷：《刑法学》，法律出版社 2016 年版，第 92 页。

〔3〕 敦宁、韩玫：“论我国轻罪范围的划定”，载《河北法学》2019 年第 2 期。

罪名（战时拒绝、逃避征召、军事训练、服役罪，战时造谣扰乱军心罪等）的刑罚规定在三年以下有期徒刑及以下，但是由于这类犯罪所侵害的是最为重要的国家层面的法益，因而在任何情况下都不能被轻罪化；又如，实践中多发的盗窃罪、交通肇事罪，虽已被实务部门试点纳入了认罪认罚从宽制度的适用范围，并采取速裁程序进行审理，但由于刑法对盗窃数额巨大、交通肇事逃逸规定了升格的法定刑，均在三年有期徒刑以上，这种情形使得盗窃罪、交通肇事罪始终无法获得完全的轻罪化。因此，有学者主张应以实质+形式的复合标准来区分轻罪与重罪。"轻罪是一种体系性的类罪，它的完全确立必须以不同阶层的法益性质为基础，然后通过设置具体的形式标准和实质标准加以明确。"〔1〕具体的，凌萍萍副教授将我国的轻罪确立为两种主要的类型：第一种是完全型轻罪，是最为单纯、典型的轻罪，即在罪质上行为侵害的利益属于刑法保护的第三阶层的法益，〔2〕在刑罚上刑法规定的法定刑最高刑幅度在三年以下有期徒刑；第二种是准轻罪，属于非典型的轻罪，这部分犯罪虽然在罪质上可以归类于重罪（即侵害的法益可以属于刑法所保护的第二阶层的法益，〔3〕但不能突破此底线侵害到刑法所保护的第一阶层的法益〔4〕），但是由于其具有某些可以被刑法宽缓评价的理由而使得其行为可以按照轻罪处理。〔5〕按照实质与形式的混合标准，对于构成过失致人重伤罪、一般故意伤害罪的防卫过当情形就应属于典型的轻罪，因为这两个罪名刑法规定的刑罚幅度均在三年以下有期徒刑。此外，构成故意伤害致人重伤罪的防卫人由于并没有造成严重死亡结果，且在被依法减免处罚之后宣告可能刑在三年以下有期徒刑，因而也能完全符合准轻罪

---

〔1〕 凌萍萍、焦治："我国刑事立法中的轻罪标准设置研究"，载《西南民族大学学报（人文社科版）》2019年第1期。

〔2〕 第三阶层法益：个人法益（主要是涉及较轻财产法益与其他法益）以及其他刑法明确法定最高刑为三年有期徒刑的罪名。涉及的罪名有侵犯公民人身权利、民主权利与侵犯财产罪中的少量罪名。

〔3〕 第二阶层法益：公共法益（涉及部分群体利益可恢复或者没有导致严重人身伤亡风险、影响范围较小的）；个人法益（没有导致严重人身伤亡危险的法益、较为严重的财产法益）。涉及的罪名有危害公共安全罪，破坏社会主义市场经济秩序罪，扰乱社会管理秩序罪，军人违反职责罪，贪污贿赂罪，渎职罪，侵犯公民人身权利、民主权利罪，侵犯财产罪中的大多数罪名。

〔4〕 第一阶层法益：国家法益（国家安全、国防利益等）；公共法益（能导致公共利益陷入不可逆的危害中或者导致严重人身伤亡）；个人法益（对人身伤亡构成重大威胁）。涉及的罪名主要有危害国家安全罪，危害国防利益罪中的全部罪名，军人违反职责罪，贪污贿赂罪，渎职罪中的部分罪名以及危害公共安全罪，侵犯公民人身权利、民主权利罪与侵犯财产罪中的少量罪名。

〔5〕 凌萍萍、焦治："我国刑事立法中的轻罪标准设置研究"，载《西南民族大学学报（人文社科版）》2019年第1期。

的要求。

综上所述，尽管理论上不同学者对轻罪的界定标准存在一些争议，实务界也未有定论，但无论是采取实质标准说，对犯罪主客观方面的内在特质进行综合考量，还是坚持形式标准说，对法定刑或是宣告刑进行刑罚最低、最高限制，抑或是提倡实质与形式的混合标准说，从犯罪性质和法定刑幅度两重角度全面认定，致伤型防卫过当不论是在“罪”的特质方面（罪行、罪名、罪质等）还是在“刑”的限度条件（法定刑、宣告刑）上，均能符合轻罪的内、外在要求，故而可以纳入轻罪的调整范围。

四、致伤型防卫过当轻罪治理的具体路径之选择

积极推动将致伤型防卫过当纳入轻罪制度的治理体系中，不仅仅是因为此类犯罪在罪质特点和刑罚幅度上符合刑法理论对轻罪范围定义的内、外在要求，更深远的意义还在于，将致伤型防卫过当作为轻罪来处理，直接的将有利于进一步宽缓对防卫过当的轻犯罪人的刑罚适用，促使他们尽早、尽快复归社会，间接的也能从侧面反映出刑法对公民正当防卫权利的尊重和保护，这在一定程度上可以拉近有罪的防卫过当与无罪的正当防卫在刑事制裁效果上的差距，并最终帮助实现扩张正当防卫的成立空间之“第二次飞跃”。

（一）致轻伤害型防卫过当的免刑出罪可能

虽然本文在此前论述了并不完全认同学界多数学者提出的将防卫过当造成的“重大损害”限定解释为“重伤及以上后果”的建议，仍然坚持认为对仅造成不法侵害人轻伤损害后果的情形存在被认定为防卫过当的可能。例如，对于司法实践中曾出现的这一案例，“被害人王某丁等人认为被告人钟某甲种植荔枝树侵占其村的山岭，去到被告人钟某甲的荔枝树地进行理论，期间有人折断被告人钟某甲的六棵荔枝树，被告人钟某甲持刀追砍被害人王某丁等人，将被害人王某丁砍成轻伤”，[1]本文认为，该案中的被告人钟某甲面对他人侵害其财产利益的不法行为应当说是可以采取防卫的，然而，为了保护荔枝树这一价值较小的财产利益，被告人竟持刀将不法侵害人砍成轻伤，应当认定为防卫过当才是合乎情理的评价。因此，在本文看来，保留造成人身轻伤损害后果被评价为“重大损害”的空间位置，是全面理解、衡量判断防卫限度要件所必须的。

---

〔1〕 参见广东省陆丰市人民法院刑事附带民事判决书（2016）粤 1581 刑初 162 号。

但是，这并不意味着本文接下来还继续认为对仅造成不法侵害人轻伤损害后果的防卫过当轻犯罪人应当受到实际的刑罚处罚。一方面在“罪”的层面将造成轻伤损害后果的防卫人认定为属于防卫过当、构成一般的故意伤害罪；另一方面在“刑”的层面对这些轻犯罪人免予刑事处罚，选择在“刑”上宽宥而非在“罪”上豁免，这才是本文所主张的刑法应对致轻伤害型防卫过当处遇的完全态度。

可以决定对仅造成轻伤过当结果的防卫人免予刑事处罚，从本质上讲，是由这一类型犯罪行为的不法程度之低、行为人主观恶性之小、造成后果的社会危害之轻决定的，亦即此轻罪在犯罪主、客观方面的内在特征决定的。具体的，又有两种方案可供选择：其一，扩大适用《刑法》第20条第2款规定的“免除处罚”。基于不法的减轻和责任的减少，我国刑法规定防卫过当应当减轻或者免除处罚，这是法定的量刑情节，即法官在刑罚裁量时必须无条件地适用。然而，从司法实践的表现来看，绝大多数情况下法院都是保守地选择适用减轻处罚而很少直接决定对防卫过当的被告人免除处罚。“在所有798名防卫人中，有85人被免除处罚，占比10.65%；其中，有44人是防卫致人轻伤，32人是致人重伤，9人是致人死亡。”[1]“免除处罚在防卫过当案件中仅仅占比9.09%。”[2]或许对于造成不法侵害人重伤和死亡严重后果的防卫过当情形，法院直接决定免除处罚可能还会存在一些压力或者阻力，但是，对于仅造成不法侵害人轻伤损害后果的防卫过当情形，法院确有必要扩大适用免除处罚的比率。这既是理论上正确把握防卫过当免除处罚根据的内在要求，又是实践中拟将致轻伤害型防卫过当作为轻罪来治理所必须采取的行动。其二，综合运用《刑法》第37条的规定，即“对于犯罪情节轻微不需要判处刑罚的，可以免予刑事处罚”，加大对仅造成轻伤过当结果的防卫人免予刑事处罚的宽宥筹码和可能空间。在司法实践中，绝大多数真实的防卫过当案件都不仅只有一个法定的量刑情节（即防卫过当应当减轻或者免除处罚），诸如自首、坦白、积极救治被害人、积极赔偿取得谅解等法定、酌定的量刑情节经常是叠加发生的，因此，法院在一般的故意伤害罪的法定刑基础上（即三年以下有期徒刑、拘役或者管制），即便对于致

〔1〕尹子文：“防卫过当的实务认定与反思——基于722份刑事判决的分析”，载《现代法学》2018年第1期。

〔2〕吴真文、闫清嘉：“论防卫过当免除处罚的扩大适用”，载《湖南科技学院学报》2019年第9期。

轻伤害型防卫过当仅决定适用减轻处罚，在综合考虑案件所具有的其他包括自首、坦白、积极救治被害人、积极赔偿取得谅解等在内的各种法定减轻、酌定从轻的量刑情节之后，也是可以合理导出“对于致轻伤害型防卫过当，犯罪情节轻微，不需要判处刑罚，可以免除刑事处罚”的结论的。不论是仅根据防卫过当这一单一的法定减轻量刑情节，还是综合考虑防卫过当以及其他法定减轻、酌定从轻的多种量刑情节，来决定对仅造成轻伤过当结果的防卫人免予刑事处罚，都是在“刑”上宽宥致轻伤害型防卫过当的轻犯罪人的有效途径，可以根据不同案件的具体情况具体分析选择适用。

此外，在上述论证结论的基础上，即对于致轻伤害型防卫过当这一类轻罪，依刑法规定可以直接免除处罚或者综合认定为犯罪情节轻微，不需要判处刑罚，加之，我国《刑事诉讼法》第177条第2款规定，“对于犯罪情节轻微，依照刑法规定不需要判处刑罚或者免除刑罚的，人民检察院可以作出不起诉决定”，故而本文在此进一步提出，对于实践中发生的致轻伤害型防卫过当，或许还可以选择通过刑事诉讼程序中的酌定不起诉制度将这一类轻罪提前分流出罪去。在德国，对于轻微违法犯罪的分流处置主要倚重的也是程序法路径。《德国刑事诉讼法典》第153条规定：“在以轻罪为对象的程序中，如果行为人的罪责轻微，且不存在追诉的公共利益，经有权开启审判程序的法院同意，检察院可以不进行追诉。如果轻罪没有设置最低刑罚，且行为所引起的后果轻微，则无需获得法院的同意。”当然，检察院对轻罪暂时不提起公诉，同时还可以对被指控人科处一定的负担和指令，具体包括第153a条列明的：“（1）做出一定的给付，修复行为造成的损害……（5）努力与被害人达成调解，并完全或绝大部分地弥补其犯行，或尽力争取弥补……”[1]尽管这种通过程序法上的不起诉制度来实现轻微犯罪出罪目的的方式在德国的法律实践中广泛存在，但也越来越多地遭受到一些诘难。比如，程序法路径赋予了检察官很大的自由裁量权，且缺乏法院的有效监督，存在权力被滥用的极大风险。再如，将不起诉制度与金钱给付联系在一起，存在刑事司法商业化的倾向，这蕴藏了不起诉制度适用的不平等性。[2]在全面分析了德国轻微犯出的程序法模式的利弊之后，本文仍然认为，在我国通过酌定不起诉制度将轻罪分流出罪去具有一定的积极意义，尤其是对

---

〔1〕《德国刑事诉讼法典》，宗玉琨译注，知识产权出版社2013年版，第146~149页。

〔2〕王华伟：“轻微犯分流出罪的比较考察与制度选择”，载《环球法律评论》2019年第1期。

于致轻伤害型防卫过当，经检察院审查后提前被酌定不予起诉，这种通过程序法上所赋予检察机关的自由裁量权最终达到了实体法上出罪效果的做法，对于进行第二次飞跃帮助实现扩大正当防卫的成立空间之最高纲领可谓是意义重大，因而是值得探索与践行的一条路径。

（二）致重伤害型防卫过当的非监禁刑适用

虽然在刑法理论上，对于防卫过当的主观罪过形式，学者们的共识是原则上一般宜认定为过失，例外情况下也可以认定为故意。然而，在司法实践中，造成重伤过当后果的防卫人在多数情况下都会被认定为故意伤害致人重伤罪，极少数情况下才会被认定为过失致人重伤罪。这种情况在当前理论界开始反思防卫主观要件，并越来越青睐伤害故意可以与防卫意思并存观点的背景下，似乎并不会得到大的改变。把致重伤害型防卫过当多数认定为故意伤害致人重伤罪，而很少认定为过失致人重伤罪，将是我们不得不面对的现实问题。

刑法规定故意伤害致人重伤罪对应的法定刑幅度为三年以上十年以下有期徒刑，对于造成重伤过当后果、构成故意伤害致人重伤罪的防卫人而言，其在因防卫过当被依法减轻处罚之后，最终应当宣告被判处的刑罚区间至多在三年以下有期徒刑。对于这一类轻罪的治理思路，可以选择扩大缓刑的适用，尽量采用非监禁的刑罚执行方式。刑法规定可以宣告缓刑的首要条件是“犯罪情节较轻”，而致重伤害型防卫过当作为轻罪，通常是满足“犯罪情节较轻”这一要求的，且构成故意伤害致人重伤罪的防卫过当人在被依法减轻处罚之后，其应当被判处的法定刑幅度也是三年以下有期徒刑，完全与缓刑适用的前提条件相吻合。因此，从缓刑的角度切入，以期达到对致重伤害型防卫过当的轻罪治理目的，是一条十分方便、高效的路径。当前，在司法实践中，法院对造成重伤过当后果、构成故意伤害致人重伤罪的被告人宣告缓刑的比率，据粗略的估计，大概在45%左右，虽然相较全部犯罪的缓刑宣告比率，即“在被判处三年以下有期徒刑的罪犯中，宣告缓刑的占38.5%，在被判处拘役的罪犯中，宣告缓刑的有33.6%”，[1]这是一个并不低的数字，但与作为轻罪的缓刑适用率相比，“制定轻犯罪法……要尽可能实现刑罚的轻刑化……对轻罪大多可以判处缓

［1］ 赵兴洪：“缓刑适用的中国图景——基于裁判文书大数据的实证研究”，载《当代法学》2017年第2期。

刑”,[1]仍然有待提高。本文主张尤其应对防卫过当致人重伤的被告人扩大适用缓刑，主要是因为防卫过当这一类犯罪完全是由被害人率先实施不法侵害行为引发的，且被告人采取防卫行为是完全正当的，只是在激烈的反击与对抗过程中，由于被告人未能把控好力量、强度与火候，这才使得防卫行为从正当走向了犯罪，这远不及典型意义上的故意伤害罪（即基于伤害的故意主动展开进攻造成被害人受重伤的损害后果）在行为不法、主观恶性、社会危害方面的严重程度。提高对造成重伤过当后果的防卫人的缓刑适用比例，直接地将有利于降低这类犯罪人在刑罚执行中交叉感染的概念和社会复归的难度，间接地也还算是从侧面鼓励、支持我国公民的正当防卫权利的一种方式。

对于造成重伤过当后果、构成过失致人重伤罪（刑法规定过失致人重伤罪的法定刑幅度为三年以下有期徒刑或者拘役）的防卫人，根据当前司法实践中的极少数案例的判决结果来看，即便是在因防卫过当的法定量刑情节被依法减轻处罚之后，其最后被判处的刑罚也还是以一年左右的有期徒刑为主，且被宣告缓刑的比例小，此外，并没有被告人被判处拘役。这一结果的出现，可能存在以下几个方面的原因。一是拘役的期限为一个月以上六个月以下，犯罪嫌疑人自被逮捕、羁押以后，案件经检察院审查起诉、法院开庭审理，等到被判决的时候可能已经过了三个多月了，再判处拘役显得刑期过短，且考虑到短期自由刑产生交叉感染的弊端，因此，法院在有期徒刑和拘役之间几乎不选择对构成过失致人重伤罪的被告人判处拘役。二是由于过失致人重伤罪不像故意伤害罪具有不同格的法定刑幅度，而是只规定了两个不同的刑种，且有期徒刑只有一个法定刑幅度，法院在进行减轻处罚时，实际上只是在该幅度内（三年以下有期徒刑）判处了较轻或者最轻的刑期，比如 6 个月、8 个月、10 个月、1 年 10 个月有期徒刑。对此，如若要对造成重伤过当结果、构成过失致人重伤罪的被告人进行轻罪治理的刑罚改造，可以从两个方面入手。其一，仍然坚持“对刑法只规定了一个量刑幅度时，减轻处罚只能在本幅度内判处较轻或者最轻的刑罚”[2]的观点，继续对构成过失致人重伤罪的防卫过当人判处较轻或者最轻的有期徒刑刑罚，但同时要扩大缓刑的适用范围。其二，采取“在法定刑以下判处刑罚，包括判处刑法分则条文没有规定的不同刑种的刑罚”的观点（1994

[1] 周光权：“转型时期刑法立法的思路与方法”，载《中国社会科学》2016 年第 3 期。

[2] 黄太云：《刑法修正案解读全编》，人民法院出版社 2011 年版，第 45 页。

年2月5日最高人民法院研究室就此问题所作答复即持此立场），[1]尽量对构成过失致人重伤罪的防卫过当人适用较拘役而言更轻的刑种，即管制这种非监禁刑。

综上所述，对于仅造成不法侵害人轻伤损害后果的防卫过当人，由于其所造成的损害后果虽然超过了制止不法侵害的必要限度，但并不十分严重，因此，对属于此情形的犯罪人可以扩大适用“防卫过当应当免除处罚”条款的范围，或者，在犯罪人同时具备自首、坦白、积极救助被害人、积极赔偿取得谅解等多种从轻处罚情节的情况下，根据《刑法》第37条的规定，将犯罪情节轻微的犯罪人免予刑事处罚。德国通过检察官的不起诉制度从而将绝大多数的轻微犯罪分流出罪的法律实践具有启发意义，对于最终可能不需要判处刑罚的致轻伤害型防卫过当犯罪人，我们也可以借助刑事诉讼法中规定的酌定不起诉制度而将其提前出罪。如此一来，有罪的防卫过当与无罪的正当防卫在刑事制裁效果上就更为接近了，可以为由首先扩大防卫过当的适用范围跨越至扩大正当防卫的成立空间之最终目标实现作出铺垫。对于造成不法侵害人重伤损害后果的防卫过当人，虽然不能完全适宜直接免除处罚，但在应当减轻处罚之后，由于其所最终判处的刑罚区间在三年有期徒刑及以下，故可以提高适用缓刑这种非监禁的刑罚执行方式或者尽可能判处管制这种非监禁的刑种。

结　语

经过长期努力中国特色社会主义进入了新时代，这标志着我国社会主要矛盾已经转化为人民日益增长的美好生活需要和不平衡不充分的发展之间的矛盾。在新的历史条件下，如何在社会控制与人权保障之间寻求最佳的平衡以解决社会治理中因不充分发展产生的矛盾是我们思考问题新的基本出发点。[2]当前，人民群众对权利的保护具有普遍的愿望和迫切的需要，因此，在实践中扎实落实好立法对公民的正当防卫权利予以鼓励、支持和保护的旨意和精神成为当务之急。然而，受我国固有体制和传统文化的桎梏，一蹴而就地扩张正当防卫的成立空间并不具有现实意义。策略性地选择先扩大防卫过当的适用范围以为最终实现扩张正当防卫成立空间之最高目标作铺垫，不失为在社会控制与人权保

〔1〕 黄祥青：“减轻处罚情节的理解与适用”，载《人民司法》2013年第11期；王胜俊主编：《中华人民共和国最高人民法院司法解释全编（刑事卷）》，人民法院出版社2009年版，第406页。

〔2〕 王充：“构建轻罪治理模式，助力社会治理无‘死角’”，载《人民论坛》2018年第11期。

障之间寻求平衡的最佳良策。

将致伤型防卫过当纳入轻罪制度的治理体系，是在化解社会矛盾、维护社会秩序、实现社会控制中实现最大程度上保护公民的权利和自由目的的可行途径。实体法上轻罪治理的根本和核心在于犯罪观与刑罚观的更新。[1]致伤型防卫过当在本质上不属于具有严重社会危害性的重罪犯罪，不论是从犯罪的产生原因（由被害人率先实施不法侵害行为引发）、犯罪的主观罪过（出于防卫的意思而不是纯粹伤害的故意），还是犯罪造成的客观后果（不法侵害人受伤而非死亡），都不难得出致伤型防卫过当应属于较轻犯罪的结论。对于致伤型防卫过当这类轻罪的治理思路，主要可以从刑罚方面切入，对于仅造成轻伤损害后果的防卫过当人，尽可能免予刑事处罚，对于造成重伤损害后果的防卫过当人，尽可能适用非监禁的刑罚种类或者非监禁的刑罚执行方式。在刑罚上给予致伤型防卫过当轻犯罪人宽宥，在理论上是轻罪刑事政策“轻轻”这一内容的基本要求，[2]是对“防卫人本位”正当防卫观念的更深坚持，有利于在实践中进一步保护防卫人的综合权利以及实现扩大正当防卫成立空间的最终目的。

---

〔1〕 杨迪：“我国轻罪案件刑罚配置的规范化进路——以刑事裁判大数据为方法”，载《法律适用》2018 年第 7 期。

〔2〕 田兴洪：“轻罪刑事政策论纲”，载《法学杂志》2010 年第 4 期。

轻罪治理现代化的基层检察经验与立法展望

贾晓文　张美惠*

摘　要： 当下国家治理体系和治理能力现代化已提升至战略高度，刑事司法是现代化治理中的重要组成部分，而轻罪刑事司法正是基层社会治理的基石。本文从现代化治理体系中的多元化、法治化和人权保障等理念出发，介绍基层检察机关在办理轻罪案件中凝聚各界合力，参与社会治理的工作经验，并就轻罪检察工作的特点提出司法实践中有待解决的若干问题，在构建轻罪诉讼体系、提升轻罪治理现代化水平方面展望立法。

关键词： 轻罪治理　现代化治理　轻罪诉讼体系　轻罪检察

一、轻罪治理现代化的应然性

现代法治国家必然要求政府对国家和社会由管理模式适时逐步转变为治理模式。因应这一发展规律，党的十八届三中全会首次提出“推进国家治理体系和治理能力现代化”，十九届四中全会又将推进国家治理体系和治理能力现代化提升到国家重大战略任务的高度。在依法治国的政策大背景下，司法机关的治理逐步成为国家和社会治理的重要环节，而刑事司法作为惩治犯罪、保障公平正义的最后一道防线，其参与治理的广度、深度和精准度直接影响着人民群众的参与感和获得感。同时，随着经济社会的快速发展，严重暴力犯罪发案率呈下降趋势，而轻微犯罪的比重明显上升，且呈逐年扩大的趋势，根据2020年最高人民检察院工作报告，近年来判处三年有期徒刑以下刑罚的刑事案件占比约80%。与严重暴力犯罪不同，轻微犯罪多由民间纠纷引发，占全部刑事案件比例较大的轻微犯罪案件的产生根植于基层，是典型的基层矛盾。基层社会治理现代化是国家治理现代化的基石，轻罪案件涉及的各方对象也正是国家和社会

---

* 贾晓文，北京市朝阳区人民检察院四级高级检察官；张美惠，北京市朝阳区人民检察院二级检察官。

治理所需的共同主体中不可或缺的组成部分。

轻罪治理现代化的趋势不仅面向国家政策层面，还着眼于法律规范本身。近年来法律规范的更迭与修缮也同样催生着轻罪诉讼体系的构建。2013 年底，因以行政手段长期限制人身自由而饱受诟病的劳教制度正式废除，在肯定其积极意义的同时，也不可避免地带来了原有三层金字塔模式（行政治安处罚、劳动教养、刑法处罚）的中间断层，行政与刑事处罚之间的真空地带使得原以劳动教养处置的部分行为陷于无法可依的局面，且二者自由刑长度的上下限间也存在断层。针对这一问题，最高人民法院和最高人民检察院近年来以刑法修正案的形式将部分原未纳入刑法处罚的行为以处拘役或一年以下有期徒刑的轻法定刑入罪，如《刑法修正案（八）》中增设法定刑为拘役的危险驾驶罪，《刑法修正案（九）》中增设最高人民法院定刑为拘役的使用虚假身份证件罪等；并同时以修正案和司法解释的方式对部分罪名的入罪标准予以扩充或降低，如盗窃罪、敲诈勒索罪的“50%”追诉标准，增设“入户盗窃、扒窃”等入罪情节等。随着法律规范的不断发展变化，轻微刑事犯罪的数量和比例在原有基础上必将进一步提高。

然而，政策或法律的制定与修缮，都无法脱离社会生活的土壤。无论是《关于〈中华人民共和国刑法修正案（八）（草案）〉的说明》中“加强民生保护，加大惩处力度”的立法目的表述，还是《关于〈中华人民共和国刑法修正案（九）（草案）〉的说明》中阐明的“进一步发挥刑法在规范社会生活方面的引领和推动作用”指导思想，都体现着刑事立法对社会关切的积极回应。轻微刑事犯罪的罪刑虽轻，但对其的处置方式和效果却深刻地影响着社会生活的安定和公民道德的趋向，“蚁穴效应”和“破窗理论”均系对这一结论的形象阐释。轻微刑事案件往往发生在日常社会生活中，能否妥善办理、化解矛盾、实现犯罪预防，关系到人民群众的日常生活和基层社会单元的治理，轻罪治理的现代化正是为国家和社会治理的现代化筑牢基层基石。

轻微刑事犯罪治理之所以在国家和社会治理体系中占据重要和独特的地位，还因其自身所具有的特性得以跳出公安—检察—法院—律师四方参与刑事案件的传统体系，广泛引入多种社会主体参与发挥作用，这又与现代化治理理论中的多元化群策群力思想相呼应。如社区矫正是与管制、缓刑等轻罪案件中常见的刑罚运用方式相配套的治理措施。《社区矫正法》规定，具有专业知识或实践经验的社会工作者，居（村）民委员会，家庭、单位和学校都能够开展、协助社区矫正工作。社区矫正是轻罪案件扩大非监禁刑适用的重要配套措施，调动多元化社会主体的力量将社区矫正制度落地生根，不仅能够妥善处理轻罪案件，而且能够使轻罪治理的主体从司法领域走向社会生活，真正实现社会公众的自我治理。

二、轻罪治理现代化的基层检察经验

根据刑事诉讼法关于管辖的规定，轻罪案件主要集中于基层司法机关办理。虽然在轻罪治理现代化的趋势和要求下，学界与实务界均展望未来轻罪诉讼体系的构建，但基层司法工作仍应面向立法，在现行法律体系的框架内实现创新的同时，适时为立法层面提供实践经验与基层智慧。基层检察机关作为刑事诉讼体系中的“稳控器”“减压阀”，在妥善处理大量轻罪案件的同时，也在不断总结和创新工作机制经验，对接基层治理的法治需求，探索建立能够紧密嵌入国家现代化治理体系中的轻罪案件检察工作体系，以期推动轻罪诉讼体系的建立与完善。

（一）以专门化、专业化夯实基层矛盾化解的治理基础

轻微犯罪是刑事犯罪的主体，而轻微犯罪案件又基本集中于基层检察机关办理。长期以来，案多人少的矛盾严重影响基层检察机关治理能力。2016年以来，北京市部分基层检察机关即开始试点轻罪案件专业化办理机制，根据案件类型、刑罚轻重、案件数量等因素，制定合理的分案规则，实行不同案件类型不同办案模式，将占比50%以上的轻微刑事案件相对集中办理。后又成立专门的轻罪案件办案部门，集中办理法定刑三年有期徒刑以下刑罚的轻罪案件，为推进“繁简分流、轻重分离、快慢分道”打通渠道，为实现专门化、专业化办案，精准打击犯罪奠定基础。在一次集中分配的基础上，轻罪案件专业化办理机构内部还根据案件性质进行二次分配，如成立涉毒品、公共安全等专门办案组织，在专门化基础上进一步实现专业化，研究总结统一类案办理标准，将工作对象和重心落脚在人民内部矛盾的正确处理、有效化解上，最大限度地减少社会不和谐因素，提升检察机关参与社会治理的能力和水平。

（二）以认罪认罚从宽制度凝聚社会治理的强大合力

轻罪案件办理要实现社会治理效果的最大化，需要侦查、检察、司法机关，辩护律师和当事人各方的共同参与。基于此，基层检察机关以轻罪案件办案部门为主导，实现认罪认罚从宽制度全面依法适用：对于符合认罪认罚从宽条件

的犯罪嫌疑人，在审查逮捕阶段，积极适用轻缓化强制措施，降低审前羁押率；在捕后阶段，及时开展羁押必要性审查；在审查起诉阶段，提出从宽量刑建议，对于犯罪情节轻微、依法不需要判处刑罚的，敢用、善用不起诉裁量权，通过制定明确细化的适用标准为不起诉权的行使划定边界，规范权力运行，有效限制不起诉权运用的恣意性和不平衡性。

适用认罪认罚从宽制度还应充分尊重和听取被害人及其诉讼代理人的意见，是否和解、赔偿、取得谅解也是从宽处罚的重要考虑因素。检察机关以往即有开展刑事和解工作的经验基础，“加害人—被害人”的和解本质上属于法律范围内的自治行为，但对于符合和解程序适用条件的公诉案件，检察机关也会在自治原则下阐明法律规定，积极促成和解，通过和解使犯罪嫌疑人和被害人双方矛盾得以消解，被破坏的社会关系得以恢复，人民内部矛盾得以自我修复。

自认罪认罚从宽制度试点以来，律师参与就是其中的重要内容。《刑事诉讼法》又进一步明确了律师作为辩护人与检察官就量刑进行协商，以及作为值班律师为犯罪嫌疑人提供有效法律帮助的诉讼地位。基层检察机关也积极与司法行政机关进行沟通，通过在检察院设立值班律师工作室，推动值班律师进入看守所提供法律帮助等方式，充分发挥律师在认罪认罚中的保障作用。

针对不起诉案件，在完善内部控制制度的同时，检察机关还引入外部监督制约机制，防止不起诉权的滥用和泛化，如邀请人大代表、政协委员、人民监督员、专家学者、律师参与公开审查，将不起诉权置于公开透明的外部监督下。

同时，在不起诉决定作出后，检察机关严格执行《刑法》第37条的规定，对于需要对被不起诉人行政处罚、行政处分的，及时向公安机关等有权机关制发书面《检察意见书》，填补非刑事处罚与应行政处罚间的缝隙漏洞，严密“刑行衔接”机制，形成防治合力，防范被不起诉人再次违法犯罪。

（三）以刑事速裁程序助推开通社会治理“快车道”

轻罪案件大多案情相对简单、犯罪嫌疑人自愿认罪认罚，如与重罪案件采取相同的办案时限进行诉讼，不仅是对司法资源的浪费，也是对犯罪人审前自由的长期不当剥夺。2014年，全国人大常委会授权最高人民法院和最高人民检察院开展刑事速裁程序试点工作，对事实清楚、证据确实充分的轻微刑事案件，被告人认罪认罚并同意适用速裁程序的，简化程序快速办理。首批试点的检察机关积极探索创设刑事速裁程序工作机制，大幅提升办案效率，开通轻微刑事案件办理“快车道”，实现刑事速裁办案“新速度”。一是创设快速送案收案机制。协调公安机关和法院开通绿色通道，减少案件流转时间。二是创设远程视频讯问机制。简化讯问流程，提高讯问效率。三是创设法律文书简化机制。将向犯罪嫌疑人告知诉讼权利类文书整合，审查逮捕与审查起诉结案报告两书合一，起诉书与量刑建议书两书合一。将危险驾驶罪、盗窃罪等常见罪名制作成表格式报告模板，合理简化报告内容，节省文书制作时间。四是创设集中出庭公诉机制。安排专职公诉人统一对大量速裁案件集中出庭支持公诉，降低出庭时间成本。

随着刑事速裁程序于2018年10月正式写入《刑事诉讼法》，2019年10月最高人民法院、最高人民检察院、公安部、国家安全部、司法部又在《关于适用认罪认罚从宽制度的指导意见》中对速裁程序适用作出了进一步的明确规定，基层检察机关在此前的试点工作基础上，还探索建立执法办案中心和看守所“双速裁快速结案机制”，推动从侦查机关立案到法院判决“48小时全流程结案”。设立专门的办案组轮值负责办理适用“48小时全流程结案”的案件，协同公安机关和法院在公安机关执法办案中心设立案件审查区域，为检察机关审查证据提供便利条件；设立法律援助律师值班室，为犯罪嫌疑人即时提供法律帮助；设立速裁法庭即时开庭，节约在途时间。

三、轻罪治理现代化进程中的待解之题

着眼于现行法律框架深耕轻罪检察工作体系的同时，不能回避的是，轻罪治理的发展进程中仍存在着若干需要解决的重要问题。在未来轻罪诉讼体系的构建中，不免将在此彼间作出选择或折中，这也是法律体系不断发展完善的过程中必须要面临的课题。

（一）社会关切性与刑法谦抑性之调和

谦抑性作为刑法的基本原则，与回应社会关切并不矛盾，但仍存在需要调和的冲突之处。因立法往往滞后于社会生活中出现的新情况和新问题，不免存在某些社会关注的热点、敏感问题爆发后，舆论普遍认为应受刑法处罚，但刑事立法对其尚未规范或虽已规范但入罪标准、法定刑期不合大众预期。选择扩大刑事犯罪处罚范畴，是对社会民生关切的回应，也是风险社会中的现实需要，但在这一过程中，轻罪范围向下延伸，将原本不是犯罪的行为入罪或降低入罪标准，虽然大多数情况下能够呈现良好面相，如醉驾入刑后的正面示范效应，但仍不时面临着违背谦抑性原则“象征性立法”的质疑，如拒不支付劳动报酬

罪被部分学者认为是以刑事手段严厉介入劳动关系，取代了本应完善的行政管理职责和民事救济路径。[1]

（二）轻罪诉讼体系立法与现行刑事法律稳定性之平衡

从世界范围看，主要存在两种立法体例：一是分散式立法，目前在我国行政法规体系中较为常见；二是集中式立法，我国刑法等部门法多采用专章体例。二者各有利弊，而无论采取何种立法体例，要构建轻罪诉讼体系，必然会对现行实体法和程序法，甚至是组织法的运行造成冲击。传统概念中对轻罪的定义往往将社会意义、处罚意义和诉讼程序意义杂糅，而无法简单地以法定刑期长短或是否认罪而适用简易程序来确定，立法则必然要将轻罪的概念予以明确。最为重要的是，现行刑事实体法和程序法似乎并未为轻罪诉讼体系的构建留有足够的发挥空间，剥离后的重建不免对现行法律体系的运行造成冲击。

（三）犯罪预防的需要与刑罚成本高企之矛盾

在风险社会中，刑事立法和司法不得不紧跟风险的脚步作出调整。刑法通过对犯罪人的严厉处罚在全社会建立起风险和守法意识，以实现其预防功能。而随着现代化治理模式的要求和司法理念的转变，以往高逮捕率、起诉率带来的诉讼、执行资源的高企已经成为制约刑事诉讼效率的掣肘。同时，审前高羁押率和短期自由刑的高适用率也使得羁押场所成为"交叉感染"的重灾区，多数轻微刑事犯罪案件本可适用取保候审或缓刑，但由于配套设施不完善、社会矛盾未化解等原因，司法者在评价社会危险性时仍需过多地考虑案件事实和证据以外的因素，执行能力、是否保证到案等因素则不免成为阻碍适用轻缓强制措施和非自由刑的桎梏。

四、轻罪诉讼体系构建的立法展望

（一）"犯罪圈"扩大的必然性

如前所述，在近年来的刑法修正案和司法解释中，已有轻罪"犯罪圈"扩大化的趋势，严密行政处罚与刑事处罚间的法网必然要求轻罪体系向下延伸，以填补劳动教养制度废止后的立法空缺，这也有利于避免刑事司法将认为不应由自身处理的案件推至行政手段解决，防止变相扩大以行政手段剥夺人身自由

[1] 刘艳红："当下中国刑事立法应当如何谦抑？——以恶意欠薪行为入罪为例之批判性分析"，载《环球法律评论》2012年第2期。

的范畴，实现刑法保障人权的立法目的。同时，通过对轻罪的严密界定，也能够以法律底线提示公民规范自身的日常行为，从而推动社会整体道德水平的提升。但需要注意的是，当前我国的“行政处罚—刑事处罚”二元结构仍有其在处置效率和社会观感方面的有利之处，因此在“犯罪圈”的扩大过程中，应采取循序渐进的原则，在完善非自由刑等配套措施的同时，再逐步拓宽轻罪体系的范畴。

在“犯罪圈”扩大不可避免的同时，建立具有可操作性的出罪机制则势在必行。检察机关作为刑事案件进入审理程序前的最后一道关口，在以往的基层检察工作中，对于不起诉制度等出罪机制的构建积累了许多实践经验，但随着轻罪罪名和案件的不断增加，仅靠在审查起诉环节作出不起诉决定显然不足以应对，而参照域外经验在更多诉讼环节放开出罪“过滤器”，则也面临着自由裁量权被恣意运用的风险。

（二）轻缓化强制措施和非自由刑的普适性

“犯罪圈”得以扩大、轻罪诉讼体系得以构建的基本前提在于轻缓化强制措施和非自由刑的有效运用，如果更多的行为被纳入轻微刑事犯罪，但仍以现行的逮捕和起诉标准处理，很难不造成公民的恐慌。即使是在现有法律框架下，将大量轻罪犯罪人投入监管场所也可能引发次生矛盾和社会分裂，有违共治共管的现代化治理理念。

当前刑事案件羁押率高企的主要原因前文已论及，其根本在于要从制度运行和技术应用两个方面加以改进。许多短期自由刑判决的作出往往基于前期逮捕强制措施的适用，如裁判者在审判阶段改变强制措施，需为其“无再犯罪风险”的判断承担责任。因此，在审前阶段，应当引入电子手铐等技术手段拓宽取保候审强制措施的适用范围，保障涉案犯罪嫌疑人能够及时到案，消除司法者的后顾之忧。同时，对犯罪嫌疑人适用轻缓强制措施，也有助于认罪认罚从宽制度的适用和刑事和解工作的开展，督促其在诉讼进程中尽早积极认罪、悔罪，对被害人及时赔偿，取得被害人谅解，妥善化解社会矛盾。

而在法院宣告判处管制或适用缓刑后，则应用足、用好配套的社区矫正制度和社区资源，避免非监禁矫正流于形式，损害司法公信力。随着《社区矫正法》的施行，有望在制度运行中改善以往存在的矫正主体不明确、矫正方案不清晰、社会力量参与不足等问题，从而进一步改良重刑主义和唯监禁论的一般社会观念，同时也能减少监禁带来的社会对抗，有助于轻罪案件犯罪人淡化犯罪标签，更好更早地回归社会。

（三）前科消灭制度的可行性

我国现行刑法中的前科封存制度仅针对未成年人，且明确规定了公民的前科报告义务。而前科对于犯罪人的影响主要在于两方面，一是再犯罪时定罪标准的可能降格和量刑基准的必然升格，二是在社会生活中面对就业等问题时的差别性对待。前者主要集中于再犯可能性的预防，而不区分刑罚轻重和适用方式的无差别前科报告制度于轻罪犯罪人而言并不利于其回归社会，就业、婚姻等压力反而会带来轻罪常习犯的社会隐患。

轻罪前科消灭制度虽与现行前科制度，甚至是现行户籍、政审、档案制度的优化改良密切相关，[1]但在刑事立法层面，仍可参考域外经验中的轻刑前科消灭及复权制度的相应理念，[2]参照未成年人前科封存制度的立法经验，从前科消灭的基本条件（时间、刑期等）、适用范围（罪名、次数等）和实现方式（自然消灭、依申请消灭、消灭后的再恢复）等方面进行规范。

---

〔1〕 杨迪："我国轻罪案件刑罚配置的规范化进路——以刑事裁判大数据为方法"，载《法律适用》2018年第7期。

〔2〕 何荣功："我国轻罪立法的体系思考"，载《中外法学》2018年第5期。

非监禁刑改革路径探索
——以轻缓化为方向

黄珺珺*

摘　要：刑罚的目的决定了其既需要通过惩罚犯罪来达到预防的效果，同时又要平衡其与保护犯罪人人权之间的关系。这种诉求决定了为了使刑罚的效用达到最大化，我们需要顺应轻缓化的刑罚全球发展趋势，提倡合理运用非监禁刑来缓解传统刑罚的弊端，着眼于提高非监禁刑的适用率以及优化非监禁刑制度本身。非监禁刑的改革与完善需要合理应对当前存在的问题，以社会化和轻缓化的视角作为整体改革的方向以思考非监禁刑的完善对策。具体可考虑在立法层面提高非监禁刑适用条件的明确性与惩罚力度的适当性，在执行非监禁刑时注重执行效率的提高与明确职能配置并举。

关键词：非监禁刑　刑罚改革　刑事政策　轻缓化

当今中国正处于社会转型期，犯罪态势在不断变化之中，刑法在制度上进行改革和完善势在必行。刑法本身是运用刑罚权的法律，因此，这场制度改革终将回到刑罚制度的改革和完善的层面上来。如何构建一套公正、高效、合理的惩罚及犯罪治理体系，已经成为我国当代法治建设的一项重要内容。而刑罚本身是一个特殊的矛盾结合体。人类社会所希冀的最理想的情况是让刑罚尽可能地平衡预防犯罪和保障犯罪人的基本人权这两个诉求，发挥二者的作用，最终使刑罚效益得到最大化。〔1〕在现有的刑罚体系中，非监禁刑以其社会化的行刑方式及人道化的刑罚理念，充分顺应了人类刑罚由重到轻缓的历史发展趋势，不仅能带来刑罚效益的提高，还可以促进社会主义刑事法治理念深入人心，对

---

* 黄珺珺，南京大学法学院刑法学专业博士研究生，多伦多大学法学院培养博士研究生。本文受2019年国家建设高水平大学公派研究生项目基金资助（留金选［2019］110号）。

〔1〕 屈奇："从自由刑到社会化行刑过渡的思考"，载《广东社会科学》2017年第3期。

构建法治社会具有重要意义。因此，在中国刑罚制度改革的进程中，非监禁刑的改革应占据重要的地位。在非监禁刑执行的过程中，其强调以社会化视角，摒弃传统的在全封闭的监狱里执行刑罚的措施，给予罪犯一定程度的自由，并且加强罪犯与社会的联系，着重于犯罪人的再社会化，符合人道主义原则，也反映了刑罚效益的思想，顺应了轻缓化的趋势，有助于更好地发挥刑罚的功能效用。[1]

一、刑罚的轻缓化发展方向

刑罚与行刑具有内在的发展规律，从人类社会总体发展而言，刑罚整体走势趋向于轻缓化。“刑罚的历史，本来就是人的历史，这里记录着人生观的变化。迄至19世纪曾经占领刑罚宝座的身体刑和死刑，逐渐被自由刑所替代。”[2]在原始社会和封建社会中，刑罚的模式往往是以死刑与身体刑为中心的，那时刑罚的主要目的是要达到威慑的效果，从而达到巩固统治的目的。在以身体刑与死刑为中心的刑罚体系中，定罪和量刑的特点往往是罪刑擅断，在适用上也极为不平等。为了达到震慑的效果，大多数身体刑都极为残酷。

随着社会发展，人们追求自由、民主、平等的意识逐渐觉醒，认识到了以身体刑与死刑为中心的刑罚体系十分残酷和非人道，于是呼吁刑罚的人道化，以自由刑替代身体刑成为当时刑罚改革的主要潮流。自由刑并不像死刑和肉刑一样直接物理性地作用于犯罪人人身，因而在当时代表着人道主义的思想，也充分体现了社会的进步和发展的趋势。在当时学者的理想构建中，自由刑的伸缩性和可分性能够有效地对罪犯进行矫正，在封闭性的监狱中，罪犯能充分学习社会规范，并且一定程度上可以通过教育的感化帮助自己树立正确的价值观念。[3]而现实并非如此理想，由于长时间处在强制服从的监狱管理模式下，罪犯容易表现出极端缺乏安全感和脆弱敏感的状态。[4]罪犯们被密集地关押在一起，导致监狱拥挤的问题十分严重，并且要新修建监狱和维持监狱管理的成本

---

〔1〕 王曲：“行刑社会化与罪犯的再社会化探讨”，载《中国人民公安大学学报（社会科学版）》2015年第5期。

〔2〕 [日] 福田平、大塚仁编：《日本刑法总论讲义》，李乔、文石、周世铮译，辽宁人民出版社1986年版。

〔3〕 屈学武：“中国社区矫正制度设计及其践行思考”，载《中国刑事法杂志》2013年第10期。

〔4〕 张德军：“短期自由刑执行机制改革研究——以社区矫正制度的完善为视角”，载《法学论坛》2014年第4期。

也很高。同时还存在着“交叉感染”甚至“加重感染”的风险。〔1〕由于监狱强大的隔绝效应，导致犯罪人在里面渐渐断离了与社会的正常联系。并且以上种种都将导致犯罪分子出狱后难以融入社会、回报社会。〔2〕传统监禁刑的矫正模式愈发明显的弊端迫使人们去关注并思考如何避免和克服这些现象的发生。在这种情况下，人们开始思考采取一种社会化程度更强的行刑模式，一来可以更好地避免服刑人员由于长时间入狱所带来的一系列问题，减轻监狱维持的负担，二来也符合人道主义精神。

在自由刑的弊端愈发显著的时候，出现了一种通过加强罪犯与社会之间联系，不将犯罪人与社会绝对隔绝，旨在帮助罪犯提高其再社会化程度，使其能被社会再次接纳，以减少其再犯可能性的新型刑罚。〔3〕在传统的监禁刑中，罪犯服刑是在一种极度严厉的环境下接受教育改造，基本处在与外面的世界隔绝的状态。而这种新型刑罚方式则提倡关注罪犯的基本人权，让罪犯在服刑过程中接触社会，贯彻法律的人文关怀。随着社会进一步发展，更多国家开始并更为重视人道主义的思想，并且在这一思想的指导下，他们日渐采用监外劳动〔4〕的方式来代替一部分自由刑的刑罚。采用监外劳动的方式可以更大程度上让罪犯与外界环境接触，防止由于长期处于监狱内部压抑的环境下而产生消极情绪。例如德国，罪犯可以受雇于监狱外的一些企业，并在企业内以“域外就业”或者“域外走廊”〔5〕的形式进行工作。这些新型刑罚一方面可以积极地鼓励罪犯进行改造，另一方面又可以给罪犯一定程度的自由，增加行刑过程中的社会化程度，为他们将来重返社会提供一个良好的过渡期，而这种行刑方式也慢慢演变成为我们目前熟知的非监禁刑的刑罚制度。这种由于人们重新审视刑罚制度体系与行刑效率之后产生的非监禁的全新执行措施，符合刑罚与行刑的发展规律，是刑罚执行不断社会化、人性化的重要体现。刑罚逐步走向社会化和人性

〔1〕［法］马克·安塞尔：《新刑法理论》，卢建平译，香港天地图书有限公司1989年版，第73页。

〔2〕Van Ginneken, E. et al.,“*Just*” *Punishment? Offenders' Views on the Meaning and Severity of Punishment*, Criminology & Criminal Justice 17, 62-64.（2016）.

〔3〕［美］克莱门斯·巴特勒斯：《矫正导论》，孙晓雳、张述元、吴培栋译，中国人民公安大学出版社1991年版，第22页。

〔4〕Guilbaud, Fabrice, *Working in Prison: Time as Experienced by Inmate-Workers*, Revue française de sociologie 51, 42-43（2010）.

〔5〕笔者注：“域外就业”是指罪犯在监狱管理人员的监督下进行就业；“域外走廊”是指罪犯可以不在监狱管理人员的监督下进行改造。

化的过程就是行刑社会化程度不断提高、轻缓化程度不断增强的过程，这也体现了人类刑罚的不断发展与进步。

二、非监禁刑实质性分析与现存问题探究

（一）非监禁刑实质性分析

现代刑罚主要有以下三大类：死刑、监禁刑和非监禁刑。非监禁刑与在监狱等禁闭场所执行的拘役、有期徒刑、无期徒刑等刑罚不同，其着重强调在不完全剥夺被执行人的人身自由下实行处罚，主要针对的是罪行较轻微、人身危险性较低的罪犯。[1]在审前阶段采用的拘传、取保候审、监视居住的方式避免对被执行人实施拘留等监禁类措施，严格意义上来说只能称得上是一种非监禁措施，而未到刑罚的程度；在审判时我国适用的非监禁刑也不只局限于主刑和附加刑，还包括了管制、罚金、缓刑等；[2]在行刑过程中非监禁刑也体现在减刑、监外执行等方面。

非监禁刑作为刑罚轻缓化的必然归宿，能很好地缓解自由刑在改造罪犯、惩罚犯罪过程中带来的一系列问题，也更能体现刑罚的社会价值。非监禁刑尽管也对罪犯的人身自由作出一定限制，但限制时间较短、处罚程度较轻。罪犯执行刑罚的场所也与传统的自由刑不同，并不是在封闭的监狱中执行刑罚，而是允许罪犯进入社会，接受社会的教育和改造，一定程度上能减轻由于刑罚的执行给予犯罪人的标签化，使矫正具有显著的社会效果。[3]

在我国传统的刑法学理论中，刑罚方法与相关的其他措施有很大区别，而在非监禁刑中，刑罚与相关措施可以相结合使用，刑罚和相关措施的界限也可适度淡化。非监禁刑既包括不剥夺自由的非监禁刑刑种（如管制、罚金等），还可以包括非监禁刑的制度或措施（如缓刑、假释等）。不仅如此，非监禁刑因执行特点特殊，与自由刑相比表现出更多样化、开放化的形式。非监禁刑的刑罚执行主体具有多样性，审判机关、行政机关及一些其他社会有关部门均可作为非监禁刑的刑罚执行主体。较传统自由刑的封闭式执行场所而言，非监禁

〔1〕 赵秉志："当代中国刑罚制度改革论纲"，载《中国法学》2008年第3期。

〔2〕 钱叶六、邓文莉："非监禁刑的理论根基与中国扩大非监禁刑适用的必要性"，载《贵州民族学院学报（哲学社会科学版）》2007年第5期。

〔3〕 Andrew von Hirsch, Martin Wasik, *Proportionate Sanctions and Sentence Substitutability: A Reply to Austin Lovegrove*, Howard Journal of Criminal Justice 40, 145-146 (2001).

刑的执行地点也更为多样化。[1]例如，管制可在罪犯所在的社区内执行，更具灵活性和便捷性。非监禁刑的行刑对象也具有多样性。例如，罚金刑、没收财产等执行对象就是财产，而剥夺政治权利是针对人。在行刑效益方面，除了对犯罪人人权的保障和对犯罪人的矫正，非监禁刑具有其他刑罚方式所难以比拟的经济效益。由于非监禁刑较自由刑而言无论是行刑方式还是行刑地点都更为开放，被执行非监禁刑的犯罪人可以通过提供公益劳动参与社区矫正，一方面可以降低监狱为提供固定场所和监管等所耗费的高额运行和维护成本，另一方面还可以为社会提供一定的无偿公益劳动力，[2]缓解社区生活中劳动力不足的压力。

非监禁刑与传统刑罚方法相比限制明显较少，并且能够有效弥补传统自由刑导致的一系列社会问题，适当减少惩罚性的刑罚，替之以惩罚性较轻的非监禁刑，将更符合人类社会发展的历史规律。[3]一些国家目前已经走向了提倡以适用非监禁性刑罚/措施为主要刑罚模式的道路，《英国 2003 年刑事司法法》（Criminal Justice Act 2003）仅对最严重的罪行保留了监禁刑罚。[4]目前在英格兰和威尔士判处的大多数判决也都是非监禁性模式的，截至 2019 年 6 月，其非监禁刑判决占所有判决总数的 90%。[5]我国的非监禁刑制度仍处在较为初期的阶段。我国开展非监禁刑起始时间较晚，非监禁刑的适用率较低，正在实践摸索中稳步前进，在非监禁刑制度的设立、发展过程中，仍存在许多需要加以反思的问题。

（二）重刑主义刑罚观念影响非监禁刑的整体运作

我国传统的重刑主义思想根基深厚并且影响深远，导致当前我国刑事政策以及司法理念中仍呈现较明显的重刑化倾向。但值得肯定的是，由于近些年轻缓化趋势和行刑社会化理念的推崇，我国的重刑率有所下降，适用非监禁刑的比例有所提升。据统计，[6]2015 年全年判处五年以上有期徒刑至死刑的罪犯

---

〔1〕 王宏玉：《非监禁刑问题研究》，中国人民公安大学出版社 2008 年版，第 31~32 页。

〔2〕 王珏："社区矫正试点及有关思考"，载《监狱理论研究》2006 年第 1 版。

〔3〕 Aebi, M. et al, *Have Community Sanctions and Measures Widened the Net of the European Criminal Justice Systems*, Punishment & Society 17, 575-576 (2015).

〔4〕 Criminal Justice Act 2003 (c. 44).

〔5〕 Ministry of Justice (2019). Criminal Justice Statistics Quarterly, England and Wales: June 2019.

〔6〕 本节统计数据来源：《中国法律年鉴》。

115 464人，占生效人数的9.37%，而2014年、2013年全年判处五年以上有期徒刑至死刑的罪犯人数分别占生效人数的9.43%和10.79%，而2013年的重刑率又较2012年下降了2.69个百分点。整体来说，重刑率呈现逐渐下降的趋势。不仅如此，适用非监禁刑的比例逐渐增加。2013年全年判处缓刑、拘役、管制及单处附加刑占总判刑人数的34.18%，而到2015年，判处缓刑、拘役、管制及单处附加刑已占总人数的45.12%；尽管如此，司法机关以及公众对于非监禁刑的认知和态度还需经历一个较长时间的发展过程。

由于历史原因，目前我国占主导地位的观念仍然是偏向重刑主义的思想模式。如需进一步发展及完善非监禁刑，必须首先从观念上进行转变，促使法律工作者和公众能普遍地认同轻缓化的方向以及人道化的刑罚观念。在历史发展中，传统的重刑主义观念无论是在立法上还是刑事政策上都能反映出一种偏向刑罚工具化的观念。我国不仅死刑罪名数量较多，在同样罪名的刑罚设定下，我国刑罚较其他国家刑罚，在设定上也出现了明显较重的倾向。[1]例如，我国《刑法》第264条规定，盗窃罪的最高刑罚为无期徒刑，而《加拿大刑法典》第334条第（a）款[2]规定最高刑罚为不超过10年的监禁，《日本刑法》第235条规定盗窃罪的最高刑罚也为10年惩役。[3]刑事政策上，从1982年到2002年，我国开展的三次“全国严打斗争”也明显体现了重刑主义观念对社会治理理念和刑事政策方面的深刻影响。而从普通公民的视角看，他们的刑罚观念容易受到媒体报道和自身生产生活实践的影响，产生一种泛刑罚化观念和重刑主义的倾向。诚然，对于犯罪分子，必须要施加刑罚予以惩戒，但这却是一个复杂的司法裁量过程，不可一概而论。民众在日常生活中容易受到新闻报道以及他们自身接收的较为片面信息的影响，对一些特定类型的案件表现出愤恨、激动的倾向，并呼吁加重处罚、习惯性要求偏向重刑予以处罚，这些都会一定程度上无形中加重民众的重刑主义的思维模式，认为只有重刑才能充分地惩罚犯罪、威慑犯罪、维护社会秩序。这些观念、理念、政策不可避免地给非监禁刑的推行带来阻挠。加之非监禁刑特有的开放、灵活的行刑方式，更容易让公众产生一些误解。例如，适用罚金刑容易让公众以“花钱买刑”的方式逃避惩罚、缓刑，也容易被理解为是完全不接受刑事处罚。由于这些观念形成已久，

---

〔1〕 吴宗宪：《中国刑罚改革论》（上册），北京师范大学2011年版，第39页。

〔2〕 Criminal Code（R. S. C.，1985，c. C-46），Sub-section. 334（a）.

〔3〕 王耀忠：《非监禁刑研究》，法律出版社2016年版，第94页。

具有很深的意识基础，现已成为非监禁刑在推行过程中必须攻克的思想观念层面的难题。

（三）非监禁刑的设立与适用条件不足影响非监禁刑立法的完整性

21 世纪以来，我国在实践上对非监禁刑的探索已经稳步进行，宽严相济的刑事政策也通过刑法修正案、刑事诉讼法修正案的形式在立法上得到体现。社区矫正模式也在稳步推进当中。从 2003 年在北京、天津、上海、江苏、浙江和山东试点，到目前已经在全国范围内广泛展开，并在帮助服刑人员更好地融入社会方面取得了一定成效。[1]但与此同时，随着非监禁刑的实施，在非监禁刑的设立方面也暴露出了一些亟须加以重视的问题。

首先，对非监禁刑的惩罚力度的设立上不够精准。对惩罚力度和措施没有明确的指引和规定，使得司法机关不但无法在案件审理过程中掌握对非监禁刑具体界分，并且对非监禁刑的行刑过程也难以做到精准把控、严格执行，最终导致惩罚力度和行刑实际效果并不乐观。非监禁刑相较于自由刑而言更加人性化和社会化，但其毕竟是一种刑罚形式，如对其规定得太笼统，惩罚力度达不到一定的刑事惩戒的效果，便会失去其作为刑罚应有的严肃性。例如，在管制刑方面，笼统地规定管制犯可以与他人同工同酬，将难以体现其作为惩罚性刑罚的价值，无法达到惩罚教化犯罪人的作用。[2]与自由刑相似，如果在非监禁刑的规定上未能很好地体现个别化惩罚的模式，即针对犯罪本身设立非监禁刑而非针对犯罪人的非监禁刑，将难以体现个体差异的区别对待的刑事政策理念。无论是自由刑还是非监禁刑，我们都提倡以一种刑罚个别化的方式展开，这样更具有针对性，能更好地避免形式化的处罚方式，从而更好提升刑罚的教育和矫正的效果。[3]例如，在管制刑的规定上，对哪些罪名中的哪些犯罪人可以适用管制刑作出规定，如犯罪人初犯、偶犯或者因外在条件（严峻的生活所迫等）而实施的一些较轻微的犯罪可以适用管制刑。明确化的规定一方面可以体现针对犯罪人个人状况的个别化处理，能更好地教育、感化犯罪人；另一方面也能给司法机关一个精准的处理方向，一定程度上提高非监禁刑的整体适用比率。

---

[1] 本刊："司法部召开组织社会力量参与社区矫正工作座谈会强调 强化措施 不断提高社区矫正社会化专业化水平"，载《人民调解》2017 年第 9 期。

[2] 胡学相、李崧源："论我国管制刑存在的必要性及其完善"，载《湖北社会科学》2009 年第 11 期。

[3] ［德］李斯特：《德国刑法教科书》，徐久生译，法律出版社 2010 年版，第 428 页。

其次，非监禁性刑罚种类较少。非监禁刑种类较少直接限制了法官对非监禁刑的适用空间。同时，种类较少体现在具体个案上将会造成个案难有相应的刑种与之匹配，影响了刑罚个别化的效果。英国的非监禁刑适用率高与其完备的非监禁刑种类密切相关，法院可根据罪犯的年龄对应选择不同种类的非监禁刑刑罚，并且可以根据不同情况予以附加。针对成年罪犯的包括：罚款（Fine）、感化令（Probation Order）、社区服务令（Community Service Order）、缓刑和社区服务令相结合（A Combination of Probation and Community Service Orders）、有条件或无条件释放（Conditional or Absolute Discharge）；对犯罪青少年的非监禁刑罚包括：勤务中心令（Attendance Centre Order）、社区责任令（Community Responsibility Order）、赔偿令（Reparation Order）、青年大会令（Youth Conference Order）。除此之外，法院还可以在任何判决中附加某些命令，例如要求被定罪的人支付赔偿、起诉费用或受害者附加费（Victim Surcharge）等。〔1〕英国的法官在案件的处理中会根据个案的具体情况，针对性地选用一种或者多种模式的非监禁刑刑罚，完善的非监禁刑刑种给予英国法官极大的选择和适用空间，大力促进了非监禁刑在英国刑事裁判中的运用。由此可见，我国可以根据目前已有的刑罚体系，适当增加非监禁刑的刑种（如资格刑、公益劳动等），一方面可以给法官在量刑时更多的适用空间，另一方面也能促进我国非监禁刑制度向更完备的方向发展。

（四）适用机制与执法配置的不完善影响非监禁刑的司法实践

罚金刑作为非监禁刑罚体系中最具有代表性的制度，在司法实践中得到了相当广泛的适用。非监禁刑的适用机制和司法、执法队伍方面的不完善的特点均在罚金刑上有所体现，罚金刑的扭曲使用会一定程度上引发司法、执法机关之间的矛盾，影响非监禁刑整体的实践成效。

罚金刑设立的本意是为了顺应刑罚轻缓化的趋势，希望能在一定程度上减轻短期自由刑带来的弊端。〔2〕在司法适用中，罚金刑在我国的适用率较高，主要是由于罚金刑作为一种附加刑，大多数判决都在并处罚金的基础上强制判决罚金，事实上单处罚金的情况极少，这与国外将罚金刑作为主刑来使用的情况

---

〔1〕 Sentencing Council (2018). *Chairman's Letter to Sentences on Imposition of Community and Custodial Sentences.*

〔2〕 储槐植：《刑事一体化论要》，北京大学出版社 2007 年版，第 154 页。

大不相同。[1]而这种在刑法中规定并科罚金制度，[2]在司法实践中大量运用并科罚金制度的情形，不但偏离了罚金刑本身具有的轻缓化的目的和原则，而且可能导致重刑主义的倾向。若对犯罪人判处自由刑的刑罚已经能做到罪刑相适应，那么该罪中并处罚金的运用对犯罪人的人身自由和财产将带来双重剥夺的不良后果。这样不仅没有发挥罚金刑作为一种非监禁刑对罪行较为轻微的犯罪人的教育和改造的目的，还可能会由于并科制度的适用，使得犯罪人受到双重刑罚，更与其罪行危害程度不相匹配。并且由于罚金刑的执行也并不能对被判处的自由刑予以减轻，在司法实践中，这种模式将会消磨犯罪人与其家属履行罚金刑的积极性（与单处罚金的情形相比）。诚然，罚金刑的适用也不能矫枉过正，不能由于并科罚金制度带来的弊端而在实践中歪曲罚金制度的本意，出现单纯地“花钱买刑”的现象。如法院有一种特殊的“罚金”规定，如果被告人在判决前缴纳了罚金就可以对其适用非监禁刑，反之将被判处监禁刑。这种情况的存在破坏了罚金刑设立的原意，也破坏了适用非监禁刑应该有的依法判刑的标准和规定，将缴纳这种“罚金”作为一种减刑手段和判决依据，会消减公民对法律和司法的信任。

与适用监禁刑相比，非监禁刑对专人和专门机构负责刑罚的执行方面规定得较为松散，审判机关在进行审判活动时还需要进行一部分的非监禁刑的执行，比如说罚金、没收财产、赔偿损失或者赔偿经济损失、训诫、赔礼道歉、具结悔过、减刑、特赦等；而公安机关负责非监禁刑中的非监禁刑措施的部分较多，例如，拘传、取保候审、监视居住等；非监禁刑也没有完全排除监狱的执行参与，例如，一些由于表现良好而被批准离监探亲的罪犯则是需要监狱机关进行管理的。我国现行立法没有明确对非监禁刑的执行机关作统一的规定，非监禁刑的执行机构缺乏统一性，难以相互协调。在责任的承担方面，非监禁刑的适用一定程度上会造成公、检、法系统内部矛盾的产生。[3]

---

〔1〕 刘明祥：“论解决罚金刑执行难题的立法途径”，载《法学家》2009年第2期。

〔2〕 笔者注：我国现行刑法罚金的配置方式分为以下四种：并科制（必并和得并）、选科制（仅指单处）、复合制（包括必并、得并和单处）以及无适用罚金刑。《刑法修正案（九）》颁布后，刑法中所有可以单处罚金刑（指单纯选科罚金和并处或者单处）的罪名总数为114个，仅占全部罚金刑罪名（212个）的53.8%。马永强：“罚金易科自由刑制度的思与辨——兼论罚金执行问题的中国语境”，载《中山大学法律评论》2016年第3期。

〔3〕 周国强、孔靖岳：“刑罚发展的世界性趋势与非监禁刑在我国的前景”，载《江苏大学学报（社会科学版）》2004年第5期。

以罚金刑执行方面为例，立法方面的相关规定严重影响了罚金的整体执结率。虽然罚金刑适用率不低，但整体上真正能贯彻执行的案件仍占少数，单处罚金时执结率高而并处罚金执结率低。[1]立法上规定并处罚金的情形较多，而且多是必并科处罚金的模式。在这种情况下，法官只得同时适用自由刑与罚金刑，易导致上文所述——双重惩罚的状况。这种双重惩罚不可避免给犯罪人造成对罚金刑执行的抵触心理（无论其是否履行罚金刑，仍或多或少地将受到自由刑的处罚），这种心理无疑给罚金刑的切实执行带来了阻碍。不仅如此，我国适用罚金刑的罪名大多数是财产性犯罪，而财产性犯罪的犯罪人一般不能有足够的经济能力加以支撑，这也是导致最终罚金刑处于空判状态而无法真正实施的原因。在这种情况下，有学者提出可以援引其他国家的罚金易科制度[2]，来稳固罚金刑的威信，增加罚金刑的执行率。但与我国不同的是，其他国家的罚金刑大多是单处的类型，一般不存在同时处自由刑和罚金刑的情况。[3]他们选择实施罚金易科制度是因为被执行人本身是单处罚金刑的，若其不履行罚金刑，则无法接受任何刑罚。因此，创设罚金易科制度，在犯罪人不履行罚金刑的时候，将其转换为履行与其罪行相适应的其他刑罚，是为了体现刑罚的公正性，而不是单纯为了提高罚金刑的执行率。但其与我国的罚金刑制度设置有所区别，在并处罚金制度下，我国的犯罪人即使不缴纳罚金，仍需要继续履行其他刑罚，并且严重的可能触犯《刑法》第313条用拒不执行判决、裁定罪之规定。若对其不履行罚金的部分转化为其他刑罚，难以寻求相匹配的刑罚种类，同时也再次加重了犯罪人的刑罚负担，因此我国目前不宜原封不动地直接引用罚金易科制度。

总而言之，非监禁刑的理论研究和规范已经趋于完备，但具体适用方面尚有许多界定不明晰、不明朗之处。非监禁刑刑罚种类少、不齐全，无法充分体现刑罚的个别性，法院可基于的量刑选择范围小、灵活性差，适用时捉襟见肘、顾此失彼，非监禁刑的执行状况亦不十分理想，以上种种均会极大程度地降低

---

〔1〕 王琼：《罚金刑实证研究》，法律出版社2009年版，第309页。

〔2〕 罚金易科制度，是指对于不缴纳罚金的犯罪人按照规定改为执行其他刑罚的制度。这里所说的“规定”，包括罚金刑如何易科为其他刑罚的实体性规定和程序性规定。“其他刑罚”包括监禁、劳役（不剥夺自由状态下的劳动改造）等。吴宗宪等：《刑事执行法学》，中国人民大学出版社2007年版，第456页。

〔3〕 ［德］汉斯·海因里希·耶赛克、托马斯·魏根特：《德国刑法教科书（总论）》，徐久生译，中国法制出版社2001年版，第935页。

非监禁刑的适用率，无法充分发挥非监禁刑应有的效用，也无法更好地内化行刑社会化理论以及刑罚轻缓化理念的精髓。因此，在立法上以及适用上对非监禁刑进行一定的完善改革已是势在必行之举。完善我国非监禁刑执行措施必须从宏观上把握刑罚制度完善的大方向，顺应刑罚轻缓化的发展方向。[1]由此可见，我们所提倡的非监禁刑执行的完善措施应顺应行刑社会化理论和轻缓化理念在刑罚层面上的内在要求，同时对我国的具体国情进行综合考量，以期实现刑罚的保障机能与保护机能的有机协调，做到公正价值与功利价值的动态平衡。

三、非监禁刑的完善措施探索

非监禁刑的完善需要全面而细致地回应其目前存在的相应问题，以社会化和轻缓化的视角为引导方向，探究目前非监禁刑制度中的思想观念层面、立法设定方面以及实践运用方面等的问题，寻求相应的完善策略。

（一）立法完善：提高适用条件的明确性与惩罚力度的适当性

在立法方面，首先要着重完善非监禁刑适用条件的明确性，[2]以确保其在具有足够的惩罚力度的同时强化非监禁刑的个别化适用原则。现有的非监禁刑中比较常用和常见的有管制刑、罚金刑、缓刑和假释，对适用条件的明确化完善路径可以以上述几类刑种为例进行分类探究。

对于管制刑的适用条件，首先，要对罪犯的性质加以明确，根据罪犯性质的不同，规定其是否应当被适用或是选择性被适用，同时在刑法条文中以法条的形式固定下来，以缓解司法适用的困难。如对于老年人、怀孕妇女以及未成年人等，从其本身犯罪情节上和再犯可能性上综合考虑，若其本身情节轻微且再犯的可能性较小，为体现人文关怀，不宜直接适用管制刑，而应适用缓刑，这样也能一定程度上减缓监狱的管理成本及负担。一方面体现了顺应轻缓化的整体趋势，对犯罪人的人道主义关注和保障，同时也体现了针对犯罪人个体的差异来适用刑罚的刑罚个别化原则，并在一定程度上增加了非监禁刑的针对性

[1] 侯艳芳："刑罚轻缓化趋势及其价值基础研究"，载《河南大学学报（社会科学版）》2008 年第 4 期。

[2] 刘娟娟："非监禁刑适用的调查与制度完善——以上海市浦东新区的统计数据为例"，载《华东刑事司法评论》2003 年第 3 期。

和明确性。[1]其次，为了保证管制刑的惩罚力度，对违反管制刑中的禁止令或者不实施社区服务令的罪犯施以惩罚措施。[2]惩罚措施的选择应当根据犯罪人违反及拒不履行的程度来决定，可以参考适用治安管理处罚，严重的也可以将管制刑更改为短期有期徒刑等自由刑的刑罚，一定程度上增加管制刑的严格性，提高非监禁刑的威慑力。

罚金刑在立法层面的完善路径主要需要回应罚金刑在具体适用过程中暴露的种种问题。在适用问题上，应平衡好罚金刑与主刑之间的关系，注意二者的搭配关系，以明确化的标准规定适用罚金刑的情况。罚金刑的设立旨在通过给犯罪人施加财产性的痛苦，从而达到镇压其犯罪性的目的。[3]因此，我国对财产性犯罪设定罚金刑具有一定的合理性。由于财产性犯罪是属于贪利型犯罪，通过施加罚金刑能通过剥夺犯罪人的财产以起到教育和矫正的刑罚目的。尽管如此，若仅对贪利型犯罪适用罚金刑，在犯罪人角度仅需接受金钱上的惩罚，易导致其违法成本过低，给其施加的痛苦并不必然能达到唤醒规范意识的效果。罚金的惩罚对犯罪人而言毕竟是一种财产性的剥夺，是对犯罪人外在条件的惩罚，不及自由刑等刑罚直接作用于犯罪人的人身带来的影响深刻。因此，并处和选处罚金的制度在我国有其实际的合理性，能一定程度上通过自由刑的威慑加之罚金刑对财产的剥夺的双重惩罚模式达到更为严厉的刑罚效果，该实际效果和深远影响不可否认。然而，在此基础上如何平衡单处罚金和并处罚金制度，如何避免完全由罚金刑代替自由刑以至于出现以“罚金”买“刑”的“钱刑交易”的状况，同时如何尽可能地避免“又打又罚”[4]模式和过于依赖短期自由刑所带来的弊病，以上种种均为制度完善进程中需要进一步探讨。有学者建议，对于罪行轻微的可执行财产刑的犯罪人，可以单处罚金；如果在必并处罚金且罚金数量较大时，犯罪人积极缴纳罚金并有良好的认罪态度，可以适当从轻或者可以宣告缓刑。[5]司法实践中，如遇并处罚金和选处罚金均可适用的，根据犯罪人的具体情况加以分析，优先适用单处罚金的惩罚。同时，针对犯罪人缴纳罚

〔1〕 龙腾云：《刑罚进化研究》，法律出版 2014 年版，第 210~212 页。

〔2〕 Hayes, D., *The Impact of Supervision on the Pains of Community Punishment in England and Wales: An Exploratory Study*, European Journal of Probation7, 85-90 (2015).

〔3〕 张明楷：《外国刑法纲要》，清华大学出版社 2007 年版，第 390 页。

〔4〕 陈兴良主编：《宽严相济刑事政策研究》，中国人民大学出版社 2007 年版，第 117~120 页。

〔5〕 张明楷：《刑法学》，法律出版社 2011 年版，第 483 页。

金困难的情况，建立日额罚金制，根据犯罪人行为的范围程度以及经济能力来决定每天应该缴纳的罚金数额。诚然，在罚金刑的执行上，这种制度模式可以很好地起到适当的惩罚效果，让处在不同经济水平的人均感受到罚金刑的惩罚效力，避免了罚金刑领域的“贫富差距”。不容忽视的是，这种日额罚金刑一定程度上违反了法律面前人人平等的原则，给人们带来一种错觉：具有经济实力在接受刑罚层面反而成为一件坏事，成为刑罚层面的“负分项”。因此，日额罚金刑在实施时不能完全凭借犯罪人的经济能力来决定，必须针对个罪（类型化）的具体情况规定一个框架性的适用原则。例如，某类型犯罪的最低每日惩罚金额不能少于多少，最多不能多于多少，并且适用天数也应该规定在一定范围内，除了犯罪人个人的经济能力、家庭经济能力之外，还需考虑该省、市、地区本身的经济发展水平，尽量使日额罚金刑在一定范围内平衡不同经济能力的犯罪人的刑罚执行状态，使其较为同等地感受到刑罚的效力，也能更好地缓解由于一次性缴纳的罚金过高而带来的执行难的问题。

对于缓刑和假释而言，需要谨慎处理在合理范围内扩大其适用规模与滥用制度优势间的界限。[1]缓刑与假释实为两种不同的制度模式，但实际上均与犯罪人在监狱里行刑的时间，也就是与犯罪人的自由限制程度息息相关。[2]其中，缓刑被滥用的问题主要暴露在“在不该用的时候用、该用的时候不用”和过多地适用于职务犯罪中；而假释存在的问题则多由来于司法机关“重减刑、轻假释”的偏好，[3]影响了司法实践中实际的假释比率。无论缓刑还是假释，都与犯罪人的切身利益息息相关，若适用标准和程序不够公开透明，很容易滋生腐败，更不利于缓刑和假释制度的正常适用。

因此，透明度和公开度的问题，可以参考行政诉讼法当中的听证制度，分别设立针对缓刑与假释问题的听证制度。诚然，在刑法中引入听证制度将在一定程度上减弱刑法自身的威严与震慑，社会力量的介入且决定刑罚的运用应该被严格控制。故此处所倡导的听证制度所得到的信息，不能直接作为犯罪人（被告人）是否能直接被适用缓刑/假释的条件，还需要结合多方面因素综合考虑决定。听证制度的存在，是给予裁判者一个更便捷的途径了解犯罪人（被告

---

〔1〕 Canton, R., *Probation and the Philosophy of Punishment*. Probation Journal 65, 252-268 (2018).

〔2〕 Durnescu, I., *Pains of Probation: Effective Practice and Human Rights*, International Journal of Offender Therapy and Comparative Criminology55, 542-545 (2011).

〔3〕 黄永维：《中国减刑、假释制度的改革与发展》，法律出版社 2012 年版，第 70~71 页。

人）的个人情况，以及可以充分知晓如果对其适用缓刑/假释，社区及民众可能采取的态度，并且也能一定程度上公开司法裁判的过程，给公众一个很好的监督机会。在听证制度中，根据缓刑制度和假释制度性质的不同，侧重听证的内容也应该有所不同。在针对缓刑的听证中，应该着重了解社区人员、单位人员等对被告人的个人品行及人际关系方面的评价，听取他们对若被告人判处缓刑后回归社区的看法和意见，从中综合判断被告人能否在适用缓刑后在社区、单位中达到良好的社会矫正效果。〔1〕而在针对假释的听证中，应该侧重的是考察犯罪人在服刑期间的表现状况，以及已经接受改造的程度等。这些有助于判断犯罪人的危险性是否已经得到了有效缓和。〔2〕还需要听取的是犯罪人服刑前所生活的社区和所工作的单位对其的评价，以及对犯罪人假释回到社区后有什么意见和看法，将更有助于裁判者了解犯罪人假释后被社会接受和容纳的程度。

诚然，举行听证制度能够较有效地了解他人对犯罪人（被告人）作出的判断，但是对于犯罪人自身的评价来说仍然是不全面的。如果仅凭他人的判断和评价，还不足以对犯罪人（被告人）全面地考察。此时可以学科间综合，运用心理学的手段对犯罪人的特性进行量化评估，可以从内部对犯罪人（被告人）加以了解，从而更直观地了解犯罪人（被告人）的人身危险性以及再犯可能性。〔3〕在缓刑的评估量表中，我们除了要评测被告人的个人特征、家庭情况以及精神状况这些一般化信息之外，还需要考虑其犯罪动机、手段、结果等，这些因素都有助于更全面地对被告人进行评估。而针对假释的量表除了上述一般化信息和犯罪信息外，最重要的是要完善犯罪人在服刑过程中表现情况的考察表，这一系列服刑情况考核能够较为准确地反映犯罪人接受教育改造的程度以及自愿性，能够更好地评估其再犯的可能性。〔4〕

（二）执法完善：提高执行效率与明确职能配置并举

在执行方面的主要关注点在于执行机构分散带来的效率问题和由于非监禁刑的判决导致公、检、法内部的矛盾问题。针对非监禁刑的执行可以设立专门

〔1〕 McNeill, F., *Rehabilitation, Corrections and Society*, Advancing Corrections 5, 18-20 (2018).

〔2〕 Villettaz, P. et al., *The Effects on Re-Offending of Custodial Vs. Non-Custodial Sanctions: An Updated Systematic Review of the State of Knowledge*, Campbell Systematic Reviews 11, 89-91 (2015).

〔3〕 McNeill, F., *Four Forms of "Offender" Rehabilitation: Towards an Interdisciplinary Perspective*, Legal and Criminological Psychology 17, 28-30 (2012).

〔4〕 翟中东："假释适用中的再犯罪危险评估问题"，载《中国刑事法杂志》2011年第11期。

的负责机构。如前所述，由于我国的非监禁刑执行机构分散，会一定程度上削弱非监禁刑执行工作的效率，并且会妨碍行刑效果的实现。因此，建立专门的刑事执行机构与队伍，可以对现有非监禁刑执行机构进行合理的整合，使其符合国家法治建设发展要求和国家整体利益。总体来说，可以从以下两个方面展开完善。

首先，明确非监禁刑的管辖机构。明确非监禁刑由现有的司法行政机构管辖，并在机构设置与人员配备上增加相对独立的非监禁刑执行机构。在中央一级，可在司法部的基层工作指导司下设非监禁刑执行管理处，该处负责统筹和监管全国的非监禁刑工作。而在省、市一级的司法厅，下设非监禁刑执行管理处，负责全省、市的非监禁刑工作。在县（区）一级的司法局，下设立非监禁刑执行科，管理和执行全县（区）具体的非监禁刑工作。在乡（镇、街道）一级，不另设非监禁刑的管理管辖机构，直接交由基层司法所负责。〔1〕

其次，明确非监禁刑执行机构的职能配置。主要职能由考核、监管、帮扶三方面组成。考核主要是针对非监禁刑罪犯的服刑情况进行跟踪记录，并定期对其加以考察审核。监管主要是针对非监禁刑罪犯在服刑过程中出现的情况进行管理，如果其有过激、涉嫌违法以及其他扰乱正常服刑秩序的行为，非监禁刑管理机构有权停止非监禁刑的执行，视情况严重程度交由司法机关处理。而帮扶主要是加强非监禁刑罪犯的再社会化程度，适当增加其与社会的联系，比如开展帮扶联系就业以及相关职业技术培训等。

总而言之，刑事政策不断顺应刑罚轻缓化的时代潮流，逐渐达到宽严相济的平衡状态，而社会化的行刑理念作为一种帮助罪犯在行刑结束后顺利回归社会的刑事政策理念，在非监禁刑设立、适用、执行方面均很好地体现出其价值预设。以刑罚的轻缓化作为整体的改革方向，审视现行非监禁刑当中出现的问题并思考非监禁刑的完善对策，强调了行刑手段与行刑目标相统一，期望能通过社会化的行刑方式加强罪犯再社会化程度以及实现行刑的功能效用，这对助力整体刑罚制度的完善与革新，体现刑罚发展的必然趋势，具有重大的现实价值。

---

〔1〕 翟中东："假释适用中的再犯罪危险评估问题"，载《中国刑事法杂志》2011 年第 11 期。

轻罪治理现代化的路径实现

徐歌旋*

摘　要：轻罪治理的现代化程度是国家治理水平的重要体现。轻罪治理需要有一体化思维，轻罪范围的划定、刑罚轻重的衡量和诉讼程序的设置要协调一致。后劳教时代，有必要将一些社会危害性高的行为纳入犯罪圈，但不能用刑法包揽一切社会问题；犯罪化与轻刑化要同步推进，犯罪圈扩大的同时要协调好轻罪的刑罚设置，在刑罚设置上不能出现重刑攀比；刑事诉讼上也应匹配轻罪、重罪，设置不同的繁简分流程序，包括审前的分流以及审判程序的分流。

关键词：轻罪　犯罪化　速裁程序　证明方法

自党的十八大以来，习近平总书记在系列重要讲话中提出创新社会治理的新思想、新理念。依法治国是国家治理的重要手段之一，也是各类社会治理手段中的重要组成部分。随着我国进入后劳教时代，轻罪案件日益增多，轻罪治理现代化体系的构建越发重要。

但是，我国目前尚未建立起完备的轻罪治理体系，轻罪案件的处理既缺乏现代化的理念与制度支撑，又缺乏具体的技术性程序指导。轻罪罪名的设置上，刑法万能主义的倾向与立法疏漏并存；刑罚设置上，大多数轻罪的刑罚设置还没有突破我国当下重罪重刑的刑罚结构；程序设置上，轻罪案件适用诉讼程序还没有突破一般刑事案件的处理模式，没有实现轻罪案件和重罪案件的繁简分流。简言之，目前我国轻罪治理还存在入罪范围不当、实体量刑过于严厉和处理程序不够简易的问题，这势必会影响轻罪治理现代化的实现。有鉴于此，本文将致力于讨论轻罪治理现代化的路径实现。

---

* 徐歌旋，南京师范大学讲师。

一、我国犯罪化的立法趋势

截至目前，我国已先后通过了一个决定、十一个刑法修正案和十三个有关《刑法》的法律解释，犯罪圈有明显的扩张趋势。梁根林教授指出，我国《刑法》修法过程中体现出十大特点："一是，修法时设置独立构成要件，从而增设新罪名；二是，降低入罪门槛，将刑法干预起点前移；三是，增设选择性构成要件要素，扩张现有罪名适用范围；四是，减少法条对构成要件要素的要求，降低对构成要件要素的证明；五是，淡化故意、过失界限，模糊处理罪责要素；六是，变形式预备犯为实质预备犯，预备行为实行行为化；七是，扩大犯罪参与归责范围，使得帮助行为正犯化；八是，删除特别构成要件，扩大一般构成要件的适用范围；九是，废止刑事规则阻却事由；十是，增加诉讼救济规定，提高刑事自诉成功率。"〔1〕尤其是《刑法修正案（八）》通过以后，我国刑法修正表现出一种明显的将轻罪入刑的趋势。例如，盗窃罪、敲诈勒索罪、寻衅滋事罪、抢夺罪等罪名的入罪门槛降低，而且增加了法定最高刑只达到拘役的危险驾驶罪。〔2〕与此同时，最高人民法院和最高人民检察院不断颁布司法解释，对罪名进行扩张化解释，进一步扩大具体个罪的入罪范围。〔3〕

2020 年 6 月 28 日，《刑法修正案（十一）草案》（以下简称修正案草案）提请十三届全国人大常委会第二十次会议审议。修正案草案将一些社会反映突出的犯罪行为纳入犯罪圈。比如，进一步明确了高空抛物、妨害公共交通工具安全驾驶的犯罪；又如，严厉惩处非法讨债行为，将采取暴力、"软暴力"等手段催收高利放贷产生的债务以及法律不予保护的债务，并以此为业的行为规定为犯罪；再如，将侮辱、诽谤英雄烈士的行为明确规定为犯罪……充分地体现了刑法为了加强社会治理，将刑事处罚阶段前移，扩大犯罪圈的趋势。此外，修正案草案还体现出明显的轻罪化趋势，新增、修改法条多是以三年有期徒刑甚至一年有期徒刑作为量刑节点。

因此，从某种程度上来说，我国立法层面已经表现出明显的犯罪化和轻罪

---

〔1〕 梁根林："刑法修正：维度、策略、评价与反思"，载《法学研究》2017 年第 1 期。

〔2〕 姜涛："比例原则与刑罚积极主义的克制"，载《学术界》2016 年第 8 期。

〔3〕 比如，全国人大常委会《关于刑法第三百八十四条第一款的解释》将"个人"扩大到"单位"，即将"以个人名义将公款供其他单位使用的"和"个人决定以单位名义将公款供其他单位使用，谋取个人利益的"都解释为"挪用公款归个人使用"。姜涛："比例原则与刑罚积极主义的克制"，载《学术界》2016 年第 8 期。

化趋势。在此背景下，轻罪治理体系的构建不再是应不应该的问题，而是如何建构的问题。

二、严密法网与轻罪构建应当并行

对犯罪圈应该扩大还是限缩，不同学者有不同的判断。白建军教授认为，在应然或合理的范围之内，增设罪名是严密法网的必要措施；相反，如若超越合理的范畴，哪怕增设一个罪名也意味着逾越了刑事制裁的必要限度。[1]易言之，不能笼统认为只要增设了罪名或者放宽了入刑范围就是不当的。当下应该放宽还是限缩犯罪圈，必须结合我国具体国情进行判断。不结合本国犯罪圈的实际情况而空谈犯罪圈的扩大或缩小，则无异于闭门造车。[2]

很多学者在批判我国存在过度犯罪化趋势时是以域外经验为标杆的，但是他们忽略了我国与其他国家或地区在立法背景方面的巨大差异。与以德国为代表的西方国家将轻微危害行为也纳入犯罪圈的立法模式不同，我国深受苏联刑事立法模式的影响，《刑法》将“情节显著轻微危害不大”的危害行为排除在犯罪的范围之外，犯罪概念表现出明显的内缩性特征。[3]我国《刑法》第13条规定，“……但是情节显著轻微危害不大的，不认为是犯罪”，立法和司法认定采取“定性加定量”的模式，极大地限缩了犯罪圈。与我国不同，诸如德国等国家在刑事犯罪构成的条件上没有量的限制，所以它们的犯罪圈比我国要大。正因为如此，它们才会为了减轻司法机关的负担，将一些轻微的犯罪行为作除罪处理，交由行政法管辖。而我国则不存在这个问题。甚至可以说，与西方国家要把一些轻微的犯罪行为通过行政法处理以便减轻司法机关负担不同，我国恰恰需要推行轻罪化体系构建，将部分违法行为纳入犯罪圈。另外，西方国家的非犯罪化针对的大都是道德犯罪、无被害人犯罪，如堕胎、赌博、同性恋、通奸、卖淫等，或所谓的违警罪。例如，德国于1975年将决斗、堕胎、男子之间单纯的猥亵行为除罪，而这些在中国本就不属于犯罪范畴。[4]再如，梳理《日

---

〔1〕 白建军：“犯罪圈与刑法修正的结构控制”，载《中国法学》2017年第5期。

〔2〕 白建军：“犯罪圈与刑法修正的结构控制”，载《中国法学》2017年第5期。

〔3〕 具体而言，1960年10月27日经苏俄第五届最高苏维埃第三次会议通过的《苏俄刑法典》第7条规定：“……形式上虽然符合本法典分则所规定的某种行为的要件，但是由于显著轻微而对社会并没有危害性的作为或不作为，都不认为是犯罪。”《苏俄刑法典》，王增润译，法律出版社1962年版，第3页。

〔4〕 郑丽萍：“犯罪化和非犯罪化并趋——中国刑法现代化的应然趋势”，载《中国刑事法杂志》2011年第11期。

本轻犯罪法》，可以发现它所处罚的很多违法犯罪行为（如携带凶器罪、流浪罪、滥用烟火罪、虐待动物罪、乞食罪等），在我国都不属于刑事犯罪的范畴。〔1〕所以中国不存在西方国家进行非犯罪化的前提条件。〔2〕

简言之，在我国犯罪圈与域外犯罪圈存在巨大差异的语境下，不能以西方学者针对其所在国过度犯罪化、泛刑法化的批判作为佐证，给我国刑法贴上同样的标签。〔3〕

更为重要的是，犯罪圈不断扩大、刑事立法日益活性化是如今世界刑法变迁的共同性趋向。德国、日本和美国都有犯罪圈扩大的趋势。〔4〕德国自 1975 年刑法改革至 2005 年间，刑法发展总体上呈现灵活化、扩张化的趋势。〔5〕1990 年《德国刑法典》第 316 条 c 将对航空器的保护扩大至民用航海船只；1992 年《德国防止毒品交易和其他形式的有组织犯罪法》增加了结伙盗窃、结伙窝赃、职业结伙窝赃和洗钱的犯罪构成；1999 年 1 月 1 日生效的《德国刑法典》也将大量行为予以犯罪化，比如增加了关于组织恐怖集团的规定、增设伪造有价证券的新规定、扩大诈骗犯罪、伪造文书犯罪的规定、加强对环境的刑事保护和有组织犯罪，等等。〔6〕日本刑法也呈现出类似的犯罪化趋势，“从刑事立法的稳定化转向了刑事立法的活性化”。〔7〕该趋势不仅在大陆法系有所体现，在英美法系也有明证。例如，美国学者指出，美国实体刑法有明显的扩张，刑罚使用也急剧增长。〔8〕

这与现代福利国家的诉求密切相关。进入福利社会的西方国家，要求国家在社会管理方面发挥更为积极、主动的作用，要求国家在涉及国计民生、社会福祉等重大法益保护时，发挥更为积极的作用以应对风险社会的到来。〔9〕所以，虽然

---

〔1〕 胡海：“后劳教时代轻罪立法的基础理论问题探究”，载《理论与改革》2016 年第 2 期。

〔2〕 郑丽萍：“犯罪化和非犯罪化并趋——中国刑法现代化的应然趋势”，载《中国刑事法杂志》2011 年第 11 期。

〔3〕 梁根林：“刑法修正：维度、策略、评价与反思”，载《法学研究》2017 年第 1 期。

〔4〕 梁根林：“刑法修正：维度、策略、评价与反思”，载《法学研究》2017 年第 1 期。

〔5〕 ［德］埃里克·希尔根多夫：《德国刑法学：从传统到现代》，江溯、黄笑岩等译，北京大学出版社 2015 年版，第 23 页。

〔6〕 徐久生、庄敬华译：《德国刑法典》，中国法制出版社 2000 年版，序言第 2 页。

〔7〕 张明楷：“日本刑法的发展及其启示”，载《当代法学》2006 年第 1 期。

〔8〕 ［美］道格拉斯·胡萨克：《过罪化及刑法的限制》，姜敏译，中国法制出版社 2015 年版，第 1 页。

〔9〕 梁根林：“刑法修正：维度、策略、评价与反思”，载《法学研究》2017 年第 1 期。

西方国家一度因为过度犯罪化，而在20世纪50年代到20世纪70年代之间施行非犯罪化，推动犯罪圈的缩小和刑罚的轻缓化，但自20世纪80年代以后，犯罪化再次呈现出明显的生机。[1]

我国刑法则因犯罪圈过于粗疏，而被日本学者西原春夫评价为“彻底的非犯罪化”。[2]很多读者可能认为我国的犯罪化已经基本完成。但实际上，一些典型的暴力、偷盗或欺骗行为在我国刑法中仍属空白。比如，对人身侵害的禁止是刑法的标志性规范，但我国《刑法》却对一些人身侵害的暴力行为规制不足。瑞士、加拿大、意大利等国刑法都规定有“殴打罪”“殴击罪”，巴西、韩国等国刑法规定有“暴力执行职务罪”“以暴力妨害权利行使罪”等。而我国目前《刑法》中的故意伤害罪、寻衅滋事罪、虐待罪的入罪门槛都比较高。[3]

犯罪圈过于粗疏，一方面不利于刑罚威慑与预防功能的发挥，另一方面还可能加剧重刑化。刑法过于粗疏的情况下，一些行为人即使实施了实质上具有刑事可罚性的行为，也会因为法网疏漏而成为漏网之鱼。更为严重的是，这也会导致那些已被刑法圈涵盖的犯罪行为受到过度的刑罚处罚。正如德国慕尼黑大学许乃曼教授所指出的，随着市场经济的发展，无论是西方国家还是中国，传统道德规范的约束力有待加强，其对人们行为的内在激励功效的发挥还有很大的改善空间。在此背景下，人们把社会治理的重望寄托于刑法之上，刑法被赋予重任以补足传统规范在行为规范方面的不足。又因为刑事立法具有一定的迟滞性以及司法实践中案件侦破率不可能涵盖百分之百，所以立法者会希望通过加重刑罚来补足侦破率的不足。[4]“刑罚严苛厉害与法网不严两者看起来似乎矛盾，其实完全符合政治逻辑”，[5]犯罪圈的限缩要求刑法集中力量打击已规制的犯罪行为，并为这些罪行配置较重的法定刑，以达到惩治犯罪和遏制犯罪的立法目的，并给民众带来刑法体感上的“安全感”。故而，犯罪圈越是粗疏，犯罪圈内罪名匹配的刑罚往往越是严苛。正是因为认识到这一问题，我国

---

〔1〕 李瑞生：“论后劳教时代的社会与刑事立法之应对——关于犯罪化问题的研究”，载《新疆财经大学学报》2014年第2期；卢建平、刘传稿：“法治语境下犯罪化的未来趋势”，载《政治与法律》2017年第4期。

〔2〕 [日] 西原春夫：《我的刑法研究》，曹菲译，北京大学出版社2016年版，第193页。

〔3〕 白建军：“犯罪圈与刑法修正的结构控制”，载《中国法学》2017年第5期。

〔4〕 [德] 贝恩德·许乃曼：“公正程序（公正审判）与刑事诉讼中的协商（辩诉交易）”，载陈光中主编：《公正审判与认罪协商》，法律出版社2018年版，第32页。

〔5〕 储槐植、宗建文等：《刑法机制》，法律出版社2004年版，第17页。

刑法的完善正力图实现由“厉而不严”向“严而不厉”的结构转型。[1]易言之，一方面在现有基础上密化法网，与此同时构建轻罪制度，做到“严中有宽、宽以济严”。

更为重要的是，扩大犯罪圈有助于规范公权力的行使。将原来由劳教制度、行政违法规制的部分行为纳入轻罪范围，更加有利于保障当事人的权利。

正如有学者所指出的，我国刑法之所以出现“小而重”的状态，很大程度上可以归根于行政违法和刑事违法的二元制治理模式。表面上看，行政处罚“使行为人避免了刑事处罚，保障了行为人的自由和权利，实则不然。治安管理处罚由公安机关进行处置，属于主动性的行政权；刑事案件则由法院行使司法权，司法权属于中立的判断权。此前的劳动教养、收容教育，现在的强制戒毒，从认定到处分都是由公安机关单方面作出，缺乏中立的第三方作为审查主体，程序公正性不足”。[2]如果说，将这些行为非犯罪化的初衷是为了恪守刑法谦抑性原则的话，那么，在实践中已有所背离。

一则，单从程序设置的角度，行政处理的程序缺乏司法程序中的控辩审三方结构，从法理上分析，对行为人的保护并不及司法审判。在行政处罚的过程中，查处、审理、处罚等权力完全由行政机关单方掌握，这种程序设置对公权力的约束和对当事人的诉讼权利保障都不如刑事审判周延。特别是考虑到人身自由的重要性，将其决定权交予行政机关，法理正当性更是不足。虽然有些国家如德国，也有类似于我国治安管理处罚法的违反秩序法，但对于其所规制的违法行为，行政机关（警察）主要采取的处罚措施是罚款，而不能适用人身自由罚。而我国此前的劳教制度，如今的收容教养、治安管理处罚、强制戒毒措施都能够限制人身自由。比如，我国《刑法》规定，对于那些因为不满 16 岁不予刑事处罚的犯罪人，在必要的时候，可以由政府收容教养。北京市海淀区曾发生过一起网吧纵火案，纵火者是两名青少年，其中甲达到了刑事责任年龄，按照刑事诉讼程序接受定罪量刑；乙由于没有达到刑事责任年龄，没有进入刑事诉讼程序。但是，从诉讼法理的角度分析，乙没有经过法院正当程序的审判，而是被公安机关直接收容教养，反而被剥夺了其公开庭审、律师辩护、上诉等

---

[1] 梁根林：“刑法修正：维度、策略、评价与反思”，载《法学研究》2017 年第 1 期。

[2] 刘瑞平：“犯罪定义的横向考察和纵向分析”，载陈泽宪主编：《犯罪定义与刑事法治》，中国社会科学出版社 2008 年版，第 75 页。

权利，与更好地保护未达到刑事责任年龄的人的制度目的相背离。[1]正如有学者所批评的，收容教养制度的程序看起来很严格、规范，实践中却存在很多粗疏之处。(1) 涉案事实是否证据确实充分？证据材料的搜集和证据效力的判断都是由公安机关完成，单单依靠公安机关内部的审批制度能否保证其客观性？(2) 公安机关作为侦查机关，法律定性的判断不是其部门专长，这难免会让人们以审判机关的专业判断能力为标准对其进行比较，并产生一定的心理落差。(3) 公安机关缺乏专门的未成年人司法保护机构或者司法官，亦缺乏审前调查制度，其判断的专业性和合法性都让人心存疑惑。(4) 为了充分保障未成年人的诉讼权益，我国《刑事诉讼法》对未成年人设置了一系列的保障措施，比如为未成年人规定了强制辩护制度。但是，收容教养完全未考虑这一点，行政决定程序的封闭性使律师介入严重不足。[2]综上，行政程序的封闭性、单发性使得对人身处罚的程序公正性不足。

二则，行政处理的实体结果也并不比刑事处罚要轻。例如，根据国务院《卖淫嫖娼人员收容教育办法》规定，收容教育期限为6个月至2年，收容教育对人身自由的剥夺可高达两年，远远高于为1个月以上6个月以下的拘役，也高于为3个月以上2年以下的管制。根据比例原则，对于人身自由限制更高的法律行为本应该匹配以更为严格的程序设置，但是实践中却并非如此。劳教制度、收容教育制度在羁押期限、执行方式、是否适用缓刑等方面，体现出高于管制刑和拘役刑的严厉性。处罚严重程度的不相匹配严重违反了公法领域中的比例原则，损害了公平正义的法律理念。再如，《戒毒条例》(国务院令第597号) 第27条规定："强制隔离戒毒的期限为2年，自作出强制隔离戒毒决定之日起计算。被强制隔离戒毒的人员在公安机关的强制隔离戒毒场所执行强制隔离戒毒3个月至6个月后，转至司法行政部门的强制隔离戒毒场所继续执行强制隔离戒毒。"对人身自由剥夺的时间也较长。

《立法法》第8条确立了法律保留原则，规定对人身自由限制的强制措施和处罚只能由法律规定，且根据《立法法》第9条，剥夺和限制人身自由的强制措施和处罚不能授权国务院制定行政法规。由行政处罚来限制人身自由本就缺乏法律依据，如今借劳动教养和收容教育废除之际，将部分原来由其调整的违

---

〔1〕 刘仁文："治安拘留和劳动教养纳入刑法的思考"，载《国家检察官学院学报》2010年第1期。

〔2〕 廖斌、何显兵："论收容教养制度的改革与完善"，载《西南民族大学学报（人文社科版）》2015年第6期。

法行为纳入犯罪的范围，通过司法程序规范对人身自由剥夺的处罚行为，并根据罪的轻重，按照轻罪轻罚、重罪重罚的要求，保证罪刑均衡原则，分配轻重适当的刑事处罚，适用不同的诉讼程序是应然之选。[1]

三、轻罪治理的现代化体系化构建

与西方国家相比，我国在轻罪治理方面面临着更大的压力和更多的挑战。欧美主要国家用了 200 多年完成了从近代到现代再到后现代，从法治国到福利国再到安全国的转变。如今，这三个时代的转型任务却共时性地出现在中国社会治理与社会控制的过程中，迫使我国刑法要在尚未完全转型的自由刑法的基本面向之外，内生出民生刑法与安全刑法的新面向。[2]在此背景下，如何协调好犯罪化与轻罪化成为轻罪治理的核心问题。

（一）调整轻罪范围的划定

虽然有的国家，例如法国和俄罗斯，是以犯罪的性质（实质标准）作为区分轻罪和重罪的标准，但是更多的国家则是采取形式的标准（刑罚）作为划分的依据。例如美国、德国和意大利都采取的是形式标准。因为实质标准不容易把握和操作。虽然一般而言按实质标准界定的重罪，处罚要重于轻罪，但存在大量相反的情况，比如，仅仅被判处轻微罚金的重罪，与被判处 3 年拘役的轻罪相比，决不能说前者的危害就一定比后者大。所以不能笼统以罪名的性质来划分轻罪、重罪，而应以可能判处刑罚的轻重作出规定。[3]

关于轻罪的划分是以宣告刑还是法定刑也存在争议。认为应该采法定刑观点的学者认为，法定刑是罪行轻重的体现，轻罪与重罪的划分也理所当然应该以法定刑为准。[4]认为应该以宣告刑为划分标准的学者则以“应当判处的刑罚”作为判别标准。[5]笔者认为，以法定刑为标准来划分轻罪、重罪，存在逻辑上的问题。犯罪在先、刑罚在后，是犯罪行为的情节程度和性质决定了被告人应该被处以的刑罚，进而判断某一犯罪属于轻罪还是重罪，而不是以预先设

[1] 蒋晗华：“法治理念下轻罪制度探析”，载《河北法学》2015 年第 6 期。
[2] 梁根林：“刑法修正：维度、策略、评价与反思”，载《法学研究》2017 年第 1 期。
[3] 胡海：“后劳教时代轻罪立法的基础理论问题探究”，载《理论与改革》2016 年第 2 期。
[4] 郑丽萍：“轻罪重罪之法定界分”，载《中国法学》2013 年第 2 期。
[5] 周振想编著：《刑法学教程》，中国人民公安大学出版社 1997 年版，第 271 页。

置的刑罚来判断未经审判的犯罪。[1]

关于轻罪和重罪的节点划分，亦存在不同的观点。

有观点认为，应该采5年有期徒刑作为轻罪重罪的分界线。该观点认为，我国《刑法》存在重刑结构，为了使我国更多的犯罪被归入犯罪的范围，对其适用较为缓和的轻刑化处理措施，应该设置5年有期徒刑而不是3年有期徒刑作为轻罪的最上限。[2]持这种观点的学者认为这符合我国最高立法机关的立法倾向，而且最高人民法院有采用5年有期徒刑作为分界线的司法统计传统。[3]如2009年3月10日，时任最高人民法院院长王胜俊在第十一届全国人民代表大会第二次会议上所作《最高人民法院工作报告》中指出，2008年全国各级法院共审结刑事案件768 130件，判处罪犯1 007 304人，其中判处5年以上有期徒刑至死刑的罪犯159 020人。[4]

也有观点认为应该以3年有期徒刑作为区分重罪与轻罪的界限。[5]这类观点的支持者，多数是以《刑事诉讼法》中的法条规定为佐证的。比如速裁程序对“3年有期徒刑”的规定，[6]再如，《刑法》在属人管辖权上的规定上、缓刑的规定上也是以3年有期徒刑为节点。3年论的支持者也有以最高人民法院的统计数据为依据的。比如，有学者指出，最高人民法院在司法统计中并非一直以5年有期徒刑为标准来区分重罪案件和轻罪案件。通过对最高人民法院历年的司法统计进行梳理可以发现，在2010年之前，其基本是以5年有期徒刑为标准来界分轻刑与重刑，进而区分较轻犯罪与较重犯罪。但自2011年开始，最高人民法院对其统计标准进行了调整，主要表现就是将5年以下有期徒刑分列为3年以上有期徒刑和3年以上不满5年两类，即不再对5年以下有期徒刑进行统一看待。[7]此外，根据最高人民法院发布的数据，判处3年有期徒刑以下

---

[1] 杨迪：“我国轻罪案件刑罚配置的规范化进路——以刑事裁判大数据为方法”，载《法律适用》2018年第7期。

[2] 赖早兴、贾健：“罪等划分及相关制度重构”，载《中国刑事法杂志》2009年第3期。

[3] 田兴洪：“轻重犯罪划分新论”，载《法学杂志》2011年第6期。

[4] 杨迪：“我国轻罪案件刑罚配置的规范化进路——以刑事裁判大数据为方法”，载《法律适用》2018年第7期。

[5] 黎宏：《刑法学总论》，法律出版社2017年版，第240页。

[6] 凌萍萍、焦冶：“我国刑事立法中的轻罪标准设置研究”，载《西南民族大学学报（人文社科版）》2019年第1期。

[7] 这一调整情况可以参阅最高人民法院在2011年前后的全国法院司法统计公报。转引自敦宁、韩玫：“论我国轻罪范围的划定”，载《河北法学》2019年第2期。

刑罚的刑事案件每年都占了 80% 以上。[1]而如果以 5 年为划分标准，这一比例无疑会更高。但如果绝大多数刑事案件均属于轻罪案件，再划分轻罪和重罪就没有太大的实际意义。加之速裁程序的范围为基层人民法院管辖的可能判处 3 年以下有期徒刑的案件，暗含了将 3 年有期徒刑作为轻罪案件划分标准的态度。因此，将可能判处 3 年以下有期徒刑案件作为轻罪案件有合理性和可行性。[2]

本文认为，轻罪、重罪的划分，一则，应该尽量与现有法条保持衔接一致，以便对这些犯罪有从实体或程序方面进行特殊处理的可能，从而满足司法操作的需要。二则，要保证一定的轻罪数量，以满足合理分配司法资源的要求。但是又不能过分扩大轻罪范围，以避免一些犯罪不能得到相应的程序保障。本文认为，应该按照宣告刑 3 年有期徒刑为限，将罪名区分为轻罪和重罪。

第一，从我国现行《刑法》的设置来看，有大量以 3 年有期徒刑为节点的法条规定，此外，此次修正案草案也增设、修改了一些以 3 年有期徒刑作界分的罪名设置。例如，新增“违反药品管理法规，有下列情形之一，足以严重危害人体健康的，处 3 年以下有期徒刑或者拘役，并处或者单处罚金……”，采 3 年有期徒刑为节点；再如，修改“以非法占有为目的，使用诈骗方法非法集资，数额较大的，处 3 年以上 7 年以下有期徒刑，并处罚金……”，将时间节点由原先的 5 年改为 3 年；修改“公司、企业或者其他单位的工作人员，利用职务上的便利，将本单位财物非法占为己有，数额较大的，处 3 年以下有期徒刑或者拘役，并处罚金……”，同样将时间节点由原先的 5 年改为 3 年。

第二，我国《刑事诉讼法》中关于速裁程序的设置，也是以 3 年有期徒刑为分界点。之所以区分重罪、轻罪，本质上是为了匹配不同的处罚程序，适用不同的诉讼制度。[3]故而，轻罪、重罪的区分标准应该考虑《刑事诉讼法》的配套协调问题。

第三，有观点认为，轻罪是指依照刑法可能判处 1 年以下有期徒刑、拘役、

---

〔1〕 杨迪：“我国轻罪案件刑罚配置的规范化进路——以刑事裁判大数据为方法”，载《法律适用》2018 年第 7 期。

〔2〕 杨迪：“我国轻罪案件刑罚配置的规范化进路——以刑事裁判大数据为方法”，载《法律适用》2018 年第 7 期。

〔3〕 高长见：“轻罪制度研究”，中国社会科学院 2010 年博士学位论文。

管制、单处附加刑或者法律有规定的，并且适用特别程序的犯罪行为。[1]虽然，《刑法》中也有以1年有期徒刑为界分的法条，但如果以1年有期徒刑为上限来划定轻罪的范围，显然不能保证足够的轻罪数量，进而也就难以实现对司法资源的合理分配。而以3年有期徒刑作为区分节点，在案件数量的分配上较为合适。“根据公安部门统计的数据，1995年，判处5年以上有期徒刑、无期徒刑、死刑（包括死缓）的重刑犯占63.19%，到2013年就只有约11%。而到了2013年，量刑在3年有期徒刑以下的案件所占的比例已超过80%。”[2]

（二）避免刑罚的重刑攀比

“在我国建成富强、民主、文明、和谐、美丽的社会主义现代化国家之前，我国刑法立法总体上需要必须坚持犯罪化为主的立法策略。”[3]虽然刑法的处罚范围可能越来越宽，但刑罚的处罚程度应当越来越轻。[4]

目前我国虽也将一些行政违法行为纳入了犯罪圈，但是，是在重刑的固有思路下扩展的，导致罪刑不相匹配。我国《刑法》缺乏重罪轻罪的一般标准，在为个罪配置法定刑时，往往要参考与其相似犯罪的规定，从而造成对这些犯罪法定刑的攀附和追随。在“重罪重刑”的立法模式之下，形成了一个刑罚攀比的怪圈，导致被纳入犯罪圈之中的犯罪更多地表现为重罪。原本应该规定为轻罪的行为，却出现了与重罪在量刑上的攀比，造成了刑罚上的过剩。正如有学者所言，在我国选择犯罪化的目的是通过严密法网来强化人们的规范意识，而不是用严厉的刑罚来处罚轻罪。[5]故而，在将原行政违法行为纳入犯罪圈时，必须要注重刑罚设置上的节制。

除此之外，还要针对轻罪设置与重罪不同的处罚模式。例如，可以考虑对刑法中的部分犯罪设定二元化的处罚模式。以《刑法》中偷税罪的规定为例，《刑法》第201条第4款规定：“有第1款行为，经税务机关依法下达追缴通知后，补缴应纳税款，缴纳滞纳金，已受行政处罚的，不予追究刑事责任；但是，

---

〔1〕胡海：“后劳教时代轻罪立法的基础理论问题探究”，载《理论与改革》2016年第2期。

〔2〕魏晓娜：“完善认罪认罚从宽制度：中国语境下的关键词展开”，载《法学研究》2016年第4期。

〔3〕赵秉志：“当代中国犯罪化的基本方向与步骤——以《刑法修正案（九）》为主要视角”，载《东方法学》2018年第1期。

〔4〕张明楷：“司法上的犯罪化与非犯罪化”，载《法学家》2008年第4期。

〔5〕冯军：“犯罪化的思考”，载《法学研究》2008年第3期。

5年内因逃避缴纳税款受过刑事处罚或者被税务机关给予二次以上行政处罚的除外。”其中，因“补缴应缴税款，缴纳滞纳金，并且接受行政处罚”而导致的非犯罪化就是典型的二元化的轻罪处罚模式。[1]

同时，在刑罚设置上可以构建前科消灭制度，以抵销犯罪化带来的“犯罪标签”效应。我国《刑法》第100条规定：“依法受过刑事处罚的人，在入伍、就业的时候，应当如实向有关单位报告自己曾受过刑事处罚，不得隐瞒。犯罪的时候不满十八周岁被判处五年有期徒刑以下刑罚的人，免除前款规定的报告义务。”《刑事诉讼法》第286条也明确规定了对涉嫌刑事犯罪的未成年人实行犯罪记录的封存，从而避免刑事犯罪记录入档对未成年人后续升学、就业、生活带来的不良影响。本文认为，可以在未成年人刑事犯罪记录封存制度的基础上，继续在轻罪中探索前科消灭制度。即对受过轻罪处罚的行为人的犯罪记录予以封存，等刑罚及相应的处罚措施执行完毕以后，可以将轻罪前科予以消灭，不进行入档登记。具体操作中，“可以根据罪行轻重分别设立长短不一的前科消灭考验期限，期限一过就不再保存犯罪记录，或者永久封存，其有关权利也自动恢复”。[2]

（三）审前与审判的繁简分流

劳动教养制度废除后，许多原来作劳教处理的违法行为都被犯罪化，加之我国现今处于转型时期，刑事案件尤其是轻微刑事案件不断攀升，案多人少的矛盾更为突出，对司法资源优化配置提出了更高的要求。[3]

何荣功教授认为，在我国没有建立起成熟的辩诉交易和不起诉制度之前，简单地学习国外立法体例，降低犯罪门槛，将导致大量行为人被定罪，随之可能引起大规模的监禁。[4]可以说，这种观点代表了我国很多学者的担忧——犯罪化会不会使得我们的司法机关不堪其扰？姜涛教授以《刑法修正案（八）》增加的危险驾驶罪为例，指出一个犯罪罪名增加的案件压力可能就难以想象。

[1] 姜涛：“比例原则与刑罚积极主义的克制”，载《学术界》2016年第8期。

[2] 田兴洪：《宽严相济语境下的轻罪刑事政策研究》，法律出版社2010年版，第152页。

[3] 汪海燕、付奇艺：“后劳教时代的改革径路——以程序与实体的交互影响为视角”，载《法学杂志》2015年第7期。

[4] 刘传稿：“法治语境下犯罪圈的扩张及其限度——访武汉大学法学院教授何荣功”，载《人民检察》2017年第5期。

犯罪化可能带来案多人少的巨大矛盾。[1]这也提示我们，立法上的犯罪化必须与诉讼制度改革协调进行。换言之，立法上要追求严密和轻罪化，司法上就必须有繁简分流的配套措施。

可能会有学者认为，我国《刑法》对犯罪构成的规定具有量的限制，刑事立法已经基本将国际社会所称的微罪与部分轻罪排除在犯罪之外，实行了非犯罪化，在刑法规定的犯罪大抵相当于国外刑法规定的重罪的情况下，司法上的非犯罪化几乎不可能。[2]但是，一则，如前所述，我国已经有不断犯罪化的立法趋势。二则，即使我国轻罪体系的构建相比于域外还有很多不完善之处，但是也仍然有轻罪和重罪之分，而只要有轻罪就存在非犯罪化的需要和可能。三则，立法的犯罪化与司法的非犯罪化应该处于动态平衡之中。就像林山田教授所言："犯罪化与去犯罪化有如汽车中的油门与刹车，一味加油，固然可使汽车飞速前进但易肇祸，导致人命的伤亡与财产的损失，可是踩刹车，行车固然安全，但车行缓慢不前，故油门与刹车必须交互使用，不可偏废一方。"[3]因此，立法的周密离不开司法上的非犯罪化的配合。鉴于未来我国犯罪圈的适度扩张，法律上非犯罪化将前景式微，事实上的非犯罪化则将成为刑事司法的应然选择。

"在两极化刑事政策导向下，西方国家实际上现今是非犯罪化和犯罪化作业并行，犯罪化是其刑法发展的一种重要趋势"，[4]刑事诉讼则配套以相应的非犯罪化措施。"从国外刑法规定上看，盗窃一支铅笔构成盗窃罪，骗取一张报纸构成诈骗罪，砸坏他人普通水杯构成故意毁坏财物罪，打人一耳光构成暴行罪，殴打他人导致皮下出血构成故意伤害罪，一般的骂人也会构成侮辱罪，如此等等。但是，这些行为在现实生活中并不会均作为犯罪处理。检察机关充分行使自由裁量权，不将刑法规定的犯罪起诉至法院的现象非常普遍；警察对刑法规定的轻微犯罪不予立案侦查的现象也十分正常。"[5]《德国刑法典》1994 年增

---

〔1〕 截至 2013 年底，全国每年判处危险驾驶罪的被告人人数平均高达 10 万人左右；另外，江苏省法院系统审理危险解释罪案件数目 2011 年为 2839 件，2012 年为 9684 件，2013 年为 10 749 件，2014 年 1 月至 10 月为 9829 件。参见姜涛："比例原则与刑罚积极主义的克制"，载《学术界》2016 年第 8 期。类似观点可参见李晶："非犯罪化的制度实现与风险控制——以侦查阶段为视角"，载《河南社会科学》2014 年第 11 期。

〔2〕 张明楷："司法上的犯罪化与非犯罪化"，载《法学家》2008 年第 4 期。

〔3〕 林山田：《刑法的革新》，学林文化事业有限公司 2001 年版，第 154 页。

〔4〕 郑丽萍："犯罪化和非犯罪化并趋——中国刑法现代化的应然趋势"，载《中国刑事法杂志》2011 年第 11 期。

〔5〕 张明楷："司法上的犯罪化与非犯罪化"，载《法学家》2008 年第 4 期。

加的第 46 条 a 规定，如果行为人所犯之罪的刑罚不超过 1 年自由刑或者不超过 360 日额罚金，行为人在与被害人的和解中，已经补偿或者认真地求补偿其行为对受害人所造成的损害的，法院可以免除刑罚。相应地，检察机关可以不起诉而中止诉讼程序。再如，“《德国刑事诉讼法典》第 158 条、第 160 条和第 163 条规定，一旦有犯罪行为嫌疑时，警察应当接收对犯罪行为的告发、告诉和启动侦查程序。而实际上对于一定案件，警察却不履行这个法定义务。如在家庭、朋友或者邻居等社会亲近范畴内发生了轻微的身体伤害、强迫或者侮辱情况的时候，警察往往是拒绝受理告发”。〔1〕换言之，国外的基本做法是，在刑事立法上扩大处罚范围，在刑事司法上限制处罚范围。〔2〕这也将是我国轻罪治理的必经之路。

在迅速犯罪化立法的过程中，必须考虑司法的承受能力问题。如果司法无法消化立法犯罪化带来的压力，那么刑法本身的规范作用就不可能达到，甚至还可能产生一些负面效应。〔3〕故而，为了配套我国《刑法》轻罪化的构建，《刑事诉讼法》也要作出相应的完善。此前，我国《刑事诉讼法》为轻罪治理已经积累了一定的经验。例如，我国《刑事诉讼法》规定了法定不起诉、酌定不起诉、存疑不起诉和附条件不起诉制度，使得一部分刑事案件在审查起诉阶段通过程序的过滤而不再进入法庭审判。但总体而言，目前，我国刑事诉讼程序中的繁简分流还存在很多局限。刑事案件一旦进入追诉程序，就好比进入了定罪量刑的快车道，很难通过正当程序进行分流、过滤。例如，我国对酌定不起诉的范围限制得过于严格，导致司法机关适用酌定不起诉的积极性较低；虽然我国目前构建了认罪认罚从宽制度，但受限于“从宽”幅度有限，处罚不得不依赖当前重罪、重刑结构下的刑法规定，程序激励效果有限；现有的“程序分流主要局限于审判程序的繁简分流，而这对于调控审判案件总量、减轻办案压力作用较为有限”。〔4〕

现有刑事案件处理程序上的复杂性和实体上的严厉性，势必也会影响司法资源在重罪案件和轻罪案件之间的分配，容易造成轻罪案件在资源上对重罪案

〔1〕［德］约阿希姆·赫尔曼：《德国刑事诉讼法典》，李昌珂译，中国政法大学出版社 1995 年版，第 3 页。

〔2〕张明楷：“司法上的犯罪化与非犯罪化”，载《法学家》2008 年第 4 期。

〔3〕游伟、谢锡美：“犯罪化原则与我国的‘严打’政策”，载《政治与法律》2003 年第 1 期。

〔4〕魏晓娜：“完善认罪认罚从宽制度：中国语境下的关键词展开”，载《法学研究》2016 年第 4 期。

件的挤占。因此，为了构建、完善我国的轻罪制度，应该进一步扩大审前和审判程序中的程序分流，做到“立案环节可立案可不立案的不立案；侦查环节可捕可不捕的不捕；起诉环节可诉可不诉的不起诉；审判环节应在法律规定的限度内，尽量作出无罪判决、宣告缓刑和减免刑罚”。[1]在刑事诉讼的分流过程中，应当审前分流和审判分流并重。可能会有论者担心，我国如今正在推行以审判为中心的司法改革，审前分流是否有违“以审判为中心”的改革初衷？本文认为，以审判为中心是突出审判在侦查、审查起诉和审判三个环节中，也就是纵向刑事诉讼结构中的决定性地位。而决定性地位并非以经过法院处理的刑事案件数量占刑事案件总数的比重大小为标准。否则以辩诉交易（而非正式庭审程序）处理绝大多数刑事案件的英美国家就不是审判中心主义。[2]

第一，在侦查环节，适度探索侦查阶段的分流功能。在日本，警察完成侦查以后，对于提起公诉可能性较小的轻微案件，如果没有特殊情况则可不移送检察官，由警察将这类案件按照轻罪予以处理。对于轻微犯罪的处理，警察可以对犯罪嫌疑人进行严重训诫，鼓励犯罪嫌疑人赔偿损失、向被害人道歉，要求侵权人或者雇主等对犯罪嫌疑人实行监督，以实现慰藉被害人以及防止犯罪嫌疑人再次犯罪的双重目的。[3]我国有学者可能是受该制度启发，提出在满足一定条件时，公安机关可以适用微罪处理：“第一，犯罪为可能判处一年有期徒刑以下刑罚的犯罪，且行为人不存在既往违法犯罪记录；第二，犯罪嫌疑人自愿认罪且同意适用微罪处理，如果犯罪嫌疑人不认罪或者是犯罪嫌疑人不同意适用微罪处理的，则不能予以适用；第三，犯罪情节轻微且没有追诉必要，如犯罪嫌疑人不具有社会危险性、真诚悔罪、积极赔偿被害人、赔礼道歉等；第四，公安机关认为犯罪事实清楚，证据确实充分，依法能够予以认定犯罪，如果不构成犯罪的则应当撤销案件而不能适用微罪处理。”[4]但是如此处理，等于是赋予了侦查机关作出“构罪”的决定权，可能会面临诉讼法理上的障碍，使其面临与“免于起诉”制度同样的批评。

---

〔1〕 贾学胜、孙春雨：“司法上的非犯罪化的基本问题”，载《法学杂志》2013 年第 11 期。

〔2〕 徐歌旋：“以审判为中心背景下的诉讼结构调整”，中国政法大学 2020 年博士学位论文；卢建平、王晓雪：“以审判为中心视角下检察权的定位与运行”，载《浙江大学学报（人文社会科学版）》2017 年第 3 期。

〔3〕 [日] 松尾浩也：《日本刑事诉讼法》（上卷），丁相顺译，中国人民大学出版社 2005 年版，第 89~90 页。

〔4〕 姜涛：“刑事程序分流研究”，中国政法大学 2004 年博士学位论文。

实际上，我国《刑事诉讼法》第182条对侦查阶段的案件分流作出了一定程度的摸索。但是遗憾在于，对侦查阶段撤销案件的案件事实、审批程序作出过于严格的限制。根据《刑事诉讼法》第182条第1款的规定，只有犯罪嫌疑人自愿如实供述犯罪事实，有重大立功或者案件涉及国家重大利益的，且经最高人民检察院核准的，公安机关才可以撤销案件。而按照当下的审批模式，“如果县级公安机关想对认罪认罚案件作撤案处理，需要逐层上报至市级公安机关、省级公安机关、公安部，最后由公安部提请最高人民检察院批准。除去各级公安机关内部的细化审批程序，一个认罪认罚案件的撤案至少需要四级审批。相比而言，如果县级公安机关直接将认罪认罚案件移送审查起诉，则同级公安机关负责人即可作出批准”。〔1〕对侦查阶段撤销案件作出如此限制，虽然能够规范侦查机关的自由裁量权，但也极大地限制了，甚至是阻碍了侦查阶段的程序分流。以往的实践经验证明，如果一项制度设置过于繁琐，工作人员往往会持有“多一事不如少一事”的保守心态选择适用简单便捷的程序，使得制度初衷落空。故而，为了实现侦查阶段的案件分流，必须对分流程序作出进一步的简化。如果担心公安机关自由裁量权的滥用，可以对轻罪、重罪设置不同的审批流程。例如，简化3年有期徒刑以下轻罪案件撤销案件的审批手续。将侦查阶段的案件分流划分为几个走向：一是不应对犯罪嫌疑人追究刑事责任的，比如情节显著轻微、危害不大，不认为是犯罪的，撤销案件；二是轻罪案件中，如若犯罪嫌疑人自愿如实供述犯罪事实，有重大立功或者案件涉及重大利益的，经上级人民检察院批准可以撤销案件；三是重罪案件中，如若犯罪嫌疑人自愿如实供述犯罪事实，有重大立功或者案件涉及重大利益的，经最高人民检察院批准，公安机关可以撤销案件；四是案件事实清楚，证据确实、充分，移送人民检察院。

第二，完善审查起诉阶段轻罪案件的程序分流。英美国家一般实行起诉便宜主义，赋予了检察官广泛的自由裁量权，以实现审查起诉阶段的案件分流。英国检察官在决定起诉时，一直遵循着“起诉必须符合公共利益”的指导方针。在美国，检察官若认为对某犯罪的起诉不符合公共利益，或者无益于遏制犯罪等，检察官可作出不起诉处理。在法国、德国等传统奉行起诉法定主义的大陆法系国家，起诉法定主义也日益式微。德法等国的检察官拥有不起诉、附条件不起诉、刑事和解、辩诉协商等广泛的自由裁量权。之所以强调赋予检察

〔1〕 陈伟、霍俊阁：“认罪认罚审前分流的制度优化”，载《新疆社会科学》2018年第4期。

官广泛的自由裁量权，除了基于资源的有限性、公共利益的考量外，还为了适应审判中心的需要。赋予检察官自由裁量权，有利于在审前阶段就将大量的轻微案件分流出去，使得法官集中精力审判疑难案件，保证疑难案件得到更加公正的审理，通过程序的公正实现实体的公正。[1]

虽然我国《刑事诉讼法》也赋予了检察机关酌定不起诉的权力，但是在司法实践中，酌定不起诉的适用比例很低。因为担心贸然适用酌定不起诉可能会影响检察机关“惩治犯罪”的形象，上级检察机关对“不起诉率”有严格的控制，极力压缩起诉工作中的自由裁量权。严格的审批手续固然加强了程序方面的监督，但也不利于诉讼经济的实现。[2]我国2013—2015年，不起诉率一直在5%左右。德国的不起诉率很高，大部分的轻罪案件在起诉阶段即被分流。例如，2012年，由德国地方检察院和州检察院了结的案件共计4 556 600件，最终提起公诉的只有485 525件。[3]其他的则主要通过《德国刑事诉讼法典》第153a规定的科处负担（Auflage）和指示（Weisung）时的不追诉制度予以过滤，还有一部分案件基于被指控人无刑事责任能力和证据不足原因被作出不起诉处理。可见，在诉讼压力极大的情况下，扩大检察机关的酌定不起诉权以实现案件分流具有重要意义。相反，如果不顾及司法规律，过分限制检察机关在审前的分流功能，反而会导致很多超法规的分流现象出现。例如，检察机关工作人员将审查起诉的案件退回侦查机关自行处理，从而规避单位对“酌定不起诉”的严格把控；抑或有的检察机关工作人员刻意将治安管理处罚案件作为刑事不起诉案件处理，以此冲抵自侦案件的不起诉率……这种操作既有损程序、制度的正当性，又造成了诉讼程序的回流，极大地影响了被追诉人的快速审判权。有鉴于此，与其违背实践部门的实际需求，不如给予检察机关更多酌定不起诉的决定权。此外，附条件不起诉也有进一步完善的空间。根据《刑事诉讼法》第282条的规定，我国目前的附条件不起诉制度只适用于未成年人，且需要听取公安机关和被害人意见。司法机关为了消减社会矛盾，听取意见往往被异化为“取得同意”，[4]实质地限制附条件不起诉的适用数量。此外，由于检察机

---

〔1〕 徐歌旋：“以审判为中心背景下的诉讼结构调整”，中国政法大学2020年博士学位论文。

〔2〕 郭烁：“酌定不起诉制度的再考查”，载《中国法学》2018年第3期。

〔3〕 郭烁：“酌定不起诉制度的再考查”，载《中国法学》2018年第3期。

〔4〕 卢建平、王晓雪：“以审判为中心视角下检察权的定位与运行”，载《浙江大学学报（人文社会科学版）》2017年第3期。

关担负着监督考察的职责，所需工作量大，导致检察机关缺乏适用的动力。

就如卞建林教授所指出的，“检察机关是国家追诉的执行者、刑事政策的调控者、程序分流的主导者、诉讼活动的监督者、案件质量的把关者”。[1]在我国，为了配套以审判为中心的司法改革，在大力推行认罪认罚从宽制度的当下，赋予检察机关更多的自由裁量权更显重要。“为了避免审判阶段案件负担过重，客观上需要检察官在审前程序中发挥越来越大的筛选、分流和处理功能，高效处理大量刑事案件。”[2]我国《刑事诉讼法》第182条第1款结合认罪认罚从宽制度，规定犯罪嫌疑人自愿如实供述涉嫌犯罪的事实，有重大立功或者案件涉及国家重大利益的，经最高人民检察院核准，人民检察院可以作出不起诉决定，也可以对涉嫌数罪中的一项或者多项不起诉，也是旨在赋予检察机关不起诉以更多的法定事由。如上所述，可以考虑根据轻罪和重罪对认罪认罚不起诉作出不同的程序区分，从而给予检察院更大的自由裁量权。

第三，完善、简化轻罪案件的审理程序。德国被视为没有辩诉交易却能够有效率地解决刑事案件的楷模。[3]为了应对日益增长的案件压力，德国对审判程序进行调整。比如，德国的审判基础建立在一系列复杂的审前程序之上，而这都被以卷宗的形式记录下来。在审判中，主审法官主导证据调查和对证人的询问。因为不是陪审员审判，因而也没有必要花费大量的时间在复杂的证据规则和陪审员指导之上。在20世纪70年代和20世纪90年代，德国刑事案件数量不断上涨，司法系统不堪其扰。但德国立法系统的对策仍然坚持不引入美国的辩诉交易制度，而是通过立法将一些轻微罪出罪调整为行政违法，因为行政违法可以不用通过复杂的庭审来进行审判，德国的立法者试图通过这种方式节省司法资源。刑事诉讼上则配套以处罚令（Strafbefehl）。近年来，德国大多数的案件都是通过处罚令而非普通刑事审判进行处理。在2012年，德国检察官处理了约4 500 000的刑事案件。大约77%的案件因为证据不足或者其他原因而结案。在剩余的案件中，52%的案件是通过处罚令程序解决的，而48%的案

---

〔1〕 卞建林：“多重角色决定检察机关在认罪认罚从宽中承担主导责任”，载《检察日报》2019年4月22日，第3版。

〔2〕 熊秋红：“域外检察机关作用差异与自由裁量权相关”，载《检察日报》2019年4月22日，第3版。

〔3〕 John Langbein, Land Without Plea Bargaining: How the Germans Do It, 78 MICH. L. REV. 204, 204 (1979). 但也有学者认为这只是郎本的想象。See Markus Dirk Dubber, American Plea Bargains, German Lay Judges, and the Crisis of Criminal Procedure, 49 STAN. L. REV. 547, 567-69 (1997).

件最终被定罪。[1]《德国刑事诉讼法典》第407条及其以下确立的处罚令程序规定，如果被告人愿意选择处罚令程序，则可以避免被别人知晓遭遇犯罪指控（因为没有公开的审理期日），不会被强迫自白，不会遭遇无法预期的刑罚，在接受处罚后也会立即结束刑事程序，不会承受无法估量的诉讼时间，并可以支付相对低廉的诉讼成本。与此同时，法院也会简化证据调查方式，用文书宣读来代替当庭询问证人，此外，公务机关的声明也可以被宣读来作为证据（当然，这都建立在被告人、辩护律师以及检察官均同意的基础之上）。此外，证据调查申请权也被极大地限缩了。[2]

在我国台湾地区，通常审理程序要遵循严格证明的方法，实行直接言词及公开等审理原则，而在简式审判程序或简易判决中，言词审理原则、直接及公开审理原则可以适当限缩。如我国台湾地区现行“刑事诉讼法”第159条规定，原则上被告以外的人在审判之外的言词和书面陈述不得作为证据，但简式审判程序和简易判决处刑的不在此列。同样，在日本，在没有争议、事实清楚明白的轻微案件中，犯罪嫌疑人如果同意适用简易审判程序，检察官在起诉的时候提出以简易程序进行审判的请求，同时将书面文件和证物提交法院，法院可以不受传闻证据规则的限制，简化证据调查，对书面文件和物证进行书面审查，多数情况下还会直接省略法庭调查证据程序。[3]

故本文认为，对于适用速裁程序的轻罪案件，应该作出进一步的简化。在控辩双方对定罪量刑没有分歧的情况下，省略法庭调查和辩论环节，从而节省庭审时间和司法资源。[4]甚至可以考虑在轻罪案件范畴内再作出进一步的区分，对1年有期徒刑以下的轻微罪案采取书面审理的形式。一则，司法实践中，适用速裁程序的轻罪案件在法庭审理过程中基本也是流于形式，一个适用速裁程序的轻罪案件的审理时间往往不到5分钟。在这种情况下，还保持其庭审形式意义不大。二则，“直接、言词及公开的通常审判程序，虽然通常情况下能够完整地保障被告人之权利，但是，参与通常的审理程序对于被告而言并不全是

---

〔1〕 See Statistisches Bundesamt, Wiesbaden 2013, available at: https://www.destatis.de/GPStatistik/servlets/MCRFileNodeServlet/DEHeft_derivate_00012144/2100260127004.pdf.

〔2〕［德］霍尔姆·普茨克：“德国刑事诉讼法中的简化程序——从《德国刑诉法》第153a条，第407条及其以下和第417条及其以下规定展开”，程捷译，载2018年第四届中德刑事法研讨会《中德缺席审理和速审程序之比较》论文集。

〔3〕 于佳佳：“日本轻微犯罪处理机制的经验与启示”，载《交大法学》2015年第4期。

〔4〕 叶肖华：“简上加简：我国刑事速裁程序研究”，载《浙江工商大学学报》2016年第1期。

有利的。以到庭义务为例，也会对被告的自由形成限制；再如，公开的审理程序容易给被告造成‘烙印效应’，造成其名誉受损，纵使无罪判决也难以完全去除。因此，如果被告同意省却直接、言词并公开的通常审理，则在追求诉讼经济的同时，也能坚固被告利益之维护，合乎比例原则”。[1]简言之，在适用速裁程序的轻罪案件内部，进一步区分不法内涵轻微并且刑罚效果轻微的轻微罪案件，适用书面审理符合比例原则。[2]

结　语

轻罪治理体系的构建是一项系统工程。它不仅涉及现有犯罪圈的调整，还包括刑罚轻罪化的设置，与刑事诉讼中的程序简化也息息相关。这三者保持协调一致，才有可能实现轻罪治理现代化。否则，不同方向的制度改革无异于“方凿圆枘”，不仅易生刑事法律适用之片面正确而有碍刑事正义的实现，还可能会因不同学科的自我封闭而陷入改革困局。[3]

---

〔1〕 林钰雄：《刑事诉讼法》（下册·各论篇），元照出版有限公司2013年版，第257页。

〔2〕 林钰雄：《刑事诉讼法》（下册·各论篇），元照出版有限公司2013年版，第256页。

〔3〕 田宏杰：“中国刑法学研究40年的方法论思考——从视野、路径、使命切入”，载《法商研究》2018年第6期。

认罪认罚后被告人反悔问题研究

潘金贵　高松林*

摘　要：认罪认罚后被告人反悔直接影响到认罪认罚从宽实施的法律效果和社会效果，也关系到我国刑事诉讼程序运行是否流畅，是一个亟待研究解决的问题。从法理上分析，被告人认罪认罚后的反悔行为具有正当性，其享有反悔的诉讼权利，司法机关应当理性对待被告人的反悔权。以C市Y中级人民法院及其辖区为主要样本，课题组深入考察了司法实践中被告人认罪认罚后又在审判过程中反悔的情况，分析其面临的困境、剖析其产生的原因，进而寻求有针对性的应对方略。这一应对方略为，按照"预防为主，规制为辅"的基本思路，构建应对认罪认罚后被告人反悔的诉讼机制。

关键词：认罪认罚从宽制度　被告人反悔　认罪认罚自愿性

一、引言

认罪认罚从宽制度的确立是我国刑事诉讼制度的历史性变革，是通过立法推动国家治理体系和治理能力现代化的重大举措。认罪认罚从宽制度写入法典，基本构建了我国刑事诉讼按照"认罪程序"和"不认罪程序"运行的"双轨制"模式，对于通过合理的程序分流，在保障司法公正的前提下提高诉讼效率、化解社会矛盾、促进社会和谐具有重要意义。目前在司法实践中，认罪认罚从宽制度已经成为主要适用程序。据最高人民检察院张军检察长在2020年5月第十三届全国人民代表大会第三次会议上所作《最高人民检察院工作报告》中的

---

* 潘金贵，西南政法大学法学院教授，博士生导师；高松林，重庆市人民检察院第四分院检察长，中国政法大学博士研究生。本文系2019年度最高人民检察院理论研究一般课题"认罪认罚后被告人反悔研究"（编号GJ2019C30）研究成果。

统计，截至 2019 年 12 月，认罪认罚从宽程序适用率高达 83.1%，其中量刑建议采纳率为 79.8%，一审服判率为 96.2%。而据统计，2020 年 1 月至 7 月，检察机关对认罪认罚从宽制度的适用率为 82.8%，律师参与率为 88.4%，量刑建议采纳率为 90.7%，一审服判率为 95.7%。〔1〕总体来看，作为一项新的刑事诉讼运行机制，认罪认罚从宽制度的实践运行效果是良好的，但是正如古希腊哲学家亚里士多德曾言："任何制度，凡先前的总是比较粗糙，而后起的就可以更加周到。"〔2〕该制度在施行过程中也凸显出一些疑难问题，需要进一步研究解决，其中被告人认罪认罚后反悔〔3〕如何认识和处理就是理论界分歧很大、实务界做法不一的争点之一。

在认罪认罚从宽制度试点运行期间，实践中就已经出现被告人认罪认罚后反悔的少数案例，但由于"两高三部"《关于在部分地区开展刑事案件认罪认罚从宽制度试点工作的办法》对认罪认罚后被告人反悔问题未作出任何规定，司法机关在处理案件时只能按照自己的理解来把握，于法无据，做法各异。〔4〕2018 年《刑事诉讼法》修改时并未对认罪认罚后被告人反悔问题作出任何规定。2019 年"两高三部"《关于适用认罪认罚从宽制度的指导意见》（以下简称《指导意见》）第 53 条规定了"审判阶段反悔的处理"，对于认罪认罚后被告人反悔问题有所回应，但法条表述较为原则和粗疏，可操作性并不强。从司法实践来看，虽然认罪认罚后被告人反悔的总体比例不算高，如从张军检察长的工作报告来看，一审判决后被告人反悔上诉的比例为 3.8%，但该数据并不包括一审判决前被告人反悔的案件数量，且从 2019 年全国检察机关提起公诉的刑事案件的总数来计算，认罪认罚后被告人反悔上诉的案件约七万件，绝对数量并不低。而从 2020 年的阶段性统计数据来看，一审判决后被告人反悔上诉的比例为 4.3%，略有上升。认罪认罚后被告人反悔直接影响到认罪认罚从宽制度实施的法律效果和社会效果，也关系到我国刑事诉讼程序运行是否流畅，制度设计

〔1〕 朱孝清："深入落实认罪认罚从宽制度的几点建议"，载《人民检察》2020 年第 18 期。

〔2〕［古希腊］亚里士多德：《政治学》，吴寿彭译，商务印书馆 2011 年版，第 94 页。

〔3〕 认罪认罚后被追诉人的反悔从主体身份来分，包括犯罪嫌疑人的反悔和被告人反悔；从程序来分，包括起诉阶段反悔和审判阶段反悔，前者又包括不起诉后反悔、起诉前反悔。本文只研究被告人认罪认罚后在审判阶段反悔的相关问题。

〔4〕 参见王某盗窃案，（2017）渝 01 刑终 574 号；吴某新盗窃案，（2017）渝 01 刑终 584 号；吕某瑜贩毒案，（2017）渝 01 刑终 501 号；张某宁诈骗案，（2017）沪 01 刑终 866 号等。这些案件被告人认罪认罚后均反悔上诉，但前三个案件检察机关均提起抗诉，而后一个案件检察机关并未提起抗诉。

是否合理的问题，这无疑是一个值得高度重视和亟待研究解决的问题。理论界针对认罪认罚后被告人反悔的相关问题已经有所关注和论及，提出了不少真知灼见，[1]但总体而言对此问题的研究尚有待进一步加强。故此，本文拟在现有研究成果的基础上，结合司法实践经验，通过理论和实践的双重视角，对认罪认罚后被告人反悔的相关问题进行较为深入、系统的探讨，以供参考。

二、认罪认罚后被告人反悔的正当性分析：理性对待权利

按照《现代汉语词典》的解释，“反悔”意为翻悔或后悔，指收回自己说出的话或对自己做过的事心生悔意或中途变卦。[2]因此，认罪认罚后被告人反悔的基本内涵可以界定为：刑事审判过程中，被告人收回曾经作出的认罪认罚的承诺、决定，不再认罪认罚的行为。一般而言，认罪认罚后被告人反悔主要表现为两种形式。第一种是对“认罪”的反悔。按照立法机关的解释，所谓认罪，是指犯罪嫌疑人、被告人自愿如实供述自己的罪行，承认指控的犯罪事实。[3]学理上认为，对于“认罪”的构成要件，从实体法上来看，是要求犯罪嫌疑人、被告人“如实供述自己的罪行”，同时承认检察机关指控的犯罪事实，其中适用速裁程序和简易程序审理的案件，还必须认可指控的罪名，[4]因此，如果被告人不如实供述自己的罪行，不承认指控的犯罪事实，即构成对“认罪”的反悔。第二种是对“认罚”的反悔。按照立法机关的解释，所谓认罚，是指明确表示愿意接受司法机关给予的刑罚等处罚。[5]学理上认为，“认罚”应当同时包含肯定性行为和禁止性行为两方面的内容，它除了要求被告人“同意量刑建议”以外，还要求其同意案件适用简化的诉讼程序，一般还要求被告人接受法院最终判处的刑罚。[6]因此，被告人的两种行为可以认定为对“认罚”的反悔：一是对检察官提出的量刑建议明确表示不再同意，并

---

〔1〕 孙长永：“比较法视野下认罪认罚案件被告人的上诉权”，载《比较法研究》2019 年第 3 期；董坤：“认罪认罚从宽案件中留所上诉问题研究”，载《内蒙古社会科学（汉文版）》2019 年第 3 期；秦宗文：“认罪认罚案件被追诉人反悔问题研究”，载《内蒙古社会科学（汉文版）》2019 年第 3 期；洪浩、方姚：“论我国刑事公诉案件中被追诉人的反悔权——以认罪认罚从宽制度自愿性保障机制为中心”，载《政法论丛》2018 年第 4 期。

〔2〕 中国社会科学院语言研究所词典编辑室编：《现代汉语词典》，商务印书馆 2016 年版，第 361 页。

〔3〕 王爱立主编：《中华人民共和国刑事诉讼法修改条文解读》，中国法制出版社 2018 年版，第 27 页。

〔4〕 孙长永：“认罪认罚从宽制度的基本内涵”，载《中国法学》2019 年第 3 期。

〔5〕 王爱立主编：《中华人民共和国刑事诉讼法修改条文解读》，中国法制出版社 2018 年版，第 27 页。

〔6〕 孙长永：“认罪认罚从宽制度的基本内涵”，载《中国法学》2019 年第 3 期。

不同意简化程序的使用；二是不接受法院基于认罪认罚而作出的量刑判决而上诉。

在汉语语境中，“反悔”本属于中性词，但在不少场域中都带有贬义。因此，如何正确认识被告人的反悔行为，其反悔行为是否具有正当性，就成为理论界和实务界分歧较大的问题。我们认为，从法理上分析，被告人认罪认罚后的反悔行为具有正当性，其享有反悔的诉讼权利，司法机关应当理性对待被告人的反悔权，主要理由如下。

（一）被告人认罪认罚后反悔和接受认罪认罚具有“同质性”，均是其作为诉讼主体行使选择权和处分权的表现，是认罪认罚从宽制度的必要组成部分

现代法治社会普遍认同被告人在刑事诉讼中的诉讼主体地位，而诉讼主体地位最主要的体现即是享有诉讼权利，其中之一即是对权利的选择权和处分权。权利的行使以“处分自由”为原则，选择接受抑或不接受认罪认罚，不外乎是“肯定抑或否定”的正反两个方面而已，如果选择接受认罪认罚是被告人的权利，则选择不接受认罪认罚亦是被告人的权利，二者在法律性质上并无本质上的不同，都是其作为诉讼主体行使选择权和处分权的具体体现。被告人选择不接受认罪认罚包括协商之初即选择不接受认罪认罚，也包括达成协议之后反悔而选择不再认罪认罚。被告人认罪认罚后的反悔权包含实体和程序两个方面的选择权和处分权：其一是实体权利的选择权和处分权，即对认罪认罚结果不再接受，这包括对协商的结果如量刑建议不再接受，也包括对判决的结果不接受、其二是程序权利的选择权和处分权，包括不再选择简易程序或者速裁程序处理自己的案件、行使上诉权寻求二审救济等。无论被告人是基于实体考量还是程序考量而反悔，都属于权利处分自由原则的范畴。简而言之，被告人接受认罪认罚抑或反悔，都属于权利处分制度的“一体两面”，前者的关键是确保其接受的自愿性，后者则反向确保权利处分在特定条件下可以变更和挽回以断绝被告人的后顾之忧，二者缺一不可，相辅相成，可见被告人享有反悔权是认罪认罚从宽制度的必要组成部分，无疑具有正当性。

（二）被告人认罪认罚后享有反悔权契合认罪认罚协商机制下形成的公法契约模式的基本理念

按照卢梭《社会契约论》的基本观点，国家只能是自由的人民自由协议形成的社会契约的产物，是人民契约的结合体，是“一种能以全部共同的力量来

维护和保障每个结合者人身和财产的结合形式”。〔1〕刑事诉讼是解决国家公权力和公民私权利之间冲突的不得已手段，而国家与公民之间的纠纷解决既可以用尖锐对抗的方式，也可以用和平协商的方式。认罪认罚从宽制度具有明显的“协商性司法”的特征，即诉讼主体通过对话和磋商，形成司法契约，从而解决刑事冲突、争议的一种司法模式。〔2〕在程序设计中，控辩双方签署的《认罪认罚具结书》具有典型的“公法契约”属性：契约双方主体即国家和被追诉人，就被追诉人的定罪处刑这一契约内容，经过协商达成“合意”，以签署《认罪认罚具结书》的形式缔结“契约”予以固定。从民商法的原理来看，“契约必须信守”是原则，但也允许“契约可以撤销”等解约或者悔约的例外存在。因此，控辩双方在签署《认罪认罚具结书》后，原则上都应有“守约”之义务，但在“契约”最终生效即认罪认罚具结书的内容通过生效裁判予以确认之前，在原理上双方均有“撤销合同”等“悔约”的权利，也不能禁止其违约或者不履行合约，只不过必须因此而承担相应的“违约责任”。因此，被告人认罪认罚后享有反悔权是契合“公法契约模式”的基本理念的，需要做的是，“必须在确认契约自由的基础上，考虑其特殊性，考虑作为契约主体的被追诉人撤回契约的合意程度、后果、时间，在遵守契约基本原理和体察公法契约特殊性之间寻求平衡”。〔3〕

（三）被告人认罪认罚后享有反悔权在制度初建的情况下具有现实意义，是确保认罪认罚自愿性的必要措施

认罪认罚从宽制度的建立是我国刑事司法理念的巨大突破和嬗变，与我国传统的“有罪必罚”“罪刑相当”等理念无疑存在冲突。“任何制度转型的过程，都不可避免地存在一定制度漏洞”，〔4〕认罪认罚从宽制度作为一项新生的刑事司法制度，无论制度设计还是实践运作，客观上都不可避免地会存在漏洞或出现问题。理论界和实务界对于认罪认罚从宽制度的分歧，诸如对于《刑事诉讼法》第201条“一般应当采纳”条款的争议；对于确定刑量刑建议合理性

---

〔1〕［法］卢梭：《社会契约论》，李平沤译，商务印书馆2011年版，第18页。

〔2〕马明亮：“协商性司法：一种新型的司法模式”，载陈兴良主编：《刑事法评论》（第17卷），中国政法大学出版社2016年版。

〔3〕秦宗文：“认罪认罚案件被追诉人反悔问题研究”，载《内蒙古社会科学（汉文版）》2019年第3期。

〔4〕王宁：“制度漏洞与‘改革悖论’”，载《领导科学》2012年第1期。

的争议；对于值班律师制度是否充分发挥了诉讼功能的质疑；对于认罪认罚协商中是否“控辩失衡”的质疑；对于法官在审判中是否对认罪认罚自愿性的审查流于形式的质疑；等等。以上均是较为突出的问题。在认罪认罚从宽制度本身尚不健全完善的情况下，简单地否定被告人享有反悔权是不适当的，不利于从被告人反悔行为反映出的问题中查找制度设计存在的漏洞和反思实践运行存在的问题。其中，通过被告人的反悔行为倒查认罪认罚是否具有自愿性就很具有现实意义。认罪认罚从宽制度的关键是确保认罪认罚的自愿性，虽然《指导意见》等相关实施细则对被告人选择认罪认罚的自愿性保障作出了较为详细的规定，但是法官毕竟不是认罪认罚协商过程的参与者，对于认罪认罚过程中办案机关是否确实保障了被告人的自愿性，是否确实存在导致被告人违背真实意愿作出虚假认罪认罚的不恰当行为，被告人在审判过程中的反悔行为无疑是审查认罪认罚是否具有自愿性的重要线索。正如有论者所言，反悔权是认罪认罚制度中对被告人认罪自愿性的最根本保障，是被告人自愿性保障机制的最后一道防线。[1]

（四）被告人认罪认罚后的反悔行为符合利益最大化的人性追求，司法诚信更多是对司法机关的要求

被告人认罪认罚后反悔，不可否认，这种行为至少形式上有违契约精神，似乎违反司法诚信，也确实会导致诉讼效率的降低，增加司法成本，这也是司法实践中，有的检察机关针对被告人的反悔行为提出抗诉的主要理由。但是，应当看到，追求利益最大化是人的本性使然，在诉讼中追求诉讼利益最大化亦然。尤其在刑事诉讼中，被告人面临的是严厉的刑罚，失去的将是财产、自由乃至生命，其追求诉讼利益的最大化而反悔，不宜提倡，但也不宜苛求，更不宜给其简单贴上“不诚信”的道德标签。正如霍布斯所言，自保的欲望是“一切正义和道德的根源”。[2]特别是在司法实践中，客观上确实有办案人员在认罪认罚协商过程中通过不恰当行为而达成认罪认罚，由此导致被告人反悔，对此类情形的被告人认罪认罚后反悔不仅不能称之为“不诚信”，在某种程度上或许更应视其为正当的“维权”行为。应当看到，由于刑事诉讼较之于民事、

---

〔1〕王恩海：“认罪认罚从宽制度之反思——兼论《刑事诉讼法修正案（草案）》相关条款”，载《东方法学》2018年第5期。

〔2〕［美］列奥·施特劳斯：《自然权利与历史》，彭刚译，生活·读书·新知三联书店2003年版，第185页。

行政诉讼的特殊性，司法诚信更多的是对司法机关的要求，因为司法机关作出诉讼决定是公权力的行使方式，如果司法机关作出诉讼决定后不讲诚信，必然有损司法权力的权威性，而对于普通公民则没有这种维护司法权威的义务。美国学者就认为在被告人与检察官达成辩诉交易之后，检察官不应当撤回，除非被告人未遵循辩诉交易协定，以此来保障被告人的信赖与期待利益。〔1〕最高人民检察院相关业务部门负责人明确指出："根据契约精神，控辩双方均应当受协议内容的约束，有义务配合推动协议的履行。但这种约束对控辩双方来讲，其效力并不一样，对代表公权一方的检察机关的约束远大于对被告人个体的约束。具体表现为，检察机关原则上不得撤销协议内容，除非被告人首先不履行其在具结书中承诺的内容；而被告人在法院判决前，均可反悔。"〔2〕因此，司法实践中已经出现的个别基层检察机关在和被告人达成认罪认罚协议后又在一审开庭时以"将被告人的刑期汇报后认为被告人的刑期偏轻"为由撤回认罪认罚具结书的"控方反悔"行为，〔3〕这是值得商榷的，应当予以必要规制。

综上所述，我们认为，被告人认罪认罚后的反悔行为在法理上具有正当性，被告人的反悔权应当得到理性对待和必要保障，因为"政府必须平等地尊重和关心个人权利"，必须"认真对待权利"。〔4〕需要指出的是，被告人认罪认罚后反悔行为的正当性已经逐渐在理论界和实务界达成共识，基本认可被告人认罪认罚后享有反悔权。一方面，《指导意见》就"认罪认罚的反悔和撤回"作出相应的规定，从法律解释层面实质上认可了被告人享有反悔权；另一方面，实务界也逐步认可了被告人认罪认罚后有反悔权。最高人民检察院相关业务部门负责人就《指导意见》的理解与适用进行解读时就谈到："首先应当明确的是，犯罪嫌疑人或者被告人有权反悔和撤回认罪认罚的承诺。"〔5〕最高人民检察院副检察长陈国庆明确指出："只有保有被告人对于认罪认罚反悔上诉的权利，才能使

〔1〕 William M. Ejzak, Plea Bargains and Nonprosecution Agreements: What Interests Should Be Protected Renege? University Of Illinois Law Review, vol. 1991, no. 1, 107, 135 (1991).

〔2〕 苗生明、周颖："《关于适用认罪认罚从宽制度的指导意见》的理解和适用"，载陈国庆主编：《认罪认罚从宽制度司法适用指南》，中国检察出版社 2020 年版，第 204 页。

〔3〕 "河南一检察院撤回认罪认罚具结书：汇报后认为量刑偏轻"，载东方财富网，http://finance.eastmoney.com/a/202009101628030458.html，最后访问日期：2020 年 9 月 10 日。

〔4〕 [美] 罗纳德·德沃金：《认真对待权利》，信春鹰、吴玉章译，中国大百科全书出版社 2008 年版，第 3 页。

〔5〕 苗生明、周颖："《关于适用认罪认罚从宽制度的指导意见》的理解和适用"，载陈国庆主编：《认罪认罚从宽制度司法适用指南》，中国检察出版社 2020 年版，第 204 页。

其拥有对审判程序和诉讼结果的自由选择权，进而对最终的裁判结果不产生抵触情绪，增强其对认罪认罚结果的接受度。”[1]这一点值得充分肯定。

三、认罪认罚后被告人反悔情况的实证考察：以 C 市 Y 中级人民法院及其辖区为主要样本

最高人民法院反复强调认罪认罚从宽制度不是西方国家“辩诉交易”“认罪协商”的翻版，是我国特有的一项制度，因此研究认罪认罚从宽制度，必须要从中国司法实践和中国语境出发，才不至成为空中楼阁。研究被告人在认罪认罚后反悔的问题亦然。鉴于此，课题组拟采用实证研究的方法，深入考察司法实践中被告人认罪认罚后又在审判过程中反悔的情况，分析其面临的困境，剖析其产生的原因，进而寻求有针对性的应对方略。

（一）研究样本及研究方法

1. 研究样本

认罪认罚被告人在一审审理过程中反悔主要表现为庭前撤回答辩、当庭不认罪两种情形，在实践中相对较少。有调研数据显示，被告人庭前撤回认罪答辩案件占所有反悔案件的6%，当庭不认罪的案件占反悔案件的20%，而反悔案件中绝大多数（74%）是判决后上诉情形。[2]鉴于此，课题组通过中国裁判文书网和中国庭审直播网搜集相关案例进行分析。另外，课题组成员还与多位刑事法官进行访谈，与多位被告人进行交流，以兼顾样本的广泛性和代表性，从而对庭审过程中被告人反悔问题展开全面、具体的研究。

对于被告人通过上诉反悔的情形。一方面，课题组以“聚法案例”数据库为样本考察认罪认罚被告人反悔的总体情况。另一方面，课题组选取 C 市 Y 中级人民法院及其辖区为样本法院进行重点考察，与官方统计数据、“聚法案例”数据库的数据以及学界既有研究结论进行比对分析。C 市是首批开展认罪认罚从宽制度试点工作的城市，而样本法院又是 C 市辖区内五个中级人民法院中最为重要的一个。样本法院下辖 10 个基层法院，涉及 880 万余人口，辖区地处 C 市经济、政治、文化中心，覆盖多个国家级开发新区、园区，年受理案件

[1] 陈国庆：“适用认罪认罚从宽制度的若干问题”，载陈国庆主编：《认罪认罚从宽制度司法适用指南》，中国检察出版社 2020 年版，第 80 页。

[2] 马明亮、张宏宇：“认罪认罚从宽制度中被追诉人反悔问题研究”，载《中国人民公安大学学报（社会科学版）》2018 年第 4 期。

20 000余件。样本法院辖区内10个基层法院在2017年至2019年共审结认罪认罚案件17 064件，其中J区法院审结2922件、S区法院审结3060件、B区法院审结1535件、C区法院审结1018件、Y区法院审结3265件、H区法院审结1425件、T区法院审结766件、TL区法院审结773件、D区法院审结1247件、BS区法院审结1053件，为实证调研提供了充足的样本。因此，选取C市Y中级人民法院作为样本法院符合样本的代表性和典型性。另外，课题组在遵守科研规范的前提下，通过案件管理系统，检索、统计2018年、2019年样本法院受理的认罪认罚上诉案件，共739件，课题组即以此为研究样本，从案由、上诉理由、二审审理情况、审结情况等方面对此739件上诉案件进行全面剖析。另外，为了检验研究数据的代表性和研究结论的准确性，课题组还通过中国裁判文书网搜索上诉案件的二审判决书、裁定书，进一步整理发现，其中有438个二审案件以“撤诉”方式结案，有2个上诉案件的来源属于“附带民事诉讼原告人上诉”，有54个上诉案件未能查询到裁判文书。为保证“一审判决后被告人反悔上诉的原因类型”研究的精准，该部分的有效样本为245件。

2. 研究方法

认罪认罚反悔问题涉及刑事政策方面的分析、诉讼理论方面的分析以及对被告人主观心理变化的分析等，因此，课题组采用了以下研究方法。

（1）统计分析法。课题组以C市Y中级人民法院及其辖区的案件数据为样本，收集、整理其在2018年、2019年办理的认罪认罚上诉案件数据，运用现代统计学方法及相关软件（如Excel等）对上述数据进行统计、分析，得出一定结论。利用统计软件处理数据，不仅能进行一些客观描述分析，还可以通过数据透视表、汇总表、数据变化分析表等图表深入剖析各变量之间的关系，可以更加直观地反映认罪认罚后反悔的情况且提供值得思考的新信息。

（2）对比分析法。C市Y中级人民法院2017年适用认罪认罚从宽制度的案件数量合计3675件、2018年适用认罪认罚从宽制度的案件数量合计6946件、2019年适用认罪认罚从宽制度的案件数量合计6443件，案件类型十分广泛，涵盖盗窃罪、抢劫罪、诈骗罪、危险驾驶罪、走私、贩卖、运输、制造毒品罪、故意伤害罪、受贿罪、强奸罪等各个领域、各种类型的犯罪，通过实证研究，对比案件采取认罪认罚从宽制度前后的变化和实际效果，整理不同阶段被告人反悔的原因、法院的处理方式、被告人反悔对案件的影响等结果，从而对相关问题进行比较分析。

（3）访谈交流法。为了充分了解被告人认罪认罚后反悔的真实动机、原因等，课题组与多名认罪认罚反悔的被告人进行了访谈交流。此外，课题组还访谈了数名来自重庆、广东、浙江、上海等地的刑庭法官、检察官、辩护律师，以了解他们在遇到被告人认罪认罚后反悔情况的处理方式与主观心态等相关问题。

（4）参与观察法。所谓参与观察法，是指研究者透过感官知觉或科学仪器，对研究对象、行为或事件进行系统地观察与记录，并忠实地呈现其所观察到的结果与意义。[1]由于研究者能够进入研究对象的世界，所以，能够真正地了解到研究对象行动的内在意义，即所谓局内人的观点与行为。通过亲身的参与观察，可以更为客观地发现问题。从2019年9月至2019年12月，课题组部分成员前往样本法院作为实习法官助理，期间参与办理了数十件认罪认罚上诉案件，对实践现状有了较为直观的认识。课题组部分成员还利用参与辩护实务的机会，对认罪认罚从宽制度的实际运行进行了观察和研究。

（二）认罪认罚被告人在一审审理过程中反悔的实践情况考察

1. 认罪认罚后被告人在一审审理过程中反悔的基本情况

首先，从反悔的时间来看，一审审理过程中被告人反悔的情形分为两种。其一，审前阶段签署认罪认罚确认文书的过程中反悔。如C市J区法院审理的万某贩卖毒品一案，在审查起诉阶段万某对于指控的罪名、犯罪事实都表示无异议，并在值班律师的帮助下签订了《认罪认罚具结书》，但在庭前送达的起诉书副本中，万某写道“对于事实、罪名及量刑均有异议”。其二，在庭审过程中提出反悔。调研发现，认罪认罚的被告人庭审中一般不会开庭就反悔，但是在法庭调查过程中由于对证据、事实有意见则会出现反悔，这在共同犯罪案件中相对较多。如在林某等人涉嫌非法采矿罪审理过程中，林某在起诉阶段签署了《认罪认罚具结书》，但在庭审法庭调查中发表质证意见时，否认了基本犯罪事实。此外，也有在最后陈述阶段反悔的案例，这或许与被告人内心对于认罪认罚实际并不认可，对于承担刑事责任“心有不甘”的心理有关。如S区法院的法官表示，在该院审理的认罪认罚案件中，个别被告人尽管签署了《认罪认罚具结书》，但在庭审的最后陈述阶段还是会否认之前的认罪认罚。

其次，从反悔的内容来看，多数被告人仅对量刑建议或者量刑情节提出异议，而有的被告人则对指控的犯罪事实提出异议，法院相应会作出不同的处理。

---

[1] 许春金等：《刑事司法与犯罪学研究方法》，五南图书出版公司2016年版，第168页。

其一，多数被告人反悔主要是对量刑建议提出异议。对此，人民法院一般会要求检察机关调整量刑建议，若检察机关不调整或者调整后仍然不当的，人民法院会依法作出判决。如果被告人对量刑情节提出异议的，且量刑情节的变化需要通过法庭调查来查清，法院则会将速裁程序转化为简易程序重新审理。其二，少数被告人否认指控的犯罪事实。对此，有的法院会径直决定将案件转为普通程序审理；有的法院则会首先听取被告人的理由，再向被告人说明反悔的法律后果，告知其反悔与不反悔的利弊，确保被告人反悔是在知悉后果的基础上作出的明智选择；还有的法院会先做被告人的思想工作，劝其认罪认罚，若被告人在得知利弊后仍然愿意认罪认罚，则案件仍然按照原审程序继续进行，若被告人执意撤回认罪认罚的，人民法院会转为普通程序进行审理。

2. 认罪认罚被告人在一审审理过程中反悔的原因剖析

认罪认罚被告人在一审审理过程中反悔时，是否需要说明理由，这在学界存在争议。支持派学者认为，为了实现认罪认罚从宽制度的价值目标，需要遏制被告人不正当的需求和行为，因此认罪认罚被告人反悔必须提出正当理由。〔1〕否定派学者认为，获得公正审判是被告人的基本权利，即使没有正当理由，被告人在庭审结束之前也可以反悔，撤回认罪认罚。〔2〕折中派学者认为，被告人在庭审前认为认罪认罚决定有误，可以无理由地反悔，但是在庭审后判决作出前表示反悔的，应当具备正当理由。〔3〕课题组认为，上述争论主要涉及立法层面，更多的是形式理由。需要重点关注的反而是更深层次的被告人反悔的心理动机及实质理由。通过访谈、调查发现，被告人在庭审中反悔的真实理由可以概括为以下几种。

其一，认为自己在起诉阶段是“被迫”接受认罪认罚，认罪认罚不具有自愿性。此类情形较为复杂，有的是被告人认为自己在协商过程中受到了检察官的“威胁”，只要不同意量刑建议就被认为不认罚而会被从重处罚；有的是被告人认为量刑建议完全是检察官“单方开价”，根本没有和自己协商，自己没有“讨价还价”的余地，被迫勉强接受量刑建议；有的被告人签署具结书时是

〔1〕 朱孝清：“如何对待被追诉人签署认罪认罚具结书后反悔”，载《检察日报》2019 年 8 月 28 日，第 3 版。

〔2〕 闵春雷：“认罪认罚从宽制度中的程序简化”，载《苏州大学学报（哲学社会科学版）》2017 年第 2 期。

〔3〕 何静：“认罪认罚案件中被追诉人的反悔权及其限度”，载《东南大学学报（哲学社会科学版）》2019 年第 4 期。

自愿的，但到了审判阶段又觉得自己“吃了亏”，尤其是法庭调查中认为相关事实和证据有出入，于是便以认罪不自愿为由反悔。

其二，认为检察官在认罪认罚协商中有“欺骗”等不当行为，自己是“受骗”认罪认罚。由于个别公诉人在认罪认罚协商中存在“利用共犯心理”“夸大指控”等不当行为，被告人在审判阶段发现被误导，遂反悔。如在张某等十余人“涉恶”案件中，有几位被告人当庭反悔不认罪，理由就是在审查起诉阶段公诉人欺骗说其他人都已经认罪认罚了，导致自己违心认罪认罚。

其三，认为自己未能获得值班律师的有效法律帮助，是在未能正确理解认罪认罚从宽制度的情况下签署了具结书。此类被告人多是法律援助的对象，一般文化水平较低，法律知识欠缺，对认罪认罚从宽制度不能正确理解，经过法庭调查后认为相关事实和证据有出入而反悔。在此情况下，法庭通常会问其签署具结书时值班律师是否在场，而被告人通常会辩解虽然值班律师在场，但并未给自己提供有效的法律帮助，故自己是在未能正确理解认罪认罚制度的情况下签署了具结书。

其四，因心存侥幸，企图获得无罪判决而在法庭中反悔。被告人在签订认罪认罚具结书之后，会回到监舍与舍友谈论。谈论期间会受到“交叉感染”，有的是交流后认为量刑建议过重，有的是在听到某些法院不接受量刑建议的案件之后对司法机关产生怀疑，不相信检察官的量刑承诺，因而选择在庭审时反悔。

（三）认罪认罚被告人在一审判决后反悔的实践情况考察

1. 认罪认罚被告人在一审判决后反悔的基本情况

课题组首先通过“聚法案例”数据库考察认罪认罚被告人反悔的总体情况。以“刑事案件”“认罪认罚”为关键词检索得知，一审审理认罪认罚案件为 641 706 件，二审审理认罪认罚案件为 19 102 件。再在“刑事案件”“认罪认罚”“二审”条件下，分别以“上诉”“抗诉”为关键词检索得知，二审审理认罪认罚案件中，上诉启动为 17 257 件，抗诉启动为 331 件，既有上诉又有抗诉的有 1514 件。由此计算可得，认罪认罚案件上诉率约为 2.93%。《关于在部分地区开展认罪认罚从宽制度试点工作情况的中期报告》统计，认罪认罚案件的上诉率约为 3.6%。[1]如前所述，据统计，2019 年认罪认罚案件被告人反悔

---

〔1〕 周强：“关于在部分地区开展刑事案件认罪认罚从宽制度试点工作情况的中期报告”，载《人民法院报》2017 年 12 月 24 日，第 1 版。

上诉率为3.8%，2020年上半年被告人反悔上诉率为4.3%，远低于普通刑事案件的上诉率。[1]相较而言，通过“聚法案例”数据库统计出的上诉率要低于中期报告和最高人民检察院工作报告。在此基础上，课题组再对C市Y中级人民法院辖区内的认罪认罚案件的上诉情况进行统计，发现具有以下特点。

第一，上诉案件中认罪认罚案件所占比例较高。Y中级人民法院2018年共受理上诉案件743件，其中认罪认罚案件有319件，占42.93%。2019年共受理上诉案件815件，其中认罪认罚案件有420件，占51.53%。可见，从中级人民法院受理的上诉案件总数上看，认罪认罚案件的上诉率并不低。

第二，认罪认罚案件的上诉率有逐年上升趋势。2018年Y中级人民法院辖区内各基层法院共审理认罪认罚案件6946件，其中被告人提出上诉的有319件，上诉率为4.59%。2019年Y中级人民法院辖区内各基层法院共审理认罪认罚案件6443件，其中被告人提出上诉的有420件，上诉率为6.52%。可见，样本法院认罪认罚案件上诉率要略高于全国平均水平，且无论是认罪认罚案件数量还是上诉的比例，2019年均比2018年要高，有上升趋势。

第三，各基层法院之间的上诉率差异较大，且与经济水平或地域位置并不相关。课题组对样本法院辖区内各基层法院的上诉情况予以分别统计（见表1），发现2018年C区认罪认罚案件上诉率为10.68%，而BS区仅为0.48%，2019年C区认罪认罚案件上诉率为11.8%，BS区仅为0.81%。2019年TL区认罪认罚案件的上诉率更是高达13.01%，远超同期其他法院，而BS区近两年认罪认罚案件的上诉率却不足1%。在统计学中，方差可以反映数据的离散程度，经计算2018年、2019年各地上诉率之间的标准差分别是3.25、3.94。[2]此外，各地上诉率的差异与经济水平或地域位置并不相关。J区、S区、Y区是样本法院辖区内的中心地区，案件数量极大，但上诉率处于平均水平，而C区和BS区均处于周边地区，经济水平相当，认罪认罚案件数量也差不多，但上诉率却相距甚远。如此可以看出，认罪认罚案件上诉率高并不能简单地从经济、地域等方面寻找原因，需要进一步考察各地在具体实施认罪认罚从宽制度方面存在的差异。

---

〔1〕 根据2016年、2017年、2018年的《中国法律年鉴》计算，每年所有刑事案件上诉率大概在9%~10%。

〔2〕 为了便于计算，在计算标准差时将每项数据的百分号不计算在内。

表 1　2018—2019 年样本法院辖区内认罪认罚反悔上诉案件总体情况（单位：件）

	2018 年			2019 年		
地区	认罪认罚案件数量	上诉案件数量	上诉率	认罪认罚案件数量	上诉案件数量	上诉率
J 区	1182	26	2.2%	952	47	4.94%
S 区	1247	56	4.49%	1211	61	5.04%
B 区	657	11	1.67%	602	35	5.81%
C 区	459	49	10.68%	363	43	11.8%
Y 区	1311	49	3.74%	1301	56	4.3%
H 区	607	55	9.06%	536	68	12.69%
T 区	344	16	4.65%	242	13	5.37%
TL 区	285	24	8.42%	292	38	13.01%
D 区	437	31	7.09%	575	56	9.74%
BS 区	417	2	0.48%	369	3	0.81%
合计	6946	319	4.59%	6443	420	6.52%

第四，认罪认罚案件的上诉主要集中在盗窃罪，走私、贩卖、运输、制造毒品罪和危险驾驶罪三类案件。调查数据表明，C 市 Y 中级人民法院辖区内的认罪认罚反悔上诉案件共涉及 46 个罪名，其中盗窃罪最多，占 47%，其次是走私、贩卖、运输、制造毒品罪，占 30%，再次是危险驾驶罪，占 8%，其他的则零星分布于侵犯公民人身权利、民主权利罪等案件中（见图 1）。盗窃罪所占比例大的原因之一是其案件基数大，上诉案件自然较多，原因之二是犯罪数额争议较多，直接影响量刑建议。走私、贩卖、运输、制造毒品罪所占比例大的原因在于毒品案件证据链较为复杂，此罪彼罪的界限很难认定，被告人存在侥幸心理。危险驾驶罪作为轻罪，案件基数最大，且一旦被判处刑罚，会对被告人的工作、生活带来严重的负面影响，因此一审被判刑后往往会寄希望于通过上诉途径来争取免除处罚。

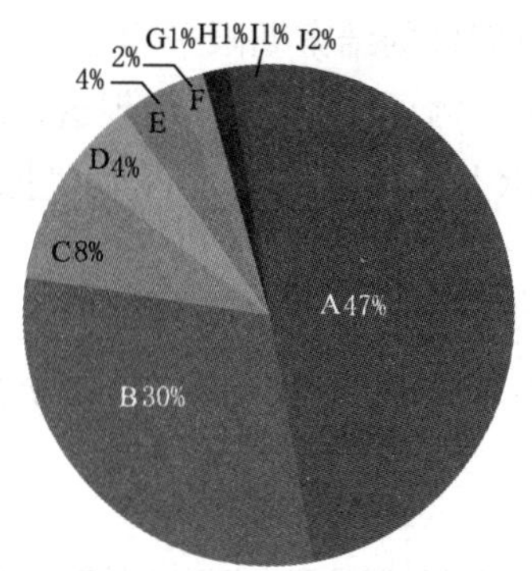

A■盗窃罪　　B■走私、贩卖、运输、制造毒品罪
C■危险驾驶罪　　D■侵犯公民人身权利、民主权利罪
E■扰乱公共秩序罪　　F■组织、强迫、引诱、容留、介绍卖淫罪
G■贪污贿赂罪　　H■扰乱市场秩序罪
I■破坏金融管理秩序罪　　J■其他

图1　2018—2019年C市某中级人民法院辖区被告人反悔上诉的案件分布

2. 检察机关对认罪认罚被告人一审判决后反悔上诉的应对

调研发现，与认罪认罚从宽制度试点时期有所不同的是，在刑事诉讼法修改正式确立了认罪认罚从宽制度以后，在样本法院辖区内，检察机关对于认罪认罚被告人在一审判决后反悔提出上诉的，总体上持较为宽容的态度，极少因此而提出抗诉。据统计，在2018年只有张某涉嫌盗窃罪一案，在张某反悔上诉后检察机关提出了抗诉；2019年只有杨某涉嫌盗窃案和陈某涉嫌盗窃案两个案件在被告人反悔上诉后检察机关提出了抗诉。需要指出的是，陈某涉嫌盗窃案检察机关抗诉主要是认为一审对于漏罪的数罪并罚计算错误，导致刑期超过了量刑建议，即检察机关是为了被告人的利益而提出了抗诉。

3. 认罪认罚被告人在一审判决后反悔上诉案件的二审处理

样本法院在收到认罪认罚被告人的上诉案件时，均会依法受理、分案、审查，程序与普通上诉案件并无区别。在受理认罪认罚被告人上诉案件之后，首先，承办人会阅卷，审查案件事实是否清楚、证据是否确实充分。其次，承办人会前往看守所讯问上诉人，同时发放诉讼权利告知书以及廉政监督卡，进一步审查案件事实以及上诉理由。再次，合议庭对案件进行评议。最后，承办人依法进行宣判或委托下级人民法院代为宣判。可以看出，即使是认罪认罚上诉案件，二审法院依然贯彻全面审查原则，对案件的证据、事实进行重新审查。

从办案时间来看，认罪认罚上诉案件的结案期限平均是 41 天，就个案的处理而言，上诉案件的审理事实上大致只需要 4—5 天。出现这种时间差距的原因主要是因为“技术性上诉”案件，承办人均会允诺上诉人“拖延时间”，到法定审限临近时才作出宣判。

认罪认罚后被告人反悔上诉案件的结案方式有撤回上诉、维持原判、发回重审、依法改判四种，课题组对样本法院受理认罪认罚案件的审结方式进行了统计（见表 2）。

表 2　2018—2019 年样本法院受理认罪认罚上诉案件的审结方式（单位：件）

地区	2018 年					2019 年				
	上诉案件数量	撤诉数量	维持原判数量	发回重审数量	改判数量	上诉案件数量	撤诉数量	维持原判数量	发回重审数量	改判数量
J 区	26	13	9	0	4	47	12	28	0	7
S 区	56	17	35	1	3	61	31	28	0	2
B 区	11	4	4	1	2	35	25	10	0	0
C 区	49	41	8	0	0	43	30	13	0	0
Y 区	49	17	23	1	8	56	23	31	0	2
H 区	55	50	5	0	0	68	59	8	0	1
T 区	16	11	5	0	0	13	12	1	0	0
TL 区	24	10	10	0	4	38	20	16	0	2
D 区	31	22	7	1	1	56	37	17	0	2
BS 区	2	1	1	0	0	3	3	0	0	0
合计	319	186	107	4	22	420	252	152	0	16

从表 2 中可以得出以下结论：在认罪认罚上诉案件中，撤回上诉和维持原判占绝大部分，极少数情况下会发回重审或依法改判。2018—2019 年，样本法院受理的认罪认罚上诉案件中，被告人经检察院、法院释法说理后选择申请撤诉，占比为 59.27%。被告人不撤诉，法院依法审查后裁定维持原判的案件 35.05%。撤回上诉和维持原判加起来占 94.32%。可见，大部分认罪认罚上诉案件进入二审程序后获得的结果与原审结果一致，只有 39 个案件在被告人

上诉后减轻量刑或是适用缓刑。除此之外，还有 3 件上诉案件发回重审（见图 2）。

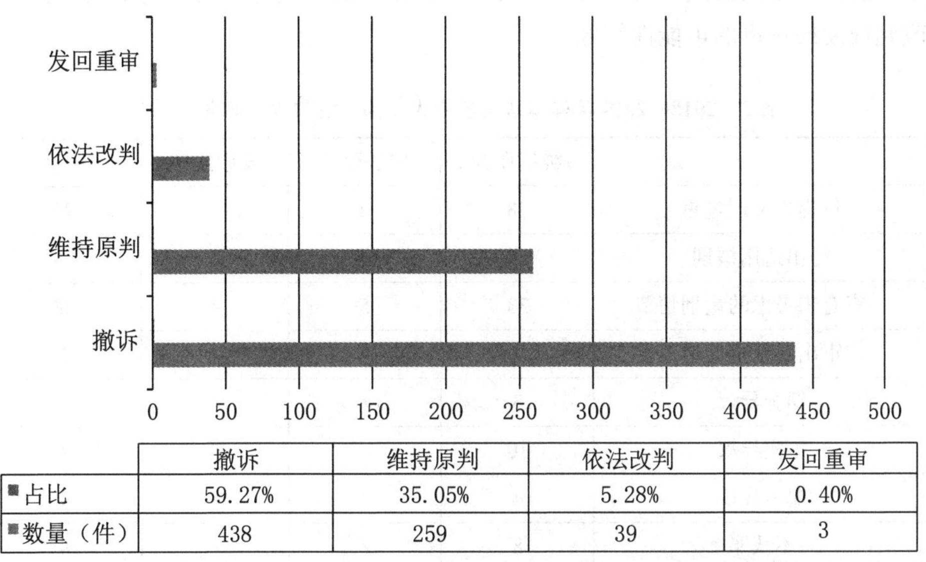

	撤诉	维持原判	依法改判	发回重审
■占比	59.27%	35.05%	5.28%	0.40%
■数量（件）	438	259	39	3

图 2　2018—2019 年样本法院被告人反悔上诉案件的裁判结果

进一步考察认罪认罚上诉案件的结案情况，需要结合被告人的上诉理由加以考察（见表 3）。通过表 3 可知，在记叙上诉理由的案件中当被告人以“不认罪”“罪名异议”“事实异议”或“罚金异议”为由上诉时，所有案件均无一例外地维持原判。当被告人以“量刑过重”为由提起上诉时，90 个案件中只有 2 个案件被减轻量刑，改判的原因在于二审法院通过全面审查，发现一审量刑计算错误或者上诉人于二审期间积极赔偿。[1]值得一提的是，虽然在“提出适用缓刑”的上诉案件中，维持原判与依法改判的案件数量不如其他上诉理由的裁判结果差距悬殊，但结合收集到的裁判文书，我们能够归纳出二审法院适用缓刑所考虑的因素。即综合被告人的悔罪态度、主观恶性、人身危险性、社会危害性，以及二审期间被告人所居住社区提供的相关材料进行审查判断。此外，需要关注的上诉理由是“一审有未考虑的量刑情节”。在以这个理由上诉的 38 个案件中，5 个案件被依法改判，调研发现，尽管被告人提出一审有自首、坦

〔1〕（2019）渝 01 刑终 427 号；（2019）渝 01 刑终 533 号。

白、立功等情节，法院却并未采纳。法院仍是通过全面审查，发现了二审期间出现的被告人自愿赔偿被害人经济损失的新事实，[1]综合考量其犯罪事实、情节、后果，予以改判。总而言之，若被告人在上诉期间提不出新的事实与证据，改判或发回重审的可能性较低。

表 3　2018—2019 年样本法院被告人反悔上诉效果（单位：件）

	维持原判	依法改判	发回重审	合计
仅提出量刑过重	88	2	/	90
提出适用缓刑	59	19	/	78
一审有未考虑的量刑情节	33	5	/	38
二审出现新量刑情节	1	1	/	2
罚金异议	3	/	/	3
事实异议	10	/	/	10
罪名异议	4	/	/	4
不认罪	8	/	/	8
其他	10	/	2	12
合计	216	27	2	245

4. 认罪认罚被告人在一审判决后反悔的原因剖析

首先，被告人选择在一审判决后通过上诉方式反悔的原因多样，主要有以下三个方面。其一，一审判决前反悔的，检察机关需要重新提出量刑建议，新的量刑建议可以比之前的量刑建议更重，而一审判决后提出上诉会受到上诉不加刑原则的保护，相较而言，被告人自然希望通过判后上诉的方式争取更多诉讼利益。其二，被告人一般都希望尽快脱离诉累，减少审前羁押的时间，因此在判决前并不希望打断诉讼进程，所以往往采取上诉的方式反悔。其三，被告人在签署认罪认罚具结书之前，司法人员已进行了较为全面的权利义务告知并讲明了认罪认罚的利害关系，被告人对速裁程序或者简易程序适用过程和结果已经作了较为充分的心理准备。在这种情况下，被告人一般不会轻易在一审判决之前撤回认罪认罚。

[1]（2018）渝 01 刑终 326 号；（2018）渝 01 刑终 584 号。

其次，被告人反悔时提出的上诉理由多样。有学者调查后谈到，大部分认罪认罚被告人属于“空白上诉”，即未提出任何新的证据或理由，仅以量刑过重为由提出上诉或重复一审中既有的量刑情节。[1]课题组研究发现，一审判决后认罪认罚被告人反悔时提出的上诉理由多样，主要有九类（如图3）：(1) 仅提出量刑过重；(2) 提出适用缓刑；(3) 一审有未考虑的量刑情节；(4) 二审期间出现新量刑情节；(5) 罚金异议；(6) 事实异议；(7) 罪名异议；(8) 不认罪；(9) 其他。前五种情形可以简单归纳为“悔罚”型反悔上诉，后四种情形可以简单归纳为“悔罪”型反悔上诉。其中“一审有未考虑的量刑情节”包括自首、坦白、立功、从犯、胁从犯、犯罪未遂以及正当防卫；“其他”则包含被害人存在过错等情况。可见，除去“一审有未考虑的量刑情节”“其他”以外，其余都属于“空白上诉”，占全部的79%，与前述学者的研究相近。此外，95%的认罪认罚被告人是因为“悔罚”而提起上诉，较少是因为“悔罪”而上诉。

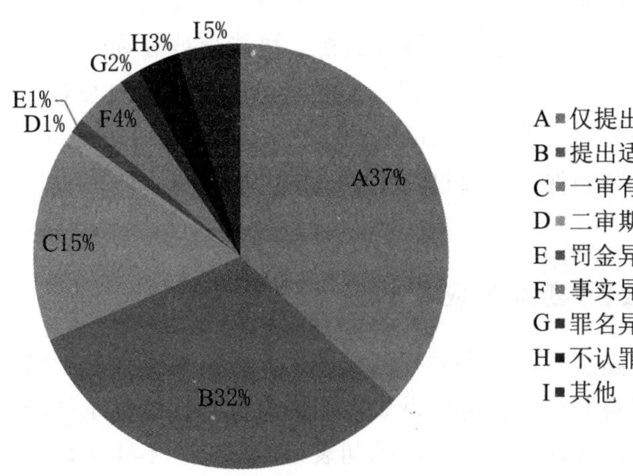

图3　2018—2019年样本法院被告人反悔上诉的原因类型

最后，被告人反悔上诉的深层原因复杂。主要有以下几类。(1) 量刑结果未达预期。具体有三种情形：其一，有的检察官在解释认罪认罚从宽制度过程中存在夸大从宽幅度的情况，导致被告人在积极认罪认罚的同时产生了较高的“从宽”预期。若一审判决结果未达到被告人的心理预期，被告人就会提出上

〔1〕牟绿叶：“认罪认罚案件的二审程序——从上诉许可制展开的分析”，载《中国刑事法杂志》2019年第3期。

诉，并认为受到检察人员的“欺骗”。[1]其二，采用“幅度型量刑建议”的案件，若量刑建议的幅度过宽，对于被告人而言必然期望获得幅度内最低的量刑，而若法院判处幅度内较高的量刑，超过被告人的心理预期时也会引起被告人上诉。其三，法院不采纳检察院的量刑建议而判处更高刑期的情况下必然会引起被告人上诉。如 T 区法院判处的余某故意伤害一案，检察机关提出判处有期徒刑二年半至三年的量刑建议，一审法院判处被告人有期徒刑三年半，被告人遂提出上诉并威胁以后要报复一审法官，造成了极坏的社会影响。(2)“留所服刑目的上诉”。所谓“留所服刑目的上诉”，是指被告人对于一审裁判结果并无实质异议，上诉是为了利用二审的审限以及上诉不加刑原则拉长诉讼周期、延长羁押期限，使自身的羁押期限在折抵刑期后余刑符合留在看守所服刑的条件，从而达到逃避监狱劳动等目的。[2]为达到留所服刑目的而上诉在一审判决的轻刑犯中占比较大，主要出于以下几个原因：第一，对看守所的人员、环境已适应，不想再去监狱重新适应环境。第二，看守所的看管比监狱轻松，且不需要劳动。第三，由于送监执行是在全省范围内调配，可能会被分到较为遥远的监狱，不方便亲属会见。(3)“投机性上诉”。此类上诉的被告人内心对一审判决认定的事实或多或少是有异议的，其既想先通过一审认罪认罚来获取量刑优惠，又想利用上诉不加刑原则的保护，通过二审法院的全面审查来争取对自己更为有利的判决结果。

四、认罪认罚后被告人反悔的应对方略：预防机制与合理规制

被告人认罪认罚后固然享有反悔的权利，但是，无论被告人基于何种原因而反悔，其反悔行为客观上势必会造成诉讼效率的降低和司法成本的增加，这与修改刑事诉讼法确立认罪认罚从宽制度的初衷是相悖的，不能实现认罪认罚从宽制度的预期效果。因此，应当高度重视认罪认罚后被告人反悔问题，制定科学的应对方略。我们认为，应当按照“预防为主，规制为辅”的基本思路，构建应对认罪认罚后被告人反悔的诉讼机制。

（一）预防为主：科学构建应对被告人反悔的预防机制

首先，应当确保被告人在审前程序中获得有效的辩护帮助，其核心是充分

---

〔1〕 周新：“论认罪认罚案件救济程序的改造模式”，载《法学评论》2019 年第 6 期。

〔2〕 董坤：“认罪认罚从宽案件中留所上诉问题研究”，载《内蒙古社会科学（汉文版）》2019 年第 3 期。

发挥值班律师的诉讼职能。一般而言，被告人委托辩护律师所得到的法律帮助较值班律师而言更为充分，反悔率相对较低。而值班律师未能充分履行职能，切实发挥法律帮助作用，在一定程度上沦为签署认罪认罚具结书的“橡皮图章”，诉讼职能“见证人化”而未能实质化，如前所述，这是导致被告人反悔的主要原因之一。但由于刑事案件辩护率较低，辩护律师资源分配不均〔1〕以及案情较为简单，被告人在自愿认罪认罚的情况下不愿聘请辩护律师等方面的原因，值班律师在今后很长一段时间依然会是我国认罪认罚程序中被告人获得法律帮助的主要来源。在我国，值班律师作为法律援助制度下的一种特殊的援助形式，只负有有限的辩护职责，而不提供全面的刑事辩护服务，其基本功能在于“即时”为被告人提供法律帮助，具有“应急性”特征。在提供法律咨询服务和法律帮助时，值班律师往往并不了解案件的具体情况，只能就犯罪嫌疑人、被告人的具体问题提供相应的咨询意见。值班律师面对不同的咨询主体，根本不可能深入了解案件的具体细节，更不可能像辩护律师那样通过查阅案件的卷宗材料为当事人提供辩护。〔2〕在值班律师制度试点过程中，暴露出最大的问题即值班律师不能为被告人提供实质有效的帮助，如杭州市在试点期间存在“值班律师”混同于“律师值班”、法律咨询和辩护的及时性不足等棘手问题。〔3〕由此可能会导致当事人向值班律师提出申请变更强制措施、帮助申请法律援助等合理请求而值班律师并未依请求落实、仅在被告人签署认罪认罚具结书时到场见证等问题。因此，要防止被告人认罪认罚后反悔，就应当确保其在侦查、起诉阶段获得有效的辩护帮助，建立充分发挥值班律师诉讼职能的保障机制，对此《指导意见》第 10 条至第 15 条已经作了初步规定，对于加强认罪认罚案件被告人辩护权的保障具有积极意义。此外，2020 年 8 月 20 日，“两高三部”联合发布了《法律援助值班律师工作办法》，对如何进一步充分发挥值班律师的工作职责，规范值班律师工作，加强值班律师工作保障等作出了较为详细的规定。随着《法律援助值班律师工作办法》的贯彻落实，对于值班律师参与认罪认罚案件的处理必将产生积极的推动作用。

其次，应当建立认罪认罚协商前的证据开示制度，保障被告人的证据信息知悉权。在诉讼原理上，国家追究犯罪嫌疑人、被告人的刑事责任，必须建立

〔1〕 顾永忠：“以审判为中心背景下的刑事辩护突出问题研究”，载《中国法学》2016 年第 2 期。

〔2〕 吴宏耀：“我国值班律师制度的法律定位及其制度构建”，载《法学杂志》2018 年第 9 期。

〔3〕 董红民、麻伟静：“构建法律援助值班律师制度实证探析”，载《中国司法》2016 年第 10 期。

在证据基础上，同时有义务让被追诉人知晓指控证据的情况，“司法神秘主义”有悖于现代刑事法治。尤其证据在庭审中终究要向被告人举示，庭前程序中对被追诉人进行“证据封锁”，不让其知悉指控证据的基本情况，既不利于被追诉人行使辩护权，又可能导致妨碍庭审顺利进行等其他负效应。如前所述，认罪认罚被告人反悔的重要原因之一就是在庭审中发现证据和事实与公诉人所言有较大出入进而反悔。反之，如果在起诉阶段通过证据开示，让被追诉人充分了解证据信息，使其知道对其指控的证据是确凿的，事实是清楚的，进而说服其真心实意认罪认罚，无疑将极大降低反悔的概率。因此，《指导意见》第29条规定“人民检察院可以针对案件具体情况，探索证据开示制度，保障犯罪嫌疑人的知情权和认罪认罚的真实性及自愿性”是有现实意义的，亟待将其细化并贯彻落实。初步可以考虑：在认罪认罚案件审查起诉即将终结，犯罪嫌疑人签订认罪认罚具结书之前，在值班律师或辩护律师在场或知情的情况下，检察机关将案卷材料中的主要证据卷复印交给犯罪嫌疑人查阅，并给予必要的阅卷时间。犯罪嫌疑人查阅后在签订认罪认罚具结书时应当附有签字说明，表明其系在查阅所有证据后签订具结书，辩护人或者值班律师也应当签字说明。此外，也可以考虑允许辩护人在查阅案卷后将案卷复制给犯罪嫌疑人查阅。通过证据开示，充分保障被告人的证据信息知悉权，一方面可以坚定被告人认罪认罚的决心，降低其反悔可能性，另一方面通过认罪认罚具结书上被告人的签字说明以及辩护人或者值班律师的签字说明，进一步证明其认罪认罚的自愿性。

再次，应当规范控辩协商的流程，推行控辩协商过程的同步录音录像制度，确保协商过程的自愿性和合法性。针对实践中反映较为突出的控辩之间不进行充分协商，而往往只是检察官“单方开价”等问题，以及前述被告人反悔中辩称的在起诉阶段认罪认罚协商过程中公诉人存在“强迫”“欺骗”“未能正确理解”等问题，可以采取以下应对措施。一方面，检察机关应当对审查起诉阶段控辩充分协商达成合意对于防止被告人反悔的重要性提高认识，建立控辩协商的规范化流程，充分听取辩方的意见，同时对协商的时间、地点、参与人员、协商内容等均形成笔录，检察官、犯罪嫌疑人、辩护人或值班律师均在协商笔录上签字予以认可。另一方面，可以考虑在控辩协商过程中进行全程同步录音录像，并随案移送法院以供法官在审查认罪认罚的自愿性、合法性时参考。通过协商过程的规范化和同步录音录像等机制，可以更好地堵住可能存在的程序漏洞，减少被告人反悔的空间，既是预防和遏制被告人认罪认罚后反悔的有效机制，也有利于检察官的自我保护。随着我国看守所和检察机关办案硬件设施的不断改善，推行控辩协商过程中的同步录音录像完全具备可行性。

最后，应当强化检察官办理认罪认罚案件的监督管理，既要充分发挥检察机关的“主导责任”，又要确保认罪认罚案件办理的规范化。毋庸讳言，认罪认罚从宽制度极大地扩充了检察官的自由裁量权，也可能增加检察官滥用权力的风险。尤其是检察机关在办理认罪认罚案件中的“主导责任”的提出，进一步强化了检察官在此类案件办理中的主导地位和作用。但是客观地看，前述检察官在办理认罪认罚案件中的不规范做法在司法实践中确实不同程度地存在，也不乏检察官在办理此类案件中将“协商”演变成“交易”进而涉罪的案例。因此，应当强化检察官办理认罪认罚案件的监督管理，既要充分发挥其在办理案件中的主导地位和作用，又要强调检察官的“客观义务”，确保认罪认罚案件办理的规范化，这是预防被告人因检察官办案过程中的不规范行为而反悔的重要一环。为健全办理认罪认罚案件检察权运行监督机制，加强检察官办案廉政风险防控，确保依法规范适用认罪认罚从宽制度，最高人民检察院 2020 年 5 月 11 日发布了《人民检察院办理认罪认罚案件监督管理办法》，具有现实的指导意义。

（二）规制为辅：科学构建认罪认罚被告人反悔后的规制机制

1. 针对被告人在庭前及庭上反悔，法官应当强化对反悔理由的实质性审查

应当看到，虽然法官在认罪认罚程序中的功能更多是对控辩双方达成的协议进行“司法确认”，但是这并不损减法官在刑事诉讼过程中对被告人的“诉讼关照”义务。如美国在辩诉交易中就赋予了法官在特定情形下否定辩诉交易的权力，其第一种情形即交易结果对被告人是否公平。〔1〕从司法实践来看，被告人在庭前或者庭上反悔多是“有因反悔”，主要理由是认罪认罚出于非自愿性或不具备合法性。鉴于认罪认罚的自愿性和合法性是认罪认罚从宽制度的根基，被告人的前述理由将从根本上否定案件的实体认定及程序运作，因此法官应当高度重视对被告人此类反悔理由的实质性审查，尤其不能简单地认为被告人的反悔行为是认罪态度不好而疏于审查。按照《指导意见》第 39 条第 1 款的

〔1〕 王兆鹏：“刑事诉讼的新潮流——与被告协商”，载《蔡墩铭先生六秩晋五寿诞祝寿论文集》，第 762 页。

规定，应当重点审查核实以下内容：被告人有无因受到暴力、威胁、引诱而违背意愿认罪认罚；被告人认罪认罚时的认知能力和精神状态是否正常；被告人是否理解认罪认罚的性质和可能导致的法律后果；人民检察院、公安机关是否履行告知义务并听取意见；值班律师或者辩护人是否与人民检察院进行沟通，提供了有效法律帮助或者辩护，并在场见证认罪认罚具结书的签署。此外，除了听取被告人陈述外，还可以通过听取律师、检察官对协商过程的陈述，听取同案被告人的陈述，观看协商全程同步录音录像等方式来确保对自愿性、合法性的审查落实到位，再根据审查的结果作出相应的程序转换和实体处理。

2. 针对被告人判决后反悔上诉，应当区分不同类型分别应对

从域外适用类似认罪认罚从宽程序的国家或地区的立法来看，认罪认罚案件的上诉权不少是有所限制的。如在美国适用辩诉交易的案件中，上诉需要特殊的理由，即“原审法院的审判程序有误”。联邦最高法院明确法院有义务确认被告人的认罪答辩是在自愿、平等的情况下作出的，如果法院未依据该规定进行审查，被告人对原审判决提出上诉时，上级法院会以此为理由将判决归于无效，并由原审法院重新进行审理。〔1〕《英国1980年治安法院法》第108条规定，作出有罪答辩的被告人只能对量刑提出上诉，而无权就定罪提出上诉，除非存在被告人所作的有罪答辩含糊不清或有罪答辩系被迫作出等特殊原因。〔2〕我国台湾地区“刑事诉讼法”第455条规定，被告人只有在协商中认罪的意思表示并非出于自愿的情况下才可以提起上诉。但是，在我国现阶段，鉴于认罪认罚从宽制度本身尚不够完善，限制被告人认罪认罚后的反悔上诉权是不适当的，至少时机尚不成熟，需要做的是，区分被告人认罪认罚后反悔上诉的不同情形依法作出处理。

（1）对于被告人对量刑不满而提出的“悔罚”型反悔上诉的应对措施。

其一，对于被告人就一审法院在检察机关量刑建议的确定刑或者幅度刑范围内作出判决而提出上诉的应对。针对此类案件，只要一审认定的案件事实是清楚的，证据是确实充分的，检察机关对于一审判决是无异议的，则无论被告人上诉动机为何，基于公权力行使的谦抑性，检察机关不宜动辄以被告人“不

〔1〕 See McCarthy v. United States, 394U. S. 459 (1969).

〔2〕 以下四种情形可以上诉：所作的有罪答辩含糊不清；有罪答辩系被迫作出；有罪答辩所针对的指控此前已经受到过确定的有罪或者无罪判决；刑事案件审查委员会依法向刑事法院移送了案件。

诚信”为由提出抗诉。而二审法院应当一律以书面审理方式，快审快判，驳回上诉，维持原判。这有利于遏制被告人利用程序规则，不当行使反悔权和上诉权。前述调研中有的“技术性上诉”案件，法官允诺为上诉人“拖延时间”，到法定审限临近时才作出宣判的做法无疑是不适当的，容易助长被告人滥用上诉权的行为。

其二，对于被告人就一审法院高于检察机关量刑建议作出判决而提出上诉的应对。针对此类案件，检察机关在确定一审量刑“确有错误”的基础上，可以提出抗诉，这种为了被告人利益的抗诉尤其值得提倡，如引发巨大争议的余金平交通肇事案，一审法院未采纳检察机关提出的缓刑量刑建议而判处较重的实刑，被告人提出上诉，检察机关也提出抗诉，无论案件二审的处理结果如何，检察机关的做法是值得肯定的。而对于此类案件，二审法院应当采用开庭审理的方式，严格贯彻全面审查原则，重点审查一审法院作出高于量刑建议的判决的原因，对量刑证据进行更细化的质证、辩论，在查清量刑事实的基础上作出裁判，必要时也可以发回重审。

（2）对于被告人对定罪有异议而提出的“悔罪”型反悔上诉的应对措施。

其一，对于被告人对案件事实没有异议，只是对罪名有异议而提出上诉的应对。针对此类案件，由于事实是清楚的，罪名认定更多是法律认识问题，检察机关没有必要针对被告人的反悔上诉行为提出抗诉。二审法院应当以书面审理方式，快审快判。

其二，对于被告人对部分案件事实有异议，但对定罪没有异议而提出上诉的应对。针对此类案件，由于被告人对构成犯罪无异议且对罪名予以认可，检察机关没有必要针对被告人的反悔上诉行为提出抗诉。二审法院应当以书面审理方式，快审快判。

其三，对于被告人以没有犯罪事实为由而提出上诉的应对。针对此类案件，由于没有犯罪事实却进行认罪认罚已经触及检察机关是否正确适用认罪认罚从宽制度、是否造成冤假错案的底线，如果检察机关经审查认为被告人确有犯罪事实的，应当坚决提出抗诉，通过“抗诉可以加刑”的途径，经过二审审理，不仅取消被告人一审通过认罪认罚获取的量刑优惠，而且使其遭受实体权利的最终不利后果，从而彰显刑事司法的权威。同时，鉴于此类上诉已经冲击一审裁判的根基，导致一审裁判有出现冤假错案的可能，认罪认罚的裁判基础已经完全不存在，因此二审法院应当高度重视，原则上应当采用开庭审理的方式，严格贯彻全面审查原则，对一审定罪量刑的事实、证据进行全面审查，依法作出裁判，必要时也可以发回重审。

需要指出的是，针对被告人的反悔行为进行规制，司法人员必须正确把握以下两个问题。其一是被告人反悔之后其签署的《认罪认罚具结书》不能作为认定被告人有罪的证据使用，对基于认罪认罚而形成的有罪供述应当审慎处理，加强审查，正确认定。在被告人反悔“毁约”的情况下，其已经不认可《认罪认罚具结书》的法律效力，再将《认罪认罚具结书》作为被告人有罪的证据使用，有违证据法理。但是对于被告人此前基于认罪认罚而作出的有罪供述，是否一概不能作为定罪证据使用，则需要审慎处理。从一些国家的做法来看，一旦被告人反悔，则会排除其之前的有罪供述。例如，在法国模式下，根据《法国刑事诉讼法典》以及宪法委员会所确立的无罪推定以及不得强迫自证其罪的基本精神，交易一旦失败，则被告的口供应归于无效，不得用于后续的程序。[1]在美国辩诉交易中，如果撤回认罪答辩得到许可，那么被告人在法律地位上回归无罪，将面临重新的审判，此前收集的证据也被排除。[2]但是，应当看到，在我国现实国情下，基于查明案件事实、提高诉讼效率与保障被告人权益之间的平衡考量，仅仅因为被告人反悔就否定办案机关此前搜集到的所有证据，对于司法机关而言过于苛责，重新搜集证据更会加重司法机关的负担。[3]被告人认罪认罚后反悔，尤其是否认有罪供述的“悔罪”型反悔，实质上是一种“翻供”行为，需要做的不是一概排除有罪供述，而是应当加强对此前有罪供述的审查和判断，按照相关司法解释对“翻供”的审查判断规则作出正确的认定。其二是不得因被告人在认罪认罚后反悔而对其作出不利的推论。由于被告人认罪认罚后反悔无疑将增加司法机关的办案成本和负担，反悔后的被告人可能因反悔而“惹怒”司法机关甚至遭遇报复性指控与审判。[4]这种“报复性执法”是不可取的。人民法院作出判决时只能根据庭审时所确定的案件事实和证据依法对被告人定罪量刑，不能够仅凭被告人行使认罪认罚反悔权就认定其认罪态度

---

〔1〕 施鹏鹏：“警察刑事交易制度研究——法国模式及其中国化改造”，载《法学杂志》2017 第 2 期。

〔2〕［美］伟恩·R. 拉费弗、杰罗德·H. 伊斯雷尔、南西·J. 金：《刑事诉讼法》，卞建林、沙丽金等译，中国政法大学出版社 2003 年版，第 1067 页。

〔3〕 马明亮、张宏宇：“认罪认罚从宽制度中被追诉人反悔问题研究”，载《中国人民公安大学学报（社会科学版）》2018 年第 4 期。

〔4〕 孙晓玉：“庭审翻供实证研究——以控方角度为切入点”，载《天府新论》2013 年第 6 期。

不好，应当综合考虑各种情况对被告人的认罪态度作出准确判断。[1]只有理性地对待被告人认罪认罚后的反悔行为，才能确保对此类案件作出公正的处理，实现认罪认罚从宽制度的法律效果和社会效果的和谐统一。

---

〔1〕 黄博儒："被告人认罪认罚反悔权的保障机制"，载《山西省政法管理干部学院学报》2019年第1期。

证据裁判原则在认罪认罚从宽制度中如何展开

蓝文想*

摘　要： 证据裁判原则作为我国刑事诉讼事实认定的基础性原则，在《关于适用认罪认罚从宽制度的指导意见》中作为认罪认罚从宽程序的基本原则被再次强调。该原则适用的正当性来源于其增强了事实认定的可靠性、优化了风险分配以及适应了证明路径的分化。在认罪认罚程序中，证据裁判原则的适用重心由审判阶段转移到审前阶段，证明标准客观方面走向差异化构建，证据标准出现一定程度的降低。基于我国证据审查的多中心格局，证据裁判原则的落实可以从收集机制、说服机制以及配套责任机制等方面具体展开。

关键词： 证据裁判原则　认罪认罚从宽　证明标准　口供

2019 年 10 月，“两高三部”发布了《关于适用认罪认罚从宽制度的指导意见》（以下简称《指导意见》），其在基本原则部分对“证据裁判”的强调令人眼前一亮。《指导意见》第 3 条规定，办理认罪认罚案件，应当以事实为根据，以法律为准绳，严格按照证据裁判要求，全面收集、固定、审查和认定证据。这从规范层面明确了认罪认罚从宽制度应该坚持证据裁判原则，但是这并不意味着证据裁判原则在认罪认罚从宽程序中适用的正当性得到了天然的证成，还需要从该程序下的事实认定与裁判形成方面进行考察。认罪认罚案件中，证据的收集和运用与普通程序案件有所不同，这也导致证据裁判原则的内涵发生变化。目前关于认罪认罚案件的证明标准、程序简化的限度、被追诉人自愿性保障等问题的讨论都或多或少涉及对证据裁判原则的理解。认罪认罚从宽制度还处于完善过程中，证据要求也存在为了制度优化变化的可能，对证据裁判原则的准确理解能够为证据问题的有效解决提供指引。

---

* 蓝文想，南京大学法学院硕士研究生。

一、证据裁判原则适用的正当性证成

作为刑事审判制度的帝王条款，理想状态下所有的刑事案件都必须严格适用证据裁判原则，但是在刑事诉讼中，不同的程序有不同的价值取向，需要不同的制度设计。认罪认罚从宽程序在裁判时间、程序设置、案件真相探查能力上均与普通程序有所不同，证据裁判原则的地位与作用方式也发生改变。该原则能否适用于认罪认罚从宽程序需要从其本身作用能否得到发挥与其能否适配新的证明路径两个维度考察。

（一）证据裁判是事实认定的可靠方法

以证据认定事实已经成为我国刑事诉讼不言而喻的证明方式，在现代法治国家证据制度的设计中，证据裁判无疑是其思想内核。由于对证据裁判的笃信，我们很难想象其他的事实认定方法。通过对真相发现模式的历史考察，可以发现，证据裁判是相对于神明裁判与口供裁判而言的，相较于神明裁判与口供裁判，证据裁判的理性程度无疑是大大提高的，所以证据裁判原则或者说证据裁判原则的精神已经为各个民主法治国家证据法所公认。对于不是主要以效率为导向的程序，证据裁判作为一种事实认定的可靠方法无须多费笔墨论述，但是对于认罪认罚从宽制度，证据裁判的适用就存在一定的争议。关于认罪认罚从宽制度下证明标准降低抑或是证明责任减轻的讨论都属于证据裁判如何展开的内部范畴，而是否适用证据裁判原则则属于外部范畴。大多数学者把证据裁判作为认罪认罚案件证据相关问题讨论的前提，但也有一部分学者认为，在该制度的语境下，没有证据存在的空间，只有事实。通过现阶段的查卷、值班律师的有限参与根本不可能保障事实真相的发现，也没有必要通过这种方式发现真相，既然选择了认罪认罚从宽制度，我们的真相模式也有必要从“查明”转变为律师与被告人充分交流后被告人的“说明”，法官内心确信的形成也不再依赖于客观证据的组合，而是程序有效运转后对被告人供述的信赖。

在考察英美法系的辩诉交易制度时，会令人产生一种感觉，在协商之下，证据以一种可有可无的谈判筹码的形式而存在，客观真实并不是首要追求，获得对双方都能接受的案件处理结果才是该制度真正的落脚点。但实际上，无论协商的自由度多大，都是在以证据构建的基本事实为界限的范围内展开的，而证据不是可有可无的谈判筹码，一旦弱化了证据的作用，双方协商的信息透明度会大大降低，双方的信任度也会大大降低，案件的走向越发不可控，这会直接摧毁这种协商程序的根基。不同于英美法系的证据在辩诉交易中更多发挥的是隐性作用，大陆法系对于证据裁判始终是明确要求，简化的只是证据的调查和使用程序，证据仍然是程序选择和裁判生成的核心。

那么在认罪认罚从宽制度的语境下，我们的司法是否可以实现“事实—证据—裁判”到“事实—裁判”的跳跃？单纯从事实角度来看，客观存在的案件事实只存在于过去，不可能再次发生与重现，即使司法人员或律师与犯罪嫌疑人、被告人充分沟通，能够得到的也只是重构的案件事实，两者可能符合，但并非同一，经过了认识活动的加工，必然存在“变形”的风险。从事实直达裁判，实质上是以法官的良心为事实真相背书，这对法官的专业水平与道德水平都提出了超高的要求，显然，这是我国短时期内所无法满足的。认罪认罚从宽制度并没有改变原有事实认定模式的考量，协商是在证据所预设的框架内对事实认定基本达成一致，这种可靠性不仅来自于被追诉人对“故事”的确定，也在于司法人员在证据印证下的认可。

（二）证据规则是风险分配的有效机制

自认罪认罚从宽制度施行以来，错案风险一直是司法机关程序选择的悬顶之剑。在改革试点期间，错案风险的分配与错案责任的承担一直是程序优化的重中之重。有学者提出，“在刑事案件中，因控方的强势和法官相对不独立所致，‘证据不足’的依赖规则很少被诉诸使用，更常用的是依证据裁判而不是依确信的事实裁判，这导致刑事冤假错案的发生”。[1]这种观点批判的是由于对证据裁判的机械理解以及不合理的证明力规则的束缚，法官不敢自由心证酿成错案，但需要注意，这种解释针对的大多是将有罪判为无罪或者罪重判为罪轻的错案。而对于无罪判为有罪或者罪轻判为罪重的错案，原因并不在于证据裁判这种裁判方式，而在于所依据的证据本身出现信度问题。

《最高人民法院关于完善人民法院司法责任制的若干意见》第 28 条第 2 项规定，“对案件基本事实的判断存在争议或者疑问，根据证据规则能够予以合理说明的”，不作为错案进行责任追究。该规定既是对法官事实认定的约束，也是对其的保护，让程序承载一部分事实认定错误的风险。那么证据规则本身的合理性是否会影响其作为免责条款的效力呢？证据规则的设计是为了加强法官事实认定的准确性，为被追诉人提供平等的程序保护。“只有在法律制度已尽其所

---

〔1〕 侣化强：“事实认定‘难题’与法官独立审判责任落实”，载《中国法学》2015 年第 6 期。

能地保护某人免于错误定罪风险，并未给其他人提供更好的保护时，才能够正当地将该人定罪。”[1]理论上来说，证据规则的合理性自然是越高越好，但其能否卸下司法人员部分事实认定责任源自于其是否能够提供平等的保护。应该承认我国的刑事证据规则存在瑕疵，例如，证据准入要求与证明力评价标准混同的问题，法官有可能为了达致证明标准而忽略证据准入资格，造成不同案件据以定罪量刑的证据存在不同程度的证据能力的瑕疵，这体现了对被追诉人的权利保护是比较粗糙的。刑事证据规则进一步改革需要分离证据能力评价与证明力评价规范，以此为被追诉人提供更平等的、细致的保护。

（三）证据裁判可以适配证明路径的分化

在认罪认罚从宽程序试点期间，曾存在一个争议：在并非证明疑难的案件中，侦查机关在没有犯罪嫌疑人或被告人的配合下已经或者可以获得充分的证据，也就是说，犯罪嫌疑人的“合作”实际并没有有效节约司法成本，是否还有必要给予犯罪嫌疑人或者被告人量刑优惠？最高人民法院将认罪认罚从宽制度定位为“宽严相济、坦白从宽刑事政策的具体化和制度化”，[2]《指导意见》第7条规定，认罚是指犯罪嫌疑人、被告人真诚悔罪，愿意接受处罚，考察的是悔罪态度与悔罪表现。实际上认罪认罚从宽制度发挥着超越坦白从宽的功能，其重点考察认罪认罚与悔罪的关系表明其承载着教化功能，犯罪嫌疑人、被告人因认罪认罚，再犯可能性降低从而具备获得量刑优惠正当性。如果对证明活动提供便利不影响认罪认罚从宽程序的适用，那么在适用该程序的案件中，根据全案证据体系对于被告人供述依赖程度的差异，必然会分野为“口供中心型”和“口供补充型”两种证明路径。

1. 口供中心型

在认罪认罚从宽制度实施以前，我国犯罪嫌疑人在接受侦查人员初次讯问时的认罪率基本能维持在70%以上，侦查终结时的整体认罪率为90.4%。[3]但是这是“如实回答”压力下的产物，与犯罪嫌疑人口供自愿性的保障存在一定的冲突。随着改革的进一步深入，我们的期待是在律师的参与下，辅之建立自白任意性规则，通过量刑优惠促使犯罪嫌疑人、被告人合作，使证据收集更为顺畅，

---

〔1〕［美］亚力克谢·斯坦：《证据法的根基》，樊传明、郑飞等译，中国人民大学出版社2018年版，第208页。

〔2〕沈亮：“刑事诉讼认罪认罚从宽制度的适用”，载《人民司法（应用）》2018年第34期。

〔3〕闫召华：《口供中心主义研究》，法律出版社2013年版，第139~141页。

证据异议性主张也有所降低。在此程序控制下获得的口供是比较值得信赖的，也是我们应该去信赖的。以往由于“孤证不能定案”、证据裁判客观化的要求，口供一般作为供述之外其他证据的组织形式或串联形式发挥证明作用，但是值得注意的是，认罪认罚从宽制度的实施必然带来口供价值的重新评估，根据口供所收集到的客观证据本质上并没有增加新的相关信息，所以至少在某些罪责较轻且社会关注度有限的案件中，口供的价值应该上升，成为定案的最重要依据。此外，在某些证明疑难或者证据薄弱的犯罪，例如白领犯罪、毒品犯罪、性侵犯罪中，在客观证据取证困难的情况下，是否可以在保障口供可信性的基础上提升其证明价值，使案件证明整体上更易达到证明标准，这是值得考虑的。最高人民检察院陈国庆副检察长也认为，在坚持“确实、充分”证明标准不降低的前提下，“司法实践中，有些案件犯罪手段隐蔽，或者因客观条件所限，证据的提取、固定存在困难，证据体系可能存在这样或者那样的不足，对这些案件，如果犯罪嫌疑人、被告人自愿认罪认罚，使得证明犯罪构成要件事实的基本证据完备，能够排除合理怀疑，则可以按照认罪认罚从宽制度办理”。〔1〕

2. 口供补充型

虽然认罪认罚从宽程序的实施有可能导致犯罪嫌疑人及被告人供述的证明力上升，但是并不意味着侦查机关必然会怠于履行侦查职责，把查明真相的工作全都付诸与犯罪嫌疑人、被告人“政策宣讲”和“认罪教育”。由于非法证据排除在我国刑事司法中始终是个棘手的问题，所以立法及司法解释中出现了贬抑口供价值的倾向。有学者曾经指出，“证据裁判原则要求以口供之外的证据作为认定案件事实的主要依据”。〔2〕这对取证工作影响巨大，使得侦查机关对客观化证据有强烈偏爱。在“强制型取证”向“激励型取证”的转变过程中，认罪认罚从宽程序适用带来的量刑优惠只是国家给予公安机关降低取证难度的工具，只有在基础事实框架具备，即确实发生了违法犯罪的情形，且有线索或证据指向某犯罪嫌疑人时才涉及该程序的运用，并非恣意任用。这种证明路径在以下两种情况下是比较容易出现的。其一是侦查机关已经收集、固定了比较充分的客观证据，初步形成较完整的证据链条，犯罪嫌疑人及被告人才选择适

〔1〕 陈国庆：“刑事诉讼法修改与刑事检察工作的新发展”，载《国家检察官学院学报》2019年第1期。

〔2〕 陈光中、郑曦：“论刑事诉讼中的证据裁判原则——兼谈《刑事诉讼法》修改中的若干问题”，载《法学》2011年第9期。

用认罪认罚从宽程序。在此情形下，口供所起的主要是串联客观证据，加强关联性的作用。其二是在重罪案件，尤其是可能判处无期徒刑、死刑的案件中，对证据全面化和充分化的要求极高，如果过高地评价口供的证明力，极有可能酿成冤假错案，造成不利的社会影响。所以对于重罪案件，口供作为全案证据中心的风险是比较大的，其作为与客观证据印证的补充型依据及主观事实证明的依据是比较合适的。

二、证据裁判原则于认罪认罚从宽制度中的要义

认罪认罚从宽制度的实施一定程度上对证据裁判原则造成了挑战，相较于普通程序案件，证据裁判原则的适用出现了一定的变化，尤其在适用阶段与适用标准方面。

（一）适用重心的转移

一般而言，证据裁判原则适用的阶段主要是在审判阶段，但是由于我国特殊的诉讼构造——“我国证据审查的程序场域并非以审判为中心，而是呈现出侦查、审查起诉和审判阶段并存的多中心格局”。[1]证据裁判原则在刑事诉讼各个阶段都具有约束力。“证据裁判原则的内在精神要求，在刑事诉讼不同阶段进行的各类裁判均必须依靠证据而进行。”[2]认罪认罚从宽程序的推行一定程度上改变了原有的案件管理方式，适用该程序的案件在庭审中往往也会简化处理，而案件处理结果基本与庭前协商的结果一致。目前学界关于法院对适用认罪认罚从宽程序的案件在庭审中是进行实质性审查还是形式性审查有所争议，笔者认为，裁判结果与协商相近，法院“一般应当”采纳检察机关的量刑建议，也不能说明形式性审查就足以使程序正当运行。在检察机关与被告人平等协商格局尚未形成、违反认罪认罚程序的程序性制裁尚属缺位的情形下，法院的实质性审查对于被告人的人权，尤其是认罪的自愿性保障起到非常重要的作用，但是这种审查的重心并不在于事实的重新建构，而在于审查被告人对预期刑罚的主观态度，也就是说法官心证的来源更多的是对被告人认罪认罚主观态度的判断。

---

〔1〕 吴洪淇：《证据法的理论面孔》，法律出版社 2018 年版，第 66 页。

〔2〕 樊崇义、张小玲：“现代证据裁判原则若干问题探讨”，载《北京市政法管理干部学院学报》2002 年第 2 期。

在认罪认罚从宽程序下，公安机关和检察机关在庭前所作的一切并不仅仅是为庭审的简化而努力，而是尽可能探索出刑事案件处理的新模式。从《指导意见》来看，公安机关并不能“协商”取证，试点时期探索的“撤销案件”的权力并未在该指导性文件中得到承认，探索方向是扩大其强制措施适用的裁量权，以增强其适用程序的积极性，但是整体的证据审核标准没有太大变化。检察机关因其主导认罪认罚从宽程序改革，我们可以看到其在认罪认罚具结、量刑建议、酌定不起诉上的裁量权都有比较明显的扩张，有学者甚至将检察官以简洁化的协商方式处理刑事案件的现象概括为“检察权裁判”。〔1〕无论如何，检察官在案件事实认定中发挥的作用较普通程序明显提高，而约束检察机关依据证据作出相关决定显然更具有紧迫性。“在协商程序下，法官极易因为被告的认罪而对被告产生成见”，〔2〕我们无法苛求法官在认罪认罚从宽程序下对事实认定的真实性完全背书，否则必然大量增加其庭前工作的负担，这与程序简化的改革是相矛盾的。法官贯彻证据裁判主要是通过确保被告人毫不含糊的有罪答辩，且这种答辩是有一定事实基础的，在此基础上对被告人进行量刑。林钰雄教授在谈及协商程序对刑事诉讼基础构造之颠覆时曾指出，“由于协商对法院的拘束效力，不但使刑事定罪活动的重心转移至审判‘外’，也使监督机制难以有效运作”。〔3〕综上，笔者认为，在认罪认罚从宽程序中，证据裁判原则适用的重心在审前阶段而非审判阶段，这一方面有利于监督检察官客观性义务及法定性权力的履行，另一方面有利于法院明确重点审查被告人认罪认罚自愿性的角色定位。证据裁判原则中的“裁判”不应该狭隘地理解为“审判”，比较合适的理解是“事实认定”以及根据事实认定所作出的相应处理决定，例如羁押措施的审查运用。

（二）证明标准的维持

证据裁判作为一项刑事证明乃至刑事诉讼的统摄性原则，包含或至少包含证明标准的有关要求是应有之义。〔4〕《指导意见》第3条在适用证据裁判原则的条款中，特别强调了对法定证明标准的坚持，应当“……严格按照证据裁判

---

〔1〕 赵恒：“论检察机关的刑事诉讼主导地位”，载《政治与法律》2020年第1期。

〔2〕 林钰雄：《干预处分与刑事证据》，北京大学出版社2010年版，第154页。

〔3〕 林钰雄：《干预处分与刑事证据》，北京大学出版社2010年版，第154页。

〔4〕 左卫民：“反思过度客观化的重罪案件证据裁判”，载《法律科学（西北政法大学学报）》2019年第1期。

要求，全面收集、固定、审查和认定证据……”。认罪认罚从宽程序总体而言是效率导向的，试点时期，某些地区为了激励检察机关对程序的适用，探索在部分简单案件，比如酒驾案件中适当降低证明标准，“一步到庭”，也取得了不错的效果，那么为什么在《指导意见》中，认罪认罚从宽案件仍然要坚持法定证明标准，不得降低证据要求呢？有学者从宏观上指出，“坚持证明标准是公正司法的内在要求、保障人权的现实需要、提高司法效率节约诉讼成本的前提”。〔1〕这是长期以来奉行的“追求事实真相”与“法律面前人人平等”的法律、社会价值观的体现，相较于实用主义价值观，实体正义的完全实现在我国显然有更多拥趸。

除了理念层面的原因，制度设计的杂糅与缺失是不容忽视的。一方面，认罪认罚从宽程序适用的案件范围限制较小，证明标准降低风险较大。《指导意见》中指出，“认罪认罚从宽制度没有适用罪名和可能判处刑罚的限定，所有刑事案件都可以适用，不能因罪轻、罪重或者罪名特殊等原因而剥夺犯罪嫌疑人、被告人自愿认罪认罚获得从宽处理的机会”。由于我国既往并未在适用普通程序的案件中设置不同的证明标准，在轻罪案件中，通过认罪认罚程序的适用降低证明标准尚可理解，但是如果在重罪案件中，贸然降低证明标准恐怕就会引起非议，所以在认罪认罚从宽程序适用范围与普通程序适用范围区别较小的情况下，立法理念上很难认可差异化的证明标准、立法技术上也很难设置层次化的证明标准。当然这是就理论层面而言，在实践中，“司法人员在一些案件中会出现差异化掌握证明标准，但理论与政策上无正当化依据，处于可做而不可说的状态”。〔2〕另一方面，认罪认罚从宽程序适用后的错案风险分配与责任承担仍有待优化。《指导意见》全面规定了侦查机关、检察机关、法院、辩护人与值班律师的职责，这大致也构成了现行的错案风险分配与责任承担机制。虽然《指导意见》也规定了“认罪认罚的反悔和撤回”，但程序转换的前提是犯罪嫌疑人否认指控的犯罪事实或者不积极履行赔礼道歉、退赃退赔、赔偿损失等义务，即如果不考虑检察院可能进行的报复性起诉，那么犯罪嫌疑人、被告人并不对错案另行承担责任。认罪认罚程序下，被追诉人正处于自愿性保障配套措施薄弱，自主性加速丧失的过程中，其只关心也只能关心量刑优惠的结果，实际上没有太多的程序异议权。正是基于此，被追诉人一般只对自愿负责，而

〔1〕 孙长永：“认罪认罚案件的证明标准”，载《法学研究》2018 年第 1 期。

〔2〕 秦宗文：“认罪案件证明标准层次化研究——基于证明标准结构理论的分析”，载《当代法学》2019 年第 4 期。

不对真实负责。国家和被追诉人之间的真实担保义务始终处于 100%与 0 的状态，又怎么能奢望证明标准的降低呢？值得反思的是，自愿一定程度上可以保障真实，但并不等于真实，被追诉人完全有可能自愿地，有意无意地认着“假罪”。现阶段，“如实供述义务”扮演着真实性保障的角色，但是其并不是在一种契约、一种合作关系下的“违约责任”的分配。只有被追诉人保有刑事诉讼主体地位，存在其承担一定“违约责任”的设置，司法机关才能放心地重估口供价值，制定合理的证明标准。

同时需要注意的是，这些桎梏认罪认罚从宽程序进一步优化的因素实际上也处于动态变化之中。事实上，朴素地以罪刑轻重为分野的证明要求的差异已经形成，“重罪案件证据裁判晚近 10 年来与普通案件事实认定逻辑逐渐分离，形成了一套新的证据评价与事实认定景象”。〔1〕统一的证明标准可以对裁判者主观心证是否达到确信无疑的程度进行统摄，却难以回应不同案件客观化证据程度的差异。倘若无法合理解释不同案件证明要求的差异或者抽象地、杂糅地将其解释为“法官的内心确信”，那么坚持统一证明标准就会沦为无意义的谨慎。笔者相信，如果案件管理更加科学高效、量刑指南更加细致准确、风险责任机制的设计更加合理有效，那么认罪认罚从宽程序下的证明工作也会向更加精细化的方向发展。在程序适用范围不变的情况下，根据罪刑性质、量刑幅度设置不同的证明要求或许是认罪认罚程序精细化运作的探索方向。

（三）证据数量要求的适当降低

现阶段，认罪认罚案件仍然坚持了“案件事实清楚，证据确实充分”的证明标准，但这并不意味着司法机关的证明负担也是一如既往的。证明标准问题要求的是待证事实所要达到的信度问题，如果在证据裁判原则下展开，那么就是证据数量与证据质量的评价问题。

前文已经强调，认罪认罚从宽制度下必然带来口供价值的重新评估，而这种评估结果大概率是口供及根据其提取的证据的证明价值的上升，因为这是一种可信赖信息的叠加，能够实实在在地缩短事实认定者与真相之间的距离。“信息越多，真相越可能”的主张显然是错误的。单纯增加相关信息，而没有其他方面的改善，不会使事实认定者更接近真相。只有当他接受的信息是可信赖的，

〔1〕 左卫民：“反思过度客观化的重罪案件证据裁判”，载《法律科学（西北政法大学学报）》2019 年第 1 期。

而不仅仅是与其决策相关的，事实认定者才会更接近真相。[1]理论上说，如果认罪认罚是真实自愿的，所获得的证据质量得以提升，那么证据数量的要求应该是可以适当降低的。按照《指导意见》文义理解，适用认罪认罚程序与适用普通程序的案件在证明数量要求上并无差别，但是需要注意的是，适用认罪认罚从宽程序的证明对象除了全案事实之外，还包括了犯罪嫌疑人、被告人符合程序适用条件的证据以及自愿认罪认罚的证据，虽然自愿认罪认罚的证据与普通程序的量刑证据存在交叉，但是因其关涉犯罪嫌疑人、被告人的基本人权，所以是否可以简单地适用自由证明还值得商榷。这也侧面反映出了认罪认罚案件的证明对象实际上可能比普通程序案件还要多，如此一来，证据数量的要求可能陷入不降反升的矛盾中。

对于证据数量的高要求是我国特有的印证模式的衍生，“印证模式的核心依据不在于单个证据审查方法上，而是案件事实综合认定的独特性，即证明标准的把握上，体现为：一是以客观方面为主线；二是实务中对印证强度的要求高于典型的自由心证模式”，[2]也可以说，证明标准坚守的表现就是印证强度的维持。在试点时期，某些地区探索实施的“主要犯罪事实清楚，主要证据确实充分”“犯罪构成要件事实清楚，排除合理怀疑”，其主要目的就是降低印证强度，再直接一些，就是减少证据数量。当然这种证据数量要求的减少并不是随机的，在证明标准维持的状态下，可以依据罪刑性质与量刑幅度，再配合证据的质量（主要是口供的信度），设置不同的证据数量要求。此外，目前有些地方检察院将不起诉率也作为认罪认罚从宽制度试行效果的考核指标，除了符合政策要求可以采取不起诉处理的案件，部分案件，尤其是轻罪案件，因为证据无法达到高标准的印证强度而被作出了不起诉处理，这就加大了放纵犯罪的风险。面对检察官们在司法责任制下形成的自我保护，可行的解决办法是设置合理的证据数量要求，让检察机关秉持公正、客观义务作出起诉与否的决定。

三、证据裁判原则的具体展开

认罪认罚从宽程序下的证据及其运用条件与普通程序存在差异，虽然证明

---

〔1〕［美］亚力克谢·斯坦：《证据法的根基》，樊传明、郑飞等译，中国人民大学出版社 2018 年版，第 4 页。

〔2〕秦宗文：“认罪案件证明标准层次化研究——基于证明标准结构理论的分析”，载《当代法学》2019 年第 4 期。

标准保持不变，但是达致证明标准的证明模式悄然发生改变，那么实践中证据裁判原则的展开也需要适应新的变化。鉴于我国证据审查的“多中心”格局，笔者从审前阶段的证据收集机制、审判阶段的证据说服机制、配套责任机制三方面入手展开论述。

（一）证据收集机制的展开

证据收集是证据裁判的前提，关于证据裁判原则得以在审前阶段适用前文已述及，此处不赘述。在认罪认罚案件中，证据收集并不局限于侦查阶段，也包括审查起诉阶段，尤其是体现犯罪嫌疑人认罪认罚自愿性的证据往往在此阶段被收集与固定。《指导意见》将侦查机关职责列明为：权利告知和听取意见、认罪教育、起诉意见、执法办案管理中心建设。在“认罪教育”部分特别强调，公安机关不得强迫犯罪嫌疑人认罪，不得作出具体的从宽承诺。这些规定反映出认罪认罚案件取证的三个特点：其一，证据要求与普通程序案件一致，并无变化；其二，强调辩护人及值班律师的尽早参与；其三，尽可能缩短侦查到审判的距离，探索设立“侦—审”直接对接模式。他控机制的强化本意上不是打造双轨制的证据生产机制，而是在“强制型取证”下保障犯罪嫌疑人的自愿，侦审对接是有益的探索，但是如果维持原有的取证要求，那么对接何以能够实现？这意味着公安机关需要在原有工作强度上，加强与辩方及审判方的互动，提升办案效率，那么对于公安机关而言，认罪认罚从宽程序恐怕就是“可以，但没必要”。因此，在接下来的改革中，一方面，要逐渐废除犯罪嫌疑人“如实供述”的义务，将“强制型取证”转变为“激励型取证”，让公安机关基于现实需要选择认罪认罚程序；另一方面，不能将证明标准简单适用侦查阶段。公安机关基于自身办案能力与司法成本的考量尽可能收集证据，所收集到的证据应达到足以使犯罪嫌疑人认罪认罚的程度，无须对证据质量、证据数量与体系完整性要求过高，例如，拍到犯罪嫌疑人作案的监控录像，尽管清晰度有限，但是无须预先排除，仍可以加入证据开示等程序中，成为审查起诉阶段控辩之间协商的筹码，之后再结合犯罪嫌疑人的供述，通过推定、司法认知等方法进行事实认定。

以上的证据收集主要涉及的是与实体法事实有关的证据，显然，与程序性事实有关的证据也应该被纳入其中。随着强制性措施的运用也成为促使被追诉人认罪认罚的重要手段，采取或者不采取某项程序性事项的合法性证明应当更加谨慎。《指导意见》专列了“社会调查评估”一章，在“强制措施的适用”

一章中也规定了“社会危险性评估”的要求，认罪认罚案件中，社会调查评估所起的作用更多是阻断强制性措施的适用，虽然不宜为其设定过高的证明标准，但仍有收集、固定相关证据以规范公安机关对强制性措施运用的必要。

（二）证据说服机制的展开

说服机制主要指涉的是庭审中对于证据的运用与评价，“说服”，从控辩双方的角度来看，是一种构建合理故事的过程，从法官的角度来看，是在合理故事中寻求最佳解释的过程。我国属于职权主义模式，被告人认罪认罚也不能直接约束法官，排除审判，因此庭审仍保有事实认定的职责。“法院最终判决认定的事实既不完全是检察机关履行举证责任的结果，也不完全是法庭职权调查的结果，而是法庭以控辩双方的当庭举证辩论活动为基础，结合法庭在休庭期间的调查核实等活动以及检察机关起诉时移交的案卷材料而努力查明的。”〔1〕然而这种事实认定活动有所简化，从《指导意见》第44条至第47条来看，认罪认罚案件具体的审判程序呈现“普通—简易—速裁”三阶格局，即使是最为复杂的普通程序，法庭调查与辩论程序都得以简化。“对控辩双方无异议的证据，可以仅就证据名称与证明内容进行说明；对控辩双方有异议的，或者法庭认为有必要调查核实的证据，应当出示并进行质证。法庭辩论主要围绕有争议的问题展开。”速裁程序甚至直接规定“一般不适用法庭调查与法庭辩论”。在认罪认罚案件庭审中，检察机关举证责任的履行伴随着辩方的参与甚至是合作，通过辩方对无争议事实的背书，从而简化庭审流程。

此外，从证据的筛选与运用上需要进行严格证明向自由证明的转变。“严格证明是指在证明的根据及程序上都受到法律的严格限制，且应达到排除合理怀疑这一证明标准的证明。”〔2〕在坚持法官心证必须达致排除合理怀疑的前提下，对于证据的形式性要求可以适当降低，尤其要便于让证明被告人自愿认罪认罚的证据进入法庭。庭审中，法官主要审查的是被告人认罪认罚的自愿性、真实性、合法性以及控辩双方有争议的事实。这种转变的实现还存在一个障碍，即当证据存在一定的瑕疵时，法官能否用被告人的供述或者对某证据的无异议主张来弥补整个证据体系的缺口呢？笔者认为，这是可行的，在自由证明的同时侧重被告人自愿性的审查，一个重要考量也是为了提升全案证据的信度。“自由

〔1〕孙长永：“认罪认罚案件的证明标准”，载《法学研究》2018年第1期。

〔2〕闵春雷：“证据裁判原则的新展开”，载《法学论坛》2010年第4期。

证明”的简易性也是错觉。去掉了证据规则的审判，本身不会转化成一个简易的事情。只有符合以下条件时，它才会变得简易：诉讼当事人不会提出关于证据不确定性的主张，以及由此引发的要求以此种或彼种方式分配错误风险的主张。〔1〕在司法责任制的压力下，即使控辩协商一致，法官也不太可能冒着证据不足的风险贸然裁判，但是如果证据缺口可以弥补，应该鼓励法官结合被告人认罪认罚情况，综合运用情理推断等方法找到“最佳解释”。最后，《指导意见》中提到了裁判文书的制作可以简化或者适当简化，但是需要注意，认罪认罚案件中，裁判文书不能将证据评价与事实认定部分省略，可以鼓励法官运用推定、自由心证等方式证明、裁判，让证据裁判得以有形体现。

（三）配套责任机制的展开

1. 被追诉人反悔权的保障

被追诉人的反悔意味着“协商”的失败，其具体表现为撤回认罪答辩与提起上诉两种情形。被追诉人行使反悔权，最担心的就是受到检察机关的报复性起诉，招致比协商之前更严厉的刑罚。在证据裁判原则的讨论中，我们要关注的就是被告人的有罪供述及根据其所提取的证据的效力问题。《指导意见》规定了犯罪嫌疑人、被告人在不起诉、起诉前以及审判阶段都享有反悔权，但是并没有规定被告人所作的有罪供述及根据供述所提取的证据是否需要排除。从比较法角度来看，在未达成协商或者协商后撤回的条件下，除了美国的辩诉交易制度明确规定有罪供述与相关证据的全部排除，法国的庭前认罪答辩程序、德国的刑事协商程序、我国台湾地区的协商程序只规定了排除有罪供述。我国目前的处理情况与域外国家及地区存在差异，在实务操作中，基本是沿用被告人“翻供”的方式处理认罪认罚供述。最高人民检察院朱孝清副检察长曾指出，被追诉人反悔后，具结书内容失效，但并不意味着其认罪认罚时所作的供述都归零。对于采取刑讯逼供等非法方法所获取的认罪认罚供述，根据《刑事诉讼法》以及“两高三部”《关于办理刑事案件严格排除非法证据若干问题的规定》，属于应当排除的证据的，应当予以排除。对于其他的认罪认罚供述，应予保留，由司法机关结合全案其他证据进行综合判断。〔2〕在最高人民法院发布

---

〔1〕［美］亚力克谢·斯坦：《证据法的根基》，樊传明、郑飞等译，中国人民大学出版社2018年版，第5页。

〔2〕朱孝清：“如何对待被追诉人签署认罪认罚具结书后反悔”，载《检察日报》2019年8月28日，第3版。

的《认罪认罚从宽告知书》模板中写明，犯罪嫌疑人、被告人撤回《认罪认罚具结书》不能作为本人认罪认罚的依据，但仍可能作为其曾作有罪供述的证据，由人民法院结合其他证据对本案事实进行认定。反悔权本质上不是合同的“解除”式的形成权，因其协商的对象是公权力，且具有程序性后果，所以其是一种程序保障权。排除被追诉人为达成认罪认罚协议所作的有罪供述属于反悔权保障应有之义，而作为曾作有罪供述的证据就显得磨刀霍霍了。

对被追诉人反悔后的证据效力，并不能“一刀切”地排除或者不排除。如果被追诉人认罪认罚违背了自身意愿或者检察机关未遵守在认罪认罚协商中作出的承诺，那么对其反悔显然是不能加以责难的。界定何为反悔的正当理由就成了关键问题，笔者认为，如果不能单纯归因于被追诉人自身原因的反悔都可以视为具有正当理由。如果把违背自身意愿只限制在公权力机关运用的胁迫、引诱、欺骗等行为之内，那么对于值班律师与辩护律师在其中的失职就不好评价，被追诉人可能由于对法律理解出现偏差，把“犯错”理解为“犯罪”，如果之前的沟通不够充分，被追诉人非因自己原因不能完全理解自己行为性质与认罪认罚后的法律后果，让其承担责任是不甚公平的。

综上，如果是被追诉人具有正当理由的反悔，那么认罪认罚的供述实际上相当于“诱供”，其并不满足证据合法性的要求，认罪认罚的供述应该要被排除且不承担类似“作为曾作有罪供述证据”的负面评价。至于由被追诉人供述所提取的证据，笔者认为没必要完全排除，即使供述被评价为“非法言词证据”，但因为我国并没有排除“毒树之果”的传统，所以只要所收集的证据并未失去印证或存在矛盾，是可以作为定案的根据的。如果被追诉人无正当理由反悔，那么可以参照“翻供”，即2021年《最高人民法院关于适用〈中华人民共和国刑事诉讼法〉的解释》第96条处理。此外，有学者提出，“考虑到具结书司法契约的性质，如果在被追诉人反悔问题上公权力负有一定责任，在采纳先前供述及相关证据的同时，应对犯罪嫌疑人、被告人予以适度的补偿”。[1]这种思路很有启发，但是如果将“公权力负有责任”的范围拓展到“非被追诉人自身责任”，对被追诉人的反悔权才会有更充分的保障。

---

〔1〕 秦宗文：“认罪认罚案件被追诉人反悔问题研究”，载《内蒙古社会科学（汉文版）》2019年第3期。

2. 容忍错案率一定程度的上升

在推进认罪认罚从宽制度的改革中，被追诉人的自愿性保障被视为整个制度正当性的基础。《指导意见》对被追诉人认罪认罚自愿性保障的规定不可谓不细，涉及刑事诉讼各个阶段。但是关于自愿性保障，我们似乎只会做加法，不敢做减法也不太会做减法。“在刑事诉讼中，对个人权利的关切经常会为发现真相设限，并和查明案件事实的需要相冲突。”〔1〕认罪认罚从宽本质上只是刑事诉讼多元价值衡量下的技术选择，并非裁判方式的转变，与普通程序相比，其实事求是、发现真相的追求并没有改变。

其实反思历次非法证据排除改革达不到预想的效果可以为我们提供一些经验，达马斯卡曾经指出，并不是为了发现真实付出更多努力的制度，就更能够取得事实认定方面的准确结果。“中世纪的法律中证明充分性的严格标准，原本用来降低错误的定罪，结果导致在刑事诉讼中的刑讯的使用，而这一实践无疑增加了错误的定罪。”〔2〕对于自愿性保障完全可能出现同样的问题，“司法资源投入减少在某个案件中并不必然造成错误，但整体而言，错案率的上升有潜在的必然性”。〔3〕为了少犯错，只能在看不见的地方多做工作。所以对自愿性保障的减法，其实就是对错案率更多程度的宽容。如果对于这种错案率的上升反应过大，课以司法人员过高的考核标准，那么司法人员就会尽其所能地回避程序的适用，再次重蹈之前简易程序改革效果不佳的覆辙。

除了内部考核一定程度上的宽容，国家也要尽量保障制度有效实施的司法环境，谨慎对待上访、闹访引发的错案追究。认罪认罚从宽制度作为推进国家治理体系和治理能力现代化的工具，要看到其本身发挥的化解社会矛盾的作用，尽可能让程序最大化地实现其价值。

---

〔1〕［美］米尔吉安·R. 达马斯卡：《比较法视野中的证据制度》，吴宏耀、魏晓娜等译，中国人民公安大学出版社 2006 年版，第 186 页。

〔2〕［美］米尔吉安·R. 达马斯卡：《比较法视野中的证据制度》，吴宏耀、魏晓娜等译，中国人民公安大学出版社 2006 年版，第 185 页。

〔3〕秦宗文：“认罪认罚案件被追诉人反悔问题研究”，载《内蒙古社会科学（汉文版）》2019 年第 3 期。

性侵未成年人的罪与罚

栗向霞*

摘　要：性侵未成年人案件的频频高发，把这一黑暗的罪恶从阴暗的角落拎到了阳光之下，接受大众和文明社会制度的批判，本文从对性侵未成年人的案件涉及的罪名、刑事处罚面临的问题展开研究，建议刑法以修正案的方式调整有关性侵未成年人犯罪的刑法条文，完善性同意年龄、性侵犯罪人信息登记查询和公告制度，把儿童最大利益原则切实落实到刑事法律的精神和肌理之中。

关键词：未成年人　相对弹性的性同意年龄　儿童最大利益　犯罪前科查询和公告制度

企业高管鲍某某性侵养女、韩国“素媛案”和“N 号房”事件把性侵未成年人案件又推向了舆论的风口浪尖。这些案件不是原罪的开始，也不会是罪恶的终结。对未成年人的此类犯罪也是国际刑警组织、欧洲刑警组织等国际和地区组织打击和预防的重点犯罪类型之一。如果未成年人受到侵害后处理不当，心理创伤可能会伴其一生无法消弭。正应了那句话，单一一场灾难隐在角落时轻若鸿毛，但若落在单个家庭或是具体的个人身上时便重若泰山。中国的传统文化特征，使得受害的未成年人不知启齿或难以启齿，受害人家庭也大多视其为耻辱，不愿报警，害怕公之于众，导致被曝光的案件，相较于那些被掩盖和隐藏的性侵未成年人案件只是浮在水面上的冰山一角。

性侵一般意义上的理解是狭义的强奸；从广义上理解，性侵是强奸、猥亵等多种带有性侵害性质的犯罪行为。本文除了有特殊说明性侵是狭义的强奸罪，专指发生性交行为外，所讨论的性侵都做广义理解。基于广义的性侵概念，

* 栗向霞，奥地利维也纳大学博士后，奥地利维也纳大学法学博士。

正如有的学者所概括的性侵未成年人是一个总括性术语，并非仅指强奸未成年人。[1]它同时涵盖强奸未成年人，猥亵未成年人，对未成年人的性剥削，强制、介绍、留宿未成年人卖淫等带有性侵害性质的应受刑法处罚的犯罪行为。世界卫生组织1999年发布的《虐待儿童磋商报告》指出，性侵未成年人指行为人在未成年人尚未完全理解性行为，或无法作出性同意表示，或尚未发育完全不能作出性同意，或在违反法律或社会道德禁忌的情况下与未成年人进行性行为。性侵未成年人包括但不限于：（1）威胁或强迫未成年人进行任何非法的性行为；（2）利用未成年人从事卖淫活动或其他非法活动；（3）利用未成年人经营色情表演或制作相关材料。一般来说，只要通过语言的或形体的有关性内容的侵犯或暗示，给未成年人造成心理上的反感、压抑和恐慌的，都可构成对未成年人的性侵害。

一、性侵未成年人之罪名和问题梳理

按照上文性侵未成年人的定义，在我国刑事法律的语境下，根据行为人实施的性侵行为的不同，性侵未成年人可能会构成的罪名包括《刑法》第四章侵犯公民人身权利、民主权利罪中第236条规定的强奸罪，第237条第3款规定的猥亵儿童罪，第240条规定的拐卖妇女、儿童罪，《刑法》第六章妨害社会管理秩序罪第358条规定的组织卖淫罪、强迫卖淫罪，第359条第1款规定的引诱、容留、介绍卖淫罪，第359条第2款规定的引诱幼女卖淫罪，第363条的制作淫秽物品牟利罪和第365条的组织淫秽表演罪。我国《刑法》对性侵儿童的犯罪的最新修正是2015年《刑法修正案（九）》，其废除了《刑法》第360条第2款规定的嫖宿幼女罪，并将第237条第1款规定的强制猥亵、侮辱罪的犯罪对象由女性扩大到所有人，虽然在一定程度上提升了对性侵未成年被害人的保护，但是对未成年被害人保护的范围和层次仍存在很大的提升空间。

（一）对未成年被害人的保护范围和层次欠缺

对性侵未成年人的加害人的刑事定罪处罚和对被性侵的未成年被害人的保护是一个事物的两个方面，前者是对恶的惩戒，彰显正义，威慑犯罪，可以有效地促进对被性侵未成年人的保护。对后者的保护又要求刑事法律对此类犯罪

〔1〕兰跃军："性侵未成年被害人的立法与司法保护"，载《贵州民族大学学报（哲学社会科学版）》2019年第4期。

的规定不断地修正、查漏补缺，对已发生的案件正确定性处罚。但是经过对我国刑事法律的梳理和深入思索后发现，我们对未成年人保护之理想是丰满的，对未成年人的刑法保护之现实是“骨感”的。如何让理想和现实同时丰满起来，是我国现行刑法迫切要解决的问题。

1.《刑法》条文对未成年人的保护之“骨感”现实

基于上文分析，我们可以发现，《刑法》对未成年人性权利的保护明文规定的条款只有4条，且我国《刑法》予以特殊保护的未成年人还指的是14周岁以下的儿童，即，

（1）第236条第1款规定的强奸妇女罪中的被害人为14周岁以上不满18周岁的女性未成年人，第2款规定的强奸幼女罪的保护对象是未满14周岁的女性幼童。暂且不说强奸罪缺乏对男性的保护，在本文只讨论对未成年人保护的语境下，很显然，第236条缺乏对未满18周岁的男性未成年人被强奸后的保护，司法实践可能会寻求与其紧邻的一个罪名——猥亵罪或猥亵儿童罪——对未满18周岁的男性未成年人强奸的行为进行定性。但是猥亵罪和猥亵儿童罪对被强奸的男性未成年被害人的保护力度显然无法与强奸罪同日而语。

（2）第237条第3款规定的猥亵儿童罪，该款规定之下的儿童显然是指14周岁以下的未成年人，那么如果现实中发生了猥亵已满14周岁至不满18周岁的未成年人，这里已满14周岁至不满18周岁的未成年被害人，《刑法》没有给予特殊保护，《刑法》给这个年龄段的未成年人遭到猥亵后受到的“待遇”等同于成年人的“保护待遇”。而现实中这个年龄段的未成年人并不全部具有对性的认知能力，也需要视情况予以特殊保护。

（3）第240条规定的拐卖妇女、儿童罪中的加重处罚情节三，奸淫被拐卖的妇女的，因为我国《刑法》规定的儿童指14周岁以下的未成年人，所以在本情节的语义之下，妇女范围就包含了已满14周岁至18周岁以下的未成年女性被害人。情节四诱骗、强迫被拐卖的妇女卖淫或者将被拐卖的妇女卖给他人迫使其卖淫的，首先在此情形下如果被诱骗、强迫卖淫的妇女或者又被卖给他人而被迫卖淫的妇女包含了已满14周岁不满18周岁以下的女性未成年被害人，但是如果诱骗、强迫被拐卖的儿童或已满14周岁不满18周岁的男性未成年人卖淫或者将被拐卖的儿童或已满14周岁不满18周岁的男性未成年人卖给他人而迫使其卖淫的，就没有被包含在加重处罚的情节里，这是对未成年人保护的缺位，对其权益的保障极其不利。

（4）《刑法》第 359 条第 2 款规定的引诱幼女卖淫罪，该条款规定的犯罪对象是不满 14 周岁的幼女，也就是不满 14 周岁的女性未成年人。该条存在的问题包括如下几个方面。第一，对于容留、介绍不满 14 周岁的幼女卖淫的行为没有规定和引诱不满 14 周岁的幼女卖淫之行为的同等处罚。第二，对于不满 14 周岁的男性未成年人未给予和不满 14 周岁的幼女的同等刑法保护，现实中存在引诱、容留和介绍该年龄段的男童卖淫的行为，此种犯罪一旦发生，只有情节严重才能处以五年以上有期徒刑并处罚金的刑事处罚，《刑法》作此规定的暗含之意似乎是男童比女童天生更坚强，更抗挫折，笔者对此感到疑惑和无奈，这么规定是没有科学证据的。笔者臆断这是中国的传统文化导致当初的立法者在立法时考虑不全面，认为只有女童、女性才会存在卖淫类的相关情形，也可能不是考虑不周全，而是当时的社会情况局限了立法者，导致其根本就考虑不到男童的情况。第三，同等看待已满 14 周岁不满 18 周岁的未成年被害人和已满 18 周岁的成年被害人，未考虑已满 14 周岁不满 18 周岁的未成年人心智尚不成熟，对于性的认知欠缺足够的心理成熟度。第四，是否对引诱、容留和介绍的未满 18 周岁的未成年人存在明知的问题，因为是否明知故犯，会影响对犯罪人恶的刑法评价，也就是其犯罪情节轻重的考量。

前三种情形属于侵犯公民人身权利、民主权利罪，第四种情形属于妨害社会管理秩序罪。当然刑法除了这四种明确以条文形式提及保护儿童类的未成年人的情形外，还有其他若干条文可以保护部分未成年人的权益，上文已列举，在此不再赘述。笔者以为，刑法对未成年人的保护之状态应该是“条文不在多，够用就行”，我国目前所规定的刑法条文数目是足够的，本文所认为的刑法对未成年人保护的不足，主要是其规定的范围过窄、条文之间不能互相契合，甚至条文规定冗余、存在重罪轻罚等情形。

2. 未成年人法益与社会公共管理秩序的轻重之较

《刑法》中可以对未成年被害人受到性侵害起到救济作用的条文共有 7 条，其中 3 条规定在《刑法》第四章侵犯公民人身权利、民主权利罪，剩下的 4 条规定在第六章妨害社会管理秩序罪之中。如果行为人性侵未成年人以侵犯公民人身权利、民主权利罪中的相应罪名定罪处罚，无可非议，此种情形不会涉及未成年人权益与社会管理秩序的轻重比较。如果行为人性侵未成年人以妨害社会管理秩序罪之中的相关罪名定罪处罚，那么会涉及未成年人法益于社会公共管理秩序的轻重比较。因为后一种情形侵犯的犯罪客体属于直接客体中的复杂客体，所谓复杂客体指的是某一犯罪侵害了两个以上的法益，[1]而这种情形下犯罪行为侵害的法益有二，即未成年人的身心健康权益和社会公共管理秩序。而现行刑法把后四种犯罪行为规定在妨害社会管理秩序罪之中，明显是更看重社会管理秩序，而笔者以为未成年人的身心健康权益要重于社会管理秩序。

（1）妨害社会管理秩序罪之下对未成年人权益的忽视。

现实中如果发生了未成年人被组织、强迫卖淫，被引诱、容留介绍卖淫，制作淫秽物品或组织淫秽表演时发生了强奸或猥亵未成年人的情形，如何对这些行为定性显然是要重点考量的问题。虽然《刑法》第359条第2款规定了引诱幼女卖淫罪，但是该款只保护了不满14周岁的女童，对不满14周岁的男童以及已满14周岁不满18周岁的男性和女性未成年人却没有明文予以特殊保护。如果按照普通的组织、强迫、引诱、容留、介绍卖淫罪，制作淫秽物品罪或组织淫秽表演罪定罪处罚，这种定性意味着社会管理秩序的法益要重于未成年人的身心健康法益。当然如果是成年人被组织、强迫等发生了此类犯罪，涉及的犯罪客体是否为复杂客体，即该成年人的身心健康和社会管理秩序，要看具体情况。很显然，刑法在把这些罪名划分到妨害社会管理秩序罪中的时候，没有考虑到未成年人和成年人的身心健康权益的不同，没能把未成年人身心健康权益从中区分出来，其后果就是当下涉及未成年人的此类犯罪重罪轻定性、重罪轻处罚的现状，导致未成年人权益难以得到周全的刑法保障。

（2）何以为重：刑法中儿童利益最大原则的遁形。

笔者以为，我国刑法是很注重儿童利益的保护的，但是限于立法时的历史局限性，儿童利益最大原则并未在我国刑法中得到很好的全面贯彻。正如联合国《儿童权利公约》所言，所谓儿童利益最大原则，指涉及儿童的一切事物和行为，都应首先考虑以儿童的最大利益为出发点。《儿童权利公约》中并未指明儿童的最大利益是什么，但在实际工作中我们要随时注意将儿童的利益放在首位。但遗憾的是，我国现行刑法并没有将这个原则贯彻彻底，这从刑法在性侵类犯罪中未全面区分成年被害人和未成年被害人可见一斑。虽然2015年《刑法修正案（九）》废除了嫖宿幼女罪，把嫖宿幼女的行为定性为强奸幼女罪，把强制猥亵罪的犯罪对象扩大为一切人，这次修正可以看作是儿童最大利益原则在我国刑法中的一个进步，但这还远远不够，对未成年人的保护在刑法上还

[1] 曲新久主编：《刑法学》，中国政法大学出版社2016年版，第62页。

有上升的空间，应该提高到最高级别。我国社会面临逐渐严重的老龄化问题，国家放开二胎政策，说明儿童和未成年人对我国社会持续健康发展的重要性，也从另一个角度说明我们更应该加大对未成年人的保护力度。

（二）理想和现实的差距：刑法语境下儿童和未成年人范围的差异导致的刑法条文漏洞

我国《未成年人保护法》明确将未成年人的年龄规定为 0—18 岁。而我国刑法对性侵未成年人的保护对象的年龄范围并没有明确规定，但是个别罪名规定了是未满 14 周岁的未成年人，个别罪名又限定了 14 周岁以下的幼女，如引诱幼女卖淫罪。而根据《最高人民法院关于拐卖人口案件中婴儿幼儿儿童年龄界限如何划分问题的批复》（已失效）中规定的“6 岁以上不满 14 岁的为儿童”，其隐含之意 6 岁以下的为婴幼儿，这个批复支持和解释了我国刑法对性侵类犯罪予以特殊保护的对象是 14 周岁以下的儿童。在性侵未成年人的犯罪中会涉及“性同意年龄”这个概念，也有学者称之为“性承诺年龄”，或“自愿年龄线”，指的是这条线以下的未成年人在法律上被视为不具有性行为的自我支配权，就是说不能够对自己的性行为负责，即使未成年人自己承认是自愿与对方发生性关系，法律也不会对所发生的性行为进行认可，仍然推定该性行为是违反未成年人的意愿的。[1]由此可见，在我国的刑事法律中，儿童和未成年人的概念和范围是不一样的，显然未成年人的概念要大于儿童，二者之间是包含关系，也就是未成年人的范围包含儿童。

在国际上，联合国大会将 14 周岁以下视为儿童，然而联合国《儿童权利公约》第 1 条将“儿童”定义为年龄不大于 18 周岁的人。也就是说按照联合国《儿童权利公约》，儿童和未成年人的范围是等同的。基于上文分析可知，我国刑法予以特殊保护的未成年人是不满 14 周岁的未成年人。而现实中性侵 18 周岁以下的未成年人可能会触及《刑法》第四章侵犯公民人身权利、民主权利罪中的第 236 条规定的强奸罪、第 237 条规定的猥亵罪，第 240 条规定的拐卖妇女、儿童罪加重处罚情节三和情节四；《刑法》第六章妨害社会管理秩序罪第 358 条规定的组织卖淫罪、强迫卖淫罪，第 359 条第 1 款规定的引诱、容留、介绍卖淫罪，第 359 条第 2 款规定的引诱幼女卖淫罪，第 363 条的制作淫秽物品牟利罪和第 365 条的组织淫秽表演罪。而按照我国刑法，因为儿童和未成年人

---

〔1〕 王莹莹：“论我国性侵未成年人犯罪法律制度的完善”，载《法制与经济》2019 年第 3 期。

范围的不兼容，导致了已满 14 周岁未满 18 周岁的未成年人或者 14 周岁以下的男性未成年人遭受性侵后不能得到最大限度的保护。

1. 强奸幼女罪的年龄和性别局限

强奸罪之下的强奸幼女罪存在两个问题：一是年龄界限导致已满 14 周岁不满 18 周岁的女性未成年被害人在不存在性同意能力的情况下不能得到更好的保护；二是性别限定导致 18 周岁以下的男性未成年被害人受到和女童同样的性侵害时得不到应有的保护。

2. 拐卖妇女儿童罪中的强奸、诱骗、强迫卖淫加重处罚情节的不周延性

拐卖妇女儿童罪中的加重处罚情节三，奸淫被拐卖的妇女的，情节四诱骗、强迫被拐卖的妇女卖淫或者将被拐卖的妇女卖给他人迫使其卖淫的。按照我国刑法对妇女的范围理应为已满 14 周岁的女性，那么因为性别和年龄的界限导致了两个问题：其一，如果在拐卖儿童的基础犯罪之上，出现不满 14 周岁的儿童被奸淫、诱骗、强迫卖淫或又被卖给他人迫使其卖淫的，竟然找不到从重处罚的依据；其二，如果被拐卖又被强奸，或被拐卖又被诱骗、强迫卖淫，或者被卖给他人又被强迫卖淫的是已满 14 周岁不满 18 周岁的男性未成年人，按照拐卖妇女、儿童罪的惩治范围，此种情形无法定拐卖妇女、儿童罪。

3. 妨害社会管理秩序罪中涉淫类犯罪对未成年人保护的局限性

妨害社会管理秩序罪中对涉淫类犯罪除了在引诱幼女卖淫罪中对 14 周岁以下的女性幼童予以特殊保护外，对其他 18 周岁以下的未成年人并没有规定特殊保护，针对他们的犯罪和针对成年人的犯罪是一样的。实践中存在组织、强迫、引诱、容留和介绍卖淫，制作淫秽物品和组织淫秽表演的犯罪对象是儿童或者监护、教养、雇佣等特定关系之下 14 周岁至 18 周岁的未成年人的情形，而儿童和特定关系下的 14 周岁至 18 周岁的未成年人又没有性同意行为能力，这些犯罪行为的实施者对于对向的嫖宿儿童或特定关系下的未成年人或其他类似的性侵未成年人的犯罪行为大多是明知的，而嫖宿幼女罪已被废除，转化为强奸幼女罪，那么这样的行为如何定性，笔者以为再按组织、强迫、引诱、容留和介绍卖淫等涉淫犯罪定性并不妥当。

（三）不同罪数形态下对性侵未成年人犯罪的定罪处罚问题

性侵未成年人犯罪也会涉及罪数问题，比如妨害社会管理秩序罪之下，实施组织、强迫、引诱、容留和介绍卖淫，制作淫秽物品和组织淫秽表演的对象为未成年人又涉及强奸猥亵等性侵行为的，就涉及对罪数的准确认定问题。司

法实践中因为单纯的一罪比较简单，我们这里只讨论数罪下的连续犯和牵连犯的情况。

1. 连续犯之癒癖类和利益驱动型性侵未成年人犯罪

在新闻媒体的报道或者影视故事当中，我们没少听到恋童癖和对未成年人的性剥削类的事件，前者是一种病态的性倾向，后者一般以利益为驱动，欧洲刑警组织将儿童性剥削定义为对不满 18 周岁的未成年人的性剥削，以及制作这类性剥削的影像制品和在网上予以传播的犯罪行为。[1]这两种性质的犯罪行为因为通常会连续实施而构成连续犯的罪数形态。

（1）癒癖类性侵未成年人的犯罪。

在性侵未成年人的犯罪中，因恋童癖而犯罪的不在少数，“恋童癖”是以未成年人为对象获得性满足的一种病理性性偏好。恋童癖性欲指向的范围一般是青春期以前或未发育的儿童。学术上，恋童癖概念产生于 19 世纪末，但在西方舆论中的出现，则基本上是从 20 世纪 70 年代末才开始的。20 世纪 90 年代以后，随着打击网络恋童癖色情犯罪的热潮，它逐渐成为舆论中的一个重要伦理话题。恋童癖的性倾向大多受到先天因素的影响，无法通过后天治疗或个体选择发生改变。有此性癖的人如果不能控制自己的欲望，往往会连续不断地实施性侵不同未成年人的犯罪行为。这种连续不断的犯罪行为可能会涉及不同的罪名，有时候是强奸罪，有时候是猥亵罪，也可能同时涉及这两个罪名。是一罪还是数罪则要看具体情况。

（2）利益驱动型对未成年人的性剥削犯罪。

在妨害社会管理秩序罪中，如果组织卖淫罪，强迫卖淫罪，引诱、容留、介绍卖淫罪，引诱幼女卖淫罪，制作淫秽物品罪和组织淫秽表演罪的犯罪对象为未成年人时，这些犯罪行为除了制作淫秽物品罪以牟利为目的是犯罪的必要构成要件外，其他罪名没有以实现某种利益为必要构成要件，但是实践中一般是以利益驱动为目的。此类犯罪的行为人为了谋取非法利益，一般也会连续实施犯罪行为。犯罪对象可能是不同时间段的同一个或几个未成年人，也可能是同一时间段的不同未成年人。这种性剥削未成年人的犯罪是一罪还是数罪，要看在犯罪的时间跨度内是同一性质的犯罪行为的连续还是数个性质的犯罪行为

---

〔1〕“Child Sexual Exploitation”，载 https://www.europol.europa.eu/crime-areas-and-trends/crime-areas/child-sexual-exploitation，最后访问时间：2020 年 5 月 3 日。

的连续。

2. 牵连犯之手段行为和结果行为的性侵未成年人犯罪

实践中，行为人为了实施组织、强迫、引诱、容留、介绍卖淫，引诱幼女卖淫、制作淫秽物品和组织淫秽表演而实施强奸或猥亵18周岁以下未成年人的犯罪行为或造成该未成年人被强奸或猥亵的后果，这就符合了牵连犯的特征。这种情况如果按牵连犯的处罚原则即按一重罪处罚是否可以更好地维护未成年人的权益尚有疑问，毕竟牵连犯只是处断的一罪，学界对于牵连犯的处罚原则也是颇有争论。

（四）嫖宿幼女罪取消后对其对应条文的反思

《刑法修正案（九）》取消了嫖宿幼女罪，将嫖宿幼女的行为定性为强奸幼女罪。做此修正的原因很显然是因为幼女没有性同意行为能力，对无性同意行为能力的人实施嫖宿是明显违法的。这是刑法的一个进步，但是也引发了笔者对与嫖宿幼女罪对应的相关条文的反思。首先，对嫖宿幼女罪的废除意味着刑法默认幼女没有性同意能力，但是对于与其对应的男性未成年人，又甚至于14周岁至18周岁的未成年人的性同意行为能力的有无却没有在其默认范围内。其次，如果行为人组织、强迫未成年人或者幼童卖淫，引诱、容留、介绍未成年人或者幼童卖淫，利用未成年人或者幼童制作淫秽物品或组织淫秽表演，实施以上所列行为的人对于嫖宿幼女构成的强奸幼女罪、猥亵男童构成的猥亵儿童罪或者对于14周岁至18周岁的未成年人的性侵犯罪，肯定是明知，甚至存在帮助和主导作用的。那么对于其行为该如何定性，是按组织、强迫、引诱、容留、介绍卖淫罪，引诱幼女卖淫罪，制作淫秽物品罪和组织淫秽表演罪定罪处罚，还是他们也是强奸幼女罪、猥亵儿童罪或者其他性侵14周岁至18周岁的未成年人的共犯，抑或是数罪并罚？按照刑法对罪名章节的安排，很显然从一般意义上理解，强奸罪的定性要重于组织、强迫、引诱、容留、介绍卖淫类的犯罪。再次，既然刑法已经对这种严重损害幼女身心健康的嫖宿行为按强奸幼女罪定罪处罚了，也意味着刑法的修正导致客观上在刑法意义上没有了“嫖宿幼女的需求”，但这并不意味着现实当中没有需求，而是这类犯罪被强奸罪吸收了。刑法的这种调整，值得我们反思作为嫖宿幼女、嫖宿儿童、嫖宿其他未满18周岁未成年人的犯罪行为或对儿童色情的需求行为的对向犯罪，即对组织、强迫、介绍、容留和引诱未成年人卖淫罪、以未成年人为内容的制作淫秽物品罪和组织未成年人淫秽表演罪的反思。如果刑法默认未成年人没有性同意行为能力，那么作为“供应型”的组织、强迫、介绍、容留和引诱性的对未成年人的犯罪、以未成年人为内容的制作淫秽物品罪和组织未成年人淫秽表演罪的存在根基又当何论？如果依然把以未成年人为犯罪对象的此类犯罪规定在妨害社会管理秩序罪一章中，等于还是间接认为14周岁以下的儿童和特定关系下的未成年人有性同意能力。这与取消嫖宿幼女罪的精神是背道而驰的。

二、修正相关刑法条文：提升对性侵未成年被害人的保护范围和层次

我国现行刑法对未成年人的保护并不周全，为了惩罚犯罪，预防对未成年人的恶，现在的首要任务是扩大刑法对未成年人的保护范围，提升对未成年人权益的保护层次，以刑法修正案的方式修正对未成年人性侵类犯罪的条文，调整相关条文的章节顺序，在侵犯人身权利和民主权利犯罪之下规定对未成年人的性侵犯罪，使保护未成年人的刑法条文之间相互衔接而不矛盾。

（一）理想照进现实：丰盈刑法条文对未成年人的保护

我国现行刑法对未成年人权益的保护之“瘦”并不是体现在罪名不够，主要问题在于对未成年人保护的范围欠缺较大。如何“丰盈”相关刑法条文对未成年人的保护，主要可以从以下几方面着手。

1. 实行相对有弹性的性同意年龄制度

笔者以为18周岁以下的未成年人欠缺性同意的行为能力，14周岁以下的儿童不存在性同意行为能力，这也是我国刑法学界的普遍看法，而14周岁至16周岁、16周岁至18周岁的未成年人不能“一刀切”，应视情况来看待他们的性同意行为能力。在某些具体情况下，比如被侵害的未成年人和性侵犯罪行为人之间存在特殊关系，性同意行为能力的有无就应该以16周岁或18周岁为界限。我国刑法明确给予特殊保护的未成年人的范围是14周岁以下的儿童，而14周岁至18周岁的未成年人则与成年人同等保护。

为了加大对未成年人的保护，建议刑法对未成年人进行分阶段保护，换句话说，也就是实行相对有弹性的性同意年龄制度。在世界范围内也不乏此类先例，比如《德国刑法典》在应受刑法处罚的违背性自决权的犯罪行为的章节里就根据不同情况对未成年人进行了分阶段保护。[1]《德国刑法典》第174条规定，如果行为人与其受抚养、教育、监护的尚未满16周岁的未成年人发生性行

---

〔1〕《德国刑法典》第176条至第182条。

为，处以 5 年以下自由刑或罚金；继而又规定滥用基于抚养、教育、监护、雇佣或工作关系形成的依赖地位与不满 18 周岁的人发生性行为；或者与自己的未满 18 周岁的亲生子女或者养子女发生性行为……处 5 年以下自由刑或罚金。第 176 条规定，与不满 14 周岁的儿童发生性行为或者让其与第三人发生性行为，即使该儿童同意，也会被处以 6 个月到 10 年的自由刑，如果有其他严重情节还有其他不同的量刑区间。有学者认为，《德国刑法典》的此种做法表明了立法者的观点，只要行为人与其受抚养、教育、监护的尚未满 16 周岁的未成年人发生性行为，就构成犯罪；在被害人已满 16 周岁未满 18 周岁的情况下，则需要证明行为人滥用了权威关系才构成犯罪。[1]由此可见，《德国刑法典》对性同意年龄规定了 14 周岁、16 周岁和 18 周岁三个年龄界限，分别适用于不同情况。这种相对有弹性的性同意年龄制度对司法实践来说更具科学性，也能更好地保护未成年人的身心健康。

以此为借鉴，我国刑法对性同意年龄制度也可以设置相对弹性的性同意年龄，具体做法是在不同的性侵类犯罪之下将未成年人予以特殊保护，将未成年人犯罪对象分为 14 周岁以下的儿童、14 周岁至 16 周岁的少年和 16 周岁至 18 周岁的未成年人，性同意年龄根据不同情况而有所区别。换言之，未成年人的性同意年龄分为 14 周岁、16 周岁和 18 周岁三种情况。相对弹性的性同意年龄制度比“一刀切”的性同意年龄制度更具科学性，在司法实践中对于千变万化的性侵未成年人案件更有指导意义，也能较为合理和全面地保护未成年人。在相对弹性的性同意年龄制度的基础上，符合构罪条件的，不以未成年人的同意为罪与非罪的界限标准，换言之，即使未成年人同意，行为人也构成对未成年人的性侵犯罪。这是区别于对成年人性侵的要点之一。另外一个与性侵成年人犯罪的区别要点是，性侵未成年人的犯罪行为的社会危害性一般意义上要重于对成年人的性侵犯罪，所以对 18 周岁的未成年人的性犯罪的处罚也要重于对成年人性犯罪的处罚。

2. 将强奸罪的犯罪对象扩大至一切自然人

我国刑法对强奸罪犯罪对象的规定并不合理，早已与时代脱节，时至今日仍未修订，导致现实中男性不受强奸罪的保护，对男性幼童或是不满 18 周岁的

---

〔1〕 朱光星：“为什么要提高我国的性同意年龄？”，载 https://www.thepaper.cn/newsDetail_forward_6977558，最后访问时间：2020 年 4 月 15 日。

男性未成年人的强奸行为自然不能依照强奸罪定罪处罚，只能做轻罪化处理，即以强制猥亵罪或者猥亵儿童罪定罪处罚。这种做法实是不妥，因为无论被害人是何种性别，性侵造成的危害后果是一样的，刑事法律不应该因为男女有别而予以不同等的保护。大多数发达国家的刑法典并没有在性犯罪上因为性别而“区分对待”。例如《奥地利刑法典》在第 101 条的诱拐儿童罪中规定故意诱拐儿童与之或与第三人发生性行为的，处以 6 个月到 5 年的自由刑。该条规定的性行为做广义理解，包括强奸和其他与性相关的性虐待行为。《奥地利刑法典》并没有区分儿童的性别，也没有区分对儿童的性虐待为强奸和猥亵。作为大陆法系典范的《德国刑法典》对于应受刑罚处罚的违反性自由权利的犯罪行为的犯罪对象也没有做性别区分。故而建议我国刑法修订强奸罪的相关规定，扩大其犯罪对象为一切自然人，不限于女性，这不仅是对人性自主权的尊重，也可以最大化地保护未成年人的身心健康。

3. 以强奸儿童罪和引诱儿童卖淫罪代替强奸幼女罪和引诱幼女卖淫罪

我国现行刑法不仅对成年人作为性侵类犯罪行为的犯罪对象区分性别，对于针对儿童的性侵类犯罪也差别对待。女童受到的保护“待遇”要高于男童。虽然《刑法修正案（九）》将强制猥亵罪的对象扩大到了男性，使得男性在遭受性侵时获得了一定的保护，但实质上性别差异并没有完全消除。强奸幼女罪、引诱幼女卖淫罪中男童女童性别差异依旧存在。笔者建议刑法应该修订强奸幼女罪和引诱幼女卖淫罪。首先，将强奸幼女罪修改为强奸儿童罪，另外结合笔者前文论及的相对弹性的性同意年龄，强奸罪之下另设条款规定 14 周岁至 18 周岁的未成年人被性侵的犯罪，如果遭遇强奸，则看是否存在监护、教育、雇佣等特殊关系而判定是否具备性同意行为能力；其次，将引诱幼女卖淫罪修订为引诱儿童卖淫罪，该罪之下同强奸罪一样对于 14 周岁至 18 周岁的未成年人设定专门条款规定弹性的性同意年龄制度。

4. 提升未成年人的性法益为第一犯罪客体

鉴于未成年人对性同意行为能力的认识存在欠缺，笔者认为把对未成年人的性侵害类犯罪规定在妨害社会管理秩序罪一章并不合适，因为妨害社会管理秩序罪强调保护的首要法益是社会管理秩序，未成年人被侵害的身心健康权益只是处于次要地位的第二客体，对其的保护处于第二的位置，这是由我国刑法分则对犯罪类型的排位决定的。这样的设置明显不利于对未成年人权益的特殊保护。而且在当下的法治环境下，笔者以为未成年人的身心健康要远重于社会管理秩序。刑法要作出调整的具体做法是将妨害社会管理秩序罪中性侵未成年被害人类别的犯罪和对成年人实施的此类犯罪作出区分，从妨害社会管理秩序罪中切割出来，把涉及性侵未成年人的犯罪调整到靠前的侵犯人身权利和民主权利犯罪一章之中，且在该章节中针对未成年人设专门条款规定相对弹性的性同意年龄制度。原来的组织、强迫、引诱、容留和介绍卖淫罪，制作淫秽物品罪或组织淫秽表演罪等犯罪对象为成年人和具备性同意行为能力的14周岁到18周岁的未成年人的犯罪仍保留在妨害社会管理秩序罪当中。如此调整一是凸显了刑法对未成年人权益的保护力度，二是正确认识到了对不具备性同意行为能力的未成年人实施的组织、强迫、引诱、容留和介绍卖淫，制作淫秽物品或组织淫秽表演的犯罪性质不同于对具备性同意行为能力的人实施的此类犯罪性质。

（二）性侵未成年人罪数形态问题的处罚原则

性侵未成年人如果只涉及单一的犯罪行为，其处罚相对简单，按照其所触犯的罪名定罪处罚即可，但是司法实践中遇到的问题往往比较复杂，尤其涉及组织、强迫、引诱、容留和介绍卖淫罪，制作淫秽物品罪或组织淫秽表演罪的犯罪行为的，往往可能会触犯不同的罪名。因此，正确处理性侵未成年人犯罪的罪数问题，才能做到对犯罪行为人既不轻纵也不枉纵，最大限度地保护未成年人的权益。

1. 连续犯之癔癖类和利益驱动型性侵未成年人犯罪之处罚原则

连续犯，是指行为人基于一个概括的故意，反复实施了数个独立犯罪的行为，而触犯了同一罪名。这类犯罪，从形式上看虽有两个以上独立犯罪行为，但因其是出于一个概括的故意，因此，刑法理论将其作为裁判上的一罪，而不适用数罪并罚。在司法实践中，有恋童癖的癔癖类和利益驱动型性侵未成年人的犯罪一般不可能只实施一次犯罪行为，在其罪行没有被发现前，通常会连续实施性侵未成年人的犯罪，这种连续状态下的犯罪必须是同一性质的性侵犯罪，而不是这次强奸，下次猥亵，或是强迫卖淫等其他类似性质的性侵未成年人的犯罪。对于这两种类型的性侵未成年人的连续犯按照连续犯的处罚原则，做一罪定罪，按其犯罪情节处罚即可。如果是连续实施的不同类型性质的性侵未成年人的犯罪，则需要数罪并罚。

2. 牵连犯之手段行为和结果行为的性侵未成年人犯罪之处罚原则

如果我国刑法修订性同意年龄制度为相对有弹性的性同意年龄制度，且在人身权利和民主权利犯罪一章中独立规定组织、强迫、引诱、容留和介绍未成年人卖淫，制作未成年人淫秽物品或组织未成年人淫秽表演的犯罪行为，那么在实践中若犯罪行为人为了实施此类犯罪，往往可能会以共犯的方式，或以实行犯的方式对未成年被害人实施强奸和猥亵的犯罪行为。这样就会构成手段行为和目的行为、原因行为和结果行为的牵连犯的罪数形态。对此种情形是否应按照牵连犯处罚原则的通说定罪处罚是有疑问的。而在司法实践中，除了法律有规定的外，刑法理论界和实务界通说对于牵连犯的处罚原则一般采取从一重处罚的原则。但是刑法学界一直不断地有学者对牵连犯的从一重处罚原则提出质疑和批评。比如，有学者质疑该处罚原则对刑法分则的具体规定并不具有指导性意义。〔1〕还有学者认为立法对牵连犯的规定不明确，导致司法审理案件适用的混乱。〔2〕暂且不论理论界对牵连犯处罚原则的争论，本文建议对未成年人性侵案件涉及的牵连犯以数罪并罚的处罚原则处理。原因除了牵连犯本就是数罪外，再加上对未成年人性侵犯罪的严重社会危害性，仅仅只按照从一重处罚并不足以惩罚犯罪人的恶。

（三）嫖宿幼女罪取消后相关犯罪行为的定性

鉴于《刑法修正案（九）》已经取消了嫖宿幼女罪，嫖宿幼女的行为按照强奸幼女罪定罪处罚，笔者认为组织、强迫、引诱、容留、介绍幼女或者其他不具备性同意行为能力的未成年人卖淫罪、制作以不具备性同意行为能力的未成年人为内容的淫秽物品罪和组织不具有性同意行为能力的未成年人淫秽表演罪实际上是强奸幼女罪（原嫖宿幼女罪）和猥亵罪的对向犯罪。因为现实中有人有“嫖宿”“猥亵”未成年人和“观看儿童色情的”的需求，才会有“组织、强迫、引诱、容留和介绍未成年人卖淫”以及“制作以未成年人为内容的淫秽物品和组织未成年人淫秽表演”的供应。该类对向犯罪如果是以没有性同意行为能力的未成年人为犯罪对象的话，笔者以为其没有存在的根基，但是鉴于组织、强迫、引诱、容留、介绍卖淫罪，制作淫秽物品罪和组织淫秽表演罪的犯罪对象还包括成年人和有性同意行为能力的未成年人，这也是刑法应该继续在妨害社会管理秩序罪之下保留这些罪名的根据所在。因为这些犯罪指向的犯罪对象不同导致了犯罪行为的危害程度和性质的不同，这也是笔者建议把组

〔1〕 石聚航、朱炜：“质疑与反思：牵连犯的处断原则”，载《福建警察学院学报》2014 年第 5 期。

〔2〕 王开武：“牵连犯原理司法适用困境研究——以一类特殊的毒品犯罪为研究起点”，载《社科纵横》2015 年第 2 期。

织、强迫、引诱、容留、介绍幼女或者其他不具备性同意行为能力的未成年人卖淫罪，制作以不具备性同意行为能力的未成年人为内容的淫秽物品罪和组织不具有性同意行为能力的未成年人淫秽表演罪分离出来，调整到侵犯人身权利和民主权利罪中的原因之二。

1. 嫖宿男童和特定关系下的未成年人的行为定性

刑法作出这样的修订，意味着理论界和司法实务界已经意识到幼女没有性同意行为能力，这样的嫖宿就是强奸。遗憾的是，刑法的调整仅止步于此，“嫖宿男童、嫖宿特定关系下的未成年人”的犯罪行为还没有引起足够的注意。笔者建议在前文所述采取相对弹性的性同意年龄的基础上，这种“嫖宿男童、嫖宿特定关系下的未成年人”的行为也应按照强奸罪定罪处罚。

2. 原“嫖宿幼女罪”对向犯罪行为的定性

作者要讨论的原“嫖宿幼女罪”对向犯罪里的“提供嫖宿”范围应做广义理解，不仅包含发生性交行为的“提供型”犯罪，而是泛指对未成年人色情有需求和供应关系的犯罪行为。因为“嫖宿”和“提供嫖宿”的供求关系，嫖宿儿童和特定关系下的未成年人的对向犯罪行为包括组织、强迫、引诱、容留和介绍儿童和特定关系下的未成年人卖淫，制作以不具备性同意行为能力的未成年人为内容的淫秽物品和组织不具有性同意行为能力的未成年人淫秽表演。后两种对未成年人的性犯罪是广义的对未成年人的色情犯罪，因为后两者一般情况下也是有人需求才会有这样的供应犯罪。区分这些罪与嫖宿儿童和嫖宿特定关系下未成年人性质的强奸罪是对未成年人权益保护的一个重要基础。

司法实践中可能会存在如下两种情况，笔者建议根据具体情况做刑法定性。

首先，嫖宿儿童和特定关系下未成年人强奸罪的共犯。如果行为人明知是14周岁以下的儿童，或者16周岁以下的未成年人与其存在抚养、教育、监护关系，或者18周岁以下其亲生子女或养子女，或者滥用其与18周岁以下未成年人存在抚养、教育、监护、雇佣或工作关系形成的依赖地位，而组织、强迫、引诱、容留和介绍这些未成年人卖淫、制作淫秽物品或者组织其进行淫秽表演的，这样的犯罪行为是“嫖宿”性强奸罪的主要诱因，否则嫖宿性强奸罪或者猥亵罪可能无法实施。笔者的观点，这种“嫖宿”性强奸罪或对未成年人的“猥亵”类性犯罪的对向犯罪行为实际上是该强奸罪和猥亵罪的共犯，起主犯的作用，且这种对向性供应性犯罪不到案发可能会不断地连续发生，被侵害的未成年人可能是同一个也可能另有其人，甚至多人。同一人，或是另有其人，或者多人不妨碍其是连续性的“嫖宿”未成年人性质的强奸罪和猥亵罪的主犯地位。

其次，以组织、强迫、引诱、容留和介绍未成年人卖淫罪，制作以未成年人为内容的淫秽物品罪或者组织未成年人淫秽表演罪定性。这样定性的前提基础是刑法已经将妨害社会管理秩序罪中的对未成年人性侵犯罪独立规定到了侵犯人身权利民主权利犯罪中的针对未成年人的性侵犯罪之下。如果行为人确实不知犯罪对象为 14 周岁以下儿童，司法实践中需要查明犯罪行为人是否确实不明知，如果确认犯罪行为人确实不知犯罪对象的年龄未满 14 周岁，那么这些犯罪行为是否应定性为组织、强迫、引诱、容留和介绍未成年人卖淫罪，制作以未成年人为内容的淫秽物品罪或者组织未成年人淫秽表演罪呢？

最后，以妨害社会管理秩序罪之下的组织、强迫、引诱、容留和介绍卖淫罪，制作淫秽物品罪或者组织淫秽表演罪定罪处罚。如果犯罪行为人组织、强迫、引诱、容留和介绍的是已满 14 周岁不满 18 周岁的未成年人，但是犯罪行为人和这些未成年人之间不存在抚养、教育、监护、雇佣或工作关系，可以按照原妨害社会管理秩序罪之下的组织、强迫、引诱、容留和介绍卖淫罪定性。

三、综合治理之措构筑预防性侵未成年人犯罪的强弓劲弩

为了更好地保护未成年人免受性犯罪的侵害，除了刑法上对相关罪的修订和调整以外，其他相关制度如性侵未成年人的犯罪前科查询制度和累犯、惯犯信息公告制度以及综合性的社会预防机制的协同合作也必不可少。

（一）轻重适度的性侵未成年人犯罪前科查询制度和累犯、惯犯信息公告制度

对于性侵未成年人犯罪人建立轻重适度的前科查询制度和累犯、惯犯信息公告制度对于预防此类犯罪会起到较大的遏制作用。这两种制度是违法犯罪记录制度的有机组成部分。性侵未成年人的前科查询制度可以包含累犯、惯犯信息公告制度，但是却不可以替代后者。这些制度的建立不可避免要半公开和公开犯罪人的信息，这也导致了犯罪人员隐私权和公众知情权的博弈。有学者撰文认为犯罪分子的人权固然要考虑，但在各个案件中的被害人和以后可能会遭到性侵的未成年人的权益才更应该是立法者需要关心和考虑的问题。[1] 笔者认

〔1〕 阳亦婷：“关于建立健全性侵未成年人犯罪信息库的法律思考”，载《湖北经济学院学报（人文社会科学版）》2019 年第 7 期。

为，还是应该在性侵未成年人犯罪人员隐私权和公众知情权之间找到合理平衡，也就是本文提倡的建立公开程度由低到高的性侵未成年人犯罪前科查询制度和累犯、惯犯信息公告制度。

1. 被动型公开制度：完善性侵未成年人犯罪前科查询制度

性侵未成年人犯罪前科查询制度是一种被动型公开性侵犯罪人员信息的制度，凡是性侵未成年人的已回归社会的人员都应该将其犯罪的信息、个人基本资料，包括姓名、所用别名、照片、指纹、社会保险号码、驾驶执照及车辆登记详情、雇主姓名及详情、DNA 样本等登记在册，放在相关登记和保管部门的官方网站上供特定的人员查询。在我国类似的前科查询制度并不是没有先例，比如 2013 年 2 月 6 日施行的《最高人民检察院关于行贿犯罪档案查询工作的规定》。行贿犯罪档案查询制度逐渐发展为一种相对成熟化、体系化的行贿记录查询系统，在遏制贿赂犯罪、加强市场监管和行业管理、促进社会诚信体系建设等方面发挥了积极作用。由此可见，参照行贿犯罪档案查询制度，建立健全性侵未成年人犯罪前科查询制度是可取的。该制度需要构建的重点本文暂不展开论述，但应该从以下几个方面着手：犯罪记录的登记和保管部门、查询理由与目的、查询期限的设置、查询内容与告知的规定。

2. 主动型公开制度：性侵未成年人的累犯和惯犯信息公告制度

不同于被动型公开性侵未成年人犯罪人员信息的前科查询制度，主动型公开性侵未成年人的累犯和惯犯信息公告制度，登记和公开的信息主要针对的是性侵未成年人的累犯和惯犯。其具体做法是在性侵未成年人的累犯和惯犯刑满释放后，其犯罪信息和个人基本资料等除了要放在相关登记和保管部门官方网站上外，还要由其所在的居住地警方直接到其居住的社区面向居民和社区组织通告，目的在于让该社区有未成年人的家庭做好预防措施和提高社区组织对其的监控，提前做好群防群控。这么做的原因是因为累犯和惯犯的人身危险性更高，再犯可能性更大，也是其刑罚后果严重于一般的性侵未成年人罪犯的体现。该制度是性侵未成年人犯罪人员之相关权利于公众知情权和相关未成年人的人身权利在博弈后让位于后者的法律表现。而且很显然，主动公开型的公告制度对性侵未成年人的犯罪人员的相关权利限制更多，也越容易侵犯其合法权利，所以在司法实践中要将其严格限定于性侵未成年人的累犯和惯犯，且要防止该制度被滥用而侵犯其合法权益。该制度不可无期限地公开相关累犯和惯犯的信息，应该设定相关期限，在该期限内如果没有再犯，应该解除该公告，否则性侵未成年人的累犯和惯犯将会被永远贴上犯罪人的标签，即便其已改过自新，也无法回归社会正常生活。

（二）针对性侵未成年人犯罪的其他预防措施

刑事法律侧重对性侵未成年人的犯罪人员的事后惩罚和威慑预防，且刑事法律只是保护未成年人的一个较为重要的防火墙，要做到更好地预防性侵未成年人案件的发生，保护未成年人的身心健康，还需要其他一些预防措施，比如从业禁止制度、综合性的社会预防机制等。

1. 利用职业便利实施性侵未成年人的从业禁止制度

《刑法修正案（九）》在《刑法》第 37 条之后增加了一条“禁业规定”，作为第 37 条之一，即因利用职业便利实施犯罪，或者实施违背职业要求的特定义务的犯罪被判处刑罚的，人民法院可以根据犯罪情况和预防再犯罪的需要，禁止其自刑罚执行完毕之日或者假释之日起从事相关职业，期限为三年至五年。被禁止从事相关职业的人违反人民法院依照前款规定作出的决定的，由公安机关依法给予处罚；情节严重的，依照《刑法》第 313 条的规定定罪处罚。其他法律、行政法规对其从事相关职业另有禁止或者限制性规定的，从其规定。在性侵未成年人的案件当中有相当一部分案件的犯罪主体是利用教师或培训人员的特定职业身份实施的犯罪，针对此类性侵未成年人的犯罪，为了预防该类犯罪主体在回归社会后重新实施类似案件，完全可以对其科以从业禁止，尤其对于已经出现了累犯和惯犯的情形，必须对其实施从业禁止制度，实现特殊预防。

2. 综合性的社会预防机制

正如有学者提出，性侵未成年人案件反映出一些案件办理和社会问题，例如，家庭监护不力、义务教育完成度不高、社会防控不足等问题。预防未成年人被性侵害是一项社会综合治理工作，需要采取进一步的措施建立有效的社会预防机制。[1]这些综合性的预防机制包括针对留守儿童的社区、村委会综合保护制度，摒弃谈性色变的传统文化束缚，加强针对未成年人的性教育力度，尤其要在性教育课程中加大防性侵教育的比重。网络监管部门要加强和防止有关针对未成年人的性剥削的网络色情传播，健全未成年被害人援助体系。只有做到全社会的联防联动，性侵未成年人的案件才能得以更有效的预防。

---

〔1〕 郭佳、郭一帆：“性侵未成年人刑事案件高发类型及预防机制实证研究——以北京市某区人民检察院案件办理为样本”，载《北京政法职业学院学报》2019 年第 4 期。

四、写在文末的一点理想化寄语

性本不是恶，但是若把性施于没有同意能力的居于弱者地位的儿童或未成年人就是恶。文明社会的制度根除不了这种恶，但是我们却要尽可能地避免和预防这种恶发生在孩童身上。让每个未成年人在安全健康的环境中长大，不仅是我们每个成年人的责任，也是社会的责任。

英国刑事法律中关于性侵儿童案件的基本问题

牟 钰*

摘 要：性侵未成年人案件涉及刑事规范的多个层面，既包括刑事实体法中相关的性犯罪构成问题，也包括证据法中侵害事实的证明问题，以及在确定构成性犯罪以后，如何有效地对侵害人进行危险性评估及相应的管理与惩戒等问题。本文以英国的刑事法律制度为例，深入介绍和分析英国刑事实体法和证据法中关于性侵儿童案件的基本性问题。在英国刑事实体法方面，本文重点介绍《英国2003年性犯罪法》关于儿童的行为能力、被害人同意以及对性如何进行界定的相关法律规范。在刑事证据法方面，本文将侧重于介绍《英国1999年少年司法和刑事证据法》关于儿童证人的作证能力、儿童证人适用的变通程序以及平衡证人与被告人权益的司法手段。

关键词：性侵儿童案 英国刑事法律 性犯罪 儿童证言

近年来陆续曝光的性侵儿童犯罪问题再度受到社会广泛关注，法学界也由此再次掀起针对性侵未成年人犯罪有关问题的讨论。性侵未成年人案件涉及刑事规范的多个层面，既包括刑事实体法中相关的性犯罪构成问题，也包括证据法中对侵害事实的证明问题，以及在确定构成性犯罪以后，如何有效对侵害人进行危险性评估及相应的管理与惩戒问题。我国对性侵未成年犯罪的研究起步相对较晚。与之相比，部分西方国家（例如英国）从19世纪就已经开始对这一领域进行系统性研究。发展至今，其性侵儿童法律制度的发展已趋于成熟。如何健全和完善性侵害未成年人的法律规定是当前我国刑事司法进程中的重要议题。西方国家关于性侵儿童犯罪的立法经验和研究成果可为我国的学术讨论和司法实践提供有益的借鉴。暨此，本文将以英国刑事法律规范为例，深入介绍和分析英国刑事实体法和证据法中处理性侵儿童案件的原则性问题。

* 牟钰，英国伦敦大学亚非学院讲师。

性侵儿童类案件涉及面广、法律规则繁杂，为更集中地对英国性侵儿童的刑事法律制度进行介绍，本文将着重针对英国刑法和刑事证据法中的疑难问题展开讨论。

一、英国刑事实体法关于性侵儿童类犯罪的基本问题

《英国 2003 年性犯罪法》（Sexual Offences Act 2003）是英国专门针对性犯罪的刑事法典。这部法典最重要的特征之一就是规定了一系列严厉制裁性侵儿童的犯罪；其严厉性从涉及性侵儿童犯罪的罪名之多、规范之细、惩戒之严可见一斑。英国性犯罪法中针对侵害儿童的犯罪主要包含 12 项具体罪名。[1]几乎所有涉及儿童的性犯罪均为重罪，部分罪名的最高刑为终身监禁。[2]这些法律规范的保护对象为 16 周岁以下的儿童，其中针对被害人为 13 周岁以下儿童的性犯罪制裁力度最大。法律的严厉之处主要体现在《英国 2003 年性犯罪法》对 13 周岁以下儿童实施的性犯罪为严格责任，即认定这些犯罪是否成立，与被害人是否表示同意以及侵害人的主观意图如何毫无关系。

---

〔1〕 这些罪名包括：《英国 2003 年性犯罪法》第 3 节，强奸 13 岁以下儿童罪（rape of a child under 13, s. 3 of Sexual Offences Act 2003），最高刑为终身监禁；第 6 节，以插入方式性侵害 13 岁以下儿童罪（assault of a child under 13 by penetration, s. 6 of Sexual Offences Act 2003），最高刑为终身监禁；第 7 节，性侵害 13 岁以下儿童罪（sexual assault of a child under 13, s. 7 of Sexual Offences Act 2003），最高刑为 14 年有期徒刑；第 8 节，诱导和鼓动 13 岁以下儿童参与性行为罪（causing or inciting a child under 13 to engage in a sexual activity, s. 8 of Sexual Offences Act 2003），最高刑为 14 年有期徒刑；第 9 节，与儿童进行性行为罪（sexual activity with a child, s. 9 of Sexual Offences Act 2003），最高刑为 14 年有期徒刑；第 10 节，诱导或鼓动儿童参与性行为罪（causing or inciting a child to engage in a sexual activity, s. 10 of Sexual Offences Act 2003），最高刑为 14 年有期徒刑；第 11 节，在儿童在场时进行性行为罪（engaging in sexual activity in the presence of a child, s. 11 of Sexual Offences Act 2003），最高刑为 10 年有期徒刑；第 12 节，使儿童观看性行为罪（causing a child to watch a sexual activity, s. 12 of Sexual Offences Act 2003），最高刑为 10 年有期徒刑；第 13 节，对儿童或未成年人实施的性侵害犯罪（child sex offences committed by children or young persons, s. 13 of Sexual Offences Act 2003），18 周岁以下的未成年人实施的犯罪最高刑为 5 年有期徒刑；第 14 节，组织性侵儿童或为性侵儿童犯罪提供便利罪（arranging or facilitating commission of a child sex offence, s. 14 of Sexual Offences Act 2003）；第 15 节，在对儿童进行性诱骗后与儿童见面罪（meeting a child following sexual grooming, s. 15 of Sexual Offences Act 2003 ），最高刑为 10 年有期徒刑；第 15 节 A，与儿童进行性交流罪（sexual communication with a child, s. 15 A of Sexual Offences Act 2003），最高刑为 10 年有期徒刑，但本罪并不包括与儿童有监护关系或家庭关系的人。有以上关系者，按照《英国 2003 年性犯罪法》第 16 节至第 19 节，以及第 25 节至第 26 节另行处理。

〔2〕 英国刑罚的最高刑为终身监禁。在英国，死刑已于《英国 1965 年谋杀法》（Murder Act 1965）颁布后废除。

（一）儿童的年龄与行为能力

与性侵儿童犯罪相关的第一个基本问题是对“儿童”（Children）的年龄和行为能力的界定。这个问题与被害者和侵害者的身份认定有直接关系，同时也与英国性犯罪问题中的核心问题，即被害人是否表示同意有密切联系。儿童的定义和青少年刑事责任年龄的规定根据不同时代、不同国家、不同社会的文化背景呈现出差异性。例如，比利时、瑞士、卢森堡刑法规定，被告人负刑事责任的最低年龄为 18 岁；西班牙、阿根廷和葡萄牙法律中规定的最低刑事责任年龄为 16 岁。而在另一些国家，刑事责任年龄则规定得更低。例如，英格兰和威尔士为 10 岁，埃塞俄比亚为 9 岁，苏格兰为 8 岁，美国和南非为 7 岁。从世界各国来看，我国刑法规定的最低刑事责任年龄（14 岁）大致居于各国中位数。除了关于刑事责任年龄的规定，《英国 2003 年性犯罪法》对侵害人的年龄也有具体的分段规定。在英国，性侵害儿童类犯罪中的儿童特指 13 周岁以下或者 16 周岁以下的未成年人。这一规定主要根据心理学研究关于英国青少年青春期发展的生理和心理成熟度评估而确定。〔1〕如前所述，《英国 2003 年性犯罪法》规定对 13 周岁以下儿童实施的性犯罪为严格责任，这就意味着在判定侵害行为是否构成犯罪时，法律并不关心该行为是在何种情况下实施的。从法律的角度看，侵害人和被害人在双方自愿同意情况下进行的性行为与通过暴力、胁迫等手段对年幼的被害人实施的恶劣性侵害在性质上没有区别。之所以出现这样的情况就在于，英国刑法中只有已满 16 周岁以上的人才具有对性行为表示同意的行为能力。13 周岁以下的儿童不具备就性行为表示同意的行为能力，法律也不会将被害人是否对性行为表示同意作为考量因素。当被害人年龄位于 13 周岁至 15 周岁时，如果被害人对性行为表示同意，其同意的意思表示在法律上仍然无效，但是根据《英国 2003 年性犯罪法》，法院可以将被害人的自愿同意作为一种事实存在，在量刑过程中予以酌情考虑。〔2〕

对性行为表示同意的行为能力虽然受年龄限制，但是也有例外。这个例外被称为“吉利克行为能力”（Gillick competency），是根据 Gillick v. West Norfolk &

〔1〕 Karen Harrison, “Muti-Disciplinary Definitions and Understanding of ‘Paedophilia’ ” (2010) Social and Legal Studies 19 (4) 481, 487.

〔2〕 关于《英国 2003 年性犯罪法》中同意的行为能力讨论，参见 Karen Harrison, “Muti-Disciplinary Definitions and Understanding of ‘Paedophilia’ ” (2010) Social and Legal Studies 19 (4) 481, 488。

Wisbeck Area Health Authority [1986][1]一案发展而来。在该案中，一名医生向一位不满16周岁的女孩提供了避孕建议。医生的行为虽然在客观上已经构成诱导儿童参与性行为罪（causing a child to engage in a sexual activity），但英国最高法院最终判决医生由于没有诱导的故意，从而不承担刑事责任。由此案可以推衍出，16周岁以下的儿童虽然在法律上缺乏对性行为表示同意的行为能力，但是他们可以自行决定是否采取避孕措施。这个问题从本质上似乎可以理解为16周岁以下的儿童具有性行为的自主决定权，而这个决定权明显又与法律规定相违背。关于"吉利克行为能力"的悖论，学者们认为尽管英国最高法院的判决尊重了儿童对身体的自决权，这个问题很有可能在未来具体案件中被重新考虑。[2]

（二）同意的意思表示

为了更好地解释英国性侵儿童犯罪中关于性行为表示同意的行为能力，有必要对《英国2003年性犯罪法》中"同意"（consent）的基本概念加以扼要介绍。同意是英国性犯罪中最核心的概念。对绝大部分不涉及儿童的性犯罪而言，被害人是否自愿同意性行为的实施是区分罪与非罪的关键。值得注意的是，在性犯罪的讨论中，同意并非作为主张某一性行为为无罪的抗辩手段。在判定某行为是否构成性犯罪时，缺乏被害人同意的意思表示是构成大部分性犯罪的客观方面；在主观方面，控方也需要证明被告人"没有理由认为被害人同意实施该性行为"。[3]因此，被害人同意的缺失（absence of consent）既是构成大部分性犯罪的客观要件，也是其必不可少的主观要件。同意之所以在性犯罪中如此重要，就在于英国刑法认为，性犯罪的侵害对象并非被害人的人身权益，而是侵害人对被害人自行支配自己身体权利的漠视。英国刑法认为，对自己身体的支配权是人之为人最基本的权利，漠视此权利等于漠视对方作为独立个体的人。[4]因而，大部分性犯罪的犯罪构成要件并不要求被害人受到任何身体上的暴力侵害；性犯罪的本义在于对物化和贬低他人作为独立个体的道义谴责。对此，《英

[1] 该案的判例法引注为：Gillick v. West Norfolk & Wisbeck Area Health Authority [1986] AC 112 House of Lords。

[2] Michael Freeman，"Feminism and child law"，In Bridgeman J and Monk D (eds) Feminist Perspectives on Child Law (2000) London：Cavendish Publishing，pp. 19-46.

[3] 例如《英国2003年性犯罪法》第1节所规定的强奸罪的犯罪构成为：(a) 被告人故意将自己的阴茎插入被害人的阴道、肛门或嘴；(b) 该插入未经被害人同意，并且 (c) 被告人没有理由认为被害人同意。

[4] 参见John Gardener，"The Opposite of Rape"(2018) 38 Oxford Journal of Legal Studies，48。

国 2003 年性犯罪法》第 74 节详细规定了同意的内涵，第 75 节和第 76 节又相继规定了同意的证据性推定（evidential presumptions）和最终推定（conclusive presumptions）。〔1〕根据《英国 2003 年性犯罪法》第 74 节规定，“只有在可以自主选择，可以自由决定，以及具有行为能力作出某种决定的情况下，同意方可成立”。〔2〕这一定义强调了被害人的自主决定权。同意并不等同于被害人没有抵制和反抗，任何建立在缺乏自由选择、缺乏行为能力基础上的“同意”均不能构成法律意义上的同意。〔3〕以 Kirk ［2008］ 案为例，〔4〕该案的被害人为一名离家出走的未成年少女。饥饿难耐的她向被告人寻求帮助，被告人表示愿意支付 3. 25 英镑和她发生性行为。被害人迫于饥饿同意了被告人的要求。上诉法院判定被告人构成强奸罪，理由在于被害人作出同意的决定为形势所迫，并非真正自由状态下的选择，因而她的同意不构成法律意义上的同意。同样的，在 C ［2012］ 案中，〔5〕被告人系被害人的继父，从被害人 5 岁起被告人便开始对她实施各种性目的的诱骗（grooming）和猥亵行为，并在被害人 16 岁生日后和她发生了性行为。在审理被告人与已满 16 周岁被害人发生性行为是否构成强奸罪时，陪审团面临的关键问题是，被害人当时的同意意思表示是否完全出于自愿。判决的结果认为，虽然被害人在年满 16 周岁以后确实同意了被告人的性行为，但是她当时的决定明显是受被告人长期诱骗和控制的结果，并非被害人独立意志的体现，因此本案强奸罪罪名成立。

此外，根据《英国 2003 年性犯罪法》第 74 节，同意的有效性还取决于被害人是否具备作出决定的行为能力。除 16 周岁以下的儿童不具备表示同意的行为能力外，精神上有缺陷的人也可能被判定不具备相应的行为能力。根据上诉法院 A ［2014］ 案的判决，判断被害人是否具备表示同意的行为能力，需要根据案件的具体情况具体分析；而且作出判断在很大程度上应当依据直觉和情感，而不是理性。〔6〕

---

〔1〕 鉴于同意在英国性犯罪体系中的复杂性，本文只对基本概念进行简要介绍。关于同意的证据性推定和最终推定，以及与第 74 节的关系，见 David Smith and Karl Laird, Smith and Hodgan's Criminal Law, Oxford University Press 2018, pp. 757-786.

〔2〕《英国 2003 年性犯罪法》第 74 节的原文是：A person consents if he agrees by choice, and has the freedom and capacity to make that choice.

〔3〕 这与我国《刑法》中强奸罪关于违背妇女意志的规定异曲同工。

〔4〕 该案的判例法引注为：R v. Kirk ［2008］ EWCA Crim 434。

〔5〕 该案的判例法引注为：R v. C ［2012］ EWCA Crim 2034。

〔6〕 该案的判例法引注为：R v. A ［2014］ EWCA Crim 299。判决原文是：“The process is largely visceral rather than cerebral, and owes more to instinct and emotion rather than to analysis.”

在规定行为能力方面最重要的判例是 Cooper [2008],[1]此案的被害人是一位臆想症和抑郁症患者。案中的被告人给了被害人一些毒品（可卡因）并且与被害人发生了性行为。被害人声称，她之所以同意与被告发生性行为是出于对被告人的恐惧。而被告人辩称，虽然被害人的精神状况有缺陷，但是她仍然具有理解与被告人发生性行为这一行为的性质及行为后果。上诉法院的判决认为，毫无依据的恐惧心理虽然会影响最终作出的决定，但是恐惧心理并不意味着被害人缺乏选择的行为能力。当案件最终上诉到最高法院后，最高法院一致否决了上诉法院的判决，认定被害人具备选择的行为能力应当取决于两大因素：其一，她必须能够理解与作出决定有关的信息；其二，她必须具备权衡和斟酌该信息的能力以及作出具体决定的能力。以上两方面缺一不可。在 Cooper [2008] 案中，被害人虽然能够理解被告人告知的信息，但是她缺乏斟酌和辨别该信息的能力，因而不具备同意的行为能力。

（三）“性”的界定

与性侵害儿童犯罪认定密切关联的另一个问题就是对“性”（sexual）的界定。什么样的行为可以被认定为性行为，或带有性的意图？医生对儿童隐私部位的身体检查，父母的爱抚在绝大多数情况下可能不会被认为带有性的意味；但如果是家里一位男性长辈对女孩隔着衣服进行搂抱呢？又比如，鞋店里一名有恋足癖的店员故意摸一位年幼顾客的脚，他的抚摸是否又有性的含义呢？《英国 2003 年性犯罪法》要求控方对行为人的性意图加以证明。对此，第 78 节对“性”的界定作出了明确的立法规定，即任何理性的人必须认为（a）不论在何种情况下或行为人目的如何，行为的性质决定了（该行为）带有性的意图；或者（b）（该行为带有）性的意图是基于行为的性质，而该性质需单独或同时考虑行为所发生的具体情形和行为人的目的。[2]这一规定有两个部分。第 78 节（a）适用于控、辩双方对行为性质没有争议的情形。在此，法庭只需考虑行为的性质，而不用考虑行为发生的情形；因为仅从行为的性质就可以清楚无误地判断该行为具有性的意图。第 78 节（b）则适用于处理行为性质比较模糊的情

〔1〕 该案的判例法引注为：R v. Cooper [2008] EWCA Crim 1155。

〔2〕《英国 2003 年性犯罪法》第 78 节的原文是：For the purpose of this Part (except section 71), penetration, touching or any other activity is sexual if a reasonable person would consider that (a) whatever its circumstances or any person's purpose in relation to it, it is because of its nature sexual, or (b) because of its nature it may be sexual and because of its circumstances or the purpose of any person in relation to it (or both) it is sexual。

况。这就需要结合行为发生的具体情形以及行为人的目的考虑。第78节（b）的指导案例是H［2005］，在该案中被害人在野地里行走时，被告人向她搭讪，被害人没有搭理，继续往前走。随后被告人上前扯住被害人的衣服往自己身上拽，被害人通过挣扎逃脱了。〔1〕本案的被告人被起诉性侵害罪（sexual assault）。庭审中被告人辩称，理性的人不会认为拉扯衣服的行为带有性的意图。对此，上诉法院对陪审团应当如何判断某一行为是否带有性意图作出了明确的法庭指示：（1）对任何一个理性的人而言，如果行为的性质本身明确无误带有性的意图时，无论被告人如何辩解，都必须适用78节（a）。（2）陪审团如果认为该行为并非明确无误地具有性的意图，那么他们必须接着回答以下两个问题：第一，作为12名理性的人，在当时的情形下，该行为的性质是否可能带有性的意图？第二，作为12名理性的人，根据当时的情形或行为人的目的，或者同时考虑当时的情形和行为人的目的，该行为是否确实具有性的意图？对这一法庭指示的具体适用，可以通过George［1956］〔2〕一案为例进行说明。案中的被告人有恋足癖，他试图通过脱掉一个小女孩的鞋子来满足他的欲望。如果根据上诉法院关于H［2005］的步骤进行逐步分析，那么首先可以排除78节（a），因为脱鞋的性质并非毫无争议的性行为。接下来，如果理性的陪审团认为脱掉女孩的鞋子有可能带有性的意味，那么再结合被告人的目的，即为了满足自己的恋足癖欲望，就可以根据第78节（b）得出该行为确实具有性的含义。可见在第78节（b）的规定中，行为人的目的是一个重要的参考因素，它可以使某些不带有性含义的情形转化为符合法律规定的性意图。例如，医生对女童进行私密性的身体检查。如果检查以医疗为目的，并遵循医学检查规程，那么这样的行为就不具有性的意图。然而，如果医生的检查是为了满足个人的性欲，那么检查就具有了性意图，从而构成性犯罪。与之相反，在Pratt［1984］〔3〕一案中，被告人命令两个小男孩脱掉裤子，然后借助手电筒观察他们的隐私部位。虽然被告人的行为在通常看来可能带有性的特征，但由于被告人能够证实他的目的是搜查毒品，这一行为就被认为不带性意图。

除上述原则性问题的探讨外，值得一提的是，英国刑法中关于性侵儿童的犯罪立法虽然能够有效地制约和制裁性侵害儿童的行为，但是也因为过于严厉

〔1〕该案的判例法引注为：R v H［2005］EWCA Crim 732。
〔2〕该案的判例法引注为：R v George［1956］Crim LR 52。
〔3〕该案的判例法引注为：R v Pratt［1984］Crim LR 51。

而受到法学界批评。这些批评有立法技术层面的——认为罪名过于繁复；也有认为性侵儿童有过度刑法化趋势的。就前者而言，认为罪名繁琐的主要原因在于《英国2003年性犯罪法》中性侵害儿童类的诸多罪名与普通性犯罪罪名存在大量的镜像重合，两者的不同之处在于性侵害儿童类犯罪为严格责任且刑罚更为严厉。学者们认为，这样的重复立法显得太过累赘。另外，罪名过多也有碍刑法的谦抑性，并且不便于司法人员掌握和适用。其次，由于性侵害儿童犯罪为严格责任，这就造成了16周岁以下儿童如果与年龄相近的儿童进行性接触也会成为刑法打击的对象。如前所述，《英国2003年性犯罪法》中对性侵害儿童的犯罪并不区分暴力性侵害行为和双方同意的性行为。因此，如果一位13岁的男孩与一位12岁的女孩接吻，根据《英国2003年性犯罪法》第8节，这位13岁男孩的行为在法律上已经就构成诱导13岁以下儿童参与性行为罪（causing a child under 13 to engage in a sexual activity）。[1]同样，如果一位13岁的女孩和一位14岁的男孩发生性行为，那么男孩也因此可能被判处强奸儿童罪，这样的处罚对于儿童显然过于苛刻。[2]根据英国的刑事诉讼法，控方对是否起诉犯罪具有完全的自由裁量权。因此，当侵害人为未成年人，英国的检察官会对各种涉及公共的利益因素进行综合考虑，通常会选择以不起诉的方式来平衡英国刑法中性侵儿童类犯罪的严厉性。

二、英国刑事证据法中关于性侵儿童类犯罪的程序性问题

除了刑事实体法外，性侵儿童类案件也涉及复杂的证据法问题。这些问题主要集中在对性侵事实证据的认定上。由于性侵儿童案件一般发生在隐秘的场合，侵害人往往认识被害人。儿童所提供的证言通常是案件的直接证据和主要证据。因此，儿童证人的作证能力以及儿童证言的证据效力是案件审理的关键。因此，英国刑事证据法对性侵儿童类案件的处理主要体现为儿童证人的作证能力以及儿童证人应如何作证的程序性规定。

（一）儿童证人的作证能力

儿童作为性侵害的被害人是否具有作证资格和能力呢？如果他们有作证能力，

---

〔1〕根据第8节的规定，该罪的构成要件为：(a) 行为人故意诱导或鼓动13岁以下儿童参与性行为罪；(b) 该行为有性的意图，并且 (c) 侵害人为13周岁以下。

〔2〕关于未成年人实施的性犯罪讨论，见最高法院关于R v. G［2009］1 AC. 92的判决。

他们是否应当遵循普通证人出庭的基本程序，宣誓并接受控、辩双方的法庭询问呢？目前，英国关于刑事案件证人作证的法律规定主要集中在《英国 1999 年少年司法和刑事证据法》（the Youth Justice and Criminal Evidence Act 1999）中。根据该法第 53 节（1）规定，“所有人，不论年龄大小，都具有在刑事诉讼的任何阶段作证的资格”。根据这一规定，无论刚出生的婴儿，还是 10 岁以下的未成年人，原则上都有资格作为证人提供证言。即便如此，证人的作证能力仍然受交流能力限制。对此，第 53 节（3）继续规定了证人不具备作证能力的情形，即如果（a）该证人不能理解对他（作为证人）的提问；（b）该证人的回答不能被人理解。根据 Powell［2006］一案法院对这一条文的解释，证人是否具有作证能力，最终解释权归法院所有。[1]例如，在 Baker［2010］一案中，被害人 3 岁时被强奸，当她出庭作证时已经 4 岁半。[2]由于她能够理解法庭的提问，而且她的回答清晰易懂，因此她的作证能力被法庭认可。

虽然第 53 节（3）要求证人理解“对他作为证人的提问”（understand questions put to him as a witness），法律并不要求儿童证人能够充分理解证人的法律地位，第 53 节（3）需要证明的仅仅是证人能够理解法庭提问。在 MacPherson［2006］一案中，上诉法院对第 53 节（3）作出了更加明确的解释：牙牙学语的婴儿只能和他的母亲进行交流，明显不能作为证人，但是小孩如果能理解和运用简单的英语，能和陌生人交流，就足以具备作证能力，并出庭作证。[3]如果一方当事人对证人的作证能力有所质疑，可以根据该法第 55 节（1）的规定向法庭提出动议，然后由提供证人的一方在没有陪审团的情况下，根据第 53 节（3）的标准向法官证明证人具有作证能力。证明某人具有作证能力所要求的证明标准为盖然性标准（on a balance of probabilities）。法官对证人作证能力的心证程度，可从 Sed［2004］一案 Auld 法官的附带说明探析一二：“第 53 节并不需要作证之人对法庭交流的实质性理解达到百分之百……根据提问所延续的时间、问题的性质，以及涉及法律事项的复杂程度，衡量证人是否有作证能力，并不取决于他对这些提问的理解是否总能达到或接近百分之百的程度……判断证人作证能力的过程有点类似于找感觉，要综合把握证人的表现，无论他的回答如何零散，主要应当考虑他的回应是否和提出的问题相连贯。一定要牢记，

〔1〕 该案的判例法引注为：R v. Powell［2006］1 Cr App R 6。

〔2〕 该案的判例法引注为：R v. Baker［2010］EWCA Crim 04。

〔3〕 该案的判例法引注为：R v. MacPherson［2006］1 Cr App R 30。

证人在关键问题上的回答看起来或听起来或许很明确，但是，最终有权决定证言可靠性和证明力的是陪审团，而不是其他人。"[1]

可见，法官对证人作证能力的把握在很大程度上体现了法官对陪审团裁判权的尊重。对证人作证能力放得比较宽松，可以让更多的证人提供证言，从而得出更完整的处理结果。在 Baker [2010] 一案中，Lord 法官对法庭应当如何处理儿童证人的作证能力提供了更为详细的指南。[2]这些要点可以归纳为七个方面。其一，证人的作证能力必须根据具体案件具体分析。对证人作证能力的评判并不取决于证人是否完全理解每个提问，或者对每个问题给出清晰的回答。只要控方提供的儿童证人在大体上能够理解主要的问题，并对这些问题给出明确的回答就可以了。其二，法官在对证人作证能力进行判断时，不能自行添加其他的标准。即便某个儿童以前曾经有过出庭作证的经历，并且这份经历有助于判断他的作证能力，但是法官仍然需要根据他在此次法庭的具体表现来认定他的作证能力。其三，证人的年龄与证言的真实性没有直接关系。法庭应当注意到，儿童证人无法在一段时间长久地保持注意力，但是并不能因此认定儿童证言不可靠或证明力不及成年证人的证言。儿童证言的真实性如何，最终应由陪审团来评判。其四，儿童证人被认为具有作证能力后，对儿童交叉询问的时间不宜过长。对儿童的提问须简短、易懂。其五，儿童证人在提供证言以后，该证人的作证能力应当再次被审查，以确保被告人有获得公平审判的基本权利。其六，所有涉及儿童证人的案件必须尽快审理，这无论对控方还是辩方都非常重要。尽管如此，除非一方故意拖延导致程序滥用，审理的拖延并不构成程序抗辩。其七，法庭必须向陪审团作出明确的指示：无论证人年龄大小，仅凭一位证人提供的单一证言得出的结论是有风险的。[3]

以上英国刑事证据法关于儿童证人作证资格和作证能力的规定与我国《刑事诉讼法》有诸多类似之处。我国《刑事诉讼法》第 62 条规定："凡是知道案件情况的人，都有作证的义务。生理上、精神上有缺陷或者年幼，不能辨别是非、不能正确表达的人，不能作证人。"我国刑事诉讼法关于证人普遍性的规定与《英国 1999 年少年司法和刑事证据法》第 53 节颇为类似。不同之处在于我国刑事诉讼法更强调证人"辨别是非"的能力和表达的正确性，这些因素虽然

[1] R v. Sed [2004] 1 WLR 3218，第 45~46 段。

[2] 这些指南不仅限于儿童证人，同样适用于判断精神有缺陷的证人。

[3] 见 R v. Baker [2010] EWCA Crim 04，第 51 段。

在英国证据法中有所体现，但是英国刑事诉讼法对证人作证能力的审查侧重于考虑证人是否能够做到顺畅、有效的交流，而非着眼于对某个问题的价值判断或表达的正确性。此外，我国刑事诉讼法对儿童证人的规定显得比较模糊，这主要体现为对“年幼”的定义。几岁的儿童可以称为年幼？14周岁以下？10周岁还是5周岁？司法解释没有给出确切的答案。在实际操作中儿童证人的证言往往不被采纳，或者通过转化为成年人证言而被采用，例如母亲对女儿陈述的转述。这种转述的操作由于增加了信息传递的中间过程，可能造成证言内容的遗漏和失真。[1]即便司法机关采纳了儿童证言，也有可能因对方对儿童证人资格的质疑而影响法官对证言真实性的判断，可能使儿童证言最终陷入不可采性的局面。对此，Baker指南中儿童作证能力的灵活操作，以及英国刑事证据法关于证人作证能力的举证责任等都对我国儿童证人的立法有一定借鉴意义。

（二）儿童证人出庭作证的特殊程序

作为证人的儿童是否应当遵循普通司法程序的要求出庭作证呢？Baker指南中已经提到，对涉及儿童的司法程序一般会进入“快速通道”，尽量减少因为程序拖延给儿童证人带来的不便。除此以外，英国刑事诉讼程序的其他方面也会根据儿童的特殊情况进行相应调整。这些调整的内容主要体现为证人宣誓和儿童证人适用特殊程序出庭作证两个方面。

1. 证人宣誓

在英国，14周岁以下的儿童在作证之前没有宣誓的必要。根据《英国1999年少年司法和刑事证据法》第55（2）节的规定，证人应年满14周岁，并且能够理解宣誓所蕴含的“在这等特定场合客观陈述案件事实的责任感和庄严使命感”方可宣誓。虽然14周岁以下的儿童可免于宣誓，14周岁以上的未成年人仍需遵循宣誓仪式。宣誓后的法律后果是，如果证人故意捏造事实将会被追究伪证罪的刑事责任。宣誓一般按照《英国1978年誓言法》（Oaths Act 1978）第一节，依据《新约圣经》或《旧约圣经》向神宣誓。非基督教徒可根据《英国1999年少年司法和刑事证据法》第55（3）节和第（4）节，以任何合适的方式宣誓。如果证人不愿向神宣誓，亦可根据《英国1978年誓言法》第6节以庄严宣告（solemn affirmation）的形式向法庭作出保证。宣誓以何种形式进行并不重要。重要的是证人必须向法庭积极表明他愿意约束自己良知的意愿。因此，

---

〔1〕 这种情况在英国证据法中属于传闻证据，一般不被采信。

宣誓过程中的仪式性错误不导致证言无效。[1]尽管如此，如果在审判过程中，法庭察觉到宣誓过程有差错，法官仍然应当尽力弥补这一程序瑕疵。例如，利物浦王座法院在2015年2月审理一起抢劫案时，法庭在交叉询问时发现被抢劫的穆斯林店主之前是向《圣经》而不是向《可兰经》宣誓。法庭随后解散了陪审团，并且指令对案件重新审判。[2]

2. 保护儿童证人的特殊程序

在充分认识到儿童这一特殊证人群体需要特别关注的基础上，《英国1999年少年司法和刑事证据法》第16节至第32节规定，法庭可以对儿童和18周岁以下的未成年人发布特殊保障令（special measures directions）。特殊保障令所保护的证人范围不仅限于儿童和未成年人，它同样适用于有精神缺陷以及因作证而罹受精神压力的证人（主要包括性犯罪的被害人）。性侵儿童案件的被害人属于以上两类需要特殊照顾的证人群体，因此为特殊保障令的重点保护对象。这些证人群体之所以需要特殊程序保障，就在于《英国1999年少年司法和刑事证据法》认为，如果缺乏特殊保障机制，这些证人提供的"证据质量"可能会因此受到影响。"证据质量"在此特指证词的完整性、连贯性和准确性。[3]根据《英国1999年少年司法和刑事证据法》第19节规定，法庭在决定对特定证人发布特殊保障令时需要考虑，"（a）发布特殊保护令是否能够有助于提高证据质量；（b）如果确实能够有效提高证据质量，法庭应当选择适当措施发布特殊保护令，最大可能地提高该证词的质量。在决定采取何种保护措施时，法官应当挑选他认为最合适的保障措施，然后征求控、辩双方的意见，并同时注意特殊保障令相对方的权益"。《英国1999年少年司法和刑事证据法》规定，通过特殊保障措施获得的证言与其他通过正常程序出庭作证的证言证明力相同。

那么对儿童证人具有哪些保护措施呢？首先，《英国1999年少年司法和刑事证据法》第21节规定了针对儿童证人的首要规则（the primary rule），即如果儿童是主询问的证人，法庭应当首先考虑对主询问采取提前录音录像的形式进行；如果需要对儿童证人进行补充提问或交叉询问，对证人的询问可以以视频链接的方式进行。当主询问采取录像形式提交到法庭后，律师随后对儿童证人

---

〔1〕 例如，在R v. Chapman [1980] Crim LR 42一案中，一位证人没有将手放在《圣经》上。在R v. Hussain [2005] EWCA Crim 1815，一位穆斯林妇女错将《新约圣经》当作《可兰经》宣誓。

〔2〕 见《泰晤士报》2015年2月2日第3版。

〔3〕 见《英国1999年少年司法和刑事证据法》第16（5）节。

的询问应只限于补充询问或交叉询问，而非重复主询问的内容。其次，如果法庭认为儿童出庭作证不会影响证词质量，则不必遵循首要规则。[1]如果儿童证人选择出庭作证，原则上法庭会通过设立屏障的方式，避免儿童证人与被告人相互正视。一般情况下儿童证人出庭都应当采取“幕后作证”的方式进行，除非法庭完全确信儿童证人与被告人正视不会影响证词的质量。在考虑是否需要遵循首要规则以及是否采取设立屏障的作证方式时，法庭需要综合考虑以下因素，“（a）儿童证人的年龄和成熟度；（b）证人对提供证据法律后果的理解；（c）证人与被告人的关系；（d）证人的社会、文化、种族背景；（e）罪行性质及相关情形”。[2]除此以外，由于性侵儿童案件属于性犯罪，法庭还可增加其他措施以确保儿童证言的质量。比如，庭审可以以不公开审理的方式进行。英国证据法认为，这一规定与《欧洲人权公约》第6条所要求的“公平和公开审理”原则并不矛盾，因为在这种情况下，禁止公众旁听和媒体报道不会影响公正审判。为了缓解儿童证人作证时的紧张情绪，法官可以不穿法袍和戴假发。[3]

在对儿童证人加以保护的同时，法庭也必须平衡对被告人权利的保护。儿童证人的保护措施虽然会被法庭优先考虑，但是它并不改变其他证据规则的适用。因此，如果录像视频的制作违反了英国证据法的相关规则（例如传闻证据规则和品格证据规则等），辩方可以申请排除证人的录像视频。在秉承公正审理原则的基础上，法庭在考虑和斟酌所有相关因素后，可对儿童证人录像视频的全部或部分作出不予采信的决定。在考虑是否需要排除录像视频时，法官需要仔细权衡录像视频对被告人造成的不利影响与确保儿童证词完整性、真实性、连贯性两者孰轻孰重，[4]在两种价值之间作出取舍。

值得注意的是，儿童录像视频的制作应当遵循最佳证据规则。例如，在之前提到的Powell［2006］一案中，控方对幼童证人的主询问录像是在性侵害之后第九个星期才开展的。儿童心理学研究表明，大部分儿童很容易遗忘经历过的事情；与成年人相比，儿童的记忆更容易受后续事件影响而变得不可靠。因此，虽然控方在案中提出了合理的延迟理由（为了等待鉴定结果），但Scott

［1］见《英国1999年少年司法和刑事证据法》第21（4）（ba）节。

［2］见《英国1999年少年司法和刑事证据法》第21（4）（c）节。

［3］见《英国1999年少年司法和刑事证据法》第26节。

［4］见《英国1999年少年司法和刑事证据法》第27（3）节。

Baker法官对儿童证人的询问视频非常不满意，并认为："如果整个案件主要依赖一位非常年幼的儿童证言，下列规定必须遵守：（a）根据最佳证据规则，询问必须在案件发生后尽快开展，并且（b）审判（包括对儿童证人的交叉询问）必须随后立即进行……这个案件从现在来看，案件的处理是完全不可取的：整个案件只靠一个三岁半儿童的证言来支撑，并且案件的审判是在案发后九个月才开展。今后必须从快审理此类案件，没必要为了等鉴定结果拖上好几个星期。"〔1〕

如果制作儿童证人的录像视频没有遵循最佳证据规则，又会出现怎样的法律后果呢？在K（Howard）［2006］〔2〕一案中，儿童受害人和她的母亲共同出现在主询问视频中。很明显她的母亲在一旁鼓动被害人对被告人作出更严厉的指责。这一视频制作明显有违最佳证据规则。虽然首要规则在程序上应当优先适用，但Hooper法官认为法庭在对录像视频考虑是否采信时，必须考虑该视频内容的真实性和可信度是否会对陪审团裁判产生不利影响。这里的首要问题是录像视频的可靠性。在对可靠性进行判断时，法庭需要综合考虑儿童证人的年龄、视频制作是否确实违反了最佳证据规则，以及违规的程度。如果按照最佳证据规则，主询问视频制作有瑕疵，法官可以考虑这些证据瑕疵是否应通过律师补充询问、双方律师提交补充意见，以及法官向陪审团作出指令等方式加以弥补。如果法官需要向陪审团作出指令，一般情况下儿童证人会被要求出庭接受交叉询问，但双方一致同意证人无需出庭的除外。

除了主询问采取录像视频方式外，法庭也可以批准对儿童证人的反询问和交叉询问采取录像视频的方式呈现在法庭上。〔3〕对证人交叉询问采取录像视频的形式目前仍处在试点阶段，并且主要适用于审理周期较短的案件。英国立法机构希望录像视频能够覆盖儿童证人的所有法庭询问。但是，如果法庭向陪审团作出指令，儿童证人仍然需要接受额外的交叉询问。

对儿童证人的特殊保护程序除了录像视频、视频链接以及设立屏障等方式外，辅助人询问也是重要措施之一。辅助人一般由有心理学背景的专业人士担任。他们有与儿童互动的丰富经验，能够有效地将法庭询问的法律问题转化为儿童能够接受的日常问题，并且将儿童的反应"翻译"为合适的法庭用语。辅

---

〔1〕见R v. Powell［2006］1 Cr App R 6，第41段。

〔2〕该案的判例法引注为：R v. K［2006］2 Cr App R 10。

〔3〕见《英国1999年少年司法和刑事证据法》第27节。

助人询问既适用于直接的法庭当庭询问，也适用于视频链接以及提前制作录像视频的情形。有辅助人参与的询问需要首先经过法庭批准，辅助人须依法向法庭承诺自己会忠实地履行职责。因此，辅助人如果故意扭曲儿童的意思表示，他们也会因此被追究伪证罪的刑事责任。〔1〕由于辅助人的职业具有稀缺性，法庭需要根据案件的具体情形，综合判断某个案件是否必须在辅助人的帮助下对儿童证人进行询问。〔2〕除此之外，对性侵儿童的保护也包括对儿童信息的匿名处理。目前，立法正在考虑是否有必要对性侵儿童案的被告人进行匿名处理的问题，因为对被告人的匿名处理在一定程度上可以减轻儿童被害人的紧张与不适。

以上英国证据法对儿童证人的特殊保障措施无疑对我国刑事诉讼法具有借鉴意义。随着我国庭审实质化改革的逐步推进，越来越多的证人也将走向法庭作证。对特殊证人群体设立保护机制的需求也会随之日益彰显；而审判过程的网络化也使各种保障措施有更多的表现途径。除针对儿童证人的具体保障措施外，最值得借鉴的是英国证据法在确保儿童证言质量的同时也时刻注意平衡被告人的诉讼权利。最佳证据规则和法庭对陪审团的指示都体现出了在对具体案件进行处理时，法官在权衡两者益弊时的灵活把握。从某种意义上讲，英国证据法是一门善与平衡的艺术，法律围绕证据的完整性、连贯性和真实性展开，最终落脚于被告人获得公平审判的基本权利。

结　语

英国刑事司法制度虽然与我国差异较大，但是其刑事实体法和证据法关于性侵儿童犯罪的法律规范有不少可供我国借鉴的地方。《英国 2003 年性犯罪法》关于被害人同意的立法规定以及性意图的界定，对性侵儿童类犯罪的理论构建和犯罪的定义有重要意义。《英国 1999 年少年司法和刑事证据法》关于儿童证人的作证能力，对儿童证人适用的变通程序，以及相关的司法平衡手段，对我国的刑事诉讼程序都有重要的启示价值。相较于我国刑法，英国刑事实体法对性侵儿童类犯罪的惩治力度更为严厉，这里体现出英国社会对性侵儿童类犯罪的强烈道德谴责和严格的法律控制。与之相反，英国刑事证据法关于儿童证人

〔1〕见《英国 1999 年少年司法和刑事证据法》第 29 节（2）。

〔2〕见 R v. Cox［2012］176 JP 549。

的作证资格和作证能力与我国相比则显得更为宽松。英国证据法针对儿童证言的各项保障措施有助于获取更有效的被害人证言，确保证词的真实性和可靠性。而确保证词的完整性、连贯性和准确性以及被告人获得公平审判的权利正是贯穿英国刑事证据法始终的基本原则。在落实这项原则的过程中，法官对程序的变通处理以及在平衡不同价值的过程中所体现出的灵活性与原则性则是英国刑事证据制度的精妙所在。

性侵未成年人犯罪刑事治理

——基于“两高”发布的指导案例与典型案例的分析

操宏均*

摘　要：高发的性侵未成年人犯罪现象不仅引发社会高度关注，更引发人性拷问和法治公平的追求探索。“两高”发布了一些指导案例与典型案例作为回应。通过分析这些代表性案例，发现此类犯罪不仅呈现出增长势头，而且出现了诸如犯罪主体多元化、犯罪手段网络化、犯罪潜伏期较长、衍生犯罪较为突出等新特点。面对新特点，刑事治理从刑事政策、刑事立法、刑事司法等方面都予以积极回应，但是距离国家治理现代化的目标还存在差距。因此，基于对“两高”案例分析，“从严从重从快”的刑事政策需要精细化解读，粗放且处于附属位置的性侵未成年人犯罪刑事立法需要集约化、主体化。同时，刑事司法则通过能动的刑事司法弥补立法缺憾和彰显公平正义。

关键词：性侵未成年人犯罪　强奸罪　强制猥亵罪　猥亵儿童罪　刑事治理

随着互联网时代到来，近年来一些性侵未成年人的案件不断进入公众视野，引发全社会的广泛关注，如贵州习水嫖宿幼女案、河南尉氏嫖宿幼女案、海南万宁校长带女生开房案、广东湛江小学校长涉嫌强奸女生案、湖南嘉禾某小学老师猥亵女生案等案件，持续发酵，引发社会各界对此类犯罪进行热烈讨论。2013 年“两高两部”发布了《关于依法惩治性侵害未成年人犯罪的意见》，积极回应社会热点，凸显对性侵未成年人犯罪严厉打击的导向。2014 年，“两高一部”联合民政部共同发布了《关于依法处理监护人侵害未成年人权益行为若干问题的意见》，2015 年《刑法修正案（九）》更是出于对民意的尊重直接废除

* 操宏均，国家检察官学院刑事检察教研部副教授、法学博士，兼任中国犯罪学学会副秘书长。本文系国家重点研发计划“智能辅助检察办案关键技术研究”项目（2018YFC0830600）“未成年人犯罪风险评估体系与预警机制”课题（2018YFC0830606）的阶段性成果。

了备受争议的嫖宿幼女罪，将这类犯罪行为纳入强奸罪，从重处罚。在司法实践中，为了发挥“一个案例胜过一打文件”的优势，更好地贯彻落实党的十八届四中全会作出的“谁执法谁普法”的基本要求，以及积极开展对下指导。近年来，“两高”围绕侵害未成年人犯罪、未成年人司法保护、性侵儿童等涉未成年人司法工作发布了一系列典型案例和指导案例。[1]其中，上升为指导案例的仅有检例第42号（齐某强奸、猥亵儿童案）和检例第43号（骆某猥亵儿童案），并且检例第42号更是为社会广泛知晓的“一号检察建议”形成的直接动因。面对当前高发的性侵未成年人犯罪，尤其是2020年4月案发的企业高管鲍某某涉嫌性侵养女案，以及新城控股董事长王某某嫌性侵幼女案，更是直接冲击人们的认知底线，社会舆论一片哗然。基于此，很有必要对“两高”近几年发布的几十起典型案例和指导性案例进行深入研究，以期从中发现此类犯罪的基本规律，进而有针对性地开展犯罪治理。

---

〔1〕 通过对最高人民法院官网发布的典型案例和指导案例进行全面检索，发现最高人民法院发布的典型案例中有12批涉及性侵未成年人的案例（共44例），目前还没有发布这方面的指导案例，具体如下：2020年5月18日《最高人民法院发布依法严惩侵害未成年人权益典型案例》，http://www.court.gov.cn/zixun-xiangqing-229981.html；2019年7月24日《性侵害儿童犯罪典型案例》，http://www.court.gov.cn/zixun-xiangqing-172962.html；2019年5月31日《保护未成年人权益十大优秀案例》，http://www.court.gov.cn/zixun-xiangqing-161502.html；2018年6月1日《利用互联网侵害未成年人权益的典型案例》，http://www.court.gov.cn/zixun-xiangqing-99432.html；2017年6月1日《依法惩治侵害未成年人犯罪的典型案例》，http://www.court.gov.cn/zixun-xiangqing-46352.html；2016年3月9日《最高人民法院发布侵犯妇女儿童权益犯罪典型案例》，http://www.court.gov.cn/zixun-xiangqing-17512.html；2015年9月18日《最高法公布发生在校园内的刑事犯罪典型案例（福建）》，http://www.court.gov.cn/zixun-xiangqing-15568.html；2015年9月18日《最高法公布发生在校园内的刑事犯罪典型案例（四川）》，http://www.court.gov.cn/zixun-xiangqing-15567.html；2015年9月1日《最高法院公布八起侵害未成年人合法权益典型案例》，http://www.court.gov.cn/zixun-xiangqing-15294.html；2015年5月28日《最高法28日发布惩治性侵害未成年人犯罪典型案例》，http://www.court.gov.cn/zixun-xiangqing-14596.html；2015年2月6日《通过网络实施的侵犯妇女、未成年人等犯罪典型案例》，http://www.court.gov.cn/zixun-xiangqing-13328.html；2014年11月24日《最高人民法院2014年11月24日发布未成年人审判工作典型案例98例》，http://www.court.gov.cn/zixun-xiangqing-13447.html。最高人民检察院在2018年11月18日发布的第十一批指导性案例，3个案例中有2个案例（检例第42号和检例第43号）是关于性侵未成年人的犯罪案件。2020年5月29日《侵害未成年人案件强制报告典型案例》，https://www.spp.gov.cn/xwfbh/wsfbt/202005/t20200529_463482.shtml#3；2019年12月20日《检察机关依法严惩侵害未成年人犯罪加强未成年人司法保护典型案例》，https://www.spp.gov.cn/spp/xwfbh/wsfbh/201912/t20191220_450718.shtml；2019年12月3日最高人民检察院发布《7起“弘扬宪法精神落实宪法规定”典型案例》，https://www.spp.gov.cn/xwfbh/wsfbh/201912/t20191203_440338.shtml，也有关于性侵未成年人犯罪案件。

一、当前性侵未成年人犯罪现象描述与分析

研究任何一类犯罪问题，都是从研究这一犯罪本体问题出发，进而发现犯罪规律并提出有效的治理对策。同样，关于性侵未成年人犯罪问题的研究也当如此。而首先需要解决的是素材问题。随着大数据时代的来临，信息交互越来越便捷，很多违法犯罪（包括性侵未成年人犯罪）被曝光。随着人民群众对公平、正义、民主、法治的要求不断提升，司法公开也应运而生，最高人民法院自 2014 年起在中国裁判文书网全面公开生效裁判文书，最高人民检察院在 2019 年 10 月首次按季度公开发布了主要检察办案数据，并在 2020 年工作报告中首次分析了 1999 年至 2019 年我国刑事犯罪的变化情况。当然还有更为直观的大量的指导案例和典型案例，这些素材为我们全面分析性侵未成年人犯罪问题奠定了良好基础。而“两高”发布的指导案例和典型案例，往往是在全国地方各级法院、检察院报送的同类案件中精心挑选出来的，具有一定的代表性，可以直接作为同类案件办理的依据。

（一）性侵未成年人犯罪数量较大且呈增长势头

事实表明，无论是官方发布的犯罪数据统计，还是民间组织进行的犯罪统计，都显示当前性侵未成年人犯罪数量基数大，且呈现增长势头。最高人民检察院于 2020 年 6 月 1 日发布的《未成年人检察工作白皮书（2014—2019）》显示，2017 年至 2019 年共起诉性侵害未成年人犯罪 4. 34 万人。其中，2017 年检察机关对侵害未成年人犯罪提起公诉人数居首位的是强奸罪案件 7550 人，占总数的 16%（笔者注：这意味着 2017 年度每天有约 21 名被告人因为强奸未成年人被提起公诉）；2019 年居首位的是强奸罪，占总数的 21%，第三位的是猥亵儿童犯罪，占总数的 8%。[1] 2019 年 1 月至 11 月，检察机关共起诉强奸、猥亵等性侵未成年人犯罪案件约 2 万人。[2]2020 年 4 月 15 日，最高人民检察院发布了 2020 年 1 月至 3 月全国检察机关主要办案数据，统计显示，2020 年第一季度，全国检察机关对性侵害未成年人犯罪决定起诉 4151 人（笔者注：意味着，

〔1〕“未成年人检察工作白皮书（2014—2019）”，载中华人民共和国最高人民检察院官网，https://www. spp. gov. cn/spp/xwfbh/wsfbt/202006/t20200601_463698. shtml#2，最后访问日期：2020 年 6 月 2 日。

〔2〕“最高检：去年前 11 个月起诉性侵害未成年人犯罪约 2 万人”，载中华人民共和国最高人民检察院官网，https://www. spp. gov. cn/spp/zdgz/202005/t20200514_460970. shtml，最后访问日期：2020 年 6 月 2 日。

2020年第一季度，平均每天有大约46人因为性侵未成年人而被检察院决定起诉），同比上升2.2%。[1]

此外，地方检察院也发布了类似的白皮书，如广东省检察院在2019年5月也发布了《广东未成年人检察工作白皮书》，统计显示，2018年广东省内针对未成年人强奸、猥亵、强迫卖淫等性侵案件，占同期起诉侵害未成年人犯罪案件总数32.33%（笔者注：性侵未成年人犯罪约占侵害未成年人犯罪的三分之一）。[2]上海市检察机关也发布了2014年1月至2016年3月的办案统计数据，数据显示，在受理审查起诉成年人侵害未成年人犯罪案件330件中，性侵害案件占84.8%，达280件，平均每起性侵害案件的未成年被害人达到2人。其中，14周岁以下的被害人占比达到64.9%。[3]

法院系统也就性侵未成年人犯罪案件的数量进行了披露。2015年5月28日，最高人民法院发布了五件性侵害未成年人犯罪典型案例，并指出2012年至2014年，全国法院审结猥亵儿童犯罪案件共计7145件（笔者注：意味着这3年每天发生了6.5件猥亵儿童犯罪案件）。其中，2012年有2017件（笔者注：意味着每天发生了5.5件），2013年有2300件（笔者注：较上一年增长了14%，同时意味着每天发生了6.3件），2014年有2828件（笔者注：较上一年增长了23%，同时意味着每天发生了7.7件），呈逐年上升趋势。[4] 2019年7月24日，最高人民法院又发布了四件性侵儿童犯罪典型案例，2017年至2019年6月，全国法院共审结猥亵儿童犯罪案件8332件。其中，2017年审结2962件（笔者注：意味着每天发生了8.1件），2018年审结3567件（笔者注：较上一年增长了20%，同时意味着每天发生了9.8件），2019年1月至6月审结1803件（笔者注：意味着每天发生了10件）。[5]由此可见，猥亵儿童犯罪呈现

---

〔1〕“2020年1至3月全国检察机关主要办案数据”，载中华人民共和国最高人民检察院官网，https://www.spp.gov.cn/spp/xwfbh/wsfbt/202004/t20200415_458851.shtml#1，最后访问日期：2020年6月2日。

〔2〕“广东未成年人检察工作白皮书”，载阳光检务网，http://www.gd.jcy.gov.cn/xwzx/jdxw/201905/t20190528_2580868.shtml，最后访问日期：2020年5月20日。

〔3〕郭剑烽：“上海两年发生280件性侵未成人案——检察机关规范未成年被害人司法保护”，载《新民晚报》2016年5月6日，第B5版。

〔4〕“人民法院依法严惩性侵害未成年人犯罪”，载中华人民共和国最高人民法院官网，http://www.court.gov.cn/zixun-xiangqing-14597.html，最后访问日期：2020年5月20日。

〔5〕“最高人民法院刑一庭就发布性侵儿童犯罪典型案例答记者问”，载中华人民共和国最高人民法院官网，http://www.court.gov.cn/zixun-xiangqing-172972.html，最后访问日期：2020年5月20日。

出逐年增长的趋势，犯罪基数也在增长，详见表 1。

表 1　2012—2019 年全国法院审结猥亵儿童犯罪案件统计表　　（单位：件）

年度	年度总案件		年度内平均每天发生的案件数	
	数量	较上年度增幅	数量	较上年度增幅
2012	2017	—	5.5	—
2013	2300	14%	6.3	15%
2014	2828	23%	7.7	22.2%
2015	—	—	—	—
2016	—	—	—	—
2017	2962	—	8.1	—
2018	3567	20%	9.8	21%
2019	1803	—	10	—

说明：(1) 本表格根据最高人民法院发布相关惩治侵害未成年人犯罪的数据制作；(2) 2015 年、2016 年的数据没有公布；(3) 2019 年实际上是 1 月至 6 月的统计数据，故无法与上一年度进行比较。

就民间组织统计来看，最为引人注目的就是中国少年儿童文化艺术基金会下设的“女童保护”基金项目，自 2013 年成立以来，该项目以媒体公开曝光的案例为基础持续发布年度统计报告。[1]根据这些统计报告公布相关数据（详见表 2），基本上也可以得出相似的结论——呈现增长态势。

---

〔1〕 这些报告具体为：2014 年 3 月 2 日项目发布《2013 年儿童安全教育及相关性侵案件情况报告》，2014 年 5 月 29 日发布《2013—2014 年儿童安全教育及相关性侵案件情况报告》，2015 年 3 月 2 日发布《2014 年儿童防性侵安全教育及性侵儿童案件统计报告》，2016 年 3 月 2 日发布《2015 年性侵儿童案件统计及儿童防性侵教育调查报告》，2017 年 3 月 2 日发布《2016 年性侵儿童案件统计及儿童防性侵教育调查报告》，2018 年 3 月 6 日发布《2017 年性侵儿童案例统计及儿童防性侵教育调查报告》，2019 年 3 月 4 日发布《2018 年性侵儿童案例统计及儿童防性侵教育调查报告》，2020 年 5 月 18 日发布《2019 年性侵儿童案例统计及儿童防性侵教育调查报告》。这些统计报告在百度都可以检索到，在此不一一进行网址详细标注。

表 2 "女童保护"基金项目 2013—2019 年关于媒体公开曝光性侵未成年人（儿童）案例统计表

年度	案件数（件）	受害人数（人）	各年度内平均每天曝光的案件数（件）	各年度内平均每天遭受侵害的人数（人）	女受害人		男受害人	
					数额（人）	占比	数额（人）	占比
2013	125	343	0.34	0.94	333	97%	10	3%
2014	503	726	1.38	1.99	709	97.7%	17	2.3%
2015	340	—	0.93	—	—	—	—	—
2016	433	778	1.19	2.13	719	92.42%	59	7.58%
2017	378	606	1.04	1.66	548	90.43%	58	9.57%
2018	317	750	0.87	2.05	718	95.74%	32	4.26%
2019	301	807	0.82	2.21	677	89.31%	81	10.69%

说明：(1) 本表根据"女童保护"基金项目发布的各年度统计数据制作；(2) 根据报告统计对象显示，2013—2017 年统计案例为 14 岁以下儿童，2018 年起为 18 岁以下未成年人；(3)"女童保护"基金项目在统计中指出，未表明具体人数的案例中，"多人"按 3 人计，"十几人"按 15 人计，"几十人""数十人"按 30 人计算。(4) 2019 年，807 名受害人中有 758 人表明了性别，其中女童 677 人，占比 89.31%；男童为 81 人，占比 10.69%。

由此可见，尽管关于性侵未成年人的犯罪数据统计并不是全貌反映，但是从上述多种统计途径关于此类犯罪问题（或者部分问题）的数据统计显示，当前性侵未成年人犯罪数量较大，且呈现出增长势头，需要对类犯罪问题加以重视。

（二）性侵未成年人犯罪主体日益多元化

通过仔细解读"两高"发布的这几十个典型案例和指导案例，不难发现，关于性侵未成年人犯罪主体，一是除了男性犯罪嫌疑人之外，还有女性犯罪嫌疑人。如"被告人赵某某强奸被判死刑案"[1]中，同案被告人李某（女）充当掮客，伙同包括几名未成年人在内的犯罪团伙，为赵某某物色在校初中女学生供其奸淫。在"林某某、楼某某强制污辱妇女案"[2]中，加害方与被害方均系

〔1〕 案例来源于 2020 年 5 月 18 日《最高人民法院发布依法严惩侵害未成年人权益典型案例》，http://www.court.gov.cn/zixun-xiangqing-229981.html，最后访问日期：2020 年 4 月 16 日。

〔2〕 2015 年《刑法修正案（九）》将《刑法》原第 237 条"强制猥亵、侮辱妇女罪、猥亵儿童罪"修改为"强制猥亵、侮辱罪"，本案例来源于 2015 年 9 月 18 日《最高法公布发生在校园内的刑事犯罪典型案例（福建）》，http://www.court.gov.cn/zixun-xiangqing-15568.html，最后访问日期：2020 年 4 月 16 日。

未成年人在校女学生。二是在一些共同犯罪中，犯罪主体多有一些未成年人，如在“被告人赵某某强奸被判死刑案”〔1〕、“被告人王某利用网络强奸被判死刑案”〔2〕、“刘某芳等介绍卖淫案”〔3〕等案件中，都有未成年人参与犯罪，充当帮凶。三是此类犯罪主体系累犯、再犯的情形也较为凸出，如“薄某矿强奸案”〔4〕、“被告人王某利用网络强奸被判死刑案”〔5〕、“被告人李某强奸案”〔6〕。由此可见，在此类犯罪中，除了占绝大多数的男性犯罪人之外，也出现了很多处于“助攻”位置的女性犯罪人、未成年人犯罪人，他们充当性侵害犯罪的帮凶、打手。同是女性，却丝毫看不出对女性的一丝关爱；同是未成年人，却没有对未成年人的一丝关爱。同时，此类犯罪累犯凸出的情形，也进一步说明我们在此类犯罪的矫正上还存在一定偏差。

（三）性侵未成年人犯罪被害人呈现新特点

从“两高”公布的案例来看，当前性侵未成年人犯罪中，被害人除了占绝大多数的女性未成年人之外，也表现出一些新特点。一是男性未成年被害人也较为多见，如“被告人潘某峰强制猥亵案”〔7〕中，犯罪人猥亵的对象是其3名未成年的男学生。又如“李某林猥亵儿童案”〔8〕、“魏某志猥亵儿童案”〔9〕犯罪人实施的对象均为男童。上文“女童保护”基金项目2013—2019年关于媒体公开曝光性侵未成年人（儿童）案例统计表（见表2），也显示出被侵害的男童占比

〔1〕案例来源于2020年5月18日《最高人民法院发布依法严惩侵害未成年人权益典型案例》，http://www.court.gov.cn/zixun-xiangqing-229981.html，最后访问日期：2020年5月25日。

〔2〕案例来源于2020年5月18日《最高人民法院发布依法严惩侵害未成年人权益典型案例》，http://www.court.gov.cn/zixun-xiangqing-229981.html，最后访问日期：2020年5月25日。

〔3〕案例来源于2015年5月28日《最高法28日发布惩治性侵害未成年人犯罪典型案例》，http://www.court.gov.cn/zixun-xiangqing-14596.html，最后访问日期：2020年5月25日。

〔4〕案例来源于2014年11月24日《最高人民法院2014年11月24日发布未成年人审判工作典型案例98例》，http://www.court.gov.cn/zixun-xiangqing-13447.html，最后访问日期：2020年5月25日。

〔5〕案例来源于2020年5月18日《最高人民法院发布依法严惩侵害未成年人权益典型案例》，http://www.court.gov.cn/zixun-xiangqing-229981.html，最后访问日期：2020年5月25日。

〔6〕案例来源于2017年6月1日《依法惩治侵害未成年人犯罪的典型案例》，http://www.court.gov.cn/zixun-xiangqing-46352.html，最后访问日期：2020年5月25日。

〔7〕案例来源于2017年6月1日《依法惩治侵害未成年人犯罪的典型案例》，http://www.court.gov.cn/zixun-xiangqing-46352.html，最后访问日期：2020年5月25日。

〔8〕案例来源于2019年7月24日《性侵害儿童犯罪典型案例》，http://www.court.gov.cn/zixun-xiangqing-172962.html，最后访问日期：2020年5月25日。

〔9〕案例来源于2015年5月28日《最高法28日发布惩治性侵害未成年人犯罪典型案例》，http://www.court.gov.cn/zixun-xiangqing-14596.html，最后访问日期：2020年5月25日。

呈现出逐年增长的态势，这个比率已经从 2013 年的 3%逐渐增长到 2019 年的 10.69%。二是“两高”公布的案例中，被害人系多人的案件不在少数，即“犯罪人——被害人”多呈现出“一对多”或“多对多”的样态。如“被告人赵某某强奸被判死刑案”中，被害人共计 25 人，其中幼女 14 人，真是触目惊心。〔1〕“被告人王某利用网络强奸被判死刑案”中，对 14 名被害人实施奸淫 23 次，其中不满 14 周岁的幼女 11 人。〔2〕又如“蒋某飞猥亵儿童案”中，受害人竟然多达 31 名女童，且年龄在 10—13 岁之间。〔3〕由此可见，长期以来，由于性犯罪的私密性和未成年人性知识的缺乏，人们对性犯罪讳莫如深，对于针对男童实施的性侵害更是无人问津。但随着人们性观念的不断提升，人们开始意识到在性侵害犯罪中，男性被害人尤其是未成年男性被害人遭受的侵害丝毫不亚于女性被害人，因此，近年来对男性未成年人作为性侵害被害人的关注也越来越多。此外，对于一案往往涉及多个被害人的现象，进一步说明我们在性侵未成年人犯罪的发现机制上还存在一定的问题，既与被害人没有及时报案相关，又与我们的未成年人保护制度、措施、机制等不到位息息相关，值得反思。

（四）性侵未成年人犯罪潜伏期较长

“两高”公布的案例中，有多起案件，犯罪行为人从实施犯罪到案发时间跨度较大，少则一两个月，多数为一年、两年，甚至有些案件持续五六年，并且犯罪人在此期间反复针对同一未成年人或者多个未成年人实施性侵害。如“李某某涉嫌强奸案”，李某某自 2015 年开始，在四年多的时间内先后性侵 15 名被害人（其中未成年人 10 人）。〔4〕又如“魏某志猥亵儿童案”，犯罪时间自 2009 年初至 2013 年 12 月，持续近 5 年。〔5〕又如“霍某祯强奸案”，犯罪人在 2006 年 7 月至 2011 年 4 月间，共对 25 名被害人实施了强奸犯罪，其中聋哑残

〔1〕 案例来源于 2020 年 5 月 18 日《最高人民法院发布依法严惩侵害未成年人权益典型案例》，http://www.court.gov.cn/zixun-xiangqing-229981.html，最后访问日期：2020 年 5 月 25 日。

〔2〕 案例来源于 2020 年 5 月 18 日《最高人民法院发布依法严惩侵害未成年人权益典型案例》，http://www.court.gov.cn/zixun-xiangqing-229981.html，最后访问日期：2020 年 5 月 25 日。

〔3〕 案例来源于 2019 年 7 月 24 日《性侵害儿童犯罪典型案例》，http://www.court.gov.cn/zixun-xiangqing-172962.html，最后访问日期：2020 年 5 月 25 日。

〔4〕 案例来源于 2020 年 5 月 29 日《侵害未成年人案件强制报告典型案例》，https://www.spp.gov.cn/xwfbh/wsfbt/202005/t20200529_ 463482.shtml#3，最后访问日期：2020 年 5 月 25 日。

〔5〕 案例来源于 2015 年 5 月 28 日《最高法 28 日发布惩治性侵害未成年人犯罪典型案例》，http://www.court.gov.cn/zixun-xiangqing-14596.html，最后访问日期：2020 年 5 月 25 日。

疾人3人、幼女5人。[1]又如“华某记强奸、猥亵儿童案”，被告人华某记在长达6年多的时间里，在两个县区四个乡镇，对23名幼女实施或意图实施奸淫、猥亵行为。[2]诸如此类案例不胜枚举。由此可见，性侵未成年人犯罪极具隐蔽性，危害性极大，往往持续一两个月、数月，甚至数年，一方面，反映出对于此类案件，我们在犯罪发现机制上还有待提高；另一方面，也反映出犯罪人之所以如此猖狂作案，与之没有及时受到惩治密不可分，进一步验证了贝卡里亚关于“刑罚的及时性”的经典论断，即“惩罚犯罪的刑罚越是迅速和及时，就越是公正和有益……犯罪与刑法之间的时间隔得越短，在人们心中，犯罪与刑罚这两个概念的联系就越突出、越持续，因而，人们就很自然地把犯罪看作起因，把刑罚看作不可缺少的必然结果……只有使犯罪和刑罚衔接紧凑，才能指望相联的刑罚概念使那些粗俗的头脑从诱惑他们的、有利可图的犯罪图景中猛醒过来”。[3]

（五）利用网络技术实施性侵未成年人犯罪多发

互联网时代，人与人之间交互方式更为便捷、迅速，然而它也像一把“双刃剑”，在带来信息化时代福祉的同时，也给不法分子可乘之机。一方面，网络空间鱼龙混杂，真真假假，给犯罪分子提供了“隐身衣”；另一方面，与面对面的沟通方式相比，这种背靠背式交互方式降低了犯罪分子的负罪感。正因为如此，利用网络技术实施性侵未成年人犯罪越发频发、高发，主要变为：一是犯罪分子利用网络聊天软件精准找寻犯罪对象，如“李某某涉嫌强奸案”，犯罪嫌疑人李某某自2015年开始在四年多的时间内通过QQ、微信聊天软件“附近的人”功能，将筛选条件设定为10岁至20岁女学生，进而搜索添加陌生女性聊天，其中以添加湖北省枣阳市某中学女学生居多。李某某在网络聊天中取得被害人信任后将其骗出，以曝光裸照相威胁，以强迫饮酒、殴打等方式对被害人实施性侵行为。先后以此种方式性侵15名被害人（其中未成年人10人）。[4]

---

〔1〕 案例来源于2015年9月1日《最高法院公布八起侵害未成年人合法权益典型案例》，http://www.court.gov.cn/zixun-xiangqing-15294.html，最后访问日期：2020年5月25日。

〔2〕 案例来源于2014年11月24日《最高人民法院2014年11月24日发布未成年人审判工作典型案例98例》，http://www.court.gov.cn/zixun-xiangqing-13447.html，最后访问日期：2020年5月25日。

〔3〕［意］切萨雷·贝卡里亚：《论犯罪与刑罚》，黄风译，北京大学出版社2008年版，第47~48页。

〔4〕 案例来源于2020年5月29日《侵害未成年人案件强制报告典型案例》，https://www.spp.gov.cn/xwfbh/wsfbt/202005/t20200529_ 463482.shtml#3，最后访问日期：2020年5月25日。

二是利用网络实施隔空猥亵。如“骆某猥亵儿童案（检例第 43 号）”“杨某某假借迷信强奸案”“乔某某以视频裸聊方式猥亵儿童案”“王某以招收童星欺骗猥亵儿童案”[1]，都是利用网络聊天软件诱骗未成年人进行视频裸聊，并以此要挟未成年人与之发生性关系，或是企图实施猥亵行为。检例第 43 号直接将网络空间发生的猥亵与现实生活中发生的强制猥亵进行等价处理，为处理这类犯罪解决了法律适用问题。由此可见，对于未成年人利用互联网交友、社交需要加以引导，对于利用未成年人不雅视频或者照片在网络上进行招嫖、卖淫的，需要从技术与法律上进行检视。

（六）性侵未成年人犯罪的衍生犯罪也较为突出

2013 年“两高两部”联合发布的《关于依法惩治性侵害未成年人犯罪的意见》将性侵害未成年人犯罪限定为：《刑法》第 236 条、第 237 条、第 358 条、第 359 条、第 360 条第 2 款规定的针对未成年人实施的强奸罪，强制猥亵、侮辱妇女罪，[2]猥亵儿童罪，组织卖淫罪，强迫卖淫罪，引诱、容留、介绍卖淫罪，引诱幼女卖淫罪，嫖宿幼女罪（《刑法修正案（九）》已经将该罪废除）等。这些犯罪无疑是性侵未成年人犯罪中的重中之重。实践中，除了这些赤裸裸地侵犯未成年人性自主权的犯罪之外，还有相当比例犯罪行为并非处于追求性刺激和性满足，而是将未成年人的性权利商品化、物质化或者当作获利的工具，进而攫取暴利。

一是高发的校园裸贷。据澎湃网记者调查发现，网上泄露的“借贷宝裸条 10G”文件信息共涉及 167 位女性，年龄最小者 1999 年出生，最大者 1969 年出生，其中在校学生 91 人，占比 54.4%；“裸贷”者除了在校女大学生，还包括参加工作甚至已婚的女性。[3]同时，有统计显示，“借贷宝裸条 10G”文件已被下载超过 12 万次。而每下载一次，出售者可以获得几十元甚至上百元的收益。据此估算，一个“借贷宝裸条 10G”文件就能为一个网络贷款方带来几百万元甚至上千万元的经济收入。[4]如在“施某通过裸贷敲诈勒索案”中，[5]被

---

[1] 案例来源于 2018 年 6 月 1 日《利用互联网侵害未成年人权益的典型案例》，http://www.court.gov.cn/zixun-xiangqing-99432.html，最后访问日期：2020 年 5 月 25 日。

[2] 2015 年《刑法修正案（九）》对《刑法》第 237 条进行了修改，这个罪名已经改为“强制猥亵、侮辱罪”。

[3] “10G 裸贷文件泄露 4 名 90 后女孩儿不雅照被疯传”，载《辽沈晚报》2016 年 12 月 14 日。

[4] 周小李、刘琪：“校园‘裸贷’源起追问”，载《中华女子学院学报》2018 年第 2 期。

[5] 案例来源于 2018 年 6 月 1 日，《利用互联网侵害未成年人权益的典型案例》，http://www.court.gov.cn/zixun-xiangqing-99432.html，最后访问日期：2020 年 5 月 25 日。

害人陈某（17岁，在校学生）根据施某要求提供了裸照及联系方式，但施某并未贷款给陈某，而是以公开裸照信息为由威胁陈某，并向其勒索钱财。

二是利用未成年人出卖色相实施犯罪。如“刘某犯组织卖淫、敲诈勒索案”中，[1]刘某等人招募多名未成年少女卖淫，后刘某以卖淫女系未成年人为由对嫖客实施敲诈勒索。在“靳某某组织未成年人进行违反治安管理活动案”中，[2]靳某某从2016年开始，使用感情笼络、威胁、殴打等手段，管理控制8名女性未成年人在KTV有偿陪客人喝酒、唱歌，持续近两年时间。

三是利用未成年人有组织地实施性侵未成年人犯罪。据最高人民检察院常务副检察长童建明在专访中介绍，扫黑除恶专项斗争开展以来，全国公安机关打掉的涉黑组织和涉恶犯罪集团中有20%涉及未成年人，在犯罪成员中有7%涉及未成年人。并提到安徽省灵璧县一个恶势力犯罪团伙，通过威胁利诱等手段，专门在附近的中学招收了70多名未成年学生，强迫未成年少女“坐台”、卖淫。案发以后，这个犯罪团伙还专门指使未满16周岁的未成年学生到公安机关去投案自首，干扰公安机关办案。[3]

二、性侵未成年人犯罪刑事治理现状及其反思

近年来，针对较为突出的性侵未成年人犯罪，国家密切关注，并积极予以回应，采取一系列治理措施，可圈可点。按照辩证的认识论，基于达到有效预防犯罪的目的，首先要力求准确把握犯罪的现状、趋势并客观界定影响犯罪态势的那些因素的范围和性质；在有了对所面对的犯罪“是什么”和“为何如此”的科学判断后，方可形成应当如何应对的基本观念和对策构想；最后才是结合现实条件选择适当的路径和措施来反映和体现已有的反犯罪观念与策略，即文本性的政策表达与相应刑事规范的形成。[4]因此，遵循这一逻辑进路，我

---

〔1〕 案例来源于2019年12月20日《检察机关依法严惩侵害未成年人犯罪加强未成年人司法保护典型案例》，https://www.spp.gov.cn/spp/xwfbh/wsfbh/201912/t20191220_450718.shtml，最后访问日期：2020年5月25日。

〔2〕 案例来源于2019年12月20日《检察机关依法严惩侵害未成年人犯罪加强未成年人司法保护典型案例》，https://www.spp.gov.cn/spp/xwfbh/wsfbh/201912/t20191220_450718.shtml，最后访问日期：2020年5月25日。

〔3〕“最高检开聊丨专访童建明：‘一号检察建议’发出之后……”，载中华人民共和国最高人民检察院官网，https://www.spp.gov.cn/spp/zdgz/202005/t20200526_463094.shtml，最后访问日期：2020年6月20日。

〔4〕 张远煌：《犯罪研究的新视野：从事实、观念再到规范》，法律出版社2010年版，前言第2页。

们着重从代表观念层面的刑事政策、代表观念引领下而构建的制度层面的刑事规范和代表对策层面的刑事司法，三个角度来检视当前性侵未成年人犯罪刑事治理状况。

（一）性侵未成年人犯罪的刑事政策

从前述关于性侵未成年犯罪现象的解读，不难发现这类犯罪带有天然的“恶”，属于自然犯罪的范畴。同时，基于保护未成年人健康成长的基本国策，对于侵害未成年人犯罪，尤其是成年人实施的侵害未成年人的犯罪，在政策导向方面自然就是严厉打击。在官方文本中的表述为：坚持对侵害未成年人犯罪“零容忍”，[1]或“对于性侵害未成年人犯罪，应当依法从严惩治”，[2]或者“在保证教育、挽救和保护救助效果的前提下，人民检察院办理涉及未成年人的案件，应当快速办理”，[3]这种政策导向在一些具体案件中得以体现，如齐某强奸、猥亵儿童案，经最高人民检察院抗诉，齐某从有期徒刑十年被改判为无期徒刑。河南尉氏县赵某勇、李某等人强奸未成年人，组织、强迫未成年人卖淫案，主犯赵某勇被判处死刑，李某被判处死刑，缓期两年执行，限制减刑。最高人民法院2020年5月18日发布三起性侵未成年人被判处死刑的典型案例，即“被告人何某强奸、强迫卖淫、故意伤害被判死刑案”“被告人赵某某强奸被判死刑案”“被告人王某利用网络强奸被判死刑案”，尽管未造成未成年被害人死亡或者重伤，但具有强奸幼女多人、多次的情节，犯罪动机卑劣，性质、情节恶劣，手段残忍，人身危险性和社会危害性极大，罪行极其严重，被依法判处死刑立即执行。同样地，在“骆某猥亵儿童案（检例第43号）”中，尽管这种利用网络实施的隔空猥亵，未直接与被害儿童进行身体接触，但是已然对儿童人格尊严和心理健康造成严重侵害，其社会危害性不亚于与实际接触儿童身体的猥亵行为的社会危害性，最终二审法院采纳检察院抗诉意见，按照猥亵儿童罪（既遂）作出终审判决，判处的刑期由一审的一年提升为二年。彰显了司法机关从严打击性侵害未成年人犯罪绝不手软的鲜明立场和坚决态度。

---

〔1〕“未成年人检察工作白皮书（2014—2019）”，载中华人民共和国最高人民检察院官网，https://www.spp.gov.cn/spp/xwfbh/wsfbt/202006/t20200601_463698.shtml#2，最后访问日期：2020年6月2日。

〔2〕2013年“两高两部”联合发布的《关于依法惩治性侵害未成年人犯罪的意见》第2条。

〔3〕2017年3月2日，最高人民检察院发布的《未成年人刑事检察工作指引（试行）》第20条。

由此可见，实践中，对于性侵未成年人犯罪从严从重从快还更多停留在观念层面，但是将这一刑事政策运用于具体案件时，却存在一些问题或者说有一些偏差。具体而言，一是对于刑法条文或者相关司法解释明确规定的，往往适用不存在问题，如前述三起被判死刑的案例就属于这种情形。二是对于相关规定还不太明确的，需要运用刑事政策进行解释或指导的，往往贯彻不彻底，如前述两起指导性案例（检例第42号、第43号）最终都是通过抗诉实现对此类犯罪的从严从重处罚。三是对于未成年人实施的此类犯罪，提出的政策导向是“双向保护”，〔1〕即既要体现出对未成年被害人的保护，也要体现出对未成年犯罪人的教育挽救，因此对于此类案件还存在一个平衡的问题。通过相关案例发现，实践中保护的天平多向加害方倾斜，如“李某甲强奸、抢夺、盗窃案”中，对被告人李某甲（系在校未成年学生）犯强奸罪，判处有期徒刑4年2个月；被告人李某甲犯抢夺罪，判处有期徒刑6个月，并处罚金人民币1000元；被告人李某甲犯盗窃罪，判处有期徒刑6个月，并处罚金人民币2000元。实行数罪并罚，决定执行有期徒刑4年2个月，并处罚金3000元。〔2〕此处的数罪并罚似乎只是看到了罚金刑的相加，而具有实质惩罚意义的有期徒刑并没有得以体现。又如“林某某、楼某某强制污辱妇女案”中，被告人与被害人均是花季少女，最终两个犯罪人均被判处缓刑。〔3〕在“刘某芳等介绍卖淫案”中，8名被告人中有6名系未成年人，所介绍的11名卖淫者中10名为未成年在校女生，其中2名被介绍卖淫者属于未满14周岁的幼女。最后6名未成年犯罪人均被判处缓刑和一定数额的罚金。〔4〕从这些案件中未成年犯罪人被判处的刑罚来看，未成年人针对未成年人实施性侵害犯罪，加害人最终获刑普遍较轻。

（二）性侵未成年人犯罪的刑事立法

当前惩治性侵害未成年人犯罪，主要依据《刑法》第四章“侵犯公民人身权、民主权利罪”下的第236条（强奸罪）、第237条（强制猥亵、侮辱罪，猥亵儿童罪）和第六章“妨害社会管理秩序罪”下的第358条（组织卖淫罪，

〔1〕 2013年“两高两部”联合发布的《关于依法惩治性侵害未成年人犯罪的意见》第4条。

〔2〕 案例来源于2015年9月18日《最高法公布发生在校园内的刑事犯罪典型案例（四川）》，http://www.court.gov.cn/zixun-xiangqing-15567.html，最后访问日期：2020年5月25日。

〔3〕 案例来源于2015年9月18日《最高法公布发生在校园内的刑事犯罪典型案例（福建）》，http://www.court.gov.cn/zixun-xiangqing-15568.html，最后访问日期：2020年5月25日。

〔4〕 案例来源于2015年5月28日《最高法28日发布惩治性侵害未成年人犯罪典型案例》，http://www.court.gov.cn/zixun-xiangqing-14596.html，最后访问日期：2020年5月25日。

强迫卖淫罪)、第359条（引诱、容留、介绍卖淫罪，引诱幼女卖淫罪）进行。2015年《刑法修正案（九）》已经将嫖宿幼女罪废除，将有关嫖宿幼女的违法犯罪行为纳入强奸罪的范畴，并适用强奸罪的对应条款。而根据《刑法》第236条的规定，强奸幼女属强奸罪从重处罚情节，最高可判死刑，堵截嫖宿幼女罪在事实上可能成为性侵幼女犯罪的“免死金牌”的立法漏洞，也进一步实现从严从重打击性侵未成年人犯罪刑事政策刑法化。

上述这些罪名在刑法中分布较为分散，它们分属于不同章节，而各章节所保护的法益当然存在差异性。进一步说，第六章“妨害社会管理秩序罪”中涉及性侵未成年人犯罪的几个罪名，按照立法初衷，其更多基于保护社会管理秩序的出发点，而对于保护未成年人人身权利则不是该罪当然的保护对象，或者说在适用于性侵未成年人犯罪案件上，这种法益保护更多处于附带位置。此外，在刑罚配置上，这些罪名的刑罚普遍要低于强奸罪、强制猥亵、侮辱罪、猥亵儿童罪，难以体现从重从严的刑事政策。2012年《刑事诉讼法》修正时，也专门增设“未成年人刑事案件诉讼程序”，体现对未成年人的保护。

就刑事法外部情况来看，目前除了《刑法》《刑事诉讼法》之外，还有《未成年人保护法》(1991年通过、2006年修订、2012年修正、2020年修订)、《预防未成年人犯罪法》（1999年通过、2012年修正)、《反家庭暴力法》等法律也是保护未成年人的重要依据，但是就实施情况来看，[1]还存在一些较为突出的问题，如司法保护不力，与刑法、刑事诉讼法衔接不畅等问题。

（三）性侵未成年人犯罪的刑事司法

鉴于立法天然的迟滞性，司法机关积极主动发挥能动作用，在性侵未成年人犯罪刑事司法方面，采取了一系列“组合拳”，从机构人员设置、办案规范制定，到开展专项行动，再到推动相关配套措施制度的建立，几乎呈现出全面铺开的态势，也赢得了人民群众的认可。

一是制定司法解释。针对性侵未成年人犯罪问题，近年来，“两高”制定了一系列司法解释，如2013年“两高两部”联合发布的《关于依法惩治性侵害未成年人犯罪的意见》、2015年最高人民检察院发布的《检察机关加强未成

---

〔1〕 1992年、2008年、2014年全国人大先后发布了三个关于《未成年人保护法》执行情况、实施情况的报告，即“关于检查《中华人民共和国未成年人保护法》执行情况的汇报”“全国人大常委会执法检查组关于检查《中华人民共和国未成年人保护法》实施情况的报告（2008）”“全国人大常委会执法检查组关于检查《中华人民共和国未成年人保护法》实施情况的报告（2014）”。

年人司法保护八项措施》、2017 年“两高”联合公布的《关于办理组织、强迫、引诱、容留、介绍卖淫刑事案件适用法律若干问题的解释》[1]、2018 年最高人民检察院印发的《关于全面加强未成年人国家司法救助工作的意见》、2020 年最高人民检察院、国家监察委员会、教育部等联合发布的《关于建立侵害未成年人案件强制报告制度的意见（试行）》、2006 年最高人民法院发布的《关于审理未成年人刑事案件具体应用法律若干问题的解释》、2017 年最高人民检察院印发的《未成年人刑事检察工作指引（试行）》，等等。这些司法解释为一线办案人员严厉打击性侵未成年人犯罪提供了较为明确的法律依据。

二是发布指导案例和典型案例。近年来，“两高”先后发布一系列关于性侵未成年（儿童）或者在其他主题（保护妇女儿童、未成年人司法保护、侵害未成年人权益等）下涉及性侵未成年人的案例。总体来看，指导性案例较少，目前涉及这类犯罪的仅 2 个指导案例（检例第 42 号、检例第 43 号），其他均为典型案例。涉及这类犯罪的典型案例数量庞大，有些案例在多个主题下重复出现，甚至有些在检察院、法院两家发布的典型案例中重复出现，等等。应该说，“两高”发布指导案例和典型案例都是十分严肃的司法活动，并且也有严格的操作规范。但是就目前的案例发布状况来看，还存在一些问题，主要表现为统筹兼顾不够、能够直接作为办案依据的指导案例太少。

三是未成年人司法专业化。为适应新形势未成年司法工作，目前，检察系统从上至下已经形成了独立的专门从事未成年人检察工作的业务条线。同样，法院系统也建立起以少年法庭为依托的业务条线，但是各地情况不一，如最高人民法院是在研究室下设少年法庭，北京市高级人民法院设有独立的未成年人案件审判庭，上海市高级人民法院则是在刑事审判庭下设未成年人案件综合审判庭，浙江省高级人民法院则是在刑二庭下设少年法庭，上海静安区人民法院则独立设有未成年人与家事案件综合审判庭。由此可见，法院系统关于未成年人审判机构的设置个性较突出。诚如有学者坦言，“尽管我国未成年人保护法早就提出了公安机关、检察机关、法院设立办理未成年人案件的专门机构问题，但多年来发展并不顺利。让人欣慰的是最高人民检察院设立了未成年人检察厅，忧虑的是在司法改革的大潮下法院设立少年法庭被冲击得七零八落，焦虑的是

〔1〕 需要指出该司法解释并非专门针对性侵未成年人犯罪或者侵害未成年人犯罪制定，但是其中有部分条文涉及这一类犯罪问题，所以也列入其中。

公安机关还没有设立办理未成年人案件专门机构”。〔1〕

四是围绕性侵未成年人开展专项行动。针对校园安全建设和预防校园性侵犯罪，2018 年 10 月，最高人民检察院向教育部发出《中华人民共和国最高人民检察院检察建议书》（高检建〔2018〕1 号），即人民群众耳熟能详的“一号检察建议”，一分部署九分落实，为了监督“一号检察建议”落地落实，最高人民检察院专门印发《关于认真做好高检院“一号检察建议”监督落实工作的通知》，建立工作台账，单独或者联合教育部门查访中小学校、幼儿园，单独或联合教育部组成调研组开展实地调研督导，2019 年全年共检查了 3.86 万所，监督整改安全隐患 6668 个，起诉教职员工性侵学生案件 841 人。〔2〕此外，还有全国“扫黄打非”工作小组办公室自 2015 年起就开展的“护苗”专项行动，2019 年全年累计清理查删网络淫秽色情等有害信息 373 万条，查办网络传播涉儿童色情信息、制售盗版少儿读本、盗版中小学教辅教材、色情漫画平台传播淫秽物品牟利、利用学习类 App 传播低俗信息等各类型“护苗”案件 190 多起，其中刑事案件 40 余起。〔3〕在全国各省市，很多政法机关也开展了打击性侵未成年人犯罪专项行动，有力地震慑潜在犯罪分子。

五是就性侵未成年人犯罪案件办理建立五大配套机制。基于未成年人利益最大化原则，在办理性侵未成年人犯罪案件中，政法机关积极探索，推出一系列有利于未成年人保护的举措。其一，推出“一站式”询问、取证办案模式，即接报未成年人性侵案件之后，公安机关刑侦部门、技术鉴定部门、检察机关等部门同步到场，一次性开展询问调查、检验鉴定、未成年人权益保护、心理抚慰等工作，在询问调查的同时注重对未成年人的心理关爱和隐私保护，避免二次伤害。〔4〕其二，被害人救助，即在办案的同时，联合民政、共青团、医疗、妇联、公益组织等社会力量，引入司法社工、心理咨询师等专业力量，为被害儿童及其家庭提供心理干预、身体康复、法律援助、司法救助、陪伴倾听等支持。

---

〔1〕 赵秀红：“‘零容忍’性侵未成年人，我们该做什么——访北京市青少年法律援助与研究中心主任佟丽华”，载《中国教育报》2019 年 7 月 15 日，第 4 版。

〔2〕 “未成年人检察工作白皮书（2014—2019）”，载中华人民共和国最高人民检察院官网，https://www.spp.gov.cn/spp/xwfbh/wsfbt/202006/t20200601_463698.shtml#2，最后访问日期：2020 年 6 月 2 日。

〔3〕 “打防并举护 苗更育苗——‘护苗 2019’专项行动综述”，载中国扫黄打非网，http://www.shdf.gov.cn/shdf/contents/767/410075.html，最后访问日期：2020 年 6 月 20 日。

〔4〕 “不让保护变伤害！未成年人性侵案‘一站式取证’将试行”，载搜狐网，https://www.sohu.com/a/365712522_120214181，最后访问日期：2020 年 6 月 20 日。

其三，推动建立性侵害未成年人违法犯罪信息库和入职查询制度。童建明副检察长在专访中指出，之所以要建立入职查询制度，是因为“在办案中发现，性侵未成年人犯罪，具有重犯率比较高、利用熟人作案这么一些特点……上海市检察机关，这项工作做得就比较早，他们和有关部门开展入职查询制度，2019 年一年就查询了 27 万人，从中发现有 26 人有性犯罪的前科”。〔1〕其四，积极推行性侵未成年人强制报告制度。基于强制报告的必要性，〔2〕2020 年 5 月 7 日，最高人民检察院联合多家中央单位联合发布《关于建立侵害未成年人案件强制报告制度的意见（试行）》，明确教师、医生等密切接触未成年人行业的各类组织及其从业人员，在工作中发现未成年人遭受或者疑似遭受不法侵害以及面临不法侵害危险的，负有立即向公安机关报案或举报的义务。对此，最高人民检察院还发布 5 起侵害未成年人案件强制报告典型案例。其五，探索侵害未成年人犯罪人员信息公开制度。基于性侵害未成年人犯罪存在重犯率高的发案特点，实践中，一些司法机关制定了相关文件。如浙江慈溪市人民检察院联合相关部门出台了《性侵害未成年人犯罪人员信息公开办法（试行）》；江苏淮安淮阴区人民检察院联合相关部门共同制定了《关于性侵害未成年人犯罪人员从业禁止及信息公开制度》。2017 年 12 月，江苏省淮安市人民淮阴区人民法院集中宣判 4 名涉嫌强奸、猥亵未成年人的被告人，并在判决生效后通过司法机关门户网站、微信公众号、微博等渠道公开这 4 名犯罪人员信息，包括姓名、身份证号、照片、年龄、性别、案由等，并对他们设置行业禁入。此举立即引发争议，对此，人民微博发起网络调查，2400 余人参与调查，其中 98%表示赞成公开性侵未成年人的犯罪人员信息。〔3〕

三、性侵未成年人犯罪刑事治理现代化路径

毋庸置疑，在性侵未成年人犯罪的治理体系中，可能还涉及国家未成年人

---

〔1〕“最高检开聊 | 专访童建明：‘一号检察建议’发出之后……”，载中华人民共和国最高人民检察院官网，https://www.spp.gov.cn/spp/zdgz/202005/t20200526_463094.shtml，最后访问日期：2020 年 6 月 20 日。

〔2〕2020 年 5 月 29 日，最高人民检察院印发的《〈关于建立侵害未成年人案件强制报告制度的意见（试行）〉有关情况的通报》第一部分对必要性进行了充分论证。

〔3〕“平均每天曝光 1.04 起！从业禁止能否遏住性侵儿童的魔手？”，载中国长安网，http://www.chinapeace.gov.cn/chinapeace/c54224/2018-05/13/content_11635382.shtml，最后访问日期：2020 年 6 月 20 日。

保护制度、性教育、校园文化、网络空间治理等方面，而刑事治理仅仅是其中一方面。早在19世纪末，意大利著名犯罪学家菲利就明确指出，“应当特别反对认为刑罚是最好的和最有效的犯罪预防手段的传统偏见”。[1]然而，菲利在此并不是全然否定刑罚在治理犯罪中的作用，而是提醒人们也应当对非刑罚手段足够注意。如果我们对菲利这句话的意思曲解的话，就会从一个极端走向另一个极端。事实表明，在犯罪治理活动中，迄今为止最为成熟并最为有效的仍然是刑事治理手段。因此，需要指出的是，笔者在此仅就性侵未成年人犯罪刑事治理进行探讨，并不是意味着其他治理对策对于防控这类犯罪并不重要。前文以“两高”发布的相关指导案例和典型案例为基础，对当前惩治性侵未成年人犯罪刑事治理概貌进行了一个“复盘”，不难发现，性侵未成年人犯罪刑事治理还要百尺竿头更进一步，助力未成年人保护。

（一）性侵未成年人犯罪刑事政策应该做精细化解读

上文已经就我国当前性侵未成年犯罪的刑事政策加以介绍，即“从严从重从快”，以及有些政法机关针对此类犯罪也提出了“零容忍”口号，等等。实际上，反映了国家和社会对这类犯罪的一个基本态度——严厉惩治。应该说，这种刑事政策导向并无不妥，无论是从强化保护未成年人的角度来看，还是从打击犯罪的角度来看，都有其合理性。对此，“两高”无论是在制发相关司法解释，还是在发布指导案例和典型案例时，都充分体现这种政策导向，前述“两高”公布的案例中有多起案件的被告人因为罪行极其严重、罪大恶极而被判处十年以上有期徒刑、无期徒刑，甚至死刑（包括缓期二年执行和立即执行）。通过一些媒体的报道，不难发现，民众对这类犯罪的行为人的一个普遍看法就是判处的刑罚越重越好，诚如全国人大代表、中华全国妇女联合会副主席谭琳指出，“性侵儿童案件的当事人及家属普遍认为量刑较轻，不足以惩处和震慑罪犯，这也是人民群众反映强烈的问题”。[2]因此，无论是从官方价值取向来看，还是从民间朴素的正义思潮来看，“从严从重从快”应对这类犯罪理所当然。此外，由于司法实践中处理的更多是成年人性侵害未成年人的犯罪案件，因此，这一刑事政策更多针对成年人犯罪。

---

〔1〕［意］恩里科·菲利：《犯罪社会学》，郭建安译，中国人民公安大学出版社2004年版，第214页。

〔2〕王姝等：“性侵儿童案件定罪量刑标准需完善”，载《新京报》2019年3月14日，第A6版。

随着新时代国家治理现代化目标的提出，精细化治理是应有之义。显然“一刀切”式的粗放式处理并不能有效解决问题，而且无论是从现有的未成年人犯罪发展趋势来看，[1]还是从“两高”公布的案例看，当前未成年人实施性侵害未成年人的犯罪也不在少数。基于此，笔者认为，结合“两高”公布的相关案例反映出来的情况，针对性侵未成年人犯罪，对“从严从重从快”刑事政策的理解与适用应该有一个类型化的处理。

具体而言，一是“从严从重从快”刑事政策，适用于所有的性侵未成年人犯罪，而不应该因为犯罪主体身份而区别对待，这应该是一个基本的态度。也即，除了对成年人实施性侵未成年人要当然地严惩之外，对于未成年人实施这类犯罪的，也应该适用。当然需要指出的是，主张对这类犯罪严惩，并不是说刑罚越重越好，更不是主张刑法延伸到社会的触角越深越好，学界对此也有所反思。[2]二是对于成年人实施性侵未成年人判处死刑的应该更加慎重，对于犯罪恶性低于当前“两高”公布被判处死刑案例的案件，应该遵守统一尺度，同时将这一刑事政策的体现向公众做好释法说理。三是对于未成年人实施这类犯罪的，按照刑法的规定，即犯罪主体为14—18周岁的群体，对其既要坚持“从严从重从快”刑事政策，同时还要遵守刑法基于保护未成年人作出的特殊立法限定，如死刑适用的排除（《刑法》第49条）、应当从轻或者减轻处罚（《刑法》第17条）。但是从前面公布的这方面案例来看，这类案件的未成年犯罪人往往被判处的刑罚相对较轻，即对未成年犯罪人从宽的刑事政策过多地冲抵了“从严从重从快”刑事政策。笔者认为，在国际刑罚轻缓化的大潮流和“逐步减少死刑的适用”下，我们也赞成刑法人道化，但是这并不等于要对一切犯罪分子无差别地予以从轻处置。对于未成年人实施这类犯罪且极为恶劣的，如主观恶性很大、社会危害结果极为严重的，是有适用严厉刑事政策空间的。[3]应该在恪守刑法基本规定的前提下，对这类犯罪人进行严厉惩治，如

---

〔1〕 据最高人民检察院发布的《未成年人检察工作白皮书（2014—2019）》显示，2014年至2019年，强奸罪为检察机关受理审查起诉未成年犯罪嫌疑人数量居前六位的罪名之一，而且以2016年为节点，受理审查起诉强奸犯罪人数开始逐年上升，2019年较2016年上升101.85%。

〔2〕［美］道格拉斯·胡萨克：《过罪化及刑法的限制》，姜敏译，中国法制出版社2015年版；何荣功：“社会治理‘过度刑法化’的法哲学批判”，载《中外法学》2015年第2期；魏昌东：“新刑法工具主义批判与矫正”，载《法学》2016年第2期。

〔3〕 关于对未成年犯罪人道理能不能适用严厉刑事政策的主张，学界也有学者对此进行了系统研究，参见姚兵：《未成年人团伙犯罪研究》，中国人民公安大学出版社2012年版，第239~303页。

适用无期徒刑、十年以上有期徒刑等，以区别于未成年人实施其他犯罪，进而体现对这类犯罪从严的政策导向。如果一味地以保护未成年人为名，对这类犯罪人保护有余而惩治不足，往往适得其反。《未成年人检察工作白皮书（2014—2019）》统计显示，近年来未成年人实施的强奸类犯罪案件大幅上升的一个原因——“如果对两种不同程度地侵犯社会的犯罪处以同等的刑罚，那么人们就找不到更有力的手段去制止实施能带来较大好处的较大犯罪了”。[1]

（二）性侵未成年人犯罪刑事立法科学化

由于性侵未成年人犯罪刑事立法是作为治理这类犯罪的直接依据，所以立法本身科学与否将直接影响这类犯罪治理效果的好坏。任何通过立法科学实现这类犯罪的刑罚阶梯都十分重要。目前性侵未成年人犯罪刑事立法情况仍然较为粗放，且未成年人权益保护附属化较为明显。尽管立法天然具有不完美性，但是立法者自始至终都在向完美的方向不断努力，以实现刑法此岸与彼岸的无缝对接。因此，性侵未成年人犯罪刑事立法还有提升完善的空间。

具体而言，一是性侵未成年人犯罪刑事立法应该充分体现“从严从重从快”的政策导向，一方面，从同一主体实施性侵未成年人犯罪与实施其他犯罪的横向对比来看，要体现出“严”，如刑法配置上重一些，构罪条件低一些，等等。另一方面，从不同主体（笔触仅指成年人与未成年）实施性侵未成年人犯罪，在遵守刑法总则关于未成年人保护的基本规定前提下，刑罚配置不应该相差甚远。二是就性侵未成年人犯罪刑事立法模式来看，当前我国刑法关于这类犯罪的主要罪名分布处于相对集中的状况（前文阐述），这种罪名分布状况并不能凸显对未成年人的保护，更多是体现一种附属保护，尤其是散布于刑法分则第六章的相关罪名在这一特点上更为突出。在直接增设性侵未成年犯罪单行刑法难度较大的情况下，完全可以考虑通过刑法修正案的形式将相关罪名予以整合。同时在修改《未成年人保护法》等法律的同时，强化与刑法的衔接，而不是各自为政。三是针对当前利用网络实施性侵未成年人犯罪高发频发的现状，对于利用互联网平台等媒介介入而发生了性侵未成年人犯罪的，应该通过立法明确平台的监督责任和管理义务，而不是放任或者积极助攻犯罪实施。四是“两高”发布的案例中，酒店、KTV 娱乐场所等成为这类犯罪的多发地，对于这些经营者应该明确其审查报告义务，对于可疑情况如成年人带未成年人开

---

〔1〕［意］切萨雷·贝卡里亚：《论犯罪与刑罚》，黄风译，北京大学出版社 2008 年版，第 19 页。

房、醉酒等异常状态下的未成年人开房等，经营者负有审查报告义务，对于消极履行或者不履行，进而导致性侵未成年人犯罪发生的，可以通过禁业资格、罚金等，支持被害人提起民事诉讼的方式强化这类主体的管理义务。如赵某猥亵儿童案，[1]被害人李某以教育投资公司违法聘用有猥亵儿童前科、无资质的赵某为由将该公司告上法院索要民事赔偿，法院判决被告公司用人“失察”，放纵猥亵发生，支付原告精神损失赔偿金 3 万元。

（三）性侵未成年人犯罪刑事司法公正化

法律的生命在于执行。实现性侵未成年人犯罪刑事立法科学化，只是治理性侵未成年人犯罪的前提。在整个刑事法治过程中，刑事司法担负着将“纸上之法”变为“现实之法”的重要使命。法律与社会的实际发展总是存在一个时间差，它不仅永远滞后于现实生活，而且与社会发展的真实状况存在一定的距离。相对立法较为固定停滞而言，司法的能动性在很大程度上弥补了立法不济社会发展现状的缺憾，当然这种弥补绝不是突破立法、变相立法，而是在“法的射程之内”积极作为。这就使得刑事司法在保护未成年人健康成长的责任显得更加重要而艰巨，因为“法规是由法院解释的，而且这种解释决定了法规的真实含义，其重要意义要比其原文更大”。[2]刑事司法不仅仅是一个将犯罪分子进行罪名标示进而判处刑罚最终送入监狱的简单的“做饭——卖饭——吃饭”[3]式流水作业，其本身就体现了国家对性侵未成年人犯罪、犯罪人所持有的一种态度，进而衍生出我们所持有的刑法立场，反映出制度设置上的优劣，进而有助于人们检视相关的刑事立法的实践性，从而让高度抽象的正义通过人们能够看得见、感受得到的方式得以展现。

申言之，在性侵未成年人犯罪治理中，刑事司法公正与否，直接反映出刑法保护未成年人的基本状况。就性侵未成年犯罪而言，当前刑事司法极为活跃，从制定司法解释、发布指导案例和典型案例，到开展专项行动，再到积极探索配套机制，不仅体现了司法的担当，也反映出司法的能动性。但是也不可否认，

---

〔1〕“最高法：保护未成年人权益法院对这类案件零容忍”，载中国长安网，http://www.chinapeace.gov.cn/chinapeace/c54219/2019-07/28/content_12276348.shtml，最后访问日期：2020 年 6 月 20 日。

〔2〕转引自［美］E. 博登海默：《法理学——法律哲学与法律方法》，邓正来译，中国政法大学出版社 1998 年版，第 554 页。

〔3〕何家弘：“公、检、法=做饭、卖饭、吃饭?”，载宫本欣主编：《法学家茶座》（第 1 辑），山东人民出版社 2002 年版，第 71 页。

当前我国性侵未成年犯罪刑事司法治理中还存在一些不足之处，因此，在继续强化当前好的做法的同时，需要加以完善，通过能动的司法，实现性侵未成年人犯罪刑事立法所追求的价值和功能。

一是“两高”关于性侵未成年犯罪案例的发布有待进一步加强。具体而言，(1) 需要加强这方面的指导性案例研发，进而指导司法实践。从相关统计数据来看，当前其实并不缺乏这类犯罪案例。因此，能不能围绕一些较为突出的共性问题，如这类案件死刑适用标准、羁押性标准、从重情节、可不诉不捕的情形、从轻情节等进行类案研究。(2) 就已经发布的案例来看，主题聚焦于性侵未成年人（儿童）的很少，很多事散见于其他主题之下，无论是从检索角度来看，还是从突出严厉惩治这类犯罪和保护未成年人的角度来看，都体现出不足。而且有些案例在不同主题下重复出现。因此，在当前性侵未成年犯罪已经基本成为一类被人们普遍认识到的犯罪的情况下，有必要对其加以整合，在性侵未成年犯罪这一主题之下统一发布。(3) 探索法检联合发布的路径。尽管对于同一个案件，因为处在不同的诉讼阶段，检察院和法院两家可能基于本位主义认识不一样，但是多起经过抗诉且检察院和法院达成一致意见的案例也表明实际上检察院和法院并不存在根本性的分歧。因此，本着求同存异的出发点，完全可以一起发布相关案例，不仅集约的司法资源，也极大提升了司法权威性，凸显出刑事司法对未成年人的保护立场。

二是就性侵未成年犯罪统计来看，当前能够检索到的都是只言片语，并不是较为详细的全貌呈现。实践中，公检法都有自己的办案系统，也在根据自身需要实时进行相关犯罪数据统计。因此，司法机关要提取这方面的犯罪数据实际上难度不大。一方面，随着警务公开、检务公开和审判公开的全面展开，以及人民群众对这类犯罪的高度关注，司法机关有义务、有责任披露这方面的统计数据，促进社会对这类犯罪的认识。另一方面，公检法在此类犯罪案件的统计口径、指标设计上需要进行统筹协调，而不是各自为政。

三是性侵未成年人犯罪办理专业化有待进一步提升。由于这类犯罪的被害人十分特殊，他们遭受到的伤害往往伴随其一生，在司法办案环节如果处理不当或者有所疏忽，往往难以实现司法保护未成年人的功能。具体而言，(1) 司法办案不能为了办案而办案，忽视被害人，而应该始终秉持办理这类犯罪案件的初心——最大限度地保护未成年人。因此，在司法过程中，从接收到相关案件信息到最后结案，乃至后期回访反馈，都应该充分保护未成年被害人，进行换位思考，最大限度减少“二次伤害”。（2）就目前情况来看，组织机构、人员配备、建立制度都较为充分，但是公检法应当加强集约资源。公安和法院目前并没有形成办理此类犯罪案件较为统一的专门机构，存在人员临时组建的可能性，与专业化强的要求不匹配。

四是充分发挥司法建议功能，保护未成年人。实践中，大量的案例都反映出不是学校管理存在安全隐患，就是校园管理存在漏洞，或者是家庭出现问题，或者是特殊场所管理不到位，等等。司法机关在办理这类犯罪案件时，往往能够通过类案发现共性问题，对于问题较为突出的，应该制发司法建议书，推动社会治理精细化。如实践中，检察系统推出的“一号检察建议”，对加强校园安全建设、预防校园性侵犯罪发挥了积极作用。

五是案件律师、新闻媒体披露相关案件信息的限制。无论是出于何种目的，未成年被害人的相关信息都不应该被披露。而从近期相关案例来看，上海王某某猥亵儿童案、山东高管性侵养女案，被害人相关信息被案件律师、新闻媒体过度披露，对被害人造成更深的伤害。对于这类情况，司法机关应该果断止损，可以通过向相关组织发送司法建议或者支持被害人起诉等方式保护未成年被害人。

总体来看，性侵未成年人犯罪刑事治理既需要科学的刑事政策加以指引，也需要科学的刑事立法构建刑法的阶梯，还需要能动的司法实现法治此岸彼岸的贯通。“最好的社会政策就是最好的刑事政策。”性侵未成年人犯罪得以根治的根本还在于配套的未成年人保护制度的建立、措施的落实。只有将柔性的社会治理手段和刚性的刑事治理手段紧密结合起来，才能真正从源头上切断此类犯罪的发生。因此，在国家治理现代化的语境下，性侵未成年人犯罪治理需要国家、社会、学校、家庭共同参与，一起发力，为未成年人健康成长营造风清气正的社会环境。

刑事法治·刑事错案的预防与纠正

刑事错案中的证据原理探析

——以聂树斌案为研究对象

李思远*

摘　要：从证据原理角度分析聂树斌案的平反，原审事实认定过程中既没有达到“事实清楚、证据充分”的证明标准，也不符合特定时期“两个基本”的定罪要求，“两个基本”应当是刑事诉讼证明标准的阐释而非降格；“证据相互印证”在聂树斌案中被多次提及，也成为一审和二审当中对聂树斌定罪的重要证明方式，看似环环相扣的印证证明模式，却没能阻挡冤错案件的发生，应当引起我们深刻反思。聂树斌案最终之所以能够疑罪从无，是最高人民法院坚持并正确运用证据裁判原则的结果，再审判决书中的多处创新，对我国审判实践具有指导性意义。

关键词：证明标准　两个基本　印证证明模式　证据裁判原则

错案如同刑事诉讼程序中的“病毒”，自刑事诉讼缘起之时便一直隐藏在阴暗的角落，伺机而动。刑事错案的纠正与防范，可谓是世界级难题，而正如威格莫尔所言，“以诉讼的方法令人完全确信地重现过去是不可能的”，[1]应当让证据来说话，证据不仅是折射案件事实的一面镜子，也是阻止冤假错案发生的基础防线，严把证据关，有助于刑事错案的防范与纠正。从近年来纠正的一些典型刑事错案来看，其成因虽有程序、体制、文化乃至社会等诸多综合性因素，但从证据的角度来探析，也存在较为突出的问题。综观聂树斌案一审、二审到21年后的再审，不仅历时久远，在证据上也错综复杂、疑点重重，再审过

* 李思远，上海大学法学院讲师。

〔1〕［美］波斯纳：《法理学问题》，苏力译，中国政法大学出版社1994年版，第277页。

程不仅要解决在案证据的问题，还要解决原审在卷但再审缺失证据的问题，导致事实的认定愈加疑难、复杂。但通过对该刑事错案中主要证据原理的梳理与反思，有助于优化司法办案的证据思维与意识，从而夯实案件证明体系，以防范刑事错案的发生。

一、“两个基本”与刑事诉讼证明标准

从功能论的角度出发，证明标准是“为裁判者的事实认定活动划定最低终点线，是裁判结论具备正当性、合法性和可接受性的保障”，[1]同时，证明标准也是司法机关在办理刑事案件过程中所要遵循的基本标准。聂树斌案的一审和二审判决均是在1995年作出，应当依据1979年《刑事诉讼法》定罪量刑。我国1979年《刑事诉讼法》已经规定了检察机关审查案件的时候，必须查明“犯罪事实、情节是否清楚，证据是否确实、充分，犯罪性质和罪名的认定是否正确”，人民法院对检察机关移送的案件审查后决定是否开庭的标准也是“犯罪事实清楚，证据充分”。由于1979年《刑事诉讼法》将审前和审判阶段的案件事实都称为“犯罪事实”，因而单从书面上来看，1979年《刑事诉讼法》所确立的证明标准，同1996年修改后的《刑事诉讼法》所确立的“案件事实清楚，证据确实、充分”的证明标准是同一个意思。2012年《刑事诉讼法》的修改则将证明标准进一步细化，并将“排除合理怀疑”作为判断案件是否达到“证据确实、充分”的核心标准，但总体上仍旧追求的是“案件事实清楚，证据确实、充分”的法定证明标准。2018年修改的《刑事诉讼法》延续了上述规定。但在司法实践中，“两个基本”的证明标准在实际办案中的运用值得我们反思。例如在聂树斌案中，结合聂树斌案发时的具体情况，被害人的死亡在当地引发了强烈的反应，这使得警方高度重视，警方破案的压力加之“三年为期三个战役”的“严打”期间所提出的“从严从速”办案方针，实际办案过程中依据的主要是《全国人民代表大会常务委员会关于迅速审判严重危害社会治安的犯罪分子的程序的决定》出台后所确立的“两个基本”的证明标准，即在案件事实和证据认定方面所遵循的“基本事实清楚、基本证据充分”。[2]依照“两个基本”原则，只要查清案件的基本情节事实，调取到案件的基本证据，就

〔1〕 杨波：“审判中心下统一证明标准之反思”，载《吉林大学社会科学学报》2016年第4期。

〔2〕 龙宗智：“聂树斌案法理研判”，载《法学》2013年第8期。

可以直接定案。

在很长的一段时期内，“两个基本”原则已经成为事实上的证明标准，在刑事诉讼中发挥着重要的作用。[1]“两个基本”最早是由彭真同志在1981年提出，“现在有的案件因为证据不很完全，就判不下去。其实，一个案件，只要有确实的基本的证据，基本的情节清楚，就可以判，一个案件几桩罪行，只要主要罪行证据确凿就可以判，要求把每个犯人犯罪的全部细节都搞清楚，每个证据都拿到手，这是极难做到的，一些细枝末节对判刑也没有用处”。[2]由此产生了“基本事实清楚、基本证据充分”的方针。可见，“两个基本”方针的提出，主要是针对刑事诉讼中过于重视全面查清案件与全面收集证据，过于纠缠案件办理中的细枝末节，而影响了打击犯罪的效率的实践情况。从认识论的角度出发，人类在特定历史时期的主观能动性会受到局限，这也是人类认识的基本规律，在每一个案件中无法做到完美无缺，尤其是诉讼证明实际上是一种由规范到事实的逆向推导过程，在缺乏技术支持的情况下，可靠的诉讼证明手段也会相对匮乏，“两个基本”方针也反映了“认识的相对性和证明的相对性原理”，[3]可以视为是对“事实清楚，证据确实、充分”证明标准的具体阐释。[4]然而，“两个基本”最大的问题在如何界定或区分“基本”的标准上，陈兴良教授结合汉语中对“基本”的理解，提出“基本”一词与“主要”一词相对应，因而“‘基本事实’可以理解为‘主要事实’，‘基本证据’可以解读为‘主要证据’”，[5]有主要便有次要，“两个基本”提出后，并未解决在刑事案件的办理中怎样才是“基本”和“主要”，以及怎样才是“非基本”抑或“次要”的问题。这也就使得矫正后的刑事证明标准潜伏着对刑事证明的法定标准降格解释的风险。

以聂树斌案为例，刑事诉讼中有些错案的形成，既没有达到“事实清楚、证据充分”的法定证明标准，也没有达到特定历史时期所提出的“两个基本”定罪要求，这首先明确否定了“以今时的法律审判历史案件”的说法。“两个基本”的方针，本应当是对于“事实清楚、证据充分”证明标准的进一步阐

---

〔1〕 陈兴良：“于英生案的反思与点评”，载《中国法律评论》2014年第2期。
〔2〕 陈国庆、王佳：“‘两个基本’与我国刑事诉讼的证明标准”，载《法制资讯》2014年第4期。
〔3〕 陈兴良：“于英生案的反思与点评”，载《中国法律评论》2014年第2期。
〔4〕 陈国庆、王佳：“‘两个基本’与我国刑事诉讼的证明标准”，载《法制资讯》2014年第4期。
〔5〕 陈兴良：“于英生案的反思与点评”，载《中国法律评论》2014年第2期。

释，强调的是不要过于纠结案件中的细枝末节，但对于定罪量刑的事实与证据，仍应当严格审查，不能将“基本事实清楚、基本证据充分”降格理解为“事实基本清楚、证据基本充分”。“基本事实清楚”是指依据《刑法》的规定，被告人是否构成犯罪，以及犯罪行为轻重的事实应当审查清楚；“基本证据充分”是指能够证明被告人实施的犯罪行为的主要证据应当达到确凿、充分的程度，如何判断证据为“基本证据”或“主要证据”，其衡量标准应当是“根据这些证据得出的关于案件基本事实的结论，能够排除其他可能性”。〔1〕就聂树斌案而言，“基本事实”和“基本证据”应当包括故意杀人的事实与证据，以及强奸妇女的事实与证据，但一审和二审认定聂树斌有罪主要是依据其有罪的供述，聂树斌被抓获之后前 5 天讯问笔录缺失，以及与其他证供存在明显的矛盾之处，使得聂树斌的口供合法性、真实性、可靠性存疑；同时综观全案的客观证据，作案工具花上衣的来源不明，案发之后前 50 天内多名重要证人询问笔录缺失，重要原始书证考勤表缺失，其他现场勘查笔录、尸体检验报告、物证及证人证言等证据均为间接证据，就案件的“基本事实”而言，仅凭这些间接证据只能证明被害人死亡的事实，还不足以证明聂树斌就是该案的作案人，而当王书金供述的出现，进一步证明了对本案是否有他人作案这一“基本事实”应当高度重视。〔2〕

二、印证证明模式在刑事错案中的反思

证据之间的相互印证，是指两个以上的证据在所包含的事实信息方面发生了完全重合或部分交叉，使得一个证据的真实性得到了其他证据的验证。〔3〕一般而言，大陆法系国家采取自由心证的证明模式，英美法系国家采取排除合理怀疑的证明模式，而证据印证则是我国司法实践中采取的刑事证明模式，带有明显的“中国特色”。〔4〕印证证明模式之所以在我国证据法的研究中获得重视，是因为大多数学者都认为，这种模式强调对同一案件至少要有两个以上的独立证据予以证明，也就是所谓的“孤证不可定案”，符合人类基本的认知法则与逻

〔1〕 陈国庆、王佳：“‘两个基本’与我国刑事诉讼的证明标准”，载《法制资讯》2014 年第 4 期。

〔2〕 参见《聂树斌故意杀人、强奸妇女再审刑事判决书》，中国裁判文书网。

〔3〕 陈瑞华：《刑事证据法学》，北京大学出版社 2014 年版，第 119 页。

〔4〕 何家弘主编：《迟到的正义 影响中国司法的十大冤案》，中国法制出版社 2014 年版，第 131 页。

辑规则，能在一定程度上减少冤假错案。〔1〕实务界也一直有观点认为，强调证据之间的相互印证，有助于将案件办成经得起历史检验的“铁案”。〔2〕

证据印证是我国刑事诉讼中所独有的一种证明模式，实践中一般会这样运用证据印证模式：一是“孤证不能定案”，尤其是“单凭口供不能定案”，每个刑事案件必须有两个以上具有独立来源的证据予以证明；二是案件中每个证据所反映出的案件信息都要得到重合，才能达到所谓的证据相互印证；三是从反面出发，如果各证据所反映的事实信息之间有矛盾，且矛盾若对定罪量刑有重大影响，无法排除，则意味着证据不能相互印证。〔3〕印证证明模式的运用需要遵循三个条件：第一，对证据体系中的每个证据的证据能力和证明力都要查证属实，保证证据的真实性与合法性；第二，要保证证据印证体系的全面性，既要重视被告人有罪、罪重的证据，也要重视被告人无罪、罪轻的证据；第三，证据之间印证的结果应当符合逻辑推断和经验法则，否则就难以经受历史的检验。在大多数的刑事案件中，印证证明模式在查明案件事实、夯实案件证明体系等方面都发挥着重要的作用，“印证”两字也越来越多地出现在司法解释以及刑事判决书中，证据之间相互印证成为办案人员形成内心确信的重要前提。

在理论界的提炼总结以及实务界的广泛应用下，刑事诉讼中的证据印证证明模式已经获得了较为一致的认可，在立法规范上也获得了合法性。〔4〕但是为何这种看似设计周密的印证证明模式在刑事冤错案件面前却成为“马奇诺防线”，甚至从某种程度上来说，正是这种证明模式催生了冤假错案。这是在总结了近年来一些刑事错案暴露出来的证据问题后，所应当引起我们反思的。

反思一：警惕证据收集过程中正当程序的缺乏。聂树斌案发生于20世纪90年代，刑事诉讼中正当程序的观念相当淡漠，聂树斌从被侦查机关“盯上”的

〔1〕 左卫民：“‘印证’证明模式反思与重塑：基于中国刑事错案的反思”，载《中国法学》2016年第1期。

〔2〕 牛克乾：“证据相互印证规则与死刑案件事实的细节认定”，载《人民司法》2010年第14期。

〔3〕 何家弘主编：《迟到的正义 影响中国司法的十大冤案》，中国法制出版社2014年版，第132页。

〔4〕 在2004年以前，印证证明模式虽然已经成为制度和实践中的习惯，但在立法中及司法解释中体现并不明显。在2004年后的法律、法规、规章或者解释中，“印证”一词出现的频率高了起来，其中最为突出的是，在2010年最高人民法院、最高人民检察院、公安部等联合颁布的《关于办理死刑案件审查判断证据若干问题的规定》的8个条文中出现了11次，在2012年最高人民法院颁布的《最高人民法院关于适用〈中华人民共和国刑事诉讼法〉的解释》的7个条文中出现了10次。参见左卫民：“‘印证’证明模式反思与重塑：基于中国刑事错案的反思”，载《中国法学》2016年第1期。

那一刻起，便被当作诉讼客体对待。原侦查机关在未掌握任何实质性的破案线索的情况下就将聂树斌“抓获”，并采取变相的监视居住强制措施，按照申诉人及其代理人的说法，这就是一种“变相的非法拘禁”，[1]从根本上违反了1979 年《刑事诉讼法》及公安部 1987 年《公安机关办理刑事案件程序规定》的有关规定。其次，现场勘查未邀请相关见证人到场，勘查笔录只有记录人的签名，缺少法律规定的其他参加勘验、检查人员本人等的签名；对于一些重要物证等客观性证据的辨认、指认违背了法律程序规定，如对现场提取的连衣裙、内裤和凉鞋，未组织混杂辨认，对花上衣、自行车虽然组织了混杂辨认，但陪衬物与辨认对象差异明显，[2]从而严重影响了辨认笔录和指认笔录的证明力。随着我国刑事诉讼制度的不断进步以及人权司法保障制度的提出，正当程序的理念得到了越来越多的普及，但是在打击犯罪和追诉愿望强烈的各种实现面前，有时犯罪嫌疑人、被告人的“诉讼客体”处遇还未能发生根本性的改变，其更多的是被看作证据来源而不是诉讼主体。[3]

反思二：警惕证据证明过程中的精细化的缺乏。缺乏精细化的刑事诉讼证明过程，被学者定义为是“一种匆忙的、宣示性、职权性的证明过程”，[4]如果套用印证证明模式，无论是聂树斌案还是与之存在着千丝万缕联系的王书金案，两人有罪的供述都能与现场出现的物证形成“印证”，但以两案中出现重叠的案件事实（被害人被强奸即死亡的事实）和出现偏离的物证（如王书金供述的钥匙而聂树斌自始至终并未提及）来说，两案所形成的印证与两案对比所产生的矛盾存在着难以解释之处。由此，基本可以宣布印证证明模式在聂树斌案中运用失败。[5]由于精细化证明的缺乏，不仅在聂树斌案中，在近年来纠正的一些其他冤假错案如湖北佘祥林案、河南赵作海案、福建念斌案中，印证证明模式不仅没有做到万无一失，反而出现了漏洞频出的情况。

反思三：警惕“由证到供”产生主观性证据。根据刑事诉讼中主观性证据

---

〔1〕 参见《聂树斌故意杀人、强奸妇女再审刑事判决书》，中国裁判文书网。

〔2〕 参见《聂树斌故意杀人、强奸妇女再审刑事判决书》，中国裁判文书网。

〔3〕 左卫民：“‘印证’证明模式反思与重塑：基于中国刑事错案的反思”，载《中国法学》2016 年第 1 期。

〔4〕 左卫民：“‘印证’证明模式反思与重塑：基于中国刑事错案的反思”，载《中国法学》2016 年第 1 期。

〔5〕 左卫民：“‘印证’证明模式反思与重塑：基于中国刑事错案的反思”，载《中国法学》2016 年第 1 期。

和客观性证据之间的关系，可以将我国侦查实践概括为“由供到证”和“由证到供”两种模式，前者经常表现为根据犯罪嫌疑人的供述来挖掘相应的客观性证据，甚至在一些刑事错案“制造”能够与供述相印证的证据；后者则表现为根据侦查机关掌握的案件证据来获取犯罪嫌疑人的供述，在一些刑事错案中表现为逼供，或者引供，直至犯罪嫌疑人的供述与其他证据之间形成印证。[1]湖南滕兴善案中，供证产生路径属于前者，是“由供到证”的典型。[2]而聂树斌案中，供证的产生路径符合后者，抛开聂树斌有罪的供述，只留下被害人被强奸杀害的事实以及案件中的其他间接证据，原办案机关在没有明朗的破案线索的情况下，主要依靠主观臆断，抱着定罪的态度积极追求聂树斌供述与现场证据之间的“印证”，将“由证到供”升级为“沿印求供”。这种“沿印求供”获得的被告人口供虽然能够与其他证据高度“印证”，但也蕴含了冤假错案发生的风险，因为“司法实践经验表明，口供与物证相吻合的也未必就是真实的，而高度吻合的口供往往还有侦查人员‘诱供’的嫌疑”。[3]

反思四：警惕印证证明对庭审实质化的削弱。印证证明不仅是侦查机关在收集调取证据、夯实证明体系时常用的办案模式，也是案件审理者综合全案对证据进行审查判断时的一种判断模式。如果运用得当，印证证明模式确实能够起到积极的作用，但也有学者认为，受案卷移送制度和案卷审理主义的影响，审判阶段的“印证”在很大程度上不过是法官依据侦查案卷自我形成的“印证”，其实质不过是卷内证据信息之间的“印证”。[4]同时，我国现行诉讼模式难以杜绝侦查机关在追求定罪的心理动机下对证据信息提前进行单方面筛选，这样一来，最终进入法庭的证据信息可能并不完整。如聂树斌案中，一些可能存在有利于被告人的证据，出现未入卷或缺失的情况，虽然无法证明侦查机关是否有隐匿证据的故意，但这很大程度上与侦查机关在案卷移送前的证据保管、移送有分不开的关系，以致法庭最终接触的只是能够满足“印证证明”需要的证据。从表象上来看，我国刑事诉讼是一个囊括了取证、举证、质证和认证的

---

〔1〕 左卫民：“‘印证’证明模式反思与重塑：基于中国刑事错案的反思”，载《中国法学》2016年第1期。

〔2〕 何家弘：《亡者归来 刑事司法十大误区》，北京大学出版社2014年版，第46页。

〔3〕 何家弘：“聂树斌案的证据解析”，载新浪博客，http://blog.sina.com.cn/s/blog-9ab9fa4d0102wtoe.html，最后访问日期：2020年4月19日。

〔4〕 左卫民：“‘印证’证明模式反思与重塑：基于中国刑事错案的反思”，载《中国法学》2016年第1期。

动态过程，但经仔细分析，这其实也是一个以案卷材料的流转为主线的办案过程。一旦过于依赖案卷证据相互之间的“印证”，就会忽略甚至排斥证人、鉴定人等人员出庭作证，也难以重视被告人质证权的实现和庭审中的交叉询问，因此，庭审中的印证证明应当在庭审实质化改革的背景下实现升级，庭审中的“印证”不是法官单方面对案卷证据审查判断的活动，而应当提升控辩审三方在庭审“印证”活动中的参与程度，包括动员证人、鉴定人等人员出庭参与庭审质证，控辩双方展开交叉询问和辩论，使“印证”在各方的深度参与下得以有效完成。

三、坚持证据裁判原则有助于纠防冤假错案

证据裁判原则，又可称为证据裁判主义，就是在司法证明的过程中应当坚持“依据证据认定事实的原则”。[1]证据裁判原则是现代法治国家刑事诉讼中认定犯罪事实时必须遵循的原则。[2]证据裁判原则的基本要求，就是应当以证据为根本依据，被告人的定罪和量刑都应当有证据予以证明。在刑事错案中，有时依据的是存疑的被告人口供，以及该口供与其他间接证据之间“印证”后形成的一致。这种建立在合法性、真实性存疑基础上的裁判有据并不是真正意义上的证据裁判。如何坚持证据裁判原则，纠正和防范冤假错案，在一些刑事错案纠正的过程中对这些问题给予了深刻的阐释。这对于刑事诉讼中证据裁判原则的运用和冤假错案的防范，都有指导性的意义。

（一）证据裁判原则不是一项“纸面上的原则”

证据裁判原则不应当是一项“纸面上的原则”，而是一项“活灵活现的原则”，坚持证据裁判原则，就应当坚持司法亲历，坚持动静结合，重程序、重调查研究。有些刑事错案在纠正的过程中面临着重重困难，如聂树斌案案发时间久远、证据缺失严重，再审难度较大，最高人民法院在依法对聂树斌案进行审查判断的过程中，法官们不仅审查了一审二审卷宗，河北和山东两地的高级人民法院复查了卷宗，还专门去案发地核查了相关证据，对案发现场进行了勘查，走访了被害人生前的租住地上下班路线、聂树斌被抓获的地点以及其供述的偷

---

〔1〕［日］田口守一：《刑事诉讼法》，张凌、于秀峰译，中国政法大学出版社2010年版，第267页。

〔2〕陈光中、郑曦：“论刑事诉讼中的证据裁判原则——兼谈《刑事诉讼法》修改中的若干问题”，载《法学》2011年第9期。

衣地点等，对原审案件中的相关证人及部分办案人员进行了询问，就被害人尸体照片及尸检报告中的有关问题咨询了刑侦技术专家，而有关的法律程序问题还征求了法学专家的意见。这种深入现场、实地考察、重证据、重调查研究的态度，使得证据裁判原则不再停留于规定的层面。司法机关的做法不仅是对证据裁判原则的典型示范，也正是刑事案件尤其是命案调查研究所需要的。和以往的阅卷审查的静态办案模式不同，这种动静结合的办案方式，也是极具启发性和指导性意义的，河南赵作海冤案中，如果办案人员重视现场调查，就有可能发现三块压在尸体上的石磙一个人基本不可能弄得动，错案的情况有可能也就因此得以避免。[1]

（二）证据的收集运用应当符合正当程序

正当程序原则，即正当法律程序原则，是指未经法律的正当程序规定，不得任意剥夺私人的生命、自由和财产。根据正当程序原则的要求，一方面国家机关在对犯罪嫌疑人、被告人开展追诉活动时，应当在法律规定的范围内进行，法律内有明确赋予的职权，国家机关不得随意行使，另一方面国家机关应当保障犯罪嫌疑人、被告人在刑事诉讼中应有的权利，赋予犯罪嫌疑人、被告人抵御国家司法权力的侵犯并借以自保的手段，从而有利于制约国家司法机关的权力，维护犯罪嫌疑人、被告人的人权。[2]在聂树斌案中，为收集其有罪的口供，在未掌握任何破案线索的情况下就采用羁押的形式对聂树斌变相监视居住；在现场勘验环节，应当邀请见证人到场而未邀请，勘验、检查人员应当签名的地方也未签名；对于一些重要物证等客观性证据的辨认、指认违背了法律程序规定；卷宗中存在签字造假等问题，不能排除伪造或变造案卷的可能。虽然聂树斌案案发时间久远，当时的办案方法和办案理念距今有一定差距，但这并不意味着可以漠视办案过程中的正当法律程序。办案机关一来应当根据刑事诉讼法和公安机关的办案规定来办案，二来应当保护犯罪嫌疑人、被告人的基本人权。

（三）证据严重缺失时应当坚持疑罪从无

证据严重缺失时应当如何进行证据裁判？最高人民法院通过聂树斌案的再审给出了答案。在聂树斌案再审判决书中，最高人民法院 61 次提到“证据”，

---

〔1〕 刘刚：“检讨赵作海案”，载《中国新闻周刊》2010 年第 20 期。

〔2〕 樊崇义主编：《刑事诉讼法学》，法律出版社 2016 年版，第 60 页。

14次提到“不合理”或“不合常理”。坚持证据裁判，一方面应当综合审查判断全案的证据，既要审查被告人有罪、罪重的证据，也要审查被告人无罪、罪轻的证据；另一方面还要善于运用逻辑推理和经验判断。在对聂树斌案再审中证据审查判断时，再审法官发现三组重要证据包括聂树斌被采取强制措施后前5天讯问笔录、重要原始书证考勤表以及案发之后前50天内多名重要证人询问笔录等多处证据缺失；在对既有的证据进行逻辑推理和经验判断时，发现原审据以定案的证据主要是聂树斌的有罪口供，及其口供与其他证据的“印证一致”。综合全案因素，聂树斌案并不能达到“事实清楚、证据充分”的证明标准，且不能排除有其他人作案的合理怀疑，最高人民法院对聂树斌案依法作出了无罪的再审判决，可以说，聂树斌案再审后无罪的判决，是疑罪从无原则运用的典范。

疑罪从无的理念源自无罪推定原则。意大利刑法学家贝卡里亚指出，“在法官判决之前，一个人是不能被称为罪犯的。只要还不能断定他已经侵犯了给予他公共保护的契约，社会就不能取消对他的公共保护”。[1]1789年《法国人权宣言》第9条规定，“任何人，当他的罪行没有得到证明的时候，根据法律他应当被看作是无罪的人”。[2]日本、意大利、俄罗斯等国也都在其刑事诉讼法典中明确规定了无罪推定原则。我国现行《刑事诉讼法》除了在第12条规定“未经人民法院依法判决，对任何人都不得确定有罪”之外，还在第200条第3款第3项规定，“证据不足，不能认定被告人有罪的，应当作出证据不足、指控的犯罪不能成立的无罪判决”。但由于种种因素，疑罪从无在我国贯彻实施得并不理想，从近年来纠正的一些冤假错案中可以看出，对于一些达不到证明标准的案件，无论采用的是超期羁押的“疑罪从挂”，还是“饶被告人一命”的“疑罪从轻”，在本质上都属于“疑罪从有”，是有罪推定思维的残留。疑案面前，任何看起来折中的做法都不是真正的证据裁判，因为历史已经再三明白无误地告诉我们，“不搞疑罪从无，就难免不搞疑罪从有；任何形式的疑罪从轻、疑罪从挂，实质上都是疑罪从有”。[3]

（四）刑事判决书应当体现证据裁判的形式要件

根据最高人民法院发布的裁判文书样式所确定的基本框架和格式，我国的

〔1〕［意］贝卡里亚：《论犯罪与刑罚》，黄风译，中国法制出版社2009年版，第37页。

〔2〕叶青主编：《中国审判制度研究》，上海社会科学院出版社2002年版，第21页。

〔3〕沈德咏：“论疑罪从无”，载《中国法学》2013年第5期。

刑事判决书已经形成“审理查明的事实——认定事实的证据——对证据的分析认证”基本模式，[1]但在实践中，刑事诉讼的裁判文书往往呈现出“重证据罗列，轻证据说理”的惯性模式，对于案件事实简单、证据分歧不大的案件，通过证据的罗列可以直截了当地指明判决作出的根据。但对于像聂树斌案、呼格吉勒图案等这样年代久远、证据存疑较多、事实矛盾点突出，且有着重大社会影响的案件，如果通过简单地罗列证据制作判决，很难做到令人足够信服。综观聂树斌案再审判决书，最高人民法院通过“分析加说理”的模式进行了证据裁判。

一方面，针对聂树斌案件中证据较多、事实比较复杂的情况，再审判决书做到了“当繁则繁、当简则简”，对于在调查过程中已经查证属实，且诉讼各方都没有争议的证据和事实，采用简洁表述的方式，如被害人死亡后尸体发现时间及位置的事实、案发现场的部分实物证据等，再审判决中没有过多纠结，只进行了简单陈述；对于原审中认定但是再审过程中产生疑问的案件事实及证据，再审判决中则花了较大功夫予以分析、阐述，如出现瑕疵的证据以及前后矛盾的证据，对于确实的重要物证的分析判断等，最终判决书中论证详实、说理充分，令人信服。

另一方面，对于案件中存在重大争议的事实及证据，最高人民法院坚持了“三个不受限于”，[2]聂树斌案再审判决书也一改惯常判决书中“罗列证据+简单说理”的模式，采用“分析证据+充分说理”的方式，直接分析证据，在论证与说理的过程中逐个展示证据，并及时披露证据之间、证据与原审认定事实之间的矛盾点。这样的写作模式，不仅没有影响公众了解在案证据，反而更有助于客观全面反映本案的证据状况。[3]这种令人耳目一新的裁判说理方式，可以说是证据裁判原则在裁判文书写作方面的精彩演绎，值得在刑事疑难案件的判决中予以推广。

---

〔1〕 臧德胜：“三大创新确立聂案再审判决书的范例地位”，载《人民法院报》2016年12月21日，第2版。

〔2〕 “三个不受限于”具体指：就被告人供述而言，不受限于其既有的有罪供述；就案发时间而言，不受限于单纯依据在卷证人证言而作出的推测；就审查对象而言，不受限于已有的书面材料。参见罗智勇：“参与聂树斌案再审工作之实践感悟”，载《人民法院报》2019年1月24日，第5版。

〔3〕 臧德胜：“三大创新确立聂案再审判决书的范例地位”，载《人民法院报》2016年12月21日，第2版。

结　语

刑事错案的平反，往往会历时长久、步履沉重。在追求司法公正的过程中，以聂树斌案再审为例，异地复查、申诉听证、提级再审等开创了我国刑事诉讼中的诸多“第一次”，从刑事诉讼的角度来看，聂树斌案已经超越个案纠错的狭义价值，成为司法公正的一件标杆性事件。而从证据的角度来看，一审二审之所以得出错误的结论，除了没有坚持法定的证明标准、错误地运用了印证证明模式以外，没有领会并有效运用证据裁判原则的精髓，也是关键所在。该刑事错案的平反，不仅得益于舆论的关注、公众的参与，也是坚持了证据裁判原则的必然结果，而聂树斌案的再审判决书，以论证科学、表达充分、形式新颖的方式宣告了聂树斌“疑罪从无”，在理论完善和实践指导方面，必然有着指导性的意义和作用。

三个谬误：虚假口供和错误定罪形成之路径

［美］理查德·A. 利奥　史蒂芬·德利岑 文

袁鑫 译*

1989年11月17日上午，纽约皮克斯基尔市的警察发现了15岁的安吉拉·科雷亚（Angela Correa）的尸体，她被强奸并被勒死。皮克斯基尔市的侦查员托马斯·麦金泰尔（Thomas McIntyre）和大卫·莱文（David Levine）被指派负责这起谋杀案的调查，随后他们联系了纽约警察局的侦查员雷蒙德·皮尔斯（Raymond M. Pierce）。皮尔斯是纽约警察局刑事评估和概况调查部门（Criminal Assessment and Profiling Unit）的创始人，也是当时接受联邦调查局刑事举报培训的少数几名官员之一。在查看了警方的报告、犯罪现场的照片以及有关此案的其他信息之后，皮尔斯对犯罪嫌疑人进行了详细的描述，该描述在很多方面都可以引导随后的侦查过程。根据皮尔斯的描述，杀害科雷亚的凶手是认识科雷亚的白人或西班牙裔男性，年龄不超过25岁甚至可能不到19岁。凶手身高不到5英尺10英寸，性格孤僻，不参与学校活动，在女性面前缺乏信心。凶手患有身体或精神上的残疾，可能曾因吸毒或酗酒遇到过麻烦，甚至有过攻击行为。

掌握了一定信息后，当地的警察通过在皮克斯基尔高中走访科雷亚的同学开始了他们的侦查。接受询问的16岁学生杰弗里·德斯科维奇（Jeffrey Deskovic）似乎很符合皮尔斯的描述。他是一个身高5英尺10英寸的白人男性，年龄不满19岁，被同学描述为“独行者”。据不愿透露姓名的人称，他是一个“情感残障”的年轻人，此前曾殴打过他的母亲。他成为嫌疑人的原因是其于11月15日下午3时30分至4时30分在学校缺勤，这和法医推测的科雷亚的死

---

* ［美］理查德·A. 利奥（Richard A. Leo），旧金山大学哈米尔家族讲席教授；［美］史蒂芬·德利岑（Steven A. Drizin），执业律师、芝加哥西北大学普利兹克法学院法律实务教授；袁鑫，中国政法大学硕士研究生。该文刊载于《旧金山大学法律研究论文》（2012年第4卷）。本文翻译已得到作者授权，但译文未经其审核，一切文责由译者承担。

亡时间一致。德斯科维奇在科雷亚死后的举动也加强了警察对他的怀疑：德斯科维奇参加了为科雷亚举办的所有三场追悼活动，并失控大哭。对于一个只知道科雷亚的人来说，这似乎表现得过于悲痛。而且，他对破案也过于痴迷。他自己对案发情况进行了调查，走访了犯罪现场，提供了自己对于犯罪如何发生的推断，并且在他与警察早期的交谈中表现出似乎他对案情有很深的了解。这些反常的举止行为使得警方怀疑德斯科维奇与科雷亚的谋杀案有关。

在与德斯科维奇第一次见面后不久，侦查人员开始几乎完全专注于德斯科维奇。在 1989 年 12 月 12 日至 1990 年 1 月 25 日之间，侦查人员至少审问了德斯科维奇七次。在这些接触中，警察使用了他们所说的被动及主动技巧，在温和的询问与高压、对抗性审问之间来回切换，以期使德斯科维奇认罪。尽管他们作出了种种努力，但德斯科维奇依然拒绝认罪时，斯蒂芬斯（Stephens）被激怒了。

1990 年 1 月 25 日，德斯科维奇同意接受测谎仪测验。他于上午 9 时 30 分独自到达警察局总部。在那里，他与莱文和麦金泰尔警探会面并驱车前往纽约布鲁斯特接受测验。接下来的八个小时里，在一间 100 平方英尺的房间里，他被测谎师、侦查员斯蒂芬斯再次讯问。当斯蒂芬斯的被动讯问技巧未能使德斯科维奇认罪时，斯蒂芬斯加强了施压，他告诉德斯科维奇没有通过测谎仪测验。警察麦金泰尔随后进入房间开始发问，这次采取的是更具侵略性和对抗性的讯问方式。据德斯科维奇称，警探麦金泰尔不仅告诉了他包括测谎仪在内的所有证据都证明他有罪，还使用了心理胁迫。他威胁德斯科维奇，如果不认罪将会入狱，还向其承诺如果认罪，将会接受精神治疗（并被允许回家)。因为麦金泰尔没有用电子手段记录他的审讯（事实上，他只记录了七个不同审讯中的审讯片段)，所以他用来瓦解德斯科维奇抵抗力的方法并不为人们所知。

德斯科维奇最终认罪了。根据麦金泰尔所说，德斯科维奇一开始就用第三人称描述了行凶者的行为，并在叙述中的某一时刻转向了第一人称，他告诉麦金泰尔，“我生气了”，并用佳得乐瓶子打了科雷亚的后脑勺。尽管此前他从来没有承认过强奸科雷亚，但哭泣的德斯科维奇却说他将手放在了科雷亚的嘴上，“可能把它留在那里的时间太长了”。据德斯科维奇说，他重复了警察在漫长的指控性审讯中告诉他的细节。“我感到疲惫、困惑、害怕、饥饿，我想从这里出去”，他最近回忆道，“我告诉了警察他们想听的话，但我从来没有回过家。他们欺骗了我”。在审讯结束时，德斯科维奇躺在桌子底下，蜷成一团，无法控制地抽泣着。仅仅根据口供，德斯科维奇就被逮捕了，并被指控奸杀安吉拉·科雷亚。

检察官急于向大陪审团陈述他们针对德斯科维奇的指控，他们选择在收到将德斯科维奇的血液与从科雷亚的阴道拭子中提取的精液进行比较的 DNA 检测结果之前进行起诉。就在他被向大陪审团起诉后仅三天，联邦调查局就通知地方检察官，经检测精液不属于德斯科维奇。就在检方为起诉做准备时，他们从 DNA 检测中得到了更多坏消息，当地的毛发分析专家还依据在被害人身上发现的几根头发将德斯科维奇排除，因为在科雷亚的右脚处发现的一根头发被确定属于一名非裔美国人。

检察官缺乏任何将德斯科维奇与犯罪现场联系起来的 DNA 或其他法医物证，因此完全依靠他的证言来进行指控。为了说服陪审团对德斯科维奇定罪，警察和检察官说服陪审团相信德斯科维奇的证言是可靠的，因为其中包含只有真正的犯罪分子才可能知道的细节，例如，案件有多个犯罪现场，并且被害人曾写过一张纸条。在被害人死亡前不久给前男友，那张纸条被弄皱并在科雷亚的尸体下面被发现。警察还透露了一些其他德斯科维奇知道的细节，包括科雷亚的头部受到打击。他撕破了她的衣服，两人发生了搏斗，他用手捂住了她的嘴。在对德斯科维奇的整个审判过程中，警方证人作证说他们采取了预防措施，不向德斯科维奇或任何人透露任何关键的犯罪现场事实，以免污染德斯科维奇的供述。此外，警方和检察官严重依赖一个事实，德斯科维奇披露的一个“佳得乐瓶子”被用来殴打受害者的头部，警方最初对此是未知的。在结案陈词中，地方检察官着重强调了这一事实，指出警方在搜查中发现了一个佳得乐瓶子的瓶盖，当时德斯科维奇刚刚告诉他们酒瓶的事以及对科雷亚造成的伤害是“重瓶子”。德斯科维奇被判谋杀罪成立，判处 15 年监禁。

对德斯科维奇的判决在上诉中得到了确认，而通过州层面上诉和联邦人身保护令程序推翻其判决的努力也以失败告终。当地上诉法院没有发现审讯德斯科维奇的方式有何不妥，甚至认为对他不利的证据是“压倒性的”，可导致入罪的供词被诸如尸检结果一类的物证证实了。2006 年“无罪项目”（Innocent Project）同意接手德斯科维奇的案件后，他们使用了更先进的技术对强奸物证中的精液进行了重新检测。2006 年 9 月，被害人体内残留精液的 DNA 与一名叫史蒂文·坎宁安（Steven Cunningham）已定罪的罪犯相匹配，此后不久，他对这一罪行供认不讳。德斯科维奇因被指控强奸和谋杀这一他从未曾犯下的罪行而在监狱服刑16年后，于2006年11月2日被正式释放。坎宁安于2007年3月承认强奸并谋杀了科雷亚。

德斯科维奇案并非个案。近年来，警方从无辜的人那里获取了大量明显是虚假的口供。这些虚假口供有许多导致了错误的起诉，还有一些导致了错误的定罪和监禁。一些被错误定罪的无辜者在被宣告无罪和释放之前已经被不公正地监禁了很多年，而另外一些人仍然在监狱里。许多无辜者被定死罪，并被判处死刑。厄尔·华盛顿（Earl Washington）是一位作出虚假口供的无辜者，他在弗吉尼亚的死囚牢房中度过了他17年监禁中的10年，并在被处决9天后于2001年被宣判无罪。研究人员表示，还有几个其他无辜者已经被处决：爱德华·厄尔·约翰逊（Edward Earl Johnson）在1987年被处决，巴里·李·费尔查尔德（Barry Lee Fairchild）在1995年被处决，里奥·琼斯（Leo Jones）在1998年被处决，多比·吉利斯·威廉姆斯（Dobie Gillis Williams）在1999年被处决。

纵观美国历史，警察诱导的虚假口供一直是导致误判形成的主要原因之一。然而，直到20世纪80年代末，还没有对错误的原因、模式和后果进行系统和科学的研究。随着雨果·贝多和迈克尔·拉德莱特对1900年至1987年间美国错误定罪的死刑案件和潜在死刑案件作出的里程碑式研究，这种情况发生了变化。该研究发现，在350次误判中有49次与虚假口供有因果关系。他们发现，在他们的样本中，警察诱导的虚假口供是仅次于控方证人作伪证和目击证人错误指认的第三大导致误判的原因。

就在贝多和拉德莱特（1987年）的文章发表仅两年后，1989年加里·多森（Gary Dotson）成为第一个定罪后通过DNA脱罪的无辜囚犯。DNA测试的出现，以及它打开的揭示法律体系错误的窗口，已经永久性地改变了美国司法错误的性质和研究。也许最重要的是，DNA测试在许多已经被定罪的案件中发现了无辜的事实。但结果是，尽管我们拥有高尚的理念和许多旨在保护无辜者的宪法权利，在美国刑事司法系统中仍经常会发生令人难以置信的错误定罪，DNA脱罪让杰德学者（Jed scholars）和政策制定者关注的焦点不是错误定罪的发生，而是为何如此频繁地发生以及可以采取哪些措施来预防和纠正。

近年来，有学者对数百个警察诱导的虚假口供案例进行了记录和分析。在这些研究中，涉及虚假口供的误判率从14%到60%不等。这些现代的研究再次证明，虚假口供仍然是无辜者被错误定罪的主要原因。正如已故的威尔士·怀特所指出的那样："一旦警察接受了由其引起的虚假口供为真，那么虚假口供导致错误定罪的危险就很大。"

没有单一原因导致的虚假口供，也没有单一逻辑或类型的虚假口供。警察诱导的虚假口供是一个多步骤的过程，也是一系列影响、说服和服从行为的结果，而且通常会涉及心理胁迫。然而，在特定的审讯条件下，警察更有可能诱导出虚假口供，具有特定人格特质和性格的人更容易迫于压力而作出虚假口供。在其余部分，我们将分析在社会产生的每个虚假口供中出现的三个顺序性谬误：(a) 警察首先将无辜者错误地归类为嫌疑人；(b) 警察接着对嫌疑人进行有罪推定和指责性的审讯，而审讯总是涉及证据欺骗和重复使用隐含或显式的承诺和威胁；(c) 一旦警察引出了一个错误的承认，就迫使嫌疑人提供一个他们共同塑造的犯罪证明，通常是向无辜的嫌疑人公开地和非公开地提供犯罪事实。我们把这些错误称为误分类错误（the misclassification error）、强制错误（the coercion error）和污染错误（the contamination error）。这三种错误在德斯科维奇案的错误定罪中都得到了突出体现。

一旦这三种错误结合在一起，就产生了虚假口供，然而，从虚假口供到错误定罪的路径还不完整。至少有三个其他的过程——误导性专业经验、隧道视野（Tunnel Vision）和确认偏差（Confirmation Bias）——通常通过说服所有刑事司法人员（辩护律师、检察官、审判员和上诉法院法官）忽略掉口供是虚假的这一事实，为错误定罪铺平道路。我们也在文中分析了这些过程，并提出了一些建议，旨在减少虚假口供和防止导致错误定罪。

一、误分类错误

第一个错误发生在警察错误地判定一个无辜的人有罪时，正如戴维斯（Davis）和利奥（Leo）在2006年时指出的那样："当警察瞄准一个无辜的嫌疑人时，就必然会开始踏上虚假口供之路……一旦特定的嫌疑人成为目标，警察的调查和审讯便以有罪推定为指导。"因此，是否进行讯问是侦查过程中的一个关键决策点。在此阶段，如果没有误分类的错误，就不会有虚假口供和错误定罪。换句话说，如果警察没有错误地审讯无辜的人，他们就永远不会引起虚假口供。因为将无辜的嫌疑犯错误地分类是所有虚假口供和错误定罪发生的必要条件，这是警察犯的第一个也是最严重的后果性错误。然而，这种错误被研究的最少，因此也是了解得最少的错误之一。

有几种相关因素可能导致警察错误地将一个无辜的人归类为犯罪嫌疑人。第一种源于拙劣和错误的审讯训练。美国警察被错误地训练成能够以极高的准确率分辨真伪的“人肉测谎仪”（human lie detectors）。例如，警察被教导说，那些转移视线、行为懒散、调整姿势、触碰鼻子、调整或清洁眼镜、咬指甲或者抚摸后脑勺的嫌疑人，都可能是在说谎，因此他们是有罪的。嫌疑人那些谨慎、抗拒合作、广泛否认和有所保留的回答也被认为是骗人的，因此这样的人也是有罪的。这些类型的行为和反应仅仅是从一长串所谓的非言语和言语行为符号清单中挑选出来的几个例子，警察手册、培训材料和培训人员指引警察在决定对嫌疑人进行预判时发现其是否有罪，并使其受到起诉。尽管警察培训师通常会提到，没有任何一种非言语或言语行为本身足以证明是谎言或是事实，但他们依然指导警察，如果能够知道如何识别肢体语言、行为举止、手势及言语风格，就可以有把握地推断出嫌疑人是否存在欺骗行为。在缺乏任何支持证据的情况下，一些警察培训师吹嘘自己拥有极高的辨别成功率。例如，总部位于芝加哥的里德律师事务所（Reid and Associates）声称，警察能够学会在85%的时间里准确辨别真相和欺骗行为。

警察根深蒂固的想法是，审讯人员可以通过培训被训练成高度适应的“人肉测谎仪”。这种想法既是错误的，也是危险的。它错误的原因在于这是基于不准确的推测，然而这一推测与几乎所有已发表的关于该主题的科学研究结果存在明显矛盾。社会科学研究已经在各种情形下反复证明，人类是一种较差的测谎仪器，因此在判断一个人是在撒谎还是在说真话时很容易出现差错。大多数人判断正确的概率并不一定高于50%，或者还不如投掷硬币得出结论的概率。社会科学研究还表明，即使是那些经常作出判断的专业人士——如警察、测谎人员、海关检查员、法官和精神病学家——通常也很难能有高于50%的概率成功区分诚实者和说谎者。甚至在对警察审讯人员的专门研究中发现，他们通常也难以有50%以上的把握准确辨别出无罪申诉的真实与否；确实，他们经常会作出错误的判断。里德律师事务所在实践经验中发现的行为分析法，实际上降低了判断的准确性，卡辛（Kassin）和方（Fang）（1999年）就此得出结论——“里德技术（Reid technique）可能不是有效的，并且实际上或许会适得其反”。根据卡辛和古迪约森（Gudjonsson）（2004年）的研究，警察和其他专业测谎者成功判断真假的成功概率为45%—60%。

警方审讯人员将无辜者错认为有罪的原因并不难理解。人类的撒谎行为并没有特有的举止或生理反应，因此，没有很鲜明的行为迹象可以辨别是在说谎或是在讲述事实（Lykken, 1998）。警察培训人员认为，相同的行为、举止、手势和态度既可能是罪犯说谎的表现，但也很可能是无辜者的真实反应。正如卡辛和方在1999年时所指出的，“部分问题在于，被误认为撒谎的人往往表现出与真正撒谎的人难以区分的焦虑和行为模式”。因此，作为“人肉测谎仪”的警察所依赖的线索根本无法判断人们的撒谎行为。相反，这些手册所充斥着的虚假和误导性声明通常以无可争议的事实的形式呈现——关于所谓的真相和谎言的行为象征。至少有一位著名的警察培训师，里德律师事务所合伙人约瑟夫·巴克利（Joseph Buckley），依然坚持“我们不审问无辜者”。

将警察的审讯神化为“人肉测谎仪”不仅是错误的，而且是危险的。其显而易见的原因是，这会轻易导致警察仅凭无辜嫌犯的肢体语言就对其作出错误的判断，然后错误地对他进行强制性审讯，这可能会导致虚假口供。例如，加州埃斯孔迪多的警察认为迈克尔·克劳（Michael Crowe）说谎（并因此被判谋杀了他的妹妹斯蒂芬妮），在很大程度上是因为他们相信克劳最初看起来“奇怪地无动于衷”。因为，他并没有像其他家庭成员一样正常地哀悼他妹妹的死亡。在伊利诺斯州，麦克海米·科蒂（McHemy Cotmty）警长的副手们认定加里·高格（Gary Gauger）对他们撒谎了，他们认为高格对血腥谋杀表现出无动于衷的反应，因此他犯了残忍地杀害了他的父母的罪行。纽约皮克斯基尔市的警察认为杰弗里·德斯科维奇杀害了他的高中同学并且在撒谎，不是因为他没有情绪波动，反而是因为他对同学的死亡感到极度的悲痛。克劳、高格、德斯科维奇的案子并非例外：社会科学研究文献充斥着无辜的嫌疑人被强制审问（并最终承认错误）的案例，由于警察误解了他们的非言语举止及行为举动，因而随后将无辜嫌疑人进行强制性审讯（最终被错误认罪），并错认为他们有罪。

“人肉测谎仪”的神话是危险的，不仅因为它导致警察依据最不可靠的标准错误地将无辜的人归为有罪，还因为它显著地增加了警察误判的信心。对自己的误判抱有错误的信心从来都不是一件好事，调查警察的工作尤是如此，因为无辜者的自由及声誉，罪犯的逃脱和实施其他犯罪的能力，这些风险都是如此之高。欺骗的负面影响导致迈斯纳和卡辛（2002年，2004年）的调查员反应偏见（即人们倾向于假定嫌疑人的罪行几乎或完全确定）。过分自信的警察如果错误地认定一个无辜的人是嫌疑人，他就不太可能去调查新的或现有的线索、证据或指向其他可能的嫌疑人的案件理论。正如卡辛和他的同事所表明的那样，错误但自信的预判还增加了调查人员使无辜的嫌疑人受到强制性审讯的可能性，在调查中，他们试图获取信息和证据以证实他们有罪的预判，忽视那些证明嫌疑人无罪的信息和证据。

卡辛及其同事的发现与我们自己的实地观察一致。警察有时会将他们优越的人肉谎言检测技能称为警察所共有的“第六感”。不幸的影响是，审讯者有时会把他们的直觉（或“本能反应”）视为某种程度上构成嫌疑犯犯罪的直接证据，然后信心十足地进行积极的审讯。在我们对已证实且有争议的供述案件进行分析时发现，相比客观证据，审讯者通常更坚定自己对嫌疑人有罪的信念，并且固执地不愿考虑他们的直觉或行为分析错误的可能性。这些倾向可以通过一种职业文化来强化，这种文化教导警察进行普遍怀疑，并且不会因他们承认自己的错误或对审判表示怀疑而对他们进行奖励。

“人肉测谎仪”的“神话”只是众多“神话”中的一种，这些“神话”会导致警察将一个无辜的人错误地归类为嫌疑人，然后使该嫌疑人接受可能会导致虚假口供的各种对抗性和侵略性的审讯手段。尽管这一“神话”在德斯科维奇案中起到了一定的作用，当时皮克斯基尔市的警察得出德斯科维奇说谎的结论，是由于他过于情绪化的悲伤。第二类“神话”是通过阅读警方报告和检查犯罪现场照片和其他与犯罪相关的证据，训练有素的警察可以创建详细和准确的嫌疑人特征，这在导致错误分类中发挥了更大的作用。在警方看来，德斯科维奇与警方创建的嫌疑人特征几乎完全吻合。他有相符的种族、年龄、身高，他认识受害者，是一个独来独往的人，在女性面前缺乏自信，而且据称还殴打过他的母亲。

对刻画的嫌疑人特征过度依赖不仅导致警察把注意力集中在德斯科维奇身上，从而将其他所有人排除在外，还可能影响了他们询问证人关于德斯科维奇的问题，以及他们在警察报告中解释和记录这些证词的方式。许多警方报告使用的词汇似乎和刻画特征的资料上如出一辙，将德斯科维奇描述为“麻烦”“暴力倾向”和“充满敌意和煽动性”。然而，凶手的最初形象在几乎所有方面都被证明是错误的。史蒂文·坎宁安是一名非裔美国人，身高 6 英尺多，他犯下这些罪行时 29 岁。对受害者来说，他也是一个完全陌生的人。

德斯科维奇案并不是历史上唯一一个因警察的嫌疑人特征档案导致错误分类的虚假口供案件。1986 年，洛丽·罗斯凯蒂（Lori Roscetti）被奸杀近 3 个月后，芝加哥的警察联系了美国联邦调查局的侧写师罗伯特·雷斯勒（Robert Ressler），请他创建一份谋杀罗斯凯蒂的一个或多个男人的特征描述。雷斯勒认为，犯罪是由3—6名年龄在15—20岁之间的年轻黑人男性犯下的，他们之前曾被监禁过，并且住在发现罗斯凯蒂尸体的地方附近。有了雷斯勒的描述资料，芝加哥的警察将注意力集中到了三个17岁的黑人青少年身上——马塞勒斯·布拉德福德（Marcellus Bradford）、拉里·奥林斯（Larry Ollins）和奥马尔·桑德尔斯（Omar Saunders），他们都住在附近的住宅区。1987年1月27日，警察把男孩们带回警局审讯。在审讯开始15个多小时后，警方从布拉德福德那里得到了一份口供（其中包括他自己、奥林斯和奥林斯有学习障碍的14岁表弟卡尔文）。尽管早期对受害者体内精液样本的DNA检测将这些男孩排除在强奸犯之外，但四名被告在审判中依然都被定罪。拉里·奥林斯、卡尔文·奥林斯和奥马尔·桑德尔斯被判终身监禁，而同意认罪并为拉里·奥林斯作证的马塞勒斯·布拉德福德被承诺减刑，他被判处12年监禁。2001年，新的DNA检测最终依然未能将任何一名被告与罗斯凯蒂被奸杀联系起来，他们随后被释放。不久之后，警方逮捕了杜安·罗奇（Duane Roach）和埃迪·波·哈里斯（Eddie Bo Harris），他们对奸杀罗斯凯蒂的犯罪行为进行了录像供认，后来通过指纹比对和DNA检测，他们与这起犯罪联系了起来。罗奇和哈里斯也不符合雷斯勒描述的形象。哈里斯被捕时46岁，罗斯凯蒂被杀时31岁，而罗奇被捕时38岁，当时是23岁。警方确认涉案的只有罗奇和哈里斯两人，而不是雷斯勒推测的3—6个人。

除了他们的训练、经验和工作文化之外，警察和其他人一样，也会受到导致人们相信事情不真实的人类决策偏差和错误的影响。这些决策偏差包括：倾向于将随机事件赋予比其本身应有的含义更多的含义，基于不完整或不具有代表性的信息得出基本结论，解释模糊证据印证一个人的先入之见，以及寻找可以证实先前存在的信息而轻视或忽视不存在这样作用的信息。所有这些正常的人类决策偏差不仅在警察工作中大量存在，而且由于美国刑事侦查的对抗性而更加复杂严重。

二、强制错误

一旦警察把一个无辜的人错认为是嫌疑人，他们就会经常进行强制性审讯。这是因为，在没有其他证据可以证明嫌疑人有罪的情况下，获得嫌疑人的认罪口供变得尤为重要。而且通常情况下，没有任何可靠的证据可以证明嫌疑人是无辜但被错误分类为嫌疑人的。因此，警察通常需要嫌疑人认罪才能成功立案。相比之下，当警方正确地对罪犯进行分类和调查时，通常还会有其他的案件证据，因此认罪可能就不那么重要了。在一些备受关注的案件中，审讯和招供也理所当然地成了证据收集的重要形式。在这些案件中，警察面临着巨大的破案压力，而且没有其他潜在的证据来源可供发现。因此，绝大多数有记录的虚假口供案件出现在凶杀案件和引人注目的案件中。

一旦审讯开始，警察诱导的虚假口供主要成因是警方在心理上采取的高压手段，它依次操纵嫌疑人对形势的看法、对未来的期望，以及从否认变为承认的动机。心理胁迫，我们指的是以下两种情况之一：警察使用审讯手段，这些手段被认为违背了嫌疑人的意愿（例如，承诺和威胁），在心理学和法律上被认为具有内在强制性；或者警察运用审讯手段导致嫌疑人认为他或她别无选择，只能遵从审讯人员的要求。通常，这些等于同一件事。心理上的强制性讯问技术包括一些陈旧的“第三级”的例子，如剥夺（食物、睡眠、饮水或上厕所）、与外界隔绝，以及制造极度疲惫。然而，在现代，这些手段是十分少见的。取而代之的是，当今的警察审讯人员使用心理胁迫手段时，通常包括（含蓄或明确的）宽恕的承诺和更严厉对待的威胁。正如奥夫希和利奥所写的：“在当今时代，橡胶管相当于以言外之意进行沟通的间接威胁。”威胁和承诺可以有多种形式，通常在审讯过程中被重复、发展和细化。在后米兰达时代，绝大多数被记录在案的虚假口供要么是直接由承诺或威胁引起的，要么涉及承诺或威胁。

心理胁迫的第二种形式——使嫌疑人感到自己别无选择，只能遵从审讯者的意愿——这并不是任何一种技巧所独有的，可能是整个审讯方法累积的结果。当代审讯的心理结构和逻辑很容易产生这种效果。羁押环境和物理隔离旨在隔离和剥夺嫌疑人的权利。审讯通常被营造为具有压力且不愉快的氛围，它持续的时间越长，进行得越激烈，嫌疑人感到的压力和不适感就越大。使用审讯技巧的目的在于使嫌疑人认为他们自己的罪行已经得到证实，没有人会相信他们无罪的主张，通过继续否认警察的指控，他们只会使情况（案件的最终结果）更糟。嫌疑人可能会认为他们别无选择，只能服从警察的命令，因为他们已经疲惫不堪，或者根本没有其他办法逃避这令人难以忍受的充满压力的经历。一些嫌疑人，例如杰弗里·德斯科维奇，从一开始他相信离开的唯一方法就是按照警察所说的去做。另一些人选择遵从是因为他们被引导去相信这是避免不好结果的唯一方法。当嫌疑人认为除了服从别无选择时，他们的屈从和认罪就被定义为是非自愿和强迫的产物。

为了更好地理解审讯的技巧和心理动力是如何逐渐变得具有强制性的，将审讯视为是实施心理压力和说服力的两步连续过程是有必要的。在审讯的第一步，侦查人员通常依靠一些独立的审讯技巧和策略来说服嫌疑人，告知其已经被抓住了，且无力改变自己的情况。侦查人员可能会指控嫌疑人犯了罪，打断嫌疑人的否认，无视嫌疑人的反对，打断或忽视嫌疑人的无罪主张。如果嫌疑人提供了不在场证明，审讯者就会把它视作与所有的案件证据相矛盾的证据，将其视为不可信或根本不可能的证据。要使嫌疑人相信其处境已无可救药，最有效的方法是用表面客观和无可辩驳的证据来证明其罪行，无论该证据是否实际存在。美国警察经常用伪造的证据来对付嫌疑人，比如不存在的目击证人、假的指纹、伪造的录像证据、伪造的测谎结果，等等。这种方法的目的是使嫌疑人相信，国家对其的指控是如此令人信服和不可改变，其罪行可以毫无疑问地确定下来，因此被逮捕、起诉和定罪是不可避免的。指责、打断否认、攻击不在场证明、用真实或不存在的证据对抗嫌疑人，这些技巧往往随着审讯压力的升级而重复出现。它们的目的是减少嫌疑犯的主观自信，即其就算在审讯中幸存下来而不被逮捕，也没有办法摆脱困境。

审讯的第二步旨在说服嫌疑人，服从和招供的好处大于反抗和否认的代价。因此，改善这种原本绝望局面的唯一途径就是承认某种形式的罪行。在这一部分的审讯过程，侦查员会向嫌疑人展示诱因，如果认罪，其将得到一些个人的、道德的、公共的、程序的、物质的、法律的利益或其他利益。但是，如果不招供，则会经历一些相应的个人的、道德的、公共的、程序的、物质的、法律的成本和其他成本。奥夫希和利奥提出，这些诱因可以按照从诉诸道德（在低端），到诉诸刑事司法体系会如何对嫌疑人的否认与认罪作出反应（在中端），到暗示或明确的宽大处理的承诺或建议，再到更严厉的处理或处罚的威胁（在高端）排序。在大多数的虚假口供案件中，审讯者间接通过语言暗示，或更明确地传达出：如果嫌疑人坦白，其将得到更宽大的处理；但如果不坦白，则将受到更严厉的惩罚。在一些虚假口供案件中，胁迫包括公然威胁惩罚或伤害（如，威胁延长刑期、判处死刑或伤害家庭成员），宽大处理或豁免的明确承诺（如，提供直接释放、进行疏导而不是予以监禁，抑或是进行减刑处理）。无辜的嫌疑人通常只有在被这些技术手段说服后才会认罪，因为他们认为自己的选择有限，以及招供才是最合理的选择。现代审讯的心理逻辑是它使非理性（承认犯罪将可能导致惩罚）显得理性（嫌疑人认为其不可避免地被抓住，或认为其处境毫无希望，同时认为与当局合作是唯一可行的解决办法）。

三、污染错误

认罪不仅是一个对“我做过这件事”进行的声明，它还包括另一个层次的含义，即为“我做过”赋予语境并试图对此进行解释。虽然这并未得到应有的学术关注，但通过其所形成的认罪后陈述和审讯过程是正确理解和评估供词证据的关键。警方在嫌疑人心理方面施以的高压手段（以及他们与不同嫌疑人的互动手法）或许可以解释嫌疑人是如何从否认罪行转变到承认罪行的，这往往是煞费苦心的过程。但正是这种认罪后陈述，将基本认罪转变为完全的忏悔。认罪后陈述是围绕认罪展开的，因此，至少从表面上看，它是对嫌疑人罪行的有力描述。嫌疑人认罪后叙述的内容及言辞的力量在一定程度上解释了为什么会将供认视为有罪的有力证据，而且这有时还会导致对无辜者的逮捕、起诉和定罪。

警察清楚知晓审讯时认罪后期阶段的重要性。他们以此来进行影响和塑造，甚至有时还会改变嫌疑人的叙述。警察的目标是引出一个具有说服力的叙述，成功地证明嫌疑人有罪并使他们被定罪。具有说服力的认罪后陈述需要有令人信服的故事情节；它必须讲述或者提供一个故事形成的要素，从而使故事更加连贯，并让旁观者有对其进行评价的意义。不管是隐含的还是明确的，一个有说服力的认罪后陈述必须有一个可信的情节，因此对嫌疑人的犯罪动机或目的进行解释尤其重要。审讯者善于编造、暗示或引出对疑犯动机的解释；事实上，主题展开法只是一种将动机归于嫌疑人身上的方法——通常是将犯罪嫌疑人的罪责最小化——嫌疑人同意了，然后再进行重复，即使这有时是完全不准确的。为了证明嫌疑人有罪，重要的是故事是可信的，而不是它是可靠的。为了增强供词的可信度和说服力，警察将设法使供词看起来可信和真实。他们会鼓励嫌疑人将自己认罪的决定归咎于良心行为，对犯罪行为表示懊悔，并提供生动的现场细节来证实嫌疑人的罪行，以此证明嫌疑人有罪。审讯者也会试图让认罪显得是自愿的，把嫌疑人描绘成自愿招供，而警察只是被动地接受认罪。

警察通过向嫌疑人施加压力迫使他们接受一个特定的陈述，并向其提供犯罪事实，从而帮助制造虚假口供。警察实际上污染了嫌疑人的认罪后陈述。除非其已经从社区“八卦”或媒体上了解了发生在犯罪现场的事实，否则一个无辜的人将不会知道普通的抑或是戏剧性的犯罪细节。因此，当无辜的嫌疑人在回答无法轻易偶然猜出答案的问题时，他的认罪后陈述中会充满错误。当然，除非答案被隐晦地、暗示地或明确地提供给嫌疑人，而事实上，无论有意还是无意，在许多虚假口供的案件中都会出现这种情况。

因此，嫌疑人的认罪后陈述的污染是警察错误三部曲中的第三个错误，这些错误累积起来，诱导和构建出了具有说服力的虚假口供。因此，在杰弗里·德斯科维奇的案件中，对嫌疑人认罪后陈述的污染是唯一能解释绝对无辜的德斯科维奇如何得知只有真正的罪犯才会知晓的犯罪细节的原因。要么是警方审讯人员向他提供了这些独特的、非公开的犯罪事实，然后其将这些事实纳入了他的认罪后陈述；要么是警方不小心向社会公众公开了这些事实。正如后来对德斯科维奇一案的调查所指出的，“如果像检方起诉书所描述的那样，德斯科维奇掌握了尚未广为人知的关于科雷亚死亡的信息，那么在某种程度上，侦查的缺陷一定是罪魁祸首”。

然而，鉴于德斯科维奇口供中有关认罪事实的特殊性，警方的失误是更有可能的失误来源。由于德斯科维奇的审讯过程没有被完全记录下来，人们永远无法确切地知道警方是否以及在多大程度上污染了他的口供，并使其在宣判他有罪的陪审团和维持原判的上诉法院面前显得真实可信（即使它实际上是错误的）。然而，有一件事是肯定的——这种失误如果不是因为 DNA 技术的出现以及它在生物证据上的应用，那么这一失误就永远不会被揭露。

四、从虚假口供到错误定罪

虚假口供导致错误定罪的过程要比警察诱导和构建虚假口供的过程更加复杂，人们对它的理解也要少得多。因为它涉及多个参与方——这不仅包括警察和嫌疑人，还包括检察官、辩护律师、法官、陪审团，以及对于基于虚假口供错误定罪的多种（心理学、社会学和制度上的）原因和错误。

（1）警察必须把无辜者错列为嫌疑人。

（2）警察必须对嫌疑人进行审讯，结果得到虚假口供。

（3）检控方必须决定对作出虚假口供的无辜者提起诉讼，但通常没有其他不利于其的证据。

（4）检控方对虚假供述的无辜者指控必须在辩方提出的任何排除供述证据

的审前动议中成立。

(5) 假定被告人未发起或接受辩诉交易，陪审团必须一致同意无辜的被告人有罪，排除任何合理怀疑。

(6) 然后，为了让被错误定罪的作出虚假口供的无辜者继续被监禁，上诉法院必须驳回他被定罪后律师对错误判决的程序性质疑。

在刑事诉讼程序中有很多要点，针对无辜者的案件可能会在许多方面偏离轨道，而且需要这么多刑事司法专业人士在他们众多判决中都是错误的。因此，产生错判的过程绝非易事。尽管我们已经习惯了这个 DNA 检测的时代，经常目睹被错误定罪的人获释走出监狱，但一个失败的司法审判结果仍然令人震惊。如果不打破这一现象，错误定罪则表示出刑事司法制度的程序保障和自由裁量决策完全错误。从理论上讲，这个体系很难去避免错误结果。只有当许多刑事司法官员和事实审判者犯下多个错综复杂的错误时，这种情况才会发生，他们在刑事诉讼程序的每一阶段都未能发现、理解和纠正早期阶段所犯的错误。

虽然导致错误定罪的许多认知错误（感知、推理和决策）和错误行为超出了本文的范围，但我们在这里重点关注两个基本过程，它们有助于将虚假口供转化为错误定罪。第一个是“误导性专业经验”（misleading specialized knowledge），容易造成虚假口供是真实的假象。第二个是更为人所熟知的、与之相关的即隧道视野和确认偏差问题，这些问题导致刑事司法官员和陪审团忽视了口供不实的可能性。

(一) 误导性专业经验

当警察侦查人员向嫌疑人提供独特的、非公开的犯罪事实时，就会使用具有误导性的专业经验，这些事实不太可能被偶然猜测得到，然后警察坚持认为这些事实来源于犯罪嫌疑人。因此，一个人对事实的了解有时被认为他是有罪的或知情的。当这些事实被包括在嫌疑人的认罪后陈述中，就被认为其拥有只有真正犯罪者才知道的信息，因此，其一定是有罪的。然而，与真正的犯罪经验不同，误导性专门经验是有害的，因为它被用来给无辜者定罪十分有效。当警察审讯者向一个作出虚假口供的人提供非公开的犯罪事实时，然后他往往在法庭宣誓后坚称这些事实源于嫌疑人，他们实际上是在捏造不利于嫌疑人的证据。

误导性专业经验是有力的证据，因为它似乎证实了被告的供认。在许多记录在案的错误定罪中，出现了以下几种或全部的模式：当被告供词的可靠性受到质疑时，警察依靠具有误导性专业经验来说服检察官相信供词是真实的；检察官依靠误导性专业经验来说服法官和陪审团，让他们相信供词必然是真实的；辩护律师依靠误导性专业经验来说服客户接受辩诉交易；法官和陪审团依靠误导性专业经验来定罪无辜者；上诉法院依靠误导性专业经验来维持他们的裁判。

无论是否有意，警察使用误导性专业经验给美国刑事司法系统带来了严重的问题，因为它存在于未经记录的虚假口供中，实际上保证了无辜的被告会被错误地定罪。无论是出于疏忽的影响，解决案件的强大的制度压力（尤其是引人注目的案件），还是结合其他多种因素，许多基于警察诱导的虚假口供的错误定罪中都存在误导性专业经验。例如，在一项涉及虚假口供的34个DNA脱罪案件研究中，在32个已经进入审判阶段的案件中，误导性专业经验被用来给31个无辜的被告定罪。

由于误导性专业经验被纳入被告的供词中，并被警察和检察官作为被告罪行的确证，因此它很难被克服。例如，厄尔·华盛顿（Earl Washington）、克里斯托弗·奥乔亚（Christopher Ochoa）和约瑟夫·贾拉塔诺（Joseph Giarratano）。厄尔·华盛顿之所以能够证明自己的清白，是因为DNA检测的出现，这在他受审时是不可能的。克里斯托弗·奥乔亚要证明他是无辜的，只能因为真正的行凶者阿齐姆·马里诺（Achim Marino）在监狱里找到了宗教信仰，多次自愿承认罪行，让警察找到了能证明他有罪的证据，并与犯罪现场留下的DNA证据相匹配。然而，约瑟夫·贾拉塔诺就没那么幸运了：贾拉塔诺一直无法肯定地证明他是无辜的，而且至今仍被判无期徒刑。

（二）隧道视野和确认偏差

警察诱导的虚假口供是导致错误定罪的最主要和最持久的原因之一，但也有其他的原因，例如，目击者错误识别、监狱“告密者”的证词、法庭欺诈和错误，以及警察和检察机关对无罪的证据压制。对当代错误定罪案件的总体研究，通常汇总记录在案的司法不公的案件，然后计算每一种法律原因导致的错判的数量和百分比。

然而，隧道视野和确认偏差现象贯穿（并因此而存在于）所有这些类型的法律错误。隧道视野是一种心理过程，其导致个人只关注一种可能性或结果，而排斥所有其他的可能性或结果。在刑事司法系统中，倾向于“关注一个嫌疑人，选择和过滤可将‘定罪’的证据，而忽略或压制其无罪的证据”。确认偏差是一种心理倾向，即以支持现有信念、感知和期望的方式寻找和解释证据，并避免或拒绝不支持的证据。隧道视野和确认偏差在刑事司法系统中普遍存在，几乎存在于所有的错误定罪案件。因此，从行为角度而不是法律角度来看，他们是美国和其他国家错误定罪的主要原因。对犯罪过程中隧道视野和确认偏差的进一步研究，有助于我们理解为什么警察的审讯过程会产生虚假口供，以及为什么虚假口供常常导致错误定罪。

在警察诱导形成虚假口供的多种途径中，隧道视野和确认偏差各有涉及。如我们所见，导致虚假口供的首要因素是将一个无辜的人错认为有罪。警察犯这种错误通常是基于直觉、错误的假设，与犯罪相关的模型、案例以及行为分析的错误训练，使其错误地认为他们可以成为高度准确的“人肉测谎仪”。在这一点上，狭隘的视野可能已经导致调查人员过早但又自信地得出结论，认为无辜的嫌疑人是有罪的。确认偏差会导致调查人员寻找可确认这一信念的信息和证据，并拒绝或忽视不确定的信息和证据。隧道视野和确认偏差的过程使得公安机关需要承受来自多方面的压力（上司、检察官、受害者、社区、政治人物、官员、媒体以及大量的案件压力），尤其是在严峻的和引人注目的情况下，需要迅速破案。

随后的审讯过程涉及隧道视野和定义上的确认偏差：审讯者认为嫌疑人有罪，便会只寻求可以证实其假设的陈述和信息，这样不仅会忽视一些信息，还会将不能证实其陈述的信息拒之门外（如否认、用语言进行解释、表达无罪）。正如芬德利和斯科特所指出的，审讯的概念本身就包含了狭隘视野下的基本问题：对罪行的过早定论以及不希望考虑替代方案。然而，在这种情形下，隧道视野不是无意形成的，而是经过深思熟虑的；警察从实践中学得并认为这就是推进调查的方法。认知偏见被公开鼓励。隧道视野和确认偏差以及嫌疑人所经历的过程确实会导致虚假口供，这已经在综合案例研究、实验研究以及实验研究警察讯问与虚假供述的文献研究中被多次记录下来。

隧道视野、确认偏差等问题也会影响讯问认罪后的进程。事实上，警察审讯时，在嫌疑人认罪前和认罪后都充斥着隧道视野和确认偏差问题。警察很少会停下来考虑这样一种可能性，即他们在审问一个无辜的人，而他们诱导出的口供可能是假的。约瑟夫·巴克利的著名论断“我们不审问无辜者”即抓住了确认偏差和隧道视野的问题。一旦审讯者得到嫌疑人承认的信息，他们就会将这视为对嫌疑人有罪信念的确认，而不是作为一种需要用案件证据来检验的假设。因此，他们通常继续以一种具有操纵性、暗示性和引导性的方式灌输信息，并以此塑造供词，来成功地对嫌疑人提起诉讼。

然而，隧道视野和确认偏差的问题并没有随警方侦查人员而结束。检察官、辩护律师、法官和陪审员也会受到隧道视野和确认偏差的影响，特别是当他们得知有人写了或签署了一份供词，其中包含了犯罪发生的方式和原因的详细叙述，以及对犯罪事实的详细了解。一旦嫌疑人认罪，正式的无罪推定很快就会转变为非正式的有罪推定，这种推定会使目击者的后续决定产生偏见，并凌驾于他们对无罪证据的分析之上。在许多虚假口供案件中，检察官似乎只是寻找与他们对被告有罪的信念一致的信息，往往忽视、驳回甚至压制相互矛盾或可以证明被告无罪的证据。如果被告被证明无罪，他们往往拒绝承认嫌疑人无辜，或拒绝承认自己犯了任何错误，即使是在最恶劣的情况下也是如此。正如评论者所指出的那样，检察官的隧道视野和确认偏差源于许多方面：办公环境的制度和政治文化、角色压力和“定罪心理”、从警方侦查人员那里得到的片面和不完整的证据以及只提供与他们对罪行的评估一致的反馈。即使是辩护律师有时也会屈服于隧道视野和确认偏差，一旦他们知道他们的当事人已经认罪，就排除了无罪的可能性，并迫使他们的当事人认罪，就像克里斯托弗·奥乔亚的案子一样。陪审团也认可口供证据的力量使他们的判断产生偏见：在虚假口供案件中，他们倾向于选择性地忽略和轻视无罪证据。

简而言之，即使供词是假的，似乎仍然是有罪的有力证据，以至于它们几乎会自动触发必须对口供进行评估的刑事司法官员和陪审员的隧道视野和确认偏差，使他们看不到错误的可能性。

结　论

虚假口供的后果是可预见的：正如我们的研究表明，那些在案件审判前没有被驳回的虚假口供者中，即使他们是完全无辜的，仍有78%到85%的情况会被判有罪（通过辩诉交易或陪审团审判）。除非刑事司法官员和政策制定者试图更好地理解这种情况发生的原因，并去改变经常产生这些结果的体系，否则现状将持续下去。有些缺乏训练但信心十足的警方侦查人员将继续把无辜的人错列为犯罪嫌疑人；他们将继续以毫不动摇的（然而是错误的）有罪推定为基础，继续以欺骗性、操纵性或强制性的方式审讯无辜的嫌疑犯；即使是虚假的，他们仍将继续构建对无辜嫌疑人的罪责有说服力的叙述，其中还掺杂着具有误导性的专业经验，而地方检察官将继续起诉无辜的认罪者，法官和陪审团将继续错误地定罪和处以监禁。因此，刑事司法官员不仅要承认并更好地理解虚假口供在建立和维持司法不公中的作用，而且还应该引入有意义的政策改革，以防止虚假口供的发生并导致对无辜者进行错误定罪和监禁。

本文的政策含义很明确：警方侦查人员、审讯人员和管理人员需要更好地了解他们如何可能导致前文中描述的三个错误，并使其延续。同时他们需要了解何时在实际案件中进行干预，以防止错误像滚雪球一样越滚越大，越滚越有说服力（但是是虚假的），这些错误很大程度上会使得那些接受审判的被告案件形成错误定罪。由于这三个错误是连续的，因此最重要的是防止第一个错误（误分类错误）。为此，警方侦查人员和审讯人员需要进行更好的培训和教育，以了解他们对嫌疑人可能有罪或无罪的错误判断的来源。警方侦查人员和审讯人员需要了解，科学研究文献没有支持他们对自身优越人类测谎能力的信念；他们无法根据其对嫌疑人的行为举止、肢体语言和非语言行为的感知，可靠地判断嫌疑人是无辜的还是有罪的；他们对欺骗的判断很容易出错；他们无法准确地评估自己的测谎技术。他们也需要了解，他们对行为分析的伪科学训练错误地增加了他们对测谎能力的信心，使他们对错误决定的判断更加真实，因此更有可能错误地使无辜犯罪嫌疑人接受有罪推定的讯问，最终导致错误的供认。也许最重要的是，警察需要进行培训，任何人都不应被讯问，除非有合理的证据基础证明嫌疑人的罪行。关于嫌疑人的举止、预感和直觉的推测性假设都不足以作为对无辜的人进行有罪推定的指控性审讯的基础。的确，我们会更进一步，与其他人一起主张，警察应该只被允许审讯可能存在犯罪动机的嫌疑人。当然，出于有效性的考量，审讯前的合理原因要求必须是正式的，并且若进行违反肯定是会承担后果的。有了更好的警察培训和对科学研究文献的了解，以及具备了在审讯之前可能需要的理由，侦查人员应该能够大幅度地减少误分类错误。

但是有些误分类错误还是会继续发生。因此，刑事司法系统也必须在防止强制错误方面做得更好。同样，警察需要接受更好的审讯培训，他们需要专门接受实证科学相关的警方审讯、社会心理学方面的研究教育。心理讯问技术如何影响嫌疑人的认知和决策？哪些技术可以产生心理强制以及产生的原因？具有欺骗性和强制性的心理审讯技术，如承诺和威胁（无论是明示的还是暗示的），如何以及为什么有时会导致无辜者的虚假口供，尤其是脆弱的嫌疑人。除非警方审讯人员更多地了解他们的审讯技巧和行为，了解如何以及为什么有时会导致嫌疑人错误地说“我做了”，或错误地同意警方提出的使他们犯罪的情节，否则他们将无法有效防止无辜嫌疑人提供虚假口供。我们认为，初审法官也可以从我们建议的警察培训中受益，因为他们通常不能压制出于心理强制性的警察审讯所产生的虚假口供。

第三个污染错误可能是其中最危险的，因为它是最隐蔽的，一旦嫌疑人的认罪后陈述被警方的“剧本和诱导”（scripting and feeding）所污染，损害可能是不可挽回的。人们了解详细、生动和合理的口供是证明有罪的具有说服的证据，即使它们被事实证明是假的。虽然侦查人员也可以从更好的教育和培训中获益，但对付警察污染问题的唯一有意义的政策改革是强制性地将整个审讯过程进行电子记录。包括我们自己在内的许多学者已经探讨了诸多原因，以电子方式记录监禁审讯是最重要的改革，目的是减少警察诱导的虚假口供，并防止错误定罪。我们只是想在这里指出，电子记录是创建客观的、可审查的和全面记录的唯一途径，它将允许所有外部观察员——高级别警察、检察官、辩护律师、法官、陪审团和其他人员——识别认罪前和认罪后的影响和污染。如果整个审讯过程都是录音或录像，那么就有可能一步一步地追踪审讯者是如何以及何时暗示或建议嫌疑人将正确答案纳入其认罪后陈述的。

但是，如果整个审讯过程没有被记录下来——绝大多数被记录在案的虚假口供案件都将不会存在，那么可能就没有客观的方法来证明审讯者污染了嫌疑人的供认后陈述。正如贾拉塔诺在涉及 DNA 脱罪的案件中所展示的那样，几乎所有导致错判的虚假供词都是警方污染的产物，而且这些独特的、非公开的犯罪事实后来被错误地归咎于供认人。

更普遍地说，通过使嫌疑人认罪前后在审讯室中所发生的事情透明化，电子记录也能在很大程度上防止和识别强制错误。如果杰弗里·德斯科维奇的多次审讯过程从头到尾都通过电子方式记录下来，那么他的审讯人员使用的强制性和污染性审讯方法很可能已经被揭露很久了，早在 DNA 证明他无罪之前就已经被揭露出来，并可以阻止长达 16 年噩梦般的错误定罪和监禁对德斯科维奇进行的折磨。

关于自白法则

［日］寺崎嘉博 文　何琳 译*

前　言

（一）“任意性”〔1〕标准与违法排除的思考方式和基础不同

对自白法则〔2〕的理解，从排除自白〔3〕的标准差异来看，大致分为两种。一

* ［日］寺崎嘉博，日本早稻田大学法学院法学研究科教授；何琳，北京师范大学刑事法律科学研究院高铭暄工作室助理，日本早稻田大学法学博士。

〔1〕 本文原载于《鈴木茂嗣先生古稀祝賀論文集下巻》，成文堂2007年版，第411~427页。《日本刑事诉讼法》第319条第1款所说的“任意性”并不是“自愿”或“自发和积极”的意思。为了认定是“任意（的自白）”，“基于自己的自由意思”是必要的。强制（拷问，胁迫）或者长时间的不正当的扣留（逮捕，类似于中国的拘留）和拘禁（勾留，类似于中国的逮捕）与自白之间，从外在的情形来看，当承认因果关系时，可以推认其并不是基于自己的自由意思的自白。可是，如果从案件的事实关系中判断为基于自己的自由意思的自白的话，由于可以推翻此前的推认，所以承认其任意性。因此，“任意”是指，从一般社会观念上来看，并不具有“强制”这样的情形。也就是说，即使是讨厌的，只要是犯罪嫌疑人自己真挚的意思的自白，就可以解释为其有“任意性”。比如，被说服应该供述案件的真相，把让其动摇的决定性证据摆在眼前，或者指出其辩解的逻辑上的矛盾，因此，即使讨厌但也承认事实时，由于其意思决定的自由并没有被侵犯，所以承认其任意性。《日本刑事诉讼法》上使用“任意”一词，还有其他的情形，其意思也各不相同。首先，“任意”一词的主旨是指没有法律上的义务。如《日本刑事诉讼法》第101条和第211条规定的“任意交出物品”。其次，以没有法律上的义务为前提，还有“不受压迫或强制等”意思。如《日本刑事诉讼法》第311条第2款“任意供述的情形”。另外，虽然不是法律用语，但也经常使用“任意处分”“任意侦查”“任意同行”等词语。这些词都是处于与“强制处分”（《日本刑事诉讼法》第197条第1款）相对的地位。即没有到“压制了对方意思，侵害重要法益”的“强制”的程度，并不是“完全自愿”或“给予承诺”的意思（長沼範良、田中開、寺崎嘉博：《刑事訴訟法（第六版）》，2020年版，第297页、第298页［長沼範良］）。——译者注

〔2〕《日本宪法》第38条第2款规定，“基于强制，拷问或胁迫的自白，或者基于长时间的不正当的扣留（逮捕）或拘禁（勾留）后的自白，不能作为证据使用”。在宪法的基础上，《日本刑事诉讼法》第319条第1款规定为“其他的非任意的存有怀疑的自白，不能作为证据使用”。像这样否定自白的证据能力的准则称为自白法则。另外，有关《日本刑事诉讼法》第319条第1款与《日本宪法》第38条第2款之间的关系，有不同的议论。即对宪法规定的主旨推进了一步，还是只是原封不动地确认了宪法解释。——译者注

种是“当怀疑其任意性时排除自白”（以下称为任意性标准的思考方式）。这种想法是基于虚伪排除说〔1〕，人权拥护说〔2〕或两者的并用说而来〔3〕。另一种是“当获取自白的手段违法时排除自白”（违法排除的思考方式），因其构成了违法

（接上页）〔3〕 自白是指对自己犯罪事实的主要部分，承认全部或其中一部分的供述。通说不仅承认构成要件该当事实，也主张违法性阻却事由（比如，正当防卫、紧急避险等）和责任阻却事由（比如，精神失常等）都包含在自白里（寺崎嘉博：《刑事訴訟法（第三版）》，2013 年版，第 398 页）。但也有学者作不同的解释，比如（1）承认犯罪事实的全部是自白，违法性阻却事由不包括在自白里（小野清一郎：《（ポケット注釈全書）刑事訴訟法（下）（新版）》，1986 年版，第 855 页（栗本一夫 = 佐藤文哉），田中和夫：《新版　証拠法〔増補第三版〕》，1971 年版，第 211 页）。②承认公诉事实的主要部分，责任阻却事由也是自白，但主张正当防卫或紧急避险（违法性阻却事由）不是自白［松尾浩也：《刑事訴訟法下（新版補正第二版）》，1999 年版，第 35 页注 1，酒巻匡：《刑事訴訟法》2015 年版，第 508 页。另外，長沼範良、田中開、寺崎嘉博：《刑事訴訟法（第六版）》2020 年版，第 290 页（長沼範良）］。另外，与自白相似的概念还有有罪自认（《日本刑事诉讼法》319③）和对不利事实的承认（《日本刑事诉讼法》322①）。有罪自认是比自白狭窄的概念，也称为有罪陈述，是指对犯罪的成立没有争议，承认罪责的陈述（藤永幸治等编：《大コンメンタール刑事訴訟法 5 巻 I（第二版）》，2012 年版，第 567 页（中山善房），平場安治等编：《注解　刑事訴訟法　中巻（全訂新版）》，1982 年版，第 720 页（鈴木茂嗣））。有罪陈述与有罪自认实质上具有相同的意思，但根据其法律效果不同，使用不同的用语。有罪陈述时，根据简易审判程序实施。而有罪自认，是在普通审判程序中，要承认其证据能力，需要与自白一样的自愿性和补强证据（寺崎嘉博：《刑事訴訟法（第三版）》，2013 年版，第 399 页）。对不利事实的承认是包含自白的广泛概念，对推认犯罪事实的间接事实的承认，以及与认定犯罪事实的证据的证明力相关的不利供述都包含在里面［寺崎嘉博：《刑事訴訟法（第三版）》，2013 年版，第 399 页，長沼範良、田中開、寺崎嘉博：《刑事訴訟法（第六版）》，2020 年版，第 290 页、第 291 页〔長沼範良〕，酒巻匡：《刑事訴訟法》，2015 年版，第 508 页］。——译者注

〔1〕 虚伪排除说是指自愿性被怀疑的自白由于其虚伪的盖然性很高缺乏信用性，从防止误判的观点排除自白（寺崎嘉博：《刑事訴訟法（第三版）》，2013 年版，第 400 页，長沼範良、田中開、寺崎嘉博：《刑事訴訟法（第六版）》，2020 年版，第 293 页〔長沼範良〕，上野幸彦、太田茂：《刑事法入門》，2018 年版，第 193 页（太田茂））。——译者注

〔2〕 人权拥护说以侵害了供述者的人权（特别是沉默权）为理由排除自白［寺崎嘉博：《刑事訴訟法（第三版）》，2013 年版，第 400 页，長沼範良、田中開、寺崎嘉博：《刑事訴訟法（第六版）》，2020 年版，第 293 页（長沼範良），上野幸彦、太田茂：《刑事法入門》，2018 年版，第 193 页（太田茂）等］。——译者注

〔3〕 不管是虚伪排除说还是人权拥护说都把是否是“非任意的存在怀疑的自白”（《日本刑事诉讼法》第 319 条第 1 款）作为判断的中心。当为了说明为什么非任意的自白就没有证据能力时，才会产生虚伪排除或人权拥护的区别。所以，即使并用虚伪排除说和人权拥护说，也不会引起逻辑上的破绽。因此，也有学者提倡并用说。并用说归根结底就是在判断是否认定自白的“任意性”时，是采用诱使了虚伪自白的审讯作为指标，还是采用了侵害了人权作为指标。［《総合判例研究業書　刑事訴訟法（1）》，1957 年版，第 11 页（平場安治），江家義男：《刑事証拠法の基礎理論（訂正版）》，1952 年版，第 33 页，岸盛一：《刑事訴訟法要義（新版）》，1962 年版，第 166 页，青柳文雄：《五訂　刑事訴訟法通論　下巻》，1976 年版，第 306 页、第 307 页注（2）等。另外，井戸田侃：《刑事訴訟理論と実務の交錯》，2004 年版，182 页以下］。

排除说〔1〕的基础。

违法排除说的提倡者田宫裕博士认为，虚伪排除说和人权拥护说是自白一方（犯罪嫌疑人）的问题。与此相对，违法排除说是获取自白的一方（侦查机关的态度和方法）的问题，可以说立场完全转换了，以此突出自己的学说和另外两个学说的差别。〔2〕正如田宫博士所指出的，①违法排除说“明显着眼于自白的收集过程”，与以自白任意性为判断标准的虚伪排除说和人权拥护说不同。②虚伪排除说和人权拥护说止于实定法（《日本刑事诉讼法》第 319 条第 1 款）的解释论，而违法排除说超越了解释论，即所谓的违法收集证据排除法则的自白版。从这一点来看，两者是在不同的基础上成立的。

如果以上理解是正确的话，那么任意性标准的思考方式和违法排除的思考方式之间好像有无法超载的鸿沟。但是，从学说来看，三种主旨竞合说〔3〕

---

〔1〕 违法排除说以自白的采取方法和过程违反了正当程序为由排除自白［寺崎嘉博：《刑事訴訟法（第三版）》，2013 年版，第 400 页，長沼範良、田中開、寺崎嘉博：《刑事訴訟法（第六版）》，2020 年版，第 293 页（長沼範良），上野幸彦、太田茂：《刑事法入門》，2018 年版，第 193 页（太田茂）］。——译者注

〔2〕 引用参照田宮裕：“生きかえった自白法則”（同《刑事法の理論と現実》，2000 年版，第 208 页以下。另外，同“取調と自白法則”（同《捜査の構造》，1971 年版，第 281 页以下）。田宫博士认为，（1）虚伪排除说和人权拥护说“有必要综合认定和判断自白的状况”，而违法排除说“只需要以特定的审讯方法的违法性作为问题就足矣”，“其排除标准简单明了”。因此，（2）“排除的范围会变得很广”。但是，笔者有以下一些疑问。首先，虽然田宫博士认为“因不当或违法的讯问自身可以得出排除的结论”，但这种主张实质上不需要考察自白的获取手段与自白之间的因果关系。可是，这样的论证作为《日本刑事诉讼法》第 319 条的解释论并不妥当。退一步说，如果理解是“缓和了因果关系的举证”时，先不说其程度，关于自白获取手段对“任意性”产生了影响这一点，并不是说完全不需要证明。如果是这样的话，田宫博士提出的“传统的自白法则想根据每一个具体案件综合判断各种情况，不多不少地排除不正当的自白……（这种行为完全是在）期待高超技术”，而违法排除说则可以“一网打尽排除违法的自白”的主张就失去了违法排除说的优点。再退一步，即使承认“违法排除说的本质特征是……为了禁止将来的违法行为”，那么就需要认定该自白获取方法相当于“应该禁止的将来的违法行为”。这样一来，就不能一概而论地认为自白的“任意性”的证明比较困难（“期待高超技术”）。

〔3〕 本稿为了便利起见，将《日本刑事诉讼法》第 319 条“竞合性地包含”的虚伪排除、沉默权侵害防止和正当程序违反防止这三种主旨称为三种主旨竞合说（平野龍一：《刑事訴訟法》，1958 年版，第 228 页）。另外，参照香城敏麿：“黙秘権侵害による自白”，载判タ397 号（1997 年）第 24 页，佐藤文哉“コメント”，载三井誠等编：《刑事手続　下》，1998 年版，第 833 页以下，松尾浩也：《刑事訴訟法　下（新版補正第二版）》，1999 年版，第 42 页，多田辰也：《被疑者取調べとその適正化》，1999 年版，第 215 页，高木俊夫：“排除法則のあり方”，载《現代刑事法》5 巻 11 号（2003 年）第 41 页等］。如上所述，虚伪排除说和人权拥护说之间具有融合性，但与违法排除说之间并没有共同的基础（作为《日本刑事诉讼法》第 319 条的解释论，虚伪排除说和人权拥护说都是以自白的任意性为判断标准，而违法排除说已经超越了现行法解释论的框架）。因此，把自白法则理解为是以虚伪排除、人权拥护和违法排除三种主旨为依据，在逻辑上欠缺整合性。

是主流。另一方面，有学者评价田宫博士的学说“由于其是创设者，所以程度有些过了”，“过于强调其应该脱离任意性的一面”。也有见解认为，其想在任意性标准的思考方式和违法排除的思考方式的差距之间架起桥梁。[1]还有学者认为，“人权拥护说毫无疑问地与违法排除说的核心部分有着共通的思考方式”，这一认识与前述见解相同。[2]

以上学说的基础可以说是基于以下构思，即“应该超越任意性的框架”，[3]或者“对非任意的自白无法涵盖的因违法手段获取的自白，如果不另行适用排除法则”[4]就无法妥当解决。但是，只要是实定法的解释，那么以“任意性”为标准来讨论才是最基本的，笔者也无法认同在任意性标准的思考方式下存在无法解决的事例这一观点。

根据任意性标准的思考方式，确实有必要证明凭借违法手段而获取了非任意的自白这一因果关系。但是，站在违法排除的立场上（“如果超越任意性的框架”），就真的可以轻易排除自白吗？也许并不需要证明自白获取手段的违法性影响了自白的任意性这一因果关系。可是，有必要证明基于违法手段获取了自白这一事实。而且，一旦采取了相对排除说，就需要综合考虑各种情况来判断自白获取过程的违法性。此外，根据最高裁的判例，也有必要“存在无视令状主义精神的重大违法，如果作为证据使用，从抑制将来违法侦查的立场来看也并不妥当”。[5]

如上所述，违法排除说并不一定会得出妥当的结论。而在采用任意性标准思考方式的基础上，悉心钻研“任意性”的判断方法，才能得出更加符合实际情况的结论。

（二）根据并用说，无法推导出违法收集自白排除

违法排除说主张，“当自白获取过程中存在重大违法时，可以不问是否存在自白的任意性，也不问侦查程序与自白任意性之间的因果关系，而排除该自白”（以下，方便起见，称之为违法收集自白排除说）。近年，特别是在实务者之间，采用并用说的同时也采用违法收集自白排除说的人越来越多。因此，下文

---

〔1〕 鈴木茂嗣：《刑事訴訟法の基本問題》，1988年版，第216页。

〔2〕 大澤裕：“自白の証拠能力といわゆる違法排除説”，载研修694号（2006年）第5页。

〔3〕 鈴木茂嗣：《刑事訴訟法の基本問題》，1988年版，第216页。

〔4〕 大澤裕：“自白の証拠能力といわゆる違法排除説”，载研修694号（2006年），第13页。

〔5〕 最判昭53・9・7刑集32卷6号第1672页、第1682页。

笔者将指出立足于并用说的同时主张违法收集自白排除说这种观点缺乏逻辑上的整合性。〔1〕

顺便说一下，最高裁判例的判断框架是，“在一定情况下可以推定自白的非任意性，但如果有反证，也可以承认自白笔录的证据能力”。根据最高裁的见解，即使不采用违法收集自白排除说，由于在违法的程序下可以推定自白的非任意性，因此可以得出非任意性的自白就没有证据能力这样妥当的结论。从这个意义上来说，立足于并用说同时主张违法收集自白排除说的学说不仅没有逻辑上的整合性，也没有遵照判例。再者，可以说其与实际问题的解决也是不相符的。以下展开的论述正是依照如上所述的宗旨。

一、违法收集自白排除说的探讨

（一）违法收集证据排除法则是否能适用自白？

违法收集证据排除法则本来是对证据“物”的讨论。〔2〕确实，在那之后出现了把证据排除的思考方式扩大到自白的主张。但是，这些论者也不是完全没有考虑到自白的任意性。〔3〕至少，只要立足于并用说，“对于自白，把怀疑其

---

〔1〕 如前所述，因为违法排除说是把自白获取过程的违法性作为排除自白的依据和标准，所以与虚伪排除说、人权拥护说之间不存在共同的基础。因此，采用并用说且同时得出违法收集自白排除说这样的结论，是缺乏逻辑上的整合性的。

〔2〕 过去，一般的理解都认为违法收集证据排除法则是关于证据“物”的原则。比如，江家義男：“違法に收集した証拠物の許容性”，载《刑雑》2 卷 3 号（1951 年）64 页，青木英五郎：“証拠能力の制限に関するその他の問題”，载團藤重光编：《法律實務講座　刑事編　第九巻》，1956 年版，第 1961 页以下，第 1962 页，安倍治夫：《刑事訴訟法における均衡と調和》，1963 年版，第 168 页、第 173 页，柏木千秋：《刑事訴訟法》，1970 年版，第 217 页、第 245 页。另外，参照青柳文雄：《五訂　刑事訴訟法通論　下巻》，1976 年版，第 306 页，野間禮二：“（特集/違法収集自白の証拠能力）〔一〕序説”，载判タ397 号（1979 年）7 页以下。

〔3〕《総合判例研究業書　刑事訴訟法（12）》，1961 年版，第 41 页（横山敏雄＝櫛淵理），“由于供述证据的收集程序有问题，仅限于供述是非任意时，才能否定其证据能力”，归根结底还是以不承认其任意性为依据；高田卓爾：《刑事訴訟法（二訂版）》，1984 年版，第 215 页，关于自白的证据能力，采用人权拥护说，以任意性作为要件等。不过，田中和夫：《新版証拠法（增版第三版）》，1971 年版，第 243 页、第 494 页，关于自白的证据能力，以任意性为要件。但是，对不告知沉默权而得到的自白及其他供述，由于沉默权的告知是《日本宪法》第 38 条第 1 款“为了让其有实效地保护被告人而设置的重要程序规定，违反此规定让其供述而得到的被告人的自白及其他不利的供述都没有证据能力”；團藤重光：《新刑事訴訟法綱要（七訂版）》，1967 年版，第 250 页、第 274 页，“关于长时间不当扣留（逮捕）和羁押（勾留）后的自白”“超越单纯的任意性问题的观点，即违法获取的自白不同任意性的有无，都不能作为证据使用这一观点……其实已经内在化”等，对“任意性”的依存度很低。特别是團藤教授在最决裁昭 50・6・12 中的补充意见中，明显采用了违法收集自白排除说。

任意性作为要件的自白法则放一边，另外适用违法收集证据排除法则并不妥当，否定自白的证据能力的仅仅限于任意性被怀疑的情形”〔1〕这种解释才是妥当的。

虽说如此，近来，很多实务家（或者原实务家）在采用并用说的同时，主张作为“违法收集证据排除的一环应该否定自白的证据能力”。例如，石井一正教授认为，“根据自白法则无法处理的，还可以考虑通过收集程序排除违法的自白”，因此，有必要采用违法收集自白排除说。〔2〕赞成石井教授学说的论者并不少，〔3〕但很难说其提出了明确的论据。笔者认为，并用说与违法收集自白排除说逻辑上并不相关联。而且，有一个很大的疑问，〔4〕即实务中真的存在“（以任意性作为判断标准）的自白法则处理不了”的违法收集自白吗?

如前如述，最高裁一直采取的是仅限于怀疑其任意性的情形才能否定自白的证据能力这一态度。〔5〕不过，随着最高裁（最判昭53・9・7刑集32卷6号第1672页）在判例中明确采用违法收集证据排除法则，〔6〕尽管没有主张违法排

---

〔1〕 引用出自大野恒太郎：“自白”，载三井誠等编：《刑事手続下》，1988年版，第807页以下，第810页。另外，鈴木義男：“最決昭59・2・29の評釈”，载判例評論310号（判時1129号、1984年）第68页。再有，庭山正一郎：“自白”，载前揭《刑事手続下》，第818页以下、第828页，也是（立足于虚伪排除）在采用并用说的基础上，展开了以下逻辑，即当自白获取手段违法时，否定自白的“任意性”。

〔2〕 石井一正：“自白の証拠能力”，载大阪刑事実務研究会编：《刑事公判の諸問題》，1989年版，第405页以下，第406页，明确在采用并用说（另外，石井一正：《刑事実務証拠法　第三版》，2003年版，第200页、第203页、第208页、第217页等）的同时，承认“违法取得的自白排除”。石井教授将此称之为“自白法则和排除法则竞合适用”，载前揭石井：《刑事実務証拠法》，第221页。但是，在考虑自白法则和（违法收集证据）排除法则之间“竞合”适用关系时，违法收集证据排除法则也适用于自白这个前提是不可缺少的。这样事先得出结论的论述是不合理的。

〔3〕 例如，大谷剛彦：“自白の任意性”，载平野龍一等编：《新実例刑事訴訟法Ⅲ》，1998年版，第136页以下，第137页，川上拓一：“自白の証拠能力”，载三井誠等编：《新刑事手続Ⅲ》，2002年版，第189页以下，第192页等。

〔4〕 从自白获取过程的违法性来看，排除自白是妥当的，但是，作为自白法则无法处理的情况，例如，超过法定期间身体羁押中的自白、违法的另件逮捕・勾留中关于本件的自白等。但是，这些都是只要没有反证即可以推定其是非任意的自白就能解决的问题。

〔5〕 最判昭25・9・21刑集4卷9号第1751页，最判昭27・11・25刑集6卷10号第1245页，最决昭28・4・23裁判集（刑事）79号第213页，最判昭32・5・31刑集11卷5号第1579页，最判昭41・7・1刑集20卷6号第537页，最判昭58・7・12刑集37卷6号第791页，最决昭59・2・29刑集38卷3号第479页等。

〔6〕 比如，岡次朗在“最高裁違法収集証拠排除判決について”，载ジュリ679号，1978年，第59页对最判昭53・9・7的评释中，一边引用最判昭41・7・1（基于约定的自白）和最（大）判昭45・11・25刑集24卷12号第1670页（基于诡计的自白），一边评价认为“特别是后者的判例，由于违法排除的想法表现得已经很强烈，可以说最高裁的判例也朝着违法收集证据排除的方向前进”。同样地理解，在熊本典道：“偽計による自白”，载《刑事訴訟法の理論と実務（別冊判タ7号）》，1980年版，第336页

除说（立足于并用说），但越来越多的实务家肯定了违法收集自白排除。〔1〕而且，也出现了对违法收集自白排除进行说明的补充意见的最高裁的判决和决定以及下级审的裁判例。〔2〕

（二）违法排除说所依据的美国最高裁判例

如上所述，我们可以看出，众多学说并没有明确区分违法收集证据排除法则和自白法则，而是在阐明违法收集自白排除。退一步说，如果站在违法排除说的立场上主张违法收集自白排除的话，好像尚有逻辑上的整合性。但是，如前面所指出的那样，违法排除说并不是对现行法的条文解释论，而是"以美国最高裁判所判例中法理论的发展作为依据的思考方式"。〔3〕而且，根据美国联邦最高裁判所的判例就理所当然地能得出肯定违法收集自白排除的结论吗？笔者对此存有疑问。以下回顾一下大概情况。

有论者认为，米兰达判决［Miranda v. Arizona，384 U. S. 436（1966）］确立了"不论自白是否具有任意性，都会被排除的违法排除说"。〔4〕以此理解为前

（接上页）以下等也能看到。但是，最判昭 53・9・7 只不过是明确采用了违法收集证据排除法则。并没有采用自白法则中的违法排除说，也不是承认违法收集自白排除的判决。顺便说一下，熊本原律师在立足于违法排除说的基础上，认为"通过违法侦查排除证据，从抑制违法侦查，保障基本人权（侦查的正当规制）这一点来说，不应该区分自白和证据物"。但是，对不应该区分自白和证据物的主张，熊本原律师却并没有展示任何的根据。

〔1〕很多论者都把最判昭 53・9・7 中对违法收集证据排除法则的承认作为采用违法收集自白排除说的理由。但是，最高裁承认违法收集证据排除法则与承认违法收集自白排除说之间没有逻辑上的必然性。

〔2〕最决昭 50・6・12 判時 779 号第 124 页中团藤重光裁判官的补充意见（实质性的紧急逮捕后，在颁发令状之前耗费了相当多的时间的"违法也造成了勾留的违法，所以勾留中制作的供述笔录欠缺证据能力"），最判昭 58・7・12 刑集 37 卷 6 号第 791 页中伊藤正已裁判官的补充意见（第 798 页）。下级审的裁判例有，仙台高裁秋田支判昭 55・12・16 高刑集 33 卷 4 号第 351 页（第 357 页），千葉地判平 11・9・8 判タ1047 号第 129 页（第 147 页），東京高判平 14・9・4 判時 1808 号第 144 页（第 148 页）。

〔3〕引用为松尾浩也："刑事訴訟法を学ぶ（第八回）"，载法教 16 号（1982 年）第 68 页。另外，多田辰也"自白の任意性とその立証"，载《刑事訴訟法の争点（新版）》，1991 年版，第 198 页以下，第 198 页。

〔4〕引用为大野平吉："自白法則"，载《判例展望》（ジュリ500 号、1972 年），第 455 页以下，第 455 页。另外参照大野正男："捜査と人権の相剋と将来への展望"，载判タ195 号（1966 年）第 2 页以下，木本强"長時間および夜間の取調べ後の自白"，载《現代刑事法》3 卷 2 号（2001 年）第 29 页以下等。过去，田宫博士曾说，"Mapp 案件［Mapp v. Ohio，367 U. S. 643（1961）］已经一边类推自白一边排除违法的证据'物'。这样的话，关于自白……即使不是 McNabb 案件［McNabb v. United States，318 U. S. 332（1943）］意义上的'违法'，也可以将使用违宪方法得来的东西形式地予以排除……更应该从一般性和形式上，将联邦宪法人权宣言意义上的违宪的一切自白进行排除"［同"違法収集証拠と米連邦最高裁（三）"，载判タ288 号（1962 年）第 4 页］。但是，不得不说此主张存在逻辑上的飞跃。

提，肯定违法收集自白排除的见解并不少见。但是，首先，从米兰达判决中能当然地推导出违法排除说吗？原本，在能否说米兰达判决与违法收集证据排除法则的本源流派相关联这一点上，就存在很大的疑问。众所周知，违法收集证据排除法则是以 Boyd v. United States，116 U. S. 616（1886）和 Weeks v. United States，232 U. S. 383（1914）为起源而发展起来的。[1]虽然关于排除的根据，学说上存在分歧，但将其解释为"排除法则的首要目的在于，阻止将来警察实施违法行为，从而为针对不当搜查和扣押的联邦宪法修正案第四条的保障赋予实效性"[2]是妥当的。与此相对，不如说米兰达判决是把修正案第五条，即自我负罪拒绝特权（沉默权）的侵害摆在首位的。

米兰达判决确实否定了"将获取自白时的'情形进行综合判断的手法 totality-of-the-circumstances-approach'"[3]这一传统的判断方法。虽说如此，判决同时也认为"没有受到任何强制性影响，自由且自愿的供述当然可以作为证据使用……不管其具有何种性质，自愿的供述均不为修正案第五条所禁止，这种允许其'作为证据'使用的性质并不会因为此判决而受到影响"。[4]

因此，将米兰达判决进行如下解释才是更为坦率的主张。即判断自白的任意性时，不采用"对自白获取状况的综合判断"，而是当可以推认非任意性时，就可以否定自白的证据能力。确实，在米兰达判决之后，联邦议会在 1968 年制定了《关于防止犯罪和道路安全的综合法（Omnibus Crime Control and Safe Streets Act）》其中第 18 章 3501 条规定，即使是违反了米兰达警告的自白也不会直接被排除。[5]通常，此法律被理解为是对米兰达判决废除（即回到米兰达判决以前的状态）的尝试。但是，即使这个理解是正确的，也不能直接得出米兰达判决的主旨是与自白的任意性无关系的，只有侦查程序（自白获取手段）是违法

〔1〕 有关美国违法收集证据排除法则的展开，请参照井上正仁：《刑事訴訟における証拠排除》，1985 年版，第 61 页以下。

〔2〕 引用为 United States v. Calandra，414 U. S. 338，347（1974）。

〔3〕 借用 Dickerson 判决的表达"事实审裁判所必须综合考虑获取自白时的情形"（Dickerson v. United States，530 U. S. 428，436［2000］）。

〔4〕 384 U. S. 436，478.

〔5〕 18 U. S. C. 3501. 只要认定自白（"不管是口头的还是书面的，与犯罪事实有关的承认有罪的所有自白，或者是一切自我负罪的供述"）是任意的，就可以作为证据采用。事实审裁判官在判断任意性时，"必须考虑自白时的所有情形"，如（ⅰ）从逮捕到自白之间的时间；（ⅱ）自白时犯罪嫌疑人是否知道嫌疑事实的内容等；（ⅲ）是否有告知默权；（ⅳ）是否有告知辩护人选任权；（ⅴ）是否有辩护人的建议等。

的，才可以排除自白，这样的结论。[1]

其次，认为米兰达判决只不过是对修正案第五条所保障的自我负罪拒绝特权赋予实效的预防准则，[2]“米兰达并非直接来自宪法”这种想法也不是不可能。不过，近年 Dickerson 判决认为，[3]①由于米兰达判决是宪法判例，所以不能由议会进行变更，②从米兰达判决的固定状态这一角度来看，其具有先例的拘束性，变更判例并不合适。但是，根据 Dickerson 判决，即使在认为米兰达判决不是单纯的预防准则而是宪法判断的情况下，断定米兰达判决的主旨是“通过违法程序获取的自白与其任意性无关，不能作为证据采用”这一想法也是很草率的。这是因为，还存在着很大的将米兰达判决解释为只不过是否定了“自白获取情形的综合判断”（否定“综合判断”这一判断正是“宪法判断”）的余地。

即使对“违反米兰达警告获取的自白不能作为证据使用”这样的理解没有异议，将米兰达判决的主旨理解为“只要侦查程序是违法的就可以完全不考虑自白的任意性而排除自白”，是否正确则另当别论。由于米兰达判决不仅承认自我负罪拒绝特权的放弃（不排除任意性没有受到怀疑的自白），而且认为判断放弃是否有效要根据综合情况进行考虑，[4]所以作为违法排除说的支柱搬出米兰达判决，很难说就是有效的。更何况，完全不顾证据物和自白的不同就主张违法收集证据自白排除，对此，（至少从日本的条文解释上）笔者无法同意。

---

〔1〕 参照“《座談会》ミランダの射程”，载《現代刑事法》3 巻 2 号（2001 年）第 10 页（渥美東洋、小早川義則発言）。

〔2〕 Michigan v. Tucker, 417 U. S. 433, 444（1974）. 米兰达判决是程序上的防卫手段，“其本身并不是宪法上所保障的权利，是为了保护自我负罪不被强制的权利而给予事实上的保障的标准”。因此，“与其说‘创造出了基于宪法的约束力’……还不如说实际上强化了对自我负罪不被强制的权利”。

〔3〕 关于 Dickerson 判决的评释有很多。参照松尾浩也“Dickerson v. United States 一ミランダ判决の帰趨”，载《現代刑事法》2 巻 5 号（2000 年）第 2 页以下，田中利彦“ミランダ判决の再確認”，载《ひろば》54 巻 10 号（2001 年）70 页以下，小早川義則“米連邦最高裁ミランダを再確認”，载《現代刑事法》2 巻 10 号（2000 年）第 63 页以下，小早川義則：“ミランダの意義と限界”，载《名城法学》50 巻・別冊（2000 年）第 165 页以下等。

〔4〕 リード教授也认为“米兰达判决……只是把问题的焦点放在了权利的放弃是否是自愿这一点”。（ローク・M・リード＝井上正仁＝山室惠：《アメリカの刑事手続》，1987 年版，第 61 页）等。

二、最高裁的判例中对自白的任意性的判断

笔者认为，违法排除说过于突出自白获取过程中的违法这种政策性的考量。如果仅以宪法和刑事诉讼法的条文解释来进行考量，则应该根据“任意性”来作出判断。确实，将《日本宪法》第38条第2款的主旨解释为“从根本上去除……自白的偏重以及刑讯逼供〔1〕……这种刑事司法中的恶习”更为妥当。所以，也不是不能同意有的学者的主张，即“可以将其视为本身是立足于违法排除说的”。〔2〕但是，原本“即使是没有辩护人在场的自白，如果是自发作出的，也可以作为证据使用。不过，为了充分防止自白的滥用”，把条文修改为也包含在强制，拷问或胁迫〔3〕之外，还包括了长时间的不正当的扣留（逮捕）和拘禁(勾留)。从此条文的修改经过来看，〔4〕即使将《日本宪法》第38条第2款理解为不承认自白任意性的典型情形之规定，也不能说是不合理的吧。这样理解的话，更应该将问题的焦点集中于“怀疑其为非任意的自白”（以下简称为非任意的自白）是指什么这一点上来。就如之前指出的那样，有学者批判“非任意的自白”作为证据排除的判断标准并不充分，所以才产生了违法收集自白排

〔1〕 引用为，法學協會:《註解日本國憲法　上卷》，1953年版，第659页、第660页。另外，樋口陽一等:《（注解法律学全集）　憲法Ⅱ》，1997年版，第359页（佐藤幸治）。

〔2〕 松尾浩也:“刑事訴訟法を学ぶ（第八回）”，载法教16号（1982年）第68页。

〔3〕 首先，日本宪法学者对《日本宪法》第38条第2款所规定的“强制，拷问或胁迫”三种行为作了如下解释:“拷问是指基于暴行或虐待等方法，主要对身体上造成的痛苦的行为。胁迫是指由危害的通知让其产生畏惧心理的行为……强制是比以上还要广泛的观念，是压制其自由意思决定的一切行为……不管是拷问还是胁迫都是强制的一种。因此，‘强制，拷问或胁迫’按照合乎逻辑的整理的话，不妨解释为‘拷问，胁迫或其他强制’”（法学协会:《註解日本國憲法　上卷》，1953年版，第665页）。基于以上宪法学者的理解，“强制”是广泛概念（压制自由意思决定的一切行为），造成肉体痛苦的压制方法是“拷问”，基于心理方法的是“胁迫”。其次，《日本刑事诉讼法》学者认为关于《日本刑事诉讼法》第319条第1款所规定的“强制，拷问或胁迫”这三种行为，不对它们进行细致分类，这似乎是《日本刑事诉讼法》实施时以来的一贯理解。比如，横井大三:《新刑事訴訟法逐条解説Ⅲ》，1949年版，第95页（“分析强制，拷问或胁迫的观念没有多大实益。简而言之，这只不过是用来表达被迫自白的形容词而已”），栗本一夫:《新刑事証拠法》，1949年版，第9页（细致讨论强制，拷问或胁迫之间的区别，并没有太多实际意义。这是因为，结果只是没有任意性的情况下的一个例子而已）。作为其理由，今天也可以举出“没有区别的实益”。实务中，经三种行为的某一种获取的自白一般判断为“怀疑其任意性”。关于这一点，可以参考河上和雄:《自白》，1982年版，第80页（“即使初步推测由一定的强制性行为获取了自白，但现实情况是不能立即判断此行为就是强制，拷问或胁迫中的一种。因此在很多情况下，判例中被视为问题的强制行为不认定为强制，拷问或胁迫本身，通过这些行为获取的自白一般是以怀疑其任意性的形式否定证据能力”）。上述理解，时至今日也没有变化。

〔4〕 高柳賢三等编:《日本国憲法制定の過程（Ⅱ解説）》，1972年版，第190页。

除说。可是，如果采用只要自白获取手段违法就能推定自白的非任意性这样的判断框架，那么，即使将任意性作为判断标准，也不会发生无法排除“非任意的自白无法涵盖而通过违法手段获取的自白”这样的情况。最高裁正是采用了这样的判断结构。以下进行探讨。

（一）任意性的推认和反证，任意性判断要有利于被告人的利益

最高裁提出了以下的判断框架，即从戴着手铐实施审讯的事实（侦查方法的违法性）可以推认其自白的非任意性。〔1〕这个判决意味着如果存在自白是任意的（即使戴着手铐接受审讯，但始终在平和的氛围下进行）这样的反证来证明其任意性，则可以作为证据采用。〔2〕依照最高裁的这种见解，对非任意的自白的范围可以进行相当程度的广泛解释。〔3〕其次，最高裁判决还认为，关于自白的非任意性，判断是否存在合理的怀疑“不应该致被告人于不利的地位”。〔4〕再者，在“基于约定的自白”的案件中，最高裁认为，即使是通过检察官以外的人之口述，只要被告人相信了不起诉这一说，就可以怀疑其任

〔1〕明确显示出这个判断框架的是最判昭38·9·13刑集17卷8号1703页。不过，最高裁在更早的时期已经提出来了。最〔大〕判昭26·8·1刑集5卷9号1684页中有如下论述，比如，为了阻止自杀，不得已戴上手铐审讯……没有像这样应该格外考虑的情况……但如果真正实施了（踢打，抓住头发砰的一声推到桌上，不让其吃送到羁押场所的便当等）情形，在这种情况下作出的被告人的……供述有充分的理由可以认为是通过强制、拷问获取的。在这个案件中，并不是只有戴上手铐审讯的事实是问题。因此，如何理解上述判决是一个问题。有学者认为“枷锁的事实作为其中一个要素，再综合考虑其他情形，否定了供述的任意性”（《最高裁判所判例解説　刑事篇　昭和38年度》，1964年版，第115（石丸俊彦））。但是，与前揭·最判昭38·9·13一样，将此判决理解为是通过以戴着手铐审讯为代表的侦查违法性推认出了非任意性的判断才是妥当的［参照《刑事判例評釈集　第13卷》，1953年版，第283页（平野龍一）］。从最判昭41·12·9不仅引用了最判昭38·9·13，而且引用了最（大）判昭26·8·1，也可以看出前述理解是正确的。

〔2〕最判昭38·9·13（犯罪嫌疑人在被侦查官审讯时戴着手铐，因其身心受到某种压迫，可以推定无法期待其作任意的供述，只要没有反证就应该对其供述的任意性姑且持有怀疑）。沿袭了此判例主张的还有，最判昭41·12·9刑集20卷10号第1107页。

〔3〕不过，有学者认为，将最高裁的思考方式再推进一步的话……就可以推导出不论是否有反证都否定自白证据能力的思考方法，笔者认为此观点是逻辑上的飞跃。

〔4〕最判昭32·5·31刑集11卷5号1579页中记载着禁止给羁押中的犯罪嫌疑人送粮食的事例。该事例“从外形上看，可以推测出禁止送粮食与自白之间的因果关系，至少持有此怀疑”，但控诉审并没有考察禁止送粮食的理由，其是否与自白之间存在因果关系等情形。最高裁对控诉审“没有就任何格外理由进行说明……不接受（与自白的证据能力相关的控诉宗旨）……就维持了一审判决”为由，撤销了原判决。

意性。[1][2][3]

（二）如果不通过违法收集自白排除就无法排除的自白是指什么？

如果采用最高裁的判断框架，只要自白获取过程中存在一定的违法，（即使不肯定违法收集自白排除）就可以作为非任意的自白排除。主张违法收集自白排除说的论者认为，有必要排除“空隙中的自白”[4]（虽然很难说是非任意的，但从自白获取过程中看应该排除的自白）。本文由于篇幅关系，仅对以下事例进行探讨。该事例可以说是“空隙中的自白”的典型事例，在违法的任意审讯（经过了9晚10日的伴随着住宿的审讯）下逮捕（勾留）中获取的自白的证据能力成为问题的焦点。[5]在该案件中，千叶地裁判决认为，“鉴于通过否定违法收集的证据之证据能力，从抑制收集程序的重大违法并保障基本人权这一排除法则的主旨来看，关于其适用，在证据物和自白上不用必须做区别对待”。[6]东京高裁判决也认为，“关于以自白为内容的供述证据，与证据物一样，并不存

---

〔1〕《最高裁判所判例解説　刑事篇　昭和41年度》，1967年版，第103页〔坂本武志〕。最高裁认为问题不在于谁实施了违法行为，而在于被告人相信了不起诉的言词，由此是否存在怀疑其任意性的情形。最判昭41·7·1刑集20卷6号第537页中，检察官对行贿方的辩护人A开诚布公地说，关于受贿嫌疑人X，“此案是可以充分考虑起诉犹豫处分的案件”。因此，辩护人A随同受贿的犯罪嫌疑人X的辩护人B一起会见X，并让其自白。也就是说，“被告人〔X〕是在相信了辩护人〔A〕的话，期待起诉犹豫处分……才自白的”，并不是检察官直接与X约定了起诉犹豫的处分。最高裁作了如下叙述，“原判决……作出了与高等裁判所判例［副检事作出‘约定’的事例（福岡高判昭29·3·10判決特報26号第71页）］相反的判断”，从此叙述来看，本文的理解也是妥当的。

〔2〕另外，约定并非必须是明显的利益诱导。根据具体情况，只要能将侦查官的发言看作有利益上的约定即可。参照下级审的裁判例：大阪地判昭35·6·16判時230号第3页，大阪高判昭41·11·28下刑集8卷11号第1418页，札幌地判平15·2·27判タ1143号第123页等。

〔3〕在最判昭41·7·1的案件中，虽然检察官的言行是不合适的，但也不能直接说是违法。因此，违法排除说对此无法充分说明。不过，以下评释也不少见，即认为“即使依据违法排除说也能充分理解”（《刑事判例評釈第二十八巻》，1979年版，第110页〔小田中聡樹〕）或者最高裁的判决不如说接近违法排除说。可是，很难否定这些评释是只按对自己有利的情形进行说明。另外，“认为最高裁依然……站在虚伪排除说的立场”的见解有伊藤栄樹：“刑事判例研究（13）”，载警論24卷4号（1971年）第102页等。

〔4〕高木俊夫：“証拠排除のあり方”，载《現代刑事法》5卷11号（2003年）第41页中的表达。另外，参照第42页注（19）。

〔5〕千葉地判平11·9·8判タ1047号129页，東京高判平14·9·4判時1808号第144页。

〔6〕千葉地判平11·9·8判タ1047号，第147页。明明问题在于违法收集证据排除法则的根据是什么？自白法则的根据又是什么？但千叶地裁只是躲入保障“基本人权”这样抽象的概念里，不得不说其回避了最根本性的考察。

在不采用违法收集证据排除法则的理由”。[1]不管是哪一个判决，都没有做充分的逻辑考察，而是十分简单地认可了违法收集自白排除。而且，裁判所在认定该案件中任意侦查[2]（先行行为）违法的基础上，[3]考察了对检察官合法审讯（后行行为）带来的影响。但是，①认定先行行为存在无视令状主义的精神的违法的重大性和抑制违法侦查的必要性并不容易，[4]②在认定存在违法的重大性和必要性的案件中，通常会否定自白的任意性。确实，③即使判断在先行行为中的自白是非任意的，可是，由于认定了后行行为下的任意性，因此也可以认为用非任意性标准是无法排除的。但是，即使这样的理解是正确的，也有必要就警察审讯的违法性为什么会影响到检察官笔录，进行合乎逻辑的说明。[5]这样的话，还不如说因（警察）违法的任意审讯而被压制的精神状态在检察官合法的审讯后行行为中也继续存在着，这样的说明更为容易作出。

结　论

综上，笔者不仅批判了自白法则中的违法排除说，还批判了以违法排除的

〔1〕東京高判平14・9・4判時1808号第148页。“由于作成检察官笔录时，被告人还是处于警察违法的任意审讯之影响下的……因此本案中的自白……是根据违法的侦查程序获取的证据或者以此由来的证据”，所以“应该否定其证据能力”。如果采用这样的逻辑，还不如说“在违法的任意审讯的影响下”获取的自白其任意性不被承认的这样的逻辑构成更为坦率。

〔2〕任意侦查不是法律用语，是与强制侦查相对的一个词，指不伴随强制处分的侦查。《日本刑事诉讼法》里规定的强制处分有：逮捕（《日本刑事诉讼法》199~201等），勾留（《日本刑事诉讼法》60~62等），传唤・拘传（《日本刑事诉讼法》57~59，132~136，152等），搜查（《日本刑事诉讼法》102，106~119等），扣押（《日本刑事诉讼法》99①，100，106~124等），勘验（《日本刑事诉讼法》128~142等），鉴定（《日本刑事诉讼法》165~174，223~225等），证人询问（《日本刑事诉讼法》150~152，160，161等），电子监听（《日本刑事诉讼法》222之2）。——译者注

〔3〕“从一般的社会观念来看，本案的侦查方法太过了……超越了作为任意侦查所允许的范围所以是违法的。”東京高判平14・9・4判時1808号第148页。

〔4〕请参照同样案件的最高裁（最判昭59・2・29刑集38卷3号第479页）判决。对最高裁的见解进行批判的参照，寺崎嘉博：“任意取調べの限界”，载法教256号（2002年）第10页以下，同“任意取調べの限界”，载田中守一等编：《判例演習　刑事訴訟法》，2004年版，第14页以下，同“任意処分と強制処分との区別について・再論”，载《小田中古稀》，2005年版，第70页以下。

〔5〕笔者与川出教授一样，认为先行行为与后行行为之间的同一目的和直接利用的判断框架，“实际上，只发挥了排除因果关系极弱的情况这样的功能”（《松尾古稀　下卷》，1998年版，第513页以下，第519页）。因此，在本案中，不能否定先行行为给后行行为的违法性带来了影响。但是，为什么违法收集证据排除法则就必须适用于自白这样的最根本性的疑问并没有被消除。因违法的任意审讯而精神遭受损害的犯罪嫌疑人，即使在检察官的审讯中，也难以从损害中恢复，这是一个常识性的思考，因此即使认定后行行为下的自白是非任意的，也不存在任何问题。

思考方式作为基础的违法收集自白排除说。不管是以上哪一个学说，都缺乏作为实定法解释的逻辑上的整合性。到目前为止，尽管违法排除说是学说上的通说，但最高裁并没有采用，就是因为其具有条文解释上的弱点。其次，具有同样基础的违法收集自白排除说在逻辑上也很脆弱。过去，田宫博士曾说，最高裁表现出了“善意地靠近违法排除说”这一认识，“今后也期待以最高裁为首的法律实务界的睿智和果断”。[1]但是笔者现在更期待不迷失实定法解释的条理能得出妥当结论的“法律实务界的睿智和果断”。

〔1〕 田宫裕:“生きかえった自白法則”，载《刑事法の理論と現実》，2002年版，第209页。

学术争鸣

刑罚一体化视角下的罚金刑“空判”现状、成因及其应对

王 平 姜 悦*

摘 要：罚金刑“空判”现象在司法实践中表现得较为突出，一个重要的成因在于罚金刑与自由刑处于分裂静止、二元分立的状态中。由此，一方面，法官可能未能整体性地衡量罚金刑和自由刑的轻重，常常忽视罚金刑的刑罚量，导致刑罚的实际总量过重，未能做到罪责刑相适应，使得被告人觉得量刑有失公正，从而，罚金刑因为得不到被告人的配合而不易被落实；另一方面，没有建立或者激活罚金刑和自由刑之间互动交流的机制，致使法官在适用和执行罚金刑时缺少权衡、选择的余地，一旦犯罪人不具备履行罚金刑的条件和意愿，罚金刑就难以被执行。基于此，应当秉持“刑罚一体化”的理念，对罚金刑和自由刑通盘考量，从司法与立法两个层面、量刑与行刑两个阶段、选科与并科两种情形，立体化、多角度地提出解决罚金刑“空判”困境的思路。

关键词：罚金刑 空判 刑罚一体化 自由刑 易科 社区刑罚

现代化的轻罪治理不能离开对轻刑的研究的推进，如果说犯罪是“躯体”，刑罚就是贯穿、牵引“躯体”的“神经”。〔1〕储槐植教授提出：“从过去到未来，刑罚结构可能有五种类型：死刑在诸刑罚中占主导地位；死刑和监禁共同在诸刑罚方法中为主导；监禁在诸刑罚方法中占主导地位；监禁和罚金共同在诸刑罚方法中为主导；监禁替代措施占主导地位。第一种已成为历史的过去，第五种尚未到来，中间三种在当今世界中存在。死刑和监禁占主导的可称重刑

---

* 王平，中国政法大学教授、博士生导师，中国政法大学刑事司法研究中心主任；姜悦，中国政法大学刑事司法学院博士研究生。

〔1〕 储槐植：“刑罚现代化：刑法修改的价值定向”，载《法学研究》1997 年第 1 期。

刑罚结构；监禁和罚金占主导的可称轻刑刑罚结构。”〔1〕可见，罚金刑分量的不断加重，是刑罚轻缓化的一个重要特征。

罚金刑，是由法院判处犯罪人向国家缴纳一定数额的金钱的刑罚，是一种惩罚力度相对宽缓的刑事制裁手段。罚金刑制度的存在有着重要的意义。它不对犯罪人的人身自由予以剥夺，免去犯罪人的禁锢之苦；作为短期自由刑的一种替代性刑罚措施，尽力规避短期自由刑容易造成犯罪人狱内交叉感染、威慑改造效果不佳等弊端，有利于帮助罪犯的再社会化，减少社会的对立面。罚金刑制度体现了刑罚的人道化、文明化、轻缓化，刑罚处置的科学程度的提高，以及刑法对轻罪犯罪人的包容。同时，我国当前正处在高速发展、社会转型加快的阶段，社会风险增多，内外挑战并存，新型犯罪大幅增加，犯罪手段更为多元、复杂，需要犯罪圈及时反应，使法网覆盖更广、更严密。“犯罪圈的划定界限问题实质上是刑罚资源与其他社会控制资源的配置问题”，〔2〕犯罪圈的扩张意味着更多的越轨行为被纳入刑法的规制当中，国家投入的刑罚量增加，需要耗费的司法资源增多，刑罚成本有所提高。而罚金刑具有经济性的优势，不仅刑罚执行成本较低，还可以上缴给国家一部分资金，有助于司法资源更为合理、有效地分配。因此，在我国犯罪圈扩张的趋势之下，在刑法轻罪化、轻刑化的流变之中，罚金刑的适用意义重大。

然而，罚金刑作为刑罚轻缓化中的重要角色，从实践中得来的反馈却不够理想，主要在于罚金刑的“空判”问题比较严重。如何看待罚金刑“空判”现状及其成因，并由此提出适当的应对之策，是值得学界关注的话题。基于此，本文将从司法与立法两个层面、量刑与行刑两个阶段、选科与并科两种情形，立体化、多角度地提出解决罚金刑“空判”困境的可能路径。

一、罚金刑“空判”现状及其成因

（一）我国罚金刑“空判”的现状

从立法情况看，自1979年《刑法》到1997年《刑法》，以及之后刑法修正案陆续出台至今，罚金刑的适用范围明显地扩大了。1979年《刑法》规

〔1〕 储槐植：《刑事一体化论要》，北京大学出版社2007年版，第281页。

〔2〕 杨迪：“我国轻罪案件刑罚配置的规范化进路——以刑事裁判大数据为方法”，载《法律适用》2018年第7期。

定适用罚金刑的条文仅20个，而现行的《刑法》〔1〕中，涉及罚金刑的分则条款已达210多个，除分则第一章、第九章和第十章外，其余章节均有规定。伴随着这一现象，罚金刑的适用率确实大幅增高；但是，来源于不同时间、不同地区的诸多实证数据显示出，罚金刑的实际执行率长期畸低，〔2〕即出现了罚金刑“空判”问题。所谓罚金刑的“空判”，就是指法院判处的罚金刑不能被犯罪人切实地承担，法院的判决内容与犯罪人履行情况之间存在落差和断裂的罚金刑判决落空的情况。虽然，理论界和实务界就“空判”问题已然作出不少针对性的讨论，但是目前看来，罚金刑执行难的困境依旧未能得到有效缓解。

切萨雷·贝卡利亚早有阐述：“对于犯罪最强有力的约束力量不是刑罚的严酷性，而是刑罚的必定性……即便是最小的恶果，一旦成了确定的，就总令人心悸。”〔3〕罚金刑执行对象的缺位、刑罚必定性的丧失，有碍罚金刑的刑罚功能和目的的良好实现，从而罚金刑在实践中的受重视程度有所降低；而对于罚金刑的重视不足，又在一定程度上不利于“空判”现象的真正解决，甚至加剧了“空判”困境，由此形成恶性循环。罚金刑“空判”的问题，俨然阻碍了罚金刑的扩大适用和作用的发挥，因此，宜采取一定的办法保障刑罚需求和正义得以严肃地实现。

（二）罚金刑“空判”现状的成因分析

有所作为的前提是有所依据。要想对罚金刑“空判”问题开出有效的“药方”，就要“对症”处理。造成“空判”的具体原因固然有许多，但是，就法

〔1〕本文中，如无特别提及“1979年《刑法》”，在“《刑法》”单独出现时，仅指代1997年修改通过的《刑法》。

〔2〕参见熊谋林：“我国罚金刑司法再认识——基于跨国比较的追踪研究（1945~2011）”，载《清华法学》2013年第5期；王衍、吴优：“罚金刑适用研究——高适用率与低实执率之二律背反”，载《中国刑事法杂志》2013年第6期；史丹如：“罚金刑执行的改革问题探究”，载《中国人民公安大学学报（社会科学版）》2012年第6期；赵震、陆红卫：“浅论罚金刑执行难的解决路径”，载《法学杂志》2010年第6期；刘明祥：“论解决罚金刑执行难题的立法途径”，载《法学家》2009年第2期；杜雄柏、陈立兵：“我国罚金刑空判问题的立法审视”，载《湘潭大学学报（哲学社会科学版）》2009年第2期；邱景辉：“罚金刑执行与监督若干问题研究”，载《人民检察》2004年第2期；周光富：“罚金刑执行难之克服”，载《政治与法律》2003年第6期；林亚刚、周娅：“罚金刑易科制度探析”，载《法制与社会发展》2002年第1期；熊谋林：“罚金刑应用实证研究”，西南财经大学2012年博士学位论文；熊谋林、陈丹、唐清利：“困境与展望：罚金刑应用的中国化研究”，载《社会科学研究》2013年第3期等。

〔3〕［意］切萨雷·贝卡里亚：《论犯罪与刑罚》，黄风译，商务印书馆2017年版，第45页。

院判决和犯罪人履行情况之间的落差进行分析，“法律目的的实现既有赖于司法能否将静态的法律制度全面充分地适用于动态的社会生活，也有赖于一般民众对法律的普遍信仰与遵从”，[1]所以，其中最重要的影响因素大抵可分为判决本身的合理性，以及判决针对的对象（犯罪人）是否客观上不能或者主观上不愿意缴纳罚金。进一步地，结合我国刑法中有关罚金刑的规定来看，罚金刑的适用方式分为单处罚金、选处罚金和并处罚金。其中，单科罚金，即在刑罚处罚方式上只规定了罚金刑一种，基本用在单位犯罪[2]中；选科罚金是根据犯罪的具体情形决定适用自由刑抑或罚金刑；并科罚金则是指在判处主刑的同时可以（“得并制”）或必须（“必并制”）判处罚金刑。刑法对罚金刑适用方式的规定提示了我们，在自然人犯罪中，罚金刑的判决和履行常常会涉及自由刑和罚金刑的关系；如若关注罚金刑之“空判”，那么自由刑和罚金刑之间关系的看待和处理，将是一个不容回避、较为关键的问题。

循着前述的思路，就需要从自由刑和罚金刑之间的关系出发，检视刑罚判决本身是否具备合理性，以及在犯罪人不能积极缴纳罚金时“空判”难以避免的原因。就当前而言，虽然并科罚金刑的适用范围较广，运用于自然人犯罪的罚金刑以并科，尤其“必并制”规定为多数，然而总体上看，罚金刑和自由刑之间依然处于一种分裂、静止的状态，互不融通。罚金刑和自由刑之间的二元分立状态，不利于罚金刑判决的执行，是“空判”现象发生的一个重要原因。下文详言之。

1. 未整体性地衡量罚金刑和自由刑的轻重，犯罪人因量刑过重而无力或不愿缴纳罚金

从刑罚的裁量来看，当判决涉及自由刑并处罚金刑，法官有时由于受到刑罚观念的影响，可能轻视罚金刑的刑罚属性，把自由刑和罚金刑割裂开来考虑，将根据犯罪人的罪行和刑事责任确定的刑罚总量全部交由自由刑承担，没有把罚金刑承担的刑罚量与自由刑承担的部分相加计算，从而导致在并科罚金后，犯罪人实际承担的刑罚量已然超出罪责刑相适应原则要求下的刑法总量，致使刑罚过重，逾越了预防犯罪所需，甚至突破了报应的节制，对犯罪人不利。“量

[1] 杜雄柏、陈立兵：“我国罚金刑空判问题的立法审视”，载《湘潭大学学报（哲学社会科学版）》2009年第2期。

[2] 限于篇幅及文章思路，本文仅探讨自然人犯罪中的罚金刑适用问题，不涉及单位犯罪中罚金刑的适用难题。

刑是将法定的罪刑关系转变为实在的罪刑关系的必要条件，是行刑的先决条件。量刑适当与否，是衡量刑事审判质量的一个重要标准……关系到国民对刑事审判的尊重信赖或贬抑轻蔑。”〔1〕在并科罚金时，过度的刑罚可能使犯罪人无力承担，也可能导致犯罪人对判决结果不服、不满，从而拒绝罚金刑的履行。这便是罚金刑和自由刑之间的分裂状态损及判决的公正合理，造成罚金刑“空判”的一种情形。

2. 未沟通罚金刑和自由刑，在不具备履行条件的情况下坚持罚金刑的适用和执行

不同于从判决作出者的一方进行考察，当考虑到法院判决针对的对象，即犯罪人客观上无法缴纳罚金，或者主观上不愿意缴纳罚金时，面对该种情形，由于自由刑和罚金刑之间处于分裂、静止的状态，二者没有合理地贯通，缺乏有效的流动机制，因而在罚金刑判决明显难以落实时，不能较为积极、顺利地由罚金刑向其他刑罚手段（在这里主要指自由刑）加以转化，以实现刑事惩罚。换言之，在刑罚量适当、罪责刑相适应的前提下，如果罚金刑和自由刑的关系不畅通，不能灵活地选用和执行刑罚，任由罚金刑判决在犯罪人不具备履行条件的情况下被作出并要求执行，那么罚金刑的“空判”问题将难以回避，不利于法律的实现。

概括来说，致使罚金刑“空判”的一处症结就在于罚金刑与自由刑之间的二元分立。正因为没有将自由刑与罚金刑通盘考虑、整体性地衡量刑罚轻重，未能做到罪责刑相适应，导致刑罚过度，有损判决的公平正义和威信，使得犯罪人没有能力承担或拒绝承担罚金刑，落实判决不易；也正是因为没有将自由刑与罚金刑通盘考虑、激活或建立二者之间的互动交流的机制，才会在适用和执行罚金刑时缺少权衡、选择的余地，一味地坚持罚金刑，可能会由于犯罪人不具备履行的客观条件或主观意愿而难以执行。因此，实践中罚金刑和自由刑之间联结和互动的阙如，是罚金刑“空判”的重要成因。

我们不应忽视，罚金刑与自由刑之间实则具有诸多共性。从根本属性上看，它们都是刑事责任的实现方式、刑事惩罚的手段，是在犯罪人违法有责的前提下剥夺或限制犯罪人的合法权益，使其感受刑罚的恶害；并且，通过对惩罚之痛苦的彰显和体验，促进限制、威慑、感化、教育等刑罚功能实现，达到预防

〔1〕 张明楷：《刑法学》，法律出版社2016年版，第543页。

犯罪的刑罚目的。特别是当社会发展到今天，人们对自身权益越发看重，金钱可谓“凝固化的或具体化的自由”，[1]剥夺一个人的合法财产，意味着其物质生活的质量受到影响、创造财富的资本被迫“缩水”，若要回到受罚以前的生活状态，必须付出更多的时间、精力、劳动和自由。[2]所以，即使罚金刑在某种程度上具有轻缓的特性，也不宜小觑罚金刑带给犯罪人的实实在在的痛苦，不宜轻视罚金刑与自由刑二者交流的前提和基础。因此，鉴于上述，有必要反思当下罚金刑与自由刑的关系，提倡对刑事惩罚（这里主要指的是自由刑和罚金刑）进行通盘考量的思路：树立合理的刑罚观念，将罚金刑和自由刑整体纳入考量范围，一体化地衡量刑罚量；同时，要认识到自由刑和罚金刑在刑事责任实现上由于本质相同而互为替代、此消彼长、彼此分担的关系，促进自由刑与罚金刑的兼容和交流。对罚金刑和自由刑予以通盘考量的思路，彰显的是一种“刑罚一体化”的理念。秉持“刑罚一体化”之理念，从中找到改善自由刑和罚金刑的关系现状的具体方法，这或可成为缓解罚金刑“空判”困境的可行进路。

二、立足当下：罚金刑“空判”现象的司法应对

（一）量刑阶段：根据犯罪人的经济状况，谨慎平衡罚金刑和自由刑适用

针对罚金刑的执行困境，在不改变当前立法的前提下，司法机关可以采取一定的举措，积极地加以应对。罚金刑不具有一身专属性，它与犯罪人的财产状况密切相关；面对相同的罚金刑数额，富者可能无关痛痒，贫者却以之为天文数字。换言之，财力不同的犯罪人对罚金刑之恶害的感受力和承受能力或许大有差异。对于经济条件较差的犯罪分子来说，一旦罚金数额远超其承受能力，将严重影响犯罪人及其家人正常的社会生活；当犯罪人无力缴纳罚金，会致使罚金刑“空判”，对法院判决的严肃性、权威性造成不良影响；[3]甚至使犯罪人自暴自弃，成为他日后再犯罪的诱因。因此，对于被判处罚金刑的犯罪人而言，要想真正做到罪刑相当、轻重得宜，确保判决落实和刑罚功能的实现，就

---

〔1〕 林山田：《刑罚学》，我国台湾地区“商务印书馆”1983年版，第279页，转引自季金华、徐骏：“20世纪罚金刑的兴盛机理与制度化发展趋势”，载《南京师大学报（社会科学版）》2007年第6期。

〔2〕 邢绡红：“论中国罚金刑的立法价值取向——以《刑法修正案（八）》为切入点”，载《延边大学学报（社会科学版）》2013年第3期。

〔3〕 王志祥：“论犯罪人的财产状况对罚金数额的影响”，载《国家检察官学院学报》2012年第4期。

要考虑犯罪人的经济状况，在个案当中，关注犯罪人经济能力方面的个体差异。

放眼域外，许多国家在可能作出罚金刑判决时，都颇为重视犯罪人的实际财力。《美国模范刑法典》第7.02条第（3）款、第（4）款规定：“（3）除存在下列情形外，法庭不得对被告人判处罚金（a）被告人有能力或者将来有能力缴纳罚金；以及（b）判处罚金不致影响被告人向被害人赔偿损失或者恢复原状。（4）法庭在决定罚金的金额和缴纳方式时，应当考虑被告人的资产状况和缴纳罚金所带来的负担的程度。”〔1〕《俄罗斯联邦刑法典》第46条第3款也规定：“罚金的数额由法院考虑所实施犯罪的严重程度并考虑被判刑人及其家庭的财产状况，以及考虑被判刑人取得工资和其他收入的可能性予以确定。”〔2〕类似地，德国、法国、意大利、瑞士等国家都在立法上明确提出法院判处罚金时要考虑犯罪人的经济情况。就我国来看，2000年通过的《最高人民法院关于适用财产刑若干问题的规定》第1条、第2条也提及了，判处罚金时要考虑“犯罪分子的财产状况”“犯罪分子缴纳罚金的能力”。

鉴于上述，在司法实践中，司法机关对自然人犯罪作出刑罚裁量时，可以根据犯罪人的经济状况谨慎地平衡罚金刑和自由刑的适用。具体地说，第一，在法院考虑对犯罪人选处自由刑抑或罚金刑时，若犯罪人确实不具备履行罚金刑的能力，以致罚金刑存在“空判”的风险，那么，此时选择判处罚金刑，不论是从刑罚的轻重还是从执行的难度看，已不能体现罚金刑的人道、轻缓及刑法对轻罪犯罪人的体恤，且落实判决的难度大，不见得是适宜之举。针对该种情形，在犯罪人承担的刑罚总量不变的情况下，可以考虑对犯罪人判以自由刑而非罚金刑，尽量避免使犯罪人为难，以及使罚金刑遭遇“空判”。第二，当法院可能判处犯罪人自由刑并处罚金刑时，首先，确保罚金刑与自由刑承担的刑罚量之和与犯罪人的罪行和刑事责任相适应；其次，依据犯罪人的财产状况，慎重权衡、综合考虑自由刑和罚金刑各自应承担的刑罚量之比例为多少更为适宜。从罚金刑的数额规定看，虽然无限额罚金、倍比制罚金、限额罚金尚有不足之处，但是它们的共同优势在于，均具备弹性适用的空间，这一点为整体考察、谨慎协调自由刑和罚金刑并科适用的比例提供了一定的基础。由此，在犯罪人经济状况不佳、对罚金刑的承受能力有限的情况下，可以谨慎地减少罚金

〔1〕王祎、王勇等译：《美国模范刑法典及其评注》，法律出版社2005年版，第104~105页。

〔2〕黄道秀译：《俄罗斯联邦刑法典》，中国法制出版社2004年版，第18页。

刑所承担的刑罚量，使刑罚判决更贴合犯罪人的个人实际，促进刑罚的顺利执行。其实，上述做法也已然在司法实践中有所尝试。为了尽力克服罚金刑“空判”的发生，法官们基于司法经验和实践智慧，常在刑罚宣告之前，考虑犯罪人缴纳罚金的能力和意愿，斟酌适用罚金刑，试图以较为灵活的方式，尽量保障刑事责任所要求的刑罚量能够较为充分地实现，对犯罪人不过枉也不轻纵。此番处理具有一定的合理性，可以进一步地明确、细化规定，促使司法机关在量刑时采取的应对罚金刑“空判”的举措得以更加规范、统一。

（二）行刑阶段：犯罪人确有能力而拒不缴纳罚金，从严掌握减刑、假释

自由刑与罚金刑之间的联系与互动，贯穿于刑罚的各阶段，在刑罚裁量和刑罚执行中，均可以发挥作用。自由刑并处罚金刑时的罚金刑执行困难，在罚金刑“空判”现象中表现得尤其突出。可能的原因涉及多方面，比如前述的法官判处的刑罚过度，或犯罪人客观上难以履行罚金刑，当然，还存在一种可能性是犯罪人认为“打了不罚，罚了不打”，在已经履行自由刑的情况下拒绝缴纳罚金。为解决自由刑并科罚金时罚金刑执行难的问题，2011 年通过的《最高人民法院关于办理减刑、假释案件具体应用法律若干问题的规定》（现已失效）第 2 条第 3 款规定：“罪犯积极执行财产刑和履行附带民事赔偿义务的，可视为有认罪悔罪表现，在减刑、假释时可以从宽掌握；确有执行、履行能力而不执行、不履行的，在减刑、假释时应当从严掌握。”最高人民法院《关于贯彻宽严相济刑事政策的若干意见》第 34 条也提到，“确有执行能力而拒不依法积极主动缴付财产执行财产刑或确有履行能力而不积极主动履行附带民事赔偿责任的，在依法减刑、假释时，应当从严掌握”。也就是说，要将罚金刑的执行情况与减刑、假释的裁量挂钩。但是，从实践反馈来看，有调查数据显示，“被判处财产刑且获减刑的 273 名罪犯中，已经执行财产刑的罪犯只有 37 人，仅占全部被判处财产刑且获减刑罪犯总数的 13.55%，与此相对应的是，有 86.45%的罪犯没有执行财产刑，获减刑而未执行财产刑的罪犯平均减刑刑期较已执行财产刑的罪犯多近 1 个月。这表明：财产刑执行作为认罪悔罪重要依据的情况下，其与减刑尚未完全挂钩”。[1]可见，罚金刑的执行情况似乎没有在减刑中发挥足够的参考作用。当前，要解决罚金刑“空判”问题，在可得尝试的司法应对措施中，很重要的一点就是落实和最高人民法院《关于贯彻宽严相济刑事政策

---

〔1〕 李存国等：“财产刑执行实证研究”，载《人民检察》2014 年第 7 期。

的若干意见》等规定的相关要求，使得罚金刑的执行状况与减刑、假释的裁量切实挂钩，并进一步地畅通执行机构之间的沟通协调机制，以期保障罚金刑的有效执行。

三、面向未来：增设罚金刑易科制度的立法建议

立足于当前的法律规定，在司法实践中寻找、落实罚金刑“空判”的应对之策，是缓解罚金刑执行难的一种有效途径。不过，仅仅依靠司法运用，恐怕具有局限性，依然不能很好地解决罚金刑“空判”问题，可能需要求诸新制度的设立。就设立何种新制度而言，可以通过考察随时追缴制度得知：随时追缴制度是“强制缴纳的执行方式在时间上的无限延伸”，〔1〕可往往费时费力却不了了之，要实现对罚金的追缴颇有难度，〔2〕这说明仅通过罚金刑内部的制度运行来保障罚金刑的执行还是效果不佳、力度不足，这可能与罚金刑针对的是人身之外的财产性利益的特性是分不开的。所以，要保证刑罚的判决不至于落空，不能囿于罚金刑制度内部，而是要考虑从罚金刑制度向外延伸，比如，在执行刑罚的过程中，畅通罚金刑与自由刑及其他刑罚方法或强制性措施之间的转换，亦即，在立法中增设罚金刑易科制度，以确保刑罚的实现。

（一）罚金刑易科制度合理性之释疑

罚金刑“空判”并非我国独有的现象，为此，许多国家如德国、日本、俄罗斯、意大利、英国、美国等，都纷纷设立、施行了罚金刑易科制度，来缓解罚金刑的执行困境。所谓罚金刑易科制度，就是指当罚金不能正常收缴时，在一定条件下，由自由刑、劳役或自由劳动等其他刑罚方法或强制性措施代替罚金的缴纳。它是立法设置的罚金刑难以执行时的一种救济手段。不可否认，罚金刑易科制度的合理性一直存在争议。争议之一在于：罚金刑易科制度是否间接地肯定了“缴纳罚金是‘以钱赎刑’”。这个问题涉及刑罚的观念，却不难回答。我们必须分清何为罚金刑，何为“以钱赎刑”。“以钱赎刑”是指被判处自由刑的罪犯，通过向有关当局上交一定数额的金钱的方式，以回避实际的服刑。〔3〕而罚金刑是法院判处犯罪人向国家缴纳一定的金钱，它是一种刑罚方

〔1〕 高铭暄、孙晓：“宽严相济刑事政策与罚金刑改革”，载《法学论坛》2009 年第 2 期。

〔2〕 宫厚军：“刍议我国罚金刑之完善”，载《法学论坛》2006 年第 4 期。

〔3〕 林亚刚、周婭：“罚金刑易科制度探析”，载《法制与社会发展》2002 年第 1 期。

法，罪犯缴纳金钱本身就是实际受刑的过程。因此，在两种场合下，金钱的意蕴不同，后者是刑罚的执行对象，前者不具有这一特点。既然罚金刑与自由刑等都是行为受到刑法否定评价后的犯罪人刑事责任的实现方式，都具备刑罚的属性，那么，罚金刑的易科制度反映的就不是钱与刑的关系，而是以刑换刑。其次，如后文所述，罚金刑易科制度有严格的条件限制，不会因为犯罪人无财力缴纳罚金，就直接将罚金刑易科为自由刑，这一点与“以钱赎刑”下贫者与富人之间的受刑不公完全不同。

此外，关于罚金刑易科制度的第二点争议是：罚金刑的产生和发展在很大程度上是为了替代短期自由刑，避免短期自由刑在适用中的弊端，若确立罚金刑易科制度，将罚金刑易科为自由刑，岂非背离罚金刑制度的初衷。对此质疑，需要结合罚金刑易科制度的意义加以考虑。相较于人身权利的剥夺或限制，罚金刑的落实的确更加困难，无论中外，都不能保证罚金刑执行到位，其中有很大一部分原因是财产不具有人身专属性。如果仅仅在罚金刑制度内部寻求解决办法，常常力不从心。罚金刑易科制度在此境况下应时而生，它有条件地变通刑罚的执行方式，作用于罚金刑不能正常执行的情形。不过，易科的目的不是取代罚金刑，而是力图“保障”——确保给予某些有能力缴纳却故意不缴纳罚金的犯罪人以压力，使罚金刑尽可能地得到执行；也确保在罚金刑确实执行不能时，还有其他刑罚措施可供选择，以保证刑罚的必定性。在此，与自由刑相比，诚然罚金刑在刑罚的轻缓化等方面具有优势，但是尽管罚金刑有特殊性，其刑罚目的依然被涵盖于一般的刑罚目的当中；如若罚金刑得不到良好地执行，罚金刑的目的乃至一般的刑罚目的化为“美好的虚空”，那么罚金刑在理论上的任何优越性也就无从体现、无从谈起。因此，罚金刑的易科制度对于罚金刑的落实和法律的实现具有重大的意义，并不是违背了罚金刑制度的设立初心。

（二）罚金刑易科制度的初步构想

要切实体现罚金刑易科制度的合理性，关键在于易科制度的设计。对此，域外罚金刑易科制度的规定可以作为我国增设易科制度时的重要参考，却不宜照抄照搬，须视我国具体实际量定。

首先，一些国家的刑法中规定，罚金刑可易科为自由刑、自由劳动和劳役。对我国而言，自由劳动在我国的社会环境、就业形势下，可行性不强；劳役和我国自由刑的刑罚内容又有一定的重叠，因此，自由劳动和劳役暂不适宜用于我国的罚金刑易科制度的规定。从我国的刑事立法、司法现状来看，我国除了可以考虑将罚金刑易科为自由刑，还可以在罪质较轻、犯罪人故意不缴纳罚金的情节不严重、主观恶性不深、悔罪认错态度较好，或者其家庭负担较重、有老人和孩童需要看顾等情形下，针对犯罪人的具体情况进行权衡，要求犯罪人在一定时日内提供无偿的社区服务，亦即，将罚金刑易科为社区刑罚。这样不仅可以顾及犯罪人的个人实际，尽可能地在社会劳动中达成对罪犯的积极改造，而且社区服务涉及生活、生产的诸多方面，本身具有一定的经济价值，能够在一定程度上折抵、弥补未缴纳的罚金。所以，将罚金刑易科为自由刑或社区刑罚，就我国的现状看来，可能更为适宜。

其次，国外立法大多设立了日额制罚金刑，根据犯罪人的经济状况（每日收入、未来收入等）评定日罚金额，再依据犯罪人的刑事责任大小确定犯罪人承担罚金刑的受罚日数，以日罚金额与罚金刑日数相乘，得出应判处的罚金数额。日额制罚金刑既重视了犯罪人财力和受刑感受上的个体差异，争取量刑时做到实质平等；又凭借着清晰明了的罚金刑日数的判决，获得了易科处刑的基础，即在不同刑罚方式之间以受刑日数为准成比例地换算，具有较强的可操作性。日额罚金制确有诸多裨益，但是对我国来说，由于我国公民个人收入申报不够普及，不能完全掌握每位城市居民、农村村民的日常收入情况，若但凡具有对犯罪人判处罚金刑的可能性，便要求司法机关调查犯罪人的每日收入与潜在收入，未免施行不便且司法成本过高，所以我国目前尚未充分地具备设置日额罚金制的前提。此外，如若我们借鉴国外的日额制罚金刑，在易科执行时，将待易科的罚金刑日数与应承担的自由刑或社区刑罚的时日，依据刑罚方式间严厉程度的不同确定比例关系，进行相应的换算，实则存在不足。即，该换算依然是基于对刑罚方式的抽象意义上的比较，并未足够地考虑到犯罪人感知易科刑之痛苦的个体主观差异，实现的尚且是形式上的平等性。如同前文述及，刑罚裁量时需要考虑犯罪人的经济状况（包括域外的日额制罚金刑数额的确定，在量刑时也顾及了犯罪人的经济能力）；在易科时，有必要对不同个体的经济情况予以调查并加以考虑。因为金钱在某种意义上是一种“物化的自由”，犯罪人的收入在一定程度上反映了其工作、生活的境遇和状态，不同的犯罪人被关押同样长的时间或从事同样时长、同样内容的社区服务，其对刑罚恶害的感受可能会有不同；何况，在刑罚的裁量阶段考虑到了犯罪人的经济状况，在执行过程中、罚金刑易科处理时，同样关注犯罪人的日收入，也是融贯、合理的。因而，鉴于犯罪人的经济状况和受刑时可能存在的主观感受的差异，要折抵一定数额的罚金，可以以犯罪人的每日收入为一个单位，计算出应当承担的易科刑的相应天数。这也是给予犯罪人等价报应而非等量报应，虑及了个别处遇，体现出执行阶段的实质上的平等性。

至于罚金刑易科制度的更为具体的设计，在此，可以将犯罪人未正常缴纳罚金刑的情况大致区分为两种：其一，犯罪人客观上有能力缴纳，但主观上不想缴纳，从而转移资金、隐匿财产，致使罚金刑无法执行；其二，犯罪人因遭受不可抗拒的灾祸、重病、贫困等无力缴纳罚金，或者由于财产权属纠纷等原因，致使罚金刑无法执行。《俄罗斯联邦刑法典》第 46 条第 5 款规定：“在被判刑人恶意逃避支付罚金时，可以用强制性工作、劳动改造或扣押与所处罚金数额相当的财产代替罚金。”《俄罗斯联邦刑事执行法》第 32 条第 2 款则规定：“如果被判刑人没有可能一次交清罚金，法院可以根据被判刑人的请求和司法执行员的意见书规定延期交纳和分期交纳。”本文赞同对于犯罪人未正常缴纳罚金的情况作出区分考虑，对犯罪人恶意不缴纳罚金和犯罪人客观上无法缴纳罚金这两种情形，罚金刑易科制度应当分别予以规定。

1. 犯罪人能够缴纳却故意不缴纳罚金

针对有证据证明犯罪人客观上有能力缴纳罚金却恶意逃避，抽逃、转移、隐匿资产，阻碍司法、抗拒执行的情形，立法上可以作更加细致的规定。对应于立法上针对自然人犯罪规定的选科罚金和并科罚金，从刑罚的实际宣告看，罚金刑的适用方式分为两种，即仅判处罚金刑和并处罚金刑。对犯罪人仅判处罚金刑时，大多是犯罪情节较轻、社会危害性较小、犯罪人的主观恶性不大，因而只剥夺了犯罪人的一部分财产权益而免予自由刑。在此，如果犯罪人客观上能够缴纳而主观上故意不缴纳罚金，罚金刑易科制度可以规定，将罚金刑易科为社区刑罚。这样做的原因在于：对于仅被判处罚金刑的轻罪犯罪人而言，将罚金刑易科为自由刑稍显严厉；而撇开个体主观心态的差异不谈，一般认为，剥夺一部分合法财产的罚金刑终究轻于行动自由受限、提供劳动的社区刑罚，因此，此时易科为社区刑罚可以给故意不缴纳罚金的犯罪人施加一定的压力。

而若法院对犯罪人判处的是自由刑并处罚金刑，则与上述仅判处罚金刑的情况有所不同。一方面，如前文所述，可以将罚金刑的执行情况与犯罪人的减刑、假释切实挂钩，对于有能力履行却故意不缴纳罚金刑的犯罪人，要从严把握犯罪人的减刑和假释；另一方面，可以积极作为，适用罚金刑易科制度，例如要求犯罪人在出狱后履行社区刑罚，提供一定时日的无偿的社区服务，或是视具体情形慎重地易科为自由刑。可以说，在犯罪人被判处罚金却逃避执行的情况下，对罚金刑进行易科处分，是“宽中有严”；但在决定易科时，大多易科为社区刑罚，对犯罪人进行社会内处遇，仅谨慎地易科为自由刑，或者由法官根据客观实际具体地把握，又体现出“严中有宽”。罚金刑易科制度的设计善用宽、严两种手段，既防止片面从严，也避免一味从宽，做到“严中有宽、宽以济严；宽中有严、严以济宽”，综合把握宽严尺度，是符合宽严相济刑事政策的要求的。

另外，还需要说明一点，理论上认为，罚金刑易科是一种换刑处分，应当在一定程度上征得犯罪人的同意，具有自愿性；而在上述的讨论中，易科制度似乎表现出了相当程度的强制性。不过，这种“强制”的刑罚变通，终究源于犯罪人对罚金刑的恶意逃避，是犯罪人明知不缴纳罚金的后果，仍旧违反法律的“立法反击措施”，实质上不违背换刑的自愿性。并且，易科之后的刑罚措施，已不纯然是针对原先的犯罪后果，其评价和惩处的对象已经介入了犯罪人抗拒刑罚执行的新的主观罪过和客观行为，所以，从罚金刑转化为社区刑罚乃至自由刑，刑罚的严厉程度有所提高，不无道理。

2. 犯罪人因客观原因无法缴纳罚金

除却犯罪人主观上不想缴纳罚金从而阻碍罚金刑的执行，罚金刑无法正常收缴的另一类情形是犯罪人因为不可抗拒的灾祸、重病、贫困，抑或是产权纠纷等原因无法缴纳罚金。面对犯罪人客观上不能缴纳罚金，法律的态度应区别于犯罪人恶意逃避罚金缴纳的情形。我国2017年修正实施的《刑法》第53条第2款明确规定：“由于遭遇不能抗拒的灾祸等原因缴纳确实有困难的，经人民法院裁定，可以延期缴纳、酌情减少或者免除。”《最高人民法院关于适用财产刑若干问题的规定》（2000年）第6条将“由于遭遇不能抗拒的灾祸缴纳确实有困难的”情形限定为“主要是指因遭受火灾、水灾、地震等灾祸而丧失财产；罪犯因重病、伤残等而丧失劳动能力，或者需要罪犯抚养的近亲属患有重病，需支付巨额医药费等，确实没有财产可供执行的情形”。法条和《最高人民法院关于适用财产刑若干问题的规定》体现了刑法的人道主义关怀，具有合理性。另外，类似于存在财产权属纠纷等客观原因，犯罪人确实无法正常缴纳罚金的，立法上也可以作出适当延长缴纳期限的规定。

在该类情况下需要注意的是，当犯罪人因特殊原因无法缴纳罚金时，不宜强制易科为社区刑罚，更不能强制易科为更为严厉的自由刑。因为犯罪都是主观罪过支配下实施的危害社会的行为，而其主观罪过包含着对于刑罚的预期。如果犯罪人因为偶发的特殊情况而难以履行罚金刑，就要被强制易科为他种刑罚，那么，如同未来之事的不确定，犯罪人对犯罪后果的预测总会因为可能的变动而始终不具有明确性。不过，不宜强制罚金刑易科，却可以考虑犯罪人自愿换刑处分的申请，无论宣告刑为仅判处罚金刑还是并处罚金刑，对于那些尚有劳动能力的犯罪人，在其无法缴纳罚金的情况下，均可得自愿提出申请，将罚金刑易科为社区刑罚。此番构想的出发点在于：在犯罪人无法履行罚金刑的时候，将罚金刑易科为自由刑难免过于严厉；而若给予犯罪人以申请改变罚金刑之执行方式的机会，同意犯罪人用一定时长的社区服务替代罚金刑的执行，则既能够缓解犯罪人无力承担罚金刑的困境和焦虑，又能够以其他刑罚方式的执行尽量避免刑罚的落空，且能够促进犯罪人在劳动中受到改造和教育，实现刑罚的目的，可谓多得之举。

结　语

罚金刑制度由于受到“空判”问题的困扰，在司法实践中的作用发挥和扩大适用似乎受阻。在罚金刑“空判”的众多成因当中，罚金刑和自由刑之间联结和互动的阙如，值得关注。二者同作为刑事责任的实现方式，具有刑罚属性上的一致性，这就为量刑和执行阶段的罚金刑和自由刑的兼容、沟通奠定了基础。因此，本文提倡“刑罚一体化”的理念，并基于该理念，针对罚金刑执行对象缺位的难题，尝试在司法和立法两个层面上、量刑和行刑两个阶段中以及选科和并科两种情形下进行立体化、多角度的思考，提出可能具有一定的可行性的解决进路。当然，其中多是方向性的思路和概观的构想，有不少尚待完善之处，需要日后再作进一步的讨论。

就罚金刑制度而言，虽然当前该制度的实践反馈还不够理想，但是“莫为浮云遮望眼，风物长宜放眼量”，罚金刑制度在犯罪结构、刑罚结构的调整、优化过程中扮演着重要的角色，需要我们对其给予更多的关注；只有积极地应对罚金刑的当前困境，完善、规范罚金刑的制度设计和司法适用，才能更切实地期待罚金刑制度在我国刑法犯罪化、轻罪化、轻刑化的改革流变中发挥更大的作用。

审委会议决刑事个案场域的辩护律师之定位

——以审委会民主集中制为视角

刘树德　喻　娟*

摘　要：审委会制度是一项具有显著中国特色的社会主义司法制度。近些年来，随着司法体制改革的逐步深化以及诸多改革举措的立法化，尤其是2018年《人民法院组织法》的大修改，审委会制度机制及运行实践亦有了许多变化和发展。其中，最高人民检察院检察长列席最高人民法院审委会审理抗诉案件、人大代表/政协委员/特邀监督员列席最高人民法院审委会审议司法解释、律师列席高级或者中级人民法院审委会审理案件，等等，具有新闻性或者探索性的司法活动/举措更是引发公众的热议。此处立足审委会民主集中制视角，拟就审委会议决刑事个案场域的辩护律师之定位谈些粗见。

关键词：审委会　人民法院组织法　刑事个案　民主集中制

一、审委会"民主集中制"的语境与内涵

（一）"民主集中制"的多维语境与内涵

"民主集中制"作为一个确定的概念，最早是由列宁提出来的，他是从解决俄国民族民主、民族平等、民族自决等民族问题的角度论述民主集中制的。〔1〕按照我国学者的观点，"民主集中制"至少存在于三种语境，并各具有相应的内涵。〔2〕

1. 领导者个人提出或者表述的观点

例如，毛泽东同志曾经提出过四种"民主集中制"，一是"政体就是民主

* 刘树德，中南财经政法大学法学院教授；喻娟，湖南省湘阴县人民法院法官助理。

〔1〕 程乃胜："论民主集中制原则在宪法中的地位"，载《法制与社会发展》2003年第6期。

〔2〕 张慕良：《列宁民主集中制奥秘初探》，中央编译出版社2017年版，第119~123页。

集中制”，民主是指“各级人民代表大会有高度的权力”，集中是指“各级政府能集中地处理被各级人民代表大会所委托的一切事务，并保障人民的一切必要的民主活动”。[1]二是批评与自我批评的方法，民主就是群众的批评，集中就是领导者的自我批评，民主集中制就是通过群众的批评推动领导者的自我批评，在民主的基础上集中。三是群众路线的工作方法，民主是指从群众中来的意见，集中是指上级机关根据群众中来的意见制定路线、方针、政策和办法。四是党委内部实行的民主集中制，反对第一书记用不民主的方式实行集中（拍板），要求第一书记用民主的方式实行集中（拍板）。[2]

2. 党章规定的民主集中制

我们党在建党初期，就作为共产国际的一个支部开始实行列宁的民主集中制。党的五大正式将这一原则写入党章。八大党章第一次对民主集中制作出比较充分的规定：一是将七大党章规定的“党的组织机构实行民主集中制”改为“党实行民主集中制”；二是规定了两类民主集中制，第一类包括党实行的民主集中制、全体党员实行的民主集中制、党的上级机关实行的民主集中制，第二类民主集中制是“在民主基础上的集中和在集中指导下的民主”。后来党章有关民主集中制的规定主要发生两种变动：第一种变动是对第一类民主集中制和第二类民主集中制的条款、内容或者位置进行调整或者增删；第二种变动就是开始增加由党的三代领导人先后提出或者表述的民主集中制，即毛泽东提出的“人民内部实行的民主集中制”、邓小平提出的“民主集中制是党的群众路线的工作方法”、江泽民提出的作为最重要的组织纪律和政治纪律的民主集中制即党委内部由主要领导在民主基础上实行集中（拍板）的决策方式。

3. 宪法性文件/宪法规定的民主集中制

1949 年 9 月 27 日通过的《中央人民政府组织法》（已失效）第 2 条规定：“中华人民共和国政府是基于民主集中原则的人民代表大会制的政府。”1949 年 9 月 29 日通过的《中国人民政治协商会议共同纲领》（已失效）第 15 条规定：“各级政权机关一律实行民主集中制。其主要原则为：人民代表大会向人民负责并报告工作。人民政府委员会向人民代表大会负责并报告工作。在人民代表大会和人民政府委员会内，实行少数服从多数的制度。各下级人民政府均由上级

[1] 《毛泽东选集》（第 2 卷），人民出版社 1991 年版，第 677 页；《毛泽东选集》（第 3 卷），人民出版社 1991 年版，第 1057 页。

[2] 《毛泽东文集》（第 8 卷），人民出版社 1999 年版，第 290~298 页。

人民政府加委并服从上级人民政府。全国各地方人民政府均服从中央人民政府。”1954年9月20日通过的《宪法》第2条第2款规定：“全国人民代表大会，地方各级人民代表大会和其他国家机关，一律实行民主集中制。”1982年12月4日通过的《宪法》第3条第1款规定：“中华人民共和国的国家机构实行民主集中制的原则。”

正如有学者指出的，“民主集中制的最本质的规定性是什么呢？这是一个研究民主集中制原则的最基础的问题，然而正是围绕这个问题，长期以来存在诸多不同的理解，没有形成共识，有的甚至曲解、片面理解民主集中制的含义”。[1]为此，我们务必从“民主集中制”所运用的具体语境来把握其相应的内涵，否则势必带来“鸡同鸭讲”或者“公说公有理，婆说婆有理”等非理性的论争局面。显然，我们在借鉴运用前述不同语境的民主集中制来分析审委会的民主集中制时，也应作如是观。

1954年9月21日通过的《人民法院组织法》没有明确规定民主集中制。1979年7月1日通过的《人民法院组织法》第11条第1款首次规定，“各级人民法院设立审判委员会，实行民主集中制”。1983年9月2日修订的《人民法院组织法》保留了这一规定。2018年修订的《人民法院组织法》第36条规定：“各级人民法院设审判委员会。审判委员会由院长、副院长和若干资深法官组成，成员应当为单数。审判委员会会议分为全体会议和专业委员会会议。中级以上人民法院根据审判工作需要，可以按照审判委员会委员专业和工作分工，召开刑事审判、民事行政审判等专业委员会会议。”第37条规定：“审判委员会履行下列职能：（一）总结审判工作经验；（二）讨论决定重大、疑难、复杂案件的法律适用；（三）讨论决定本院已经发生法律效力的判决、裁定、调解书是否应当再审；（四）讨论决定其他有关审判工作的重大问题。最高人民法院对属于审判工作中具体应用法律的问题进行解释，应当由审判委员会全体会议讨论通过；发布指导性案例，可以由审判委员会专业委员会会议讨论通过。”第38条规定：“审判委员会召开全体会议和专业委员会会议，应当有其组成人员的过半数出席。审判委员会会议由院长或者院长委托的副院长主持。审判委员会实行民主集中制。审判委员会举行会议时，同级人民检察院检察长或者检察长委托的副检察长可以列席。”第39条规定：“合议庭认为案件需要提交审判委

〔1〕范进学等：《民主集中制宪法原则研究》，东方出版中心2011年版，第170页。

员会讨论决定的，由审判长提出申请，院长批准。审判委员会讨论案件，合议庭对其汇报的事实负责，审判委员会委员对本人发表的意见和表决负责。审判委员会的决定，合议庭应当执行。审判委员会讨论案件的决定及其理由应当在裁判文书中公开，法律规定不公开的除外。”

经过比较，2018 年文本的修改具体可分为以下情形：(1) 有的将近年来有关司法改革文件所提出的改革举措予以立法化。(2) 有的将司法实践中习惯性做法予以成文化，例如，审委会会议由院长委托副院长主持，检察长委托副检察长列席审委会会议。(3) 有的将其他法律中的相关规定平移性地纳入，例如，将《民事诉讼法》第 198 条、2012 年《刑事诉讼法》第 243 条、《行政诉讼法》第 92 条规定，对本院已经发生法律效力的判决、裁定、调解书是否应当再审，均应当提交审委会讨论决定，统一纳入作为审委会的一项重要职能；将 2012 年《刑事诉讼法》第 180 条规定予以吸收，“合议庭开庭审理并且评议后，应当作出判决。对于疑难、复杂、重大的案件，合议庭认为难以作出决定的，由合议庭提请院长决定提交审判委员会讨论决定。审判委员会的决定，合议庭应当执行”，从而使其适用于民事、行政合议庭将相关案件提请审委会讨论决定。(4) 有的对原有规定进行了限缩，例如，将“审判委员会讨论重大的或者疑难的案件”修改为“讨论决定重大、疑难、复杂案件的法律适用”；将“讨论其他有关审判工作的问题”修改为“讨论决定其他有关审判工作的重大问题”。这些修改变化无疑会直接或者间接地影响对审委会民主集中制的理解和把握。

(二) 审委会“民主集中制”的理据分析

作为人民法院的最高审判组织的审委会为何要实行民主集中制，可以从多角度来加以分析论证，我们拟从以下三方面略作探讨。

1. 传统司法制度文明的继承与发展

中国五千年的文明一直以皇权高度集中为历史主流，国家政权组织和运行体制自上而下由中央到地方存在严格的管控，社会规则的制定和执行均由政府统一行使。在生产力水平极端落后的社会发展阶段，农业生产成为人类抵御自然灾害和据以生存的根本，自商周时起统治者一直推行重农思想，但落后的农业生产水平使得人成为农业生产的重要保障。在这种约束下，古代司法呈现出重视实体正义、“慎刑”等思想和理念，并形成了相应的司法制度，其中，会审制度就是贯彻落实“慎刑”思想的重要途径。如西周时期的“三刺断狱”、汉朝的“杂治”、唐代的“九卿复议”“三司推事”和明朝的“三司会审”，这些制度在一定范围内汇集集体意见，并在此基础上由司法官员作出判决，虽然与现代化的专门审判组织机构有所区别，但作为一种刚性审判程序，彰显了集体审判和民主审判的内涵。可以说，审委会制度在某种意义上就是对会审制度合理内核的继承，吸收了中华文明中优秀的司法审判经验，并在此基础上加以改进、优化和完善。

2. 法治中国建设的现实驱动

1997 年党的十五大报告提出要“依法治国，建设社会主义法治国家”，随后又将依法治国的基本方略写入宪法，自此，中国开启了建设现代化法治国家的征程。为贯彻落实党陆续提出的司法改革要求，最高人民法院从 1999 年开始相继以数个五年改革纲要系统地推进全国法院改革，其中包括审委会改革。“一五改革纲要”要求限制提交审委会案件的数量，并将审委会工作重心限缩在法律适用功能方面。“二五改革纲要”强调改革审委会内部组织与人员的调整和重新构造，如审理案件的程序和方式，审委会活动由会议制改为审理制，改革审委会的表决机制等。“三五改革纲要”从司法体制问题、司法职权配置等总的方面入手，将是否符合“公正高效权威”要求作为检验司法改革是否成功的标准，提出要完善审委会讨论案件的范围和程度，落实检察长列席制度。“四五改革纲要”进一步致力于深化司法体制改革，将审委会从审判权运行的高度进行改革，强化其宏观指导职能，完善审委会议事规则及其他相关的制度和机制。司法改革无疑是实现中国法治现代化的重要一环，其终极目标便是建设法治国家，让人民群众在每一个司法案件中感受到公平正义。这一改革目标促使各级法院必须始终贯彻与发扬民主集中制原则，审委会作为法院内部最高审判组织，尤其需要以坚持和完善民主集中制原则为权力运行准则，最大限度保障社会公平正义的实现。

3. 审委会议决案件的内在需求

“司法的功能包括辨别是非、释法补漏、定分止争、维权护益、控权审规、定罪量刑、缓解矛盾、促进经济、引领风气，甚至建构法治秩序和解决政治困境。”〔1〕审委会议决案件过程遵循运用法律规范—根据法律事实—得出法律结论的逻辑推理过程，但很多案件，尤其是提交到审委会的重大疑难复杂案件，

〔1〕 孙笑侠、吴彦：“论司法的法理功能与社会功能”，载《中国法律评论》2016 年第 4 期。

任何一个审委会委员均不可能一次性完成法律事实的发现和法律规范的寻找，需要将目光来回穿梭于法律规则与法律事实之间。这一过程更要求参与议决的委员综合运用法律规则、逻辑推理规则及与案件事实相关的专业知识，分析案件背后错综复杂、相互牵制的利益因素，同时考虑案件的社会效果，通过上述复杂的思维过程体现司法的慎重与公正，逐步实现国家治理中司法治理能力的效能。[1]民主集中制不仅仅是一种原则，更是一种规则、程序与议事方法，是一个具有丰富内涵的制度体系。遵循民主集中制的民主一维，可以最大限度汇集各个委员的智慧，弥补各个委员因法律修养不足、社会经历缺少等因素而导致的对案件考量所欠缺的妥当性与合理性；而遵循集中一维，可以使委员的多数意见成为审委会对个案议决的最终意见，进而成为合议庭对案件最终的裁判结果，使对重大疑难复杂案件的裁判不仅具备非常高的审慎性，更在此基础上具有极强的执行效率。

（三）审委会“民主集中制”的运行场域

根据《人民法院组织法》第37条关于审委会履行职能的表述可以得出审委会的职能主要包括案件议决、经验总结及审判管理三项基本职能。审委会议决个案的职能与总结审判经验和审判管理职能的不同属性，决定了民主集中制的运行场域上有较大差别、发挥的功能作用各有侧重。

1. 对案件议决的功能建设

审委会议决案件的来源包括：(1) 应当提交审委会讨论的案件，这类案件主要是法院自我纠错，检察抗诉和案件刑罚非常规情况类案件。[2](2) 重大疑难复杂案件，[3]这类案件主要涉及案件事实和法律关系难以把握，合议庭或独任审判员自身缺乏足够的裁判能力。(3) 事关程序性事项，需要提请审委会判断的案件。[4]在其启动程序上，无论属于上述哪一类型案件，除院长认为应当交由审委会纠错案件之外，其余案件均由合议庭提出申请，经院长批准后才能

---

〔1〕 徐远太、陆银清：“‘内外有别’：审委会决定与裁判文书认定的互动分析——以深度公开为主线”，全国法院系统第三十一届学术讨论会获奖论文。

〔2〕 案件刑罚非常规类包括拟判处死刑立即执行、拟在法定刑以下判处刑罚、免于刑事处罚或拟宣告被告人无罪等情形。

〔3〕 主要包括合议庭存在重大分歧、难以作出决定的案件，适用法律困难的案件，案件处理结果可能有重大社会影响案件、新类型案件等。

〔4〕 如认为案件重大复杂，需要报请中级人民法院审理，案件结果拟判处死刑和无期徒刑，需要报请中级人民法院审理，以及院长需要回避的案件。

正式进入审委会议决范围。案件确定提交审委会议决后，对审委会的议决程序法律和相关司法解释规定了比较详细的议决方式和程序，在这一过程中每位参会委员不论其职务和身份都享有平等、独立地发表自己意见的权利，主持会议的院长或经院长委托的副院长不得以行政职权影响甚至干扰委员意见的发表，这一议决过程极大地展示了民主的成分，在民主议决基础上形成的最终决定也弥补了个人智慧的不足，使得裁判结果更具说服力，提高了当事人对法院审判结果服判息讼的概率。

2. 对经验总结的功能建设

审委会总结审判经验职能因法院层级不同而各有侧重点，如最高人民法院制定司法解释，发布指导性案例和公报案例，对全国各级法院进行审判管理，地方法院发布典型案例，对本辖区及下级法院进行审判指导，统一法律适用，而基层法院因职级较低则侧重审判事务管理和案件裁判事后效果的把控。不论哪级法院，其审委会审判经验的来源主要包括个案裁判积累的审判经验，类案裁判长期积累的经验和审判权运行机制改革试点探索获得的经验。在收集指导性和典型案例时，其素材不仅来源于审委会自身议决案件或指导审判权运行机制改革过程，还来源于大量汇集业务庭室在个案裁判中获取的审判经验，高级法院还可以汇集下级法院有效的审判经验。此种审判经验获取过程一方面通过高级别法院对低级别法院的集中指导收集案例，另一方面发挥了各级法院的集体智慧，无疑是突破了审委会内部固有的民主集中制运行机制，形成了全院乃至该院行政等级辐射范围内的所有法院民主与集中的运行模式。至于负责总结经验制定文件的审委会面对各类素材如何取舍，从而形成最终的指导案例、公报案例或典型案例等正式文件，也是各自的负责人员在民主集中原则基础上筛选与整合形成，这一点与审委会议决案件具有相似性。

3. 对审判管理的功能建设

审委会作为人民法院行使审判管理权的专门机构，其行使审判管理主要对象为本院各业务庭室及其管辖的下级法院，主要内容包括日常事务的管理、审判流程的管理、案件质量评查和审判运行态势分析。审委会行使该项职能是充当审判事务管理者角色，对于本院业务庭室及下级法院案件办理制定了专门的操作流程和考核办法以及奖惩办法，实时对业务庭室及下级法院的审判业务实施指导与考查，使辖区内的案件办理按照法定程序和时限有序进行。可见出于对案件质量和案件时效的严格要求，审委会在行使审判管理职权时，更侧重于对业务庭室及下级法院进行统一的指导，民主集中制原则在此时更侧重于集中性的指导。个案议决制度的存在，对案件审判管理侧重效率至关重要，法院审判只有做到质量与效率并重，才能真正在实体上和程序上保障当事人享受公正裁决。

通过上文分析与比较，我们可以得出这样一个结论，审委会在行使个案议决时，民主制原则得以最大化体现。且经过近些年的司法改革，审委会个案议决时列席人员不再局限于审委会委员、合议庭成员及承办人员等，法院系统外部人员如人大代表、政协委员、专家学者等如有必要均可以列席，而且经主持人同意，上述人员还可以说明或者表达意见。故而审委会个案议决时民主集中制原则的辐射范围能够突破法院系统内部的人员，实现更大范围内的民主与集中。

二、检察长列席审委会议决刑事个案的实践困境

如前论述可知，审委会制度科学有效的运行必须始终坚持和贯彻民主集中制原则。四轮司法改革虽然让审委会行使裁判权的机制更趋形式上的专业化和民主化，但在实际操作层面实质上的民主化与合议庭汇报案件的内容、审委会议程的参与者、会议程序的引导者等因素联系更加紧密。最高人民法院实施的“三五改革纲要”要求落实人民检察院检察长、受检察长委托的副检察长列席同级人民法院审委会，自此便确立了检察长列席审委会制度。该制度近几年在司法实践中逐渐发展，尤其2018年最高人民检察院检察长张军列席后，地方各级人民检察院纷纷效仿，据统计2018年全国各级人民检察院检察长、副检察长列席同级法院审委会会议达8713人次。[1]相比检察院的“强势介入”，作为辩方代表的辩护律师却不享有参与审委会的权利，全国各级法院邀请辩护律师参与审委会的案例更寥寥无几。[2]在检察长列席审委会向常态化发展趋势下，辩护律师的缺席让审委会在议决个案时缺乏来自控诉对立方的参与，如此情境下运行的审委会制度从形式上和实质上均缺乏民主的成分，主要问题凸显如下。

---

〔1〕《2019年最高人民检察院工作报告》。

〔2〕援引自新浪网数据，sina. com. cn/article_ 5507903695_ 1484bf0cf01900iayz. html，2019年8月25日访问。

典型案例：2018 年 8 月 24 日，河北某县被告人王某破坏生产经营案和被告人卞某敲诈勒索案上诉后均发回重审，合议庭审理后拟作无罪判决提请审委会讨论，该县检察长应邀列席审委会，就两案在事实认定、证据采信、法律适用等方面发表意见建议。审委会讨论后，采纳检察机关意见，分别对王某破坏生产经营案、卞某敲诈勒索案作出有罪判决。判决下发后卞某对此不服，再次上诉至保定市中级人民法院，2018 年 12 月 19 日保定市中级人民法院作出终审判决，改判卞某无罪。

（一）法检权力偏离预设轨迹

上述案件经讨论，审委会采纳检察长意见后将案件由无罪改判为有罪，虽不能说检察院和法院存在违法监督与违法裁判之处，却凸显检察权较为强势，影响审判权行使的问题。场域是相互独立又相互联系的行动者争夺有价值的支配性资源的空间场所。〔1〕在司法场域，法检部门均系刑事诉讼程序实践活动的进入者。法院和检察院作为司法二元主体依法独立行使审判权与检察权，二者职权范围存在严格界限，两种权力各自遵循特有的规律，遵守既定的规则方能平衡场域内的资源，维护稳定的场域关系。赋予检察院列席审委会权力系保障其行使检察监督职能，〔2〕但该职能无论在制度设计还是实践层面，暂时无法与检察机关就个案提出的公诉意见明晰、实质地进行区别和切割。〔3〕这导致检察监督职能异化为控诉职能，进而干预审判权独立公正行使。法检两种权力无法维持应然的稳固状态，致使实际运行偏离预设轨道。

（二）控辩双方力量格局失衡

刑事案件控辩双方的程序参与本身即为一场博弈。双方在对抗过程中分别运用掌握的案件资源和法律技巧调整控辩策略和行为，以实现各自目的。〔4〕检察机关拥有庞大的权力资源，且依托国家强制力作为后盾，在案件事实掌握和案件整体发展态势的控制上具有绝对优势地位。被告人既缺乏优势资源去搜集证据，获取案件信息，也不具有与控方平等的诉讼权利和攻防手段。案例中检

---

〔1〕 李艳培："布尔迪厄场域理论研究综述"，载《决策与信息（财经观察）》2008 年第 6 期。

〔2〕《最高人民检察院关于进一步深化检察改革的三年实施意见》第 10 条。

〔3〕 车浩：《关于律师参与审委会的三点看法》，载法宝学堂，https://chuansongme.com/n/2995873752419，最后访问日期：2019 年 6 月 10 日。

〔4〕 姚国庆编著：《博弈论》，南开大学出版社 2003 年版，第 5~6 页。

察长列席审委会发表意见，整个讨论程序辩方无权参与。在该阶段控辩双方所处位置无论从形式上还是实质上均与“平等武装”理念不符，[1]武器不平等则信息获取难以对等，辩方无法与控方进行有效对抗，双方力量格局失衡进一步加剧。

（三）辩方缺位审判有违程序公正

据J省近五年调研统计，检察长列席审委会讨论刑事案件占所有审议议题的比例超过99%，提出的检察意见采纳比例达78.69%，[2]此情境下检察院已转换监督者角色，自动转换为类似“原告”地位，与辩方同为诉讼主体。但辩方缺席审委会会议，陈述诉讼主张的活动受到抑制，审委会委员仅通过承办法官对案情的介绍获悉辩方意见，感知程度非常有限，如仅依检察院“一家之言”进行表决，难免有偏袒之嫌，使得讨论程序的中立性无法得到保障。辩方程序主体地位未受到委员同等尊重，诉讼权利及与案件相关的法律意见均未受到同等重视，讨论程序缺乏平等性。加之辩方就案件无法充分阐述诉讼主张，也无法就指控进行有效防御，程序实施过程缺乏充分性。缺少中立性、平等性和充分性的审委会会议将可能丧失公正程序应有的内涵，[3]而委员未经历庭审，对案件真相挖掘有限，裁决的作出既有违司法亲历性，[4]更难以保证相应的法律事实符合客观事实。

三、辩护律师参与审委会个案议决的实践扫描及价值阐述

鉴于检察长列席审委会存在上述问题，有必要创新审委会制度以防范制度运行中的风险，在这样的背景下，辩护律师参与审委会的实践探索逐步兴起。

（一）初露萌芽的点滴实践

2014年12月周强院长在最高人民法院审委会上强调审委会制度改革既不能脱离司法实践盲目推进，也不能形改实不改，使改革流于形式；既要鼓励大

[1] 刘忠：“未完成的‘平等武装’刑辩律师非知识技艺理性的养成”，载《中外法学》2016年第2期。

[2] 尹孟良：“检察长列席人民法院审判委员会会议制度之完善——基于J省近5年司法实践的考察分析”，载《检察调研与指导》2018年第4期。

[3] 左卫民：“公正程序探析”，载《四川大学学报（哲学社会科学版）》1993年第3期。

[4] 朱孝清：“司法的亲历性”，载《中外法学》2015年第4期。

胆探索，又要使审委会制度改革依法有序向前推进。[1]2016 年 5 月，最高人民法院首次邀请律师参与审委会讨论《人民法院特邀调解规定》。积极响应改革号召，2019 年 4 月 30 日山西省晋城市中级人民法院印发《关于建立审判委员会听证制度的规定》的通知，并就意见分歧巨大的几案邀请控辩双方参加了审委会听证会，2019 年 6 月 4 日福建省高级人民法院邀请辩护律师就林某某故意杀人一案向审委会陈述意见，并发表文章，随后最高人民法院对该篇文章进行转发。2019 年 8 月 2 日，最高人民法院颁发了《关于健全完善人民法院审判委员会工作机制的意见》（以下简称《意见》），规定除合议庭成员、承办人和承办部门负责人外，其他有必要的人员应当列席审委会会议，必要时审委会可以邀请人大代表、政协委员、专家学者等列席。经主持人同意，列席人员可以提供说明或者表达意见，但不参与表决。以下归纳了两个地方法院的具体做法。

通过表 1 可以看出两个法院对辩护律师陈述意见的内容及参与的具体步骤设置相近，且均系限阶段参与，以确保控辩双方程序参与权利和委员讨论与评议的非公开性。但晋城市中级人民法院制定了具体听证规则，在案件参与类型、参与人员两方面比福建省高级人民法院范围更广，经验比较成熟。福建省高级人民法院直接邀请辩护律师参与审委会会议，创新性比晋城中院更强，但制度落实存疑。

表 1　晋城市中级人民法院和福建省高级人民法院辩护律师参与审委会对照表

分类	晋城市中级人民法院	福建省高级人民法院
参与会议类型	审委会听证会	审委会会议
是否制定具体规定	是	否
参与人员	当事人及其法定代理人、委托诉讼代理人、公诉人、辩护人等诉讼参与人或案外人	辩护人、检察长
案件分类	刑事、民事、行政案件，列明了七大类案件	刑事案件
陈述内容	案件关键事实和主张	案件关键事实及主张

〔1〕“认真贯彻落实党的十八届四中全会精神　积极推进审委会制度和量刑规范化改革”，载《人民法院报》2014 年 12 月 2 日，第 1 版。

续表

分类	晋城市中级人民法院	福建省高级人民法院
启动程序	承办人申请或院长认为有必要	不明确
参与流程	1. 承办法官汇报案件事实 2. 当事人就争议事实和诉辩主张进行陈述 3. 委员可提问 4. 听证结束、当事人退场、审委会继续讨论案件	1. 承办法官汇报案件事实 2. 检察长发表检察意见 3. 辩护律师陈述意见 4. 委员提问 5. 控辩双方退场、审委会继续讨论案件

（二）基于实证的内部价值分析

辩护律师参与审委会从提出到类似实践均引来法学界褒贬不一的广泛议论，其中赞成者对辩护律师参与审委会议决，贯彻民主集中制原则提出如下价值期待。

1. 纠偏法检权力

充分听取控辩双方诉讼主张是裁判者获得内心确信的来源，实践中辩护律师的意见尤其是量刑意见对法官的影响从来就不容小觑，笔者通过分析南部 D 市中院 2018 年一审裁判刑事办结案件，〔1〕发现 265 个案件共有被告人 358 个，其中有 301 个被告人获得了律师辩护（包括委托辩护与指定辩护），所有辩护律师共计提出 1226 条辩护意见，其中量刑意见 910 条，最终被法院采纳的量刑意见有 712 条，采纳比例达 78.24%。可见引入辩护律师参与审委会适当发表辩护意见，可作为“抵御检察院的监督权在个案中转化为再次强势控诉的一项武器”。〔2〕这既是法院出于个案必要而为之，并未违反法律强制性规定，也未破坏审委会工作性质和既定审理程序，更未矮化检察院检察监督职能，其可监督法检依法行使职权。也能一定程度上抑制检察权过度扩张，使审判权和检察权回归正常轨道，从而实现法检权力平衡。

2. 平衡诉讼构造

上述调查中有 9 个被告人的辩护律师提出“案件证据不足，指控罪名不能

〔1〕 案件来源于中国裁判文书网，鉴于中院案件复杂，辩护率更高，故择其为调查对象，结果可更具说服力。

〔2〕 邓学平：“律师列席法院审委会，福建高院开了个好头”，载新浪博客，http://blog.sina.com.cn/s/blog_7e323adc0102yqs9.html，最后访问日期：2019 年 6 月 7 日。

成立”的辩护意见，5 个提出“有证据证明被告人无犯罪事实”的辩护意见，最后有 6 个被告人被作无罪处理，包括公诉机关撤回起诉 3 个，法院宣告无罪 3 个，无罪处理人数占无罪辩护人数的 42.86%。而没有辩护律师的被告人中有 4 个提出无罪的自行辩护，但最终无一人被作无罪处理。刑事案件中“无罪处理”属“峰回路转”“柳暗花明”之结果，相较被告人的自行辩护，律师的辩护意见对此显然功不可没。在刑事诉讼程序中，控辩双方的法律地位及相互关系影响着程序运行的效率及实体结果的公正。允许辩护律师在审委会会议陈述意见，于被告人而言无疑扩充了其有效抗衡控方的实力，使控辩双方失衡的天平重归平衡，实现控辩双方武器平等、信息对等。于审委会而言，可还原法院中立裁判位置，合乎司法公正之实质。[1]而控辩双方就事实、证据和法律适用充分说理，裁判者可通过双方说理不断调适内心推论，寻找最佳判决。[2]而诉讼构造平等参与，各方独立客观地发表意见，不受对方的干扰，使审委会同时汇集控辩双方分散的不同的意见，无疑扩充了审委会个案议决的民主性范围。

3. 实现有效辩护与公正程序

有效辩护的内涵之一即辩护律师忠实于被告人的合法权益，精准地提出各种有利于被告人的辩护意见，与裁决机关开展富有成效的协商、抗辩、说服等活动。[3]允许辩护律师参与审委会虽不是行使辩护权，但可延伸辩护效果的辐射范围。辩护律师在该程序中运用辩论技巧与辩论策略，通过尽职尽责地陈述让裁判者充分了解辩方诉讼主张，使裁判结果尽量有利于当事人。[4]同时辩方通过程序参与，充分展开诉讼防御，促使审委会委员趋于中立，平等对待其所陈意见，实现程序公正。依托公正程序展开的有效辩护可使裁判结果从形式上彰显公正理念，实质上确保裁判者就此获得的内心确信最大限度接近案件客观真实。[5]在此基础上形成的审委会议决形式上实现了民主最大化，实质上保证在民主基础上作出客观公正的裁决，让审判结果实现法律效果与社会效果相统一。

（三）基于比较的外部证成

辩护律师参与审委会除却具有上述价值功能，笔者还可以通过比较检察院和

---

〔1〕 斯伟江：“还原法官的角色——论福建高院邀请律师参加审委会”，载搜狐网，http://www.sohu.com/a/318919303_661293，最后访问日期：2019 年 6 月 6 日。

〔2〕 张保生：“审判中心与控辩平等”，载《法制与社会发展》2016 年第 3 期。

〔3〕 陈瑞华：“有效辩护问题的再思考”，载《当代法学》2017 年第 6 期。

〔4〕 左卫民：“有效辩护还是有效果辩护?”，载《法学评论》2019 年第 1 期。

〔5〕 王天民：“实质真实主义：两种认知理论下的模式推演”，载《法治与社会发展》2018 年第 3 期。

法院组织法中检委会与审委会民主集中制原则的差异为辩护律师参与审委会证成。

（1）议决主体：审委会会议分为全体会议和专业委员会会议，经专业委员会会议讨论的案件或者事项，无法形成决议或者院长认为有必要的，可以提交全体会议讨论决定。而检委会没有专业委员会会议。

（2）议决范围：法院组织法规定审委会可以讨论决定重大、疑难、复杂案件的法律适用，而检察院组织法中对检委会讨论决定重大、疑难、复杂案件的范围没有限制，既可以讨论与案件有关的法律适用，也可以讨论与案件相关的事实。

（3）参与议决人员：审委会举行会议时，除法院内部人员外，同级人民检察院检察长或者检察长委托的副检察长可以列席，必要时也可以邀请人大代表、政协委员、专家学者等列席。经主持人同意，外部列席人员可以提供说明或者表达意见。而检委会会议未规定检察院之外的人员可以列席。

（4）议决执行：法院组织法规定审委会的决定，合议庭应当执行，《意见》规定：经审委会全体会议和专业委员会会议讨论的案件或者事项，院长认为有必要的，可以提请复议。而检察院组织法规定：地方各级人民检察院的检察长不同意本院检委会多数人的意见，属于办理案件的，可以报请上一级人民检察院决定；属于重大事项的，可以报请上一级人民检察院或者本级人民代表大会常务委员会决定。

通过审委会与检委会的上述比较可得出如下结论：（1）审委会在议决个案时，根据案件难度和决议情况民主集中制作用范围不断扩大，由专业委员会内部的民主与集中扩展到全体会议的民主与集中。（2）审委会对个案议决的范围限于法律适用，审委会制度改革从对个案裁判功能的微观职能转向总结审判经验及其他有关审判实务的管理等宏观职能。（3）审委会议决允许法院系统之外的人员参与，议决过程中民主成分不断扩大。（4）合议庭坚决执行审委会议决结果，依据多数人形成的最终意见作为裁判结果，实现了民主基础上的集中指导。

民主集中制的内涵包括所有参与程序的人地位、尊严、权利及义务一律平等，享有平等的话语权，各个独立个体以自己名义不受干扰地分散地发表意见，将所有人的不同意见进行汇集，形成多数人的民主决策。在民主基础上形成的多数人的倾向性意见获得全体参与者的信任与服从。审委会议决过程及要求合议庭执行议决结果无疑基本具备了民主集中制的上述特征。审委会议决并不排斥系统外部人员的参与，甚至在必要时希望倾听更多代表不同利益主体独立的意见，辩护律师参与审委会一方面可以更大范围内汇集多数人的智慧，使议决结果更接近科学合理的决策，另一方面合议庭接受审委会议决结果所作出的裁判具备广泛的民主基础，更易于为控辩双方甚至是社会大众所接受。

（四）民意取向的深入调查

为了解公众对律师参与审委会的支持与反对情况，本文设计了调查问卷，调查对象包括来自全国 16 个省级行政区域及海外留学的学者、律师、法官、检察官和其他人员，共收集到 375 份有效答卷。调查结果统计如下。

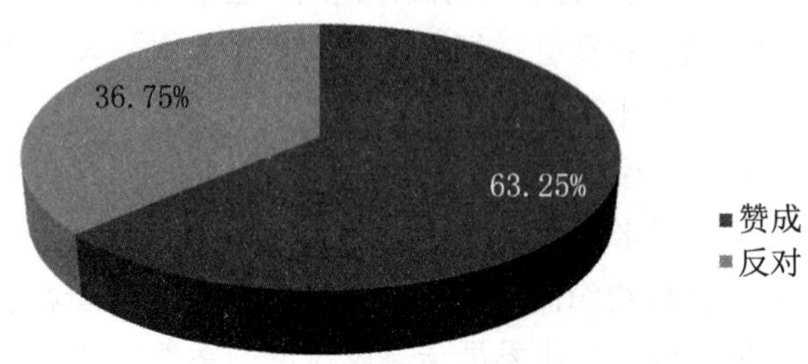

图 1　赞成与反对人数比

（1）参与调查者中超过 63%的人赞成律师参与审委会，高出反对人数 26. 5 个百分比，如图 1 所示。可见检察长列席审委会一事当下已引发普遍关注，大多数人支持律师参与审委会，使之成为抗衡检察权，解决审委会现有制度弊端的有效途径。

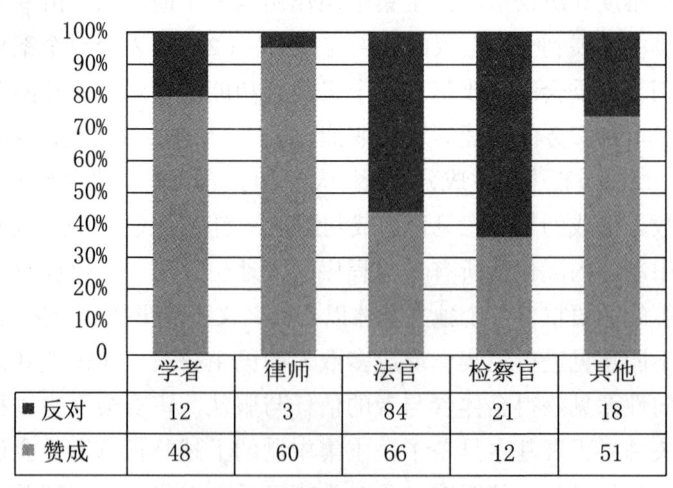

	学者	律师	法官	检察官	其他
■反对	12	3	84	21	18
■赞成	48	60	66	12	51

图 2　不同群体赞成与反对比

（2）参与调查的学者、律师以及其他人员赞成律师参与的人数远高于反对人数，法官与检察官中则反对人数略多于赞成人数，如图 2 所示。赞成派中的学者一贯秉持在法的价值位阶中公平价值重于效率价值，律师则希望在审委会乃至整个诉讼阶段获得与控方同等的诉讼地位，而其他人员作为潜在当事人亦期待诉讼双方地位平等。反对派中的法官追求诉讼效率，也不希望法院独立的审判权受到挑战，检察官则倾向于维护自身在刑事诉讼中的优越权力。[1]

（3）赞成律师参与审委会讨论的案件类型因调查对象研究或工作领域的不同而呈现差异化，如图 3 所示。其中三大部门法领域人员都更倾向律师参与本领域内案件的讨论，民商事领域和行政法领域人员除却本领域外，更倾向律师参与刑事案件讨论，其他领域人员倾向律师参与讨论的案件类型也以刑事案件居多，超过一半人数。显然，大部分接受调查者均支持律师参与刑事案件审委会。

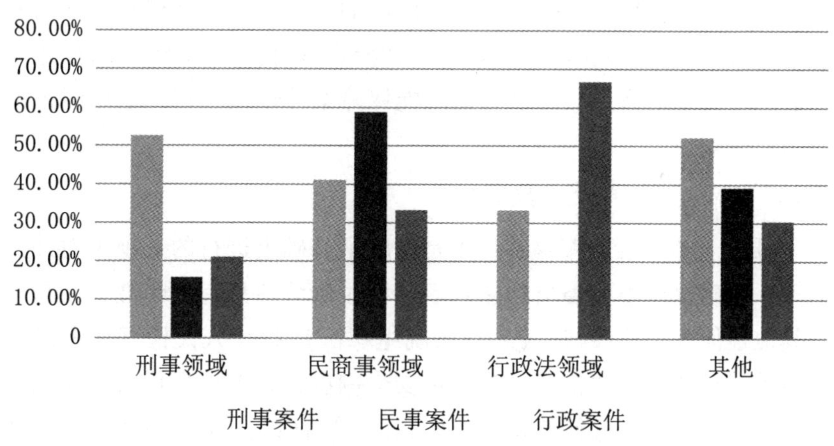

图 3　各部门法领域人员赞成参与案件类型比

四、可能的质疑与回应：辩护律师参与审委会的障碍解析

作为一项创新，辩护律师参与审委会虽有较高的价值期待和民意支持，但自概念提出到部分法院相关的实践活动均受到些许质疑，制度的正式确立及运行亦面临诸多挑战，下文拟对此进行回应。

〔1〕 龙宗智：“‘以审判为中心’的改革及其限度”，载《中外法学》2015 年第 4 期。

（一）二度庭审异化之质疑与回应

（1）质疑：当前审委会工作重心仍倾向于重大、疑难、复杂案件法律适用的个案解决问题，其他职能却严重偏废。如何让审委会职能重心向总结审判工作经验和统一法律适用等宏观事项转移，成为审委会制度改革的首要目标。一旦确立辩护律师参与审委会的合法地位并使之常态化，可能导致庭审的空壳化和形式化，实质的审判权上移到审委会，使得审委会异化为二度庭审。法院内部法官庭审与审委会之间的机制平衡将打破，同时也会造成内部权力失衡和法官责任制的落空，对于审委会制度的改革无异于新添阻力。

（2）回应：辩护律师参与审委会仅系法院出于个案需要邀请其陈述意见供委员参考，确保裁判公正。讨论时在庭审既有基础上的控辩对抗，虽也有控诉与反驳，但内容与形式都将有别于第一次庭审，没有庭审中举证质证、交换证据环节，更没有询问证人、鉴定人和侦查人员等环节。我们可在厘定二者职能定位和性质差异上，规定辩护律师参与讨论的案件范围和陈述意见的内容，并限定参与讨论的阶段。同时通过总结审判经验，强化审委会个案法律适用对本院及下级法院类案的适用效力。如此既能保障案件审判公正，也可纠正审委会职能倾斜之弊端。

（二）列席规范不明之质疑与回应

（1）质疑：审委会对案件的讨论是在庭审基础上进行的一项不对外公开的审判活动，为确保审委会委员独立判断，该讨论活动具有封闭性，除却审委会委员，其他任何人不得参与。《人民法院组织法》和《人民检察院组织法》等法律及相关司法文件确立检察长列席审委会制度，赋予检察长或其委托的副检察长列席的权力，以充分行使检察监督权。[1]“两高”发布的实施意见规定了检察长列席的发言程序，使之成为一项普遍性权力。但辩护律师参与审委会缺乏法律依据，允许其参与是对审委会制度的破坏，也将弱化检察机关的检察监督职能。[2]

（2）回应：事实上，如对检察长列席审委会与辩护律师参与审委会的法理基础加以甄别，会发现二者的差异。前者基于法律规定，属法定权力，而

〔1〕《人民法院组织法》第 38 条第 3 款和《人民检察院组织法》第 26 条。

〔2〕“邀请辩护律师到审委会陈述意见是对审委会制度的破坏！”，载网易新闻 http://3g.163.com/dy/article/EGV0M81V0521C22L.html，最后访问日期：2019 年 6 月 6 日。

后者系法院基于审判权，为贯彻落实民主集中制原则，增加决策时考量意见的全面性，出于个案审判之必要而为之。辩护律师参与审委会不仅不会破坏审委会制度，弱化检察院的检察监督权，反而可以促使权力正当行使，增强委员对案件的亲历性，确保委员全面了解涉及定性的事实和证据。〔1〕故不妨参照检察长列席制度，通过最高人民法院的司法解释赋予辩护律师参与审委会的权利，明确其法律地位后，再制定具体的实施细则或实施意见，以供实践。

（三）实践操作可行性之质疑与回应

（1）质疑：法院欲引入辩护律师参与审委会防止个案中检察院控诉职权的强势进攻，以保证审判权的独立性和公正性。但检察院仍坚持其列席审委会系行使检察监督权，未越界行使控诉职能，故反对辩护律师参与，以维护自身的优越地位。法院和检察员意见不统一，加之各种支持与反对声音迭起，致各方对确立辩护律师参与审委会制度充满疑问。另外实践中如何保证控辩双方实际享有同等法律地位，实现审委会在决策作出前实质上而非形式上考量双方意见，如何确保会议讨论在信息公开、透明基础上不泄露审判秘密等问题，理论界和实务界对此也持保留意见。

（2）回应：美国联邦最高法院通过许可上诉制统一重要法律见解。〔2〕我国审委会性质虽不同于美国联邦上诉法院，但我们可在区别二者职能定位与机构属性基础上，借鉴部分建制规则，同时吸收晋城市中级人民法院与福建省高级人民法院相关经验，结合《意见》制定辩护律师参与审委会制度，明确具体流程。在实施时，可先划定部分试点法院，对试点过程中出现的问题及时反馈，不断改进，待制度完善后再逐步推广。

五、辩护律师参与审委会制度的初步构建

辩护律师参与审委会是从审判实际出发，缓解审委会制度运行困境的创新举措，实施过程需目标清晰、方向正确，并在实践中不断发展与完善，应坚持如下原则和具体规则。

---

〔1〕张杰："论坚持和发展检察长列席审委会制度"，载《人民检察》2019年第15期。

〔2〕吴巡龙："大法庭应如何运作"，载《月旦法学杂志》2019年6月第289期。

（一）辩护律师参与审委会的基本原则

1. 民主集中制原则

完善辩护律师参与审委会工作机制必须坚持充分发扬民主和正确实行集中有机结合，健全和完善辩护律师参与审委会的议事程序和议事规则，确保辩护律师和其他参会人员客观、公正、独立、平等发表意见，审委会议决时按照多数决原则确定最终意见，防止和克服议而不决、决而不行，切实发挥民主集中制的优势。

2. 目标特定原则

辩护律师参与审委会的目标是确保辩护律师享有讨论程序的参与权，以增强审委会委员对案件的亲历性，扩充其意见听取范围，使委员表决前可以充分听取控辩双方的控辩主张，从而确保判决结果趋于实质公正，而非行使庭审中的全部辩护职能。故实践中要注意厘清辩护律师参与的界限与范围，防止辩护律师参与目标宽泛化、目的模糊化，导致原本目的不能充分实现。

3. 有限参与原则〔1〕

有限参与原则系行政决策公众参与的基本原则之一，属行政法上的概念，其是指行政决策公众参与要有合理限度，包括参与强度限度和参与广度限度。由于辩护律师参与审委会本质上亦属于决策与参与行为，可援用该原则。在参与强度上，辩护律师在审委会会议上只拥有一定的知情权和发言权，没有决策权，其陈述的意见对审委会委员的表决仅具有参考作用，而不具有决定作用。在参与广度上，辩护律师仅可参与部分案件的审委会会议，且需在限定阶段陈述诉讼主张，发言内容加以限定，审委会委员讨论和决议阶段应排除在辩护律师参与之外。

4. 逐步推进原则

辩护律师参与审委会要求逐步推进，不能一蹴而就。在案件类型上，部分刑事案件或案情复杂双方争议较大，或类型新颖法律适用困难，或社会影响较大处理棘手，较普通刑事案件更需要充分听取控辩双方意见，方能作出公正裁决。故宜从案件类型入手，归纳辩护律师可以参与的几类案件，防止“一刀切”。故现阶段可根据各级法院审理的案件类型和难易程度选择适宜的试点法院，不宜全面推进。在参与程度上，辩护律师对审委会案件讨论程序的参与可

〔1〕李进成：“行政决策公众参与问题研究”，烟台大学2018年硕士学位论文。

由浅至深，由少至多，不断总结经验，循序渐进。

（二）辩护律师参与审委会的权利边界

为确保辩护律师参与审委会时充分行使辩护权，约束控方过度行使控诉权，参与讨论案件范围和内容均应予以明确。

1. 参与讨论案件的范围边界

最高人民法院、最高人民检察院通过的实施意见规定审委会讨论下列案件或议题，同级检察院检察长可以列席：可能判决被告无罪的公诉案件，可能判处被告人死刑的案件，人民检察院提出抗诉的案件，与检察工作有关的其他议题。[1]各地关于检察长列席审委会的案件范围虽各有规定，但基本类型无不出于以下几类：一是认定事实和适用法律有疑难的案件；二是检察院与合议庭之间就定罪量刑有重大分歧的案件；三是审委会或检察长认为需要列席的其他案件。[2]

辩护律师参与审委会系发挥对审委会审理案件的咨询作用，有别于检察长列席的法定权力，故参与讨论的案件在审理层级上以中级人民法院审理的案件为宜，在案件性质上须满足以下几点：案情复杂，难以达成一致意见；具有重大指导意义或者法律适用困难；涉及公共利益或者具有重大社会影响力。综上，建议辩护律师参与审委会的案件包括以下七大类：（1）控辩双方争议巨大或合议庭成员对案件处理存在重大分歧的；（2）案件重大、疑难、复杂，且对法律准确适用存在直接影响的；（3）法律适用规则不明的新类型案件；（4）案情涉及案外人合法权利、国家或社会公共利益，具有重要社会影响的；（5）再审案件；（6）案件裁判结果在本辖区或对类案有重大指导意义的；（7）各地法院审委会认为律师可以参与的其他案件。

2. 参与讨论的内容边界

控辩双方陈述意见时应围绕案件事实、证据及法律适用补充发表意见。鉴于审委会讨论的案件已经历庭审，故而事实方面应就双方争议较大且影响案件定性的事实发表意见，证据方面着重对非法证据、存疑证据和可以证明案件关键事实的证据发表意见，法律适用方面应围绕争议焦点展开，对双方没有争议

---

〔1〕 最高人民法院、最高人民检察院《关于人民检察院检察长列席人民法院审判委员会会议的实施意见》第3条。

〔2〕 吴刚、张建兵："完善检察长列席审委会制度构想"，载《人民检察》2006年第4期。

的事实、证据和法律适用不得重复阐述。

（三）辩护律师参与审委会的流程设计

辩护律师参与审委会作为实现司法公正的有效举措，应充分贯彻前述三大原则，保障辩护律师陈述意见的权利，故从参与前、中、后三个阶段设计相关流程。

1. 参与前通知和公开程序

明确规定法院通知辩护律师参与审委会，应在会议召开前履行相关通知和案件公开职责。

（1）会前通知。确定辩护律师参与审委会的，法院相关工作人员在合理时间内以书面形式或者其他合理方式通知辩护律师，告知会议议程、时间、地点，并送达审委会材料。辩护律师应当在审委会会议召开前规定时间内将书面意见提交审委会，书面意见应当围绕主要争议焦点展开，列明辩方意见及相关法律依据，必要时可以载明类案与关联案件检索情况。审委会委员应当在审委会会议召开前仔细阅读该书面意见。

（2）案件信息公开。除却法定不公开和依申请不公开两类案件，其余案件的讨论议题和讨论流程均应在审委会会议召开前规定时间内在法院官网予以公布。并要求对控辩双方参与的部分同步录音录像，同时按照保密要求进行管理。

2. 参与中议事程序

明确规定审委会会议应严格按照基本案情介绍、控辩双方意见陈述、委员询问、审委会讨论决定等程序讨论案件。

（1）基本情况介绍。由承办法官代表合议庭汇报案件事实、证据及控辩双方主张等基本案情，不发表合议庭处理意见。

（2）控辩双方陈述意见。先由检察长或检察长委托的其他检察人员就案件事实认定、取证环节、指控罪名等进行陈述，再由辩护律师就争议事实、证据及主张陈述意见。双方就自己主张的所有论点包括案件事实、证据及法律适用问题必须一次性陈述完毕，陈述内容不可重复先前提交的书面意见。如遇控辩双方提出新的证据，则审委会会议应当中止，案件交由原合议庭或独任法官审理。

（3）委员询问。审委会委员在阅读过辩方提交的书面意见后，如认为有必要的，可待控辩双方意见陈述完毕后就存疑的案件事实、证据和法律适用进行询问。多名委员均需要询问的，可以按审委会委员讨论案件时的发言顺序进行。

（4）签写笔录与保密协议。控辩双方及相关人员在审委会会议的发言应当记录在卷，[1]发言与询问结束后上述人员应退出会议，退场前上述人员应在笔录上签名予以确认。参与审委会的辩护律师，对讨论过程中知悉的审判工作秘密应当保密，[2]并签订保密协议，如有违反，应承担相应法律责任。

（5）审委会讨论与决议。相关人员退场后先由承办法官发表合议庭意见，再由审委会委员依次发表意见，主持人最后发表意见，最后由主持人作会议总结，会议作出决议。

3. 参与后有关事项规定程序

规定裁判文书制作过程中，承办法官对于控辩双方意见采纳与否的理由应在文书的“本院认为”部分详细阐述。除却法定不公开案件，应当将审委会讨论案件的决定及其理由以适当形式在裁判文书中公开。裁判文书制作完成后，人民法院应当将裁判文书及时送达辩护律师。[3]

上述流程应同时完善相关立法及司法程序，并制定辩护律师参与审委会的配套机制，实现审委会制度运行更加科学化、实效化。

结　语

允许辩护律师参与审委会是落实审委会对特殊案件裁判权的关键一环，是完善以审判为中心，实现“让审理者裁判、由裁判者负责”等审判改革的重要步骤，也是贯彻民主集中制原则重要的一环。完善审委会制度，转变控辩双方绝对对立的观念，允许辩护律师参与审委会，以程序正义促进实体公正，实现控、辩、审有效互动，切实保障社会的公平正义，是我们的期许，也是我们法律人共同努力的方向。

---

〔1〕 最高人民法院、最高人民检察院《关于人民检察院检察长列席人民法院审判委员会会议的实施意见》第7条。

〔2〕 最高人民法院、最高人民检察院《关于人民检察院检察长列席人民法院审判委员会会议的实施意见》第9条。

〔3〕 最高人民法院、最高人民检察院《关于人民检察院检察长列席人民法院审判委员会会议的实施意见》第8条。

犯罪成立视域下的罪量因素分析

李　梦*

摘　要：在刑法规范中，罪量因素可以区分为数额要素、情节要素和后果要素三种类型。在刑法解释范围内，刑法规范和司法解释都可以对罪量含义进行释义。在认定犯罪过程中，刑法总则的但书是消极的罪量因素，能够把情节显著轻微的行为排除犯罪；而刑法分则的罪量规定是积极的犯罪构成要件要素，只有符合罪量要求才能构成犯罪。

关键词：罪量　司法解释　数额要素　情节要素　后果要素

我国实行“违法—犯罪”的二元制裁体系，行政机关和司法机关共同分担反社会行为的制裁权。在二元制裁体系内部，行政违法和刑事犯罪有两个区分标准，一为行为程度，一为行为性质。对于绝大多数犯罪而言，罪量因素是划分罪与非罪的分界线。刑法规定定量因素使轻微反社会行为受到处罚是许多国家采取的惩罚犯罪的形式。其他国家刑法规定立法定性和司法定量，我国刑法的犯罪概念是立法定性又定量。〔1〕司法定量模式基本上不对犯罪成立规定定罪要素，而是由检察机关决定对轻微犯罪不予追诉。我国刑法的犯罪罪量具有区分违法与犯罪的重要意义。基于我国的国情，大量轻微违法行为（罪量达不到入罪标准的）由讲究效率的行政机关处理；社会危害性较大的犯罪行为（罪量达到犯罪标准的）则由司法机关经由法定诉讼程序审理。罪量因素为解释显著轻微情节提出了重要合法依据，将大量形式上符合犯罪成立要件但是达不到法益侵害严重程度的行为过滤在犯罪圈之外，从而大大减少司法程序中的犯罪数量，节约司法资源。

---

* 李梦，中国政法大学刑事司法学院博士后研究员。

〔1〕 王政勋：“定量因素在犯罪成立条件中的地位——兼论犯罪构成理论的完善”，载《政法论坛》2007年第4期。

我国犯罪概念的罪量是成立犯罪的必要条件，虽然罪量阙如的行为一定不是犯罪，但是不能肯定就是违法行为，还需要根据具体情形判断究竟是合法行为还是违法行为。刑法总则但书的罪量是消极的犯罪特征，大量轻微违法行为都可以根据该规定认定为无罪；而刑法分则个罪的罪量因素具有“规模化的、积极的、成文的”特征，〔1〕是判断犯罪成立以及法定刑加重处罚的法律依据。本文讨论的是作为成立犯罪的罪量要素，囿于篇幅所限，作为加重构成的罪量要素不在此论述。

一、罪量因素与刑法规定

我国刑法的犯罪概念长期采用立法定量的模式。一直以来，轻微违法行为由行政机关主导，例如造成轻微伤后果的故意伤害案件由基层派出所介入处理。刑法采用立法定量的模式，罪量要素是犯罪成立的基本条件。在界分一般违法和轻微犯罪时，实践中应当避免出现本末倒置的情形。过于重视量的要素导致忽视质的要素，使得在认定犯罪成立时只审查罪量的严重性，而不考量行为形式以及行为人主观是否符合刑事违法性。〔2〕在四要件构成体系下，罪量是被当作犯罪构成客观要素的。而如果按照三阶层犯罪论体系，罪量就是可罚的违法性。〔3〕我国刑法分则关于犯罪构成的罪量因素多使用了“数额较大”“情节较重”“后果严重”的概括性规定。这些概括性的罪量因素属于入罪规范，发挥了限制入罪的作用。刑法但书作为出罪规范，从出罪的角度确认了罪量因素的功能性评价。无论是入罪还是出罪，罪量要素都要受到罪刑法定原则要求的明确性的限制。罪量因素虽然具有概括性，却也将司法机关的裁量权纳入到框架规定内。由此看来，并不违反明确性。〔4〕我国刑法的大多数罪刑条款中明确规定构成犯罪的罪量因素。罪量是对客观行为的量化，情节、后果、数额都是描述罪量的基本单位。有观点认为，除了情节、后果和数额之外，目的犯中的目的也是重要的定量要素。〔5〕从功能上而言，目的犯的目的与罪量都可以区分罪

---

〔1〕 王彦强：“犯罪成立罪量因素研究”，南京师范大学 2013 年博士学位论文。

〔2〕 张凯：“我国犯罪定量因素审视——兼论前置化趋势的破解”，载《四川师范大学学报（社会科学版）》2017 年第 4 期。

〔3〕 陈兴良：“教义刑法学”，中国人民大学出版社 2017 年版，第 368 页。

〔4〕 陈兴良：“刑法的明确性问题：以《刑法》第 225 条第 4 项为例的分析”，载《中国法学》2011 年第 4 期。

〔5〕 王志祥：“犯罪构成的定量因素论纲”，载《河北法学》2007 年 4 期。

与非罪，区分此罪与彼罪。在认定犯罪时，情节、后果、数额的性质都可以进行量化，而目的犯的目的却不能量化。目的作为主观构成要件要素，不是犯罪成立的量的要素，而是犯罪成立的质的要素。行为人主观存在目的，才可能构成目的犯；行为人主观没有目的，就不能评价为目的犯。

在刑法范畴内部，我国刑法划分犯罪轻重的考量因素是刑法的公平与效率。罪量是犯罪分层的主要依据。根据罪量不同，犯罪划分为微罪、轻罪以及重罪三类。其中，微罪是可以判处拘役刑及以下之刑的犯罪，微罪中的定量因素具有区分犯罪与违法的功能。轻微社会危害性、较小的罪量和轻微罪行都是指代的相同意思，即轻微违反刑法规范的行为。罪质轻微发挥着区分微罪与轻罪的作用。而达不到罪量标准的行为就会被排除在犯罪之外。理论上，犯罪轻重划分的越具体、越细致，刑罚就越精致、越公平。然而刑法规范中，大量的罪刑条款中规定了加重刑罚的罪量因素，罪量程度规定得过于琐碎，容易引起对设置罪量的科学性进行质疑。适用分则的罪刑条款应当与总则条款的精神一致，在适用刑法过程中既要符合刑法分则的罪刑规定，还要与刑法总则的精神相一致。此外，定量因素与明确性原则存在契合。对于醉酒驾驶犯罪行为而言，血液中的酒精浓度标准是唯一可以进行量化的犯罪情节。对酒精浓度标准予以量化，法官就很容易区分危险驾驶罪的罪和非罪。虽然犯罪的数量要比犯罪的性质更容易受到社会变迁的影响，但是罪量因素发生变化具有预期性，可以采用量化手段将行为事实和刑法规范的罪量因素进行连结。因此犯罪定量在具体犯罪中确立了明确、具体的量化标准和尺度，并非泛泛而谈。

（一）数额要素

数额犯是在刑法分则中规定数额作为犯罪成立构成要件要素的犯罪类型。数额是具体犯罪中情节的下位概念，可以直观地表现罪量。罪量因素不仅直观地表现出侵犯法益的大小，还体现出侵害法益的性质。司法实践中往往将违禁品的数额作为情节要素考虑。如在毒品犯罪中，由于毒品是违禁品，不存在正常的交易价格。即便想要根据黑市里的报价确定所涉毒品价格，囿于交易时间、交易地点的差异，没法从立法上设定明确规则对毒品价值作出比较全面、准确的统计。[1]例如在盗窃罪中，犯罪数额的认定影响着判决的财产刑严厉程度。虽然盗窃数额指非法占有的数额，当盗窃行为造成的损失数额大于盗窃数额的，

〔1〕 涂龙科："犯罪论中数额的地位"，载《法律科学（西北政法大学学报）》2012年第4期。

损失数额也可以成为量刑的情节。[1]通常只要数额较大就符合罪量的要求，行为就构成犯罪，但是在刑法适用中存在例外情形。即使犯罪数额较大，也不能当然认为符合罪量的要求。在特别规定的条款中，显著轻微情节可以否定较大数额的罪量入罪功能，行为不认为构成犯罪。例如，在盗窃罪中，对于已满16周岁未满18周岁的未成年人而言，即使盗窃数额已经达到较大的标准，在行为人又聋又哑或者是盲人情形，或是在共同犯罪中，行为人发挥次要、辅助作用的具有显著轻微的情形中，较大数额的罪量评价功能失灵，而是由显著轻微的情节进行罪量评价，最终作出出罪判断。

罪量因素大多是以弹性的概念存在于刑法规范中，并没有表现为绝对的数值。不可能也没有必要在刑事立法中采用绝对数值的方式描述犯罪状态。想要完全真实地认识事实层面的行为是有难度的，而将刑法规范中的情节、结果以及数额大小等罪量因素涵射到事实行为也是不容易的。因此刑法规范无法对罪量要素采取绝对数值的立法方式。就销售假冒注册商标的商品罪而言，刑法并未对销售金额的“数额较大”含义作出具体可操作的解释说明。最高人民检察院、公安部联合发布的《关于经济犯罪案件追诉标准的规定》（现已失效）明确个人销售数额在十万元以上，单位销售数额在五十万元以上的，应予追诉。因此在一个犯罪中，会有不同定量因素的两个行为对应共同的法定刑。刑法分则规定了个罪定量化的标准，但是对于司法机关而言仍然是抽象的。为了便于司法定罪，司法机关出台司法解释进一步细化罪量。理解具体犯罪的定量因素是正确适用刑法的前提。对于犯罪行为造成的财产损失，我国刑法典只是做了模糊性规定，具体的数额标准需要由司法解释来进一步明确。[2]由于中国疆土广大，各个地方的经济发展不平衡，居住在不同地区的人们对犯罪行为的数额大小很难达成共识。绝对数值具有统一犯罪数额大小的作用，在司法实践中法官适用绝对数额的财产刑不符合当地居民收入的平均水平。法院一旦判处完全相同数额的罚金，刑罚数额在经济发达地区要比在经济落后地区更容易获得民众的认同。所以绝对化定量因素容易导致一些地方的刑罚过于严苛，对于经济发达地方的居民而言，财产刑的惩罚性颇弱，达不到惩罚目的，造成刑罚流于形式的后果。

---

〔1〕 陈兴良、周光权：《刑法学的现代展开》，中国人民大学出版社2006年版，第624页。

〔2〕 储槐植、汪永乐：“再论我国刑法中犯罪概念的定量因素”，载《法学研究》2000年第2期。

另外，在我国刑法中，数额的计算是数额犯的重要问题，而数额是最容易进行量化操作的罪量要素。有观点提出在计算具体犯罪定量因素的基础上，将存在于具体犯罪中的数额转化为数量标准，通过构建数量刑法学配置刑罚可以达到罪刑均衡的目的。[1]采用数学建模的方式将数额数量标准转化为刑量计算标准，从经验性估堆到数字化精确配刑结果。[2]

（二）情节要素

犯罪情节指在犯罪裁量过程中为了确定刑罚而考虑到的各种因素。[3]情节犯是指刑法分则中规定了“情节严重”为犯罪构成要件要素的犯罪类型。[4]情节犯的情节要素分为两种：一为定罪的情节；一为法定刑升格的情节。有观点认为罪量情节要素具有综合性特征，即在刑法规范中既包括主观构成要件要素，又包括客观构成要件要素。[5]按照动机论，罪量的大小受到主观动机的影响；按照效果论，罪量的大小由行为表现出来的危害和危险决定。[6]也有不同观点认为，在阶层犯罪论体系中，罪量因素属于违法性内容，不应包含有责性的内容。[7]而故意、过失作为主观方面要素是有责性判断的对象，因此情节严重不包括主观构成要件要素，而是法益侵害结果的表达。效果和动机都是重要的考察对象，极端的效果评价以及极端的动机评价都是不完整的，均无法体现犯罪本质的社会危害性和人身危险性二元属性。但是二者相比，客观法益侵害的效果对罪量的影响更为重大，可以遵循犯罪判断先客观后主观的规则，采用递进式逻辑思维首先评价客观危害结果的大小，然后评价犯罪动机的善恶。对于刑法规范中犯罪成立的主观不法要素而言，例如超过客观要素的目的要素，虽然目的是犯罪构成主观方面的内容，但是目的属于罪质要素，而非罪量要素。

就刑法确定性原则的解释论而言，我国采取“刑法+司法解释”的二元规范结构。[8]因为刑法规范表述的情节具有模糊性，需要配合司法解释才能

---

〔1〕 储槐植、何群：“论我国数量刑法学的构建”，载《中国法学》2019 年第 3 期。

〔2〕 储槐植、何群：“论我国数量刑法学的构建”，载《中国法学》2019 年第 3 期。

〔3〕 陈兴良主编：《刑法各论的一般理论》，中国人民大学出版社 2007 年版，第 200 页。

〔4〕 陈兴良：“刑法的明确性问题：以《刑法》第 225 条第 4 项为例的分析”，载《中国法学》2011 年第 4 期。

〔5〕 王志祥：“犯罪构成的定量因素论纲”，载《河北法学》2007 年 4 期。

〔6〕 白建军：“犯罪轻重的量化分析”，载《中国社会科学》2003 年第 6 期。

〔7〕 陈洪兵：“‘情节严重’司法解释的纰缪及规范性重构”，载《东方法学》2019 年第 4 期。

〔8〕 姜涛：“基于明确性原则的刑法解释研究”，载《政法论坛》2019 年第 3 期。

准确理解情节的含义。凡刑法条文中涉及情节的，几乎都是依司法解释定罪量刑。[1]司法解释让大多数的犯罪情节要素具有了明确的内涵。但是明确的解释并非就是正当的。司法解释将行为人曾经受过行政处罚、刑事处罚作为犯罪成立的情节来考量。这对于常习犯（例如赌博）、职业犯（例如非法行医）来说，作为定罪情节是可以理解的。毕竟受过行政处罚或者刑事处罚是对行为程度的描述。但是对于非常习犯而言，受过行政处罚或者刑事处罚并非是行为程度的描述，亦非行为性质的表征。因此从客观定罪的角度来看，曾受过行政处罚或者刑事处罚对于认定非常习犯没有定罪的价值，最多只能影响刑罚的裁量。受过行政处罚或者刑事处罚可以说明行为人的再犯可能性较大，虽然对定罪没有帮助，但是可以作为法定刑升格的情节影响量刑。

对于刑事法律规范而言，犯罪情节存在于不同层次的法定刑幅度中。例如，在适用虚假身份证件、盗用身份证件罪中，法条规定了危害行为达到“情节严重”程度的可以构成犯罪。危害行为达不到“情节严重”程度的，司法人员不能将之认定为犯罪。例如，在使用虚假身份证件案件中，危害情节是区分罪与非罪的关键。司法人员在考虑影响对使用虚假身份证件犯罪裁量决定刑罚轻重的因素时，主要基于以下方面：实施其他犯罪为目的使用虚假身份证件的；使用虚假身份证件的次数多、数量大；非法牟利数额大；严重扰乱管理秩序的；严重损害第三人的人身或者财产权益的。

有些犯罪的法定刑明确要求犯罪应当具备定量要素，称为情节犯；也有些犯罪的法定刑对定量要素没有明确的规定，称为行为犯。前一种情况比较典型的是使用虚假身份证件、盗用他人身份证件罪，在《刑法》第 280 条之一中规定了“情节严重的……”后一种情况比较典型的是危险驾驶罪和代替考试罪。从这两种犯罪的刑法规定的表述来看，只要实施了犯罪行为就构成犯罪。对于情节犯而言，因为“情节严重”与“情节显著轻微”两者之间是互斥的，符合“情节严重”就不可能再符合“情节显著轻微”。罪量比较是指对犯罪行为的严重程度进行对比。虽然在行为犯中没有对犯罪的情节进行规定，但是不代表行为犯的犯罪情节在定罪中没有意义。行为犯的犯罪情节是决定犯罪成立的具体事实。在进行入罪评价中，犯罪情节只能进行一次评价，不能重复。也就是说

---

〔1〕 陈洪兵：“‘情节严重’的解释误区及立法反思”，载《湖南大学学报（社会科学版）》2019 年第 3 期。

行为事实不能既作为定罪情节决定犯罪的成立，又作为量刑加重的情节进行适用。

（三）后果要素

刑法分则对于罪量的后果要素采用概括式和列举式的两种表述方式。

1. 概括式

有些法条直接用“严重后果”进行概括。丢失枪支不报罪是典型的概括式表述模式。在丢失枪支不报罪中，丢失枪支的行为造成了法益受到侵害的危险状态，但是为了限制刑法的处罚范围，刑法规定当出现严重后果时，才能构成本罪。严重后果是由行为人以外的第三人引起的，属于构成要件的结果。满足后果要素才成立犯罪，后果不严重或者没有出现任何后果的就不构成犯罪。因此像丢失枪支不报罪这样的严重后果型犯罪没有成立犯罪未遂的余地。〔1〕关于严重后果在犯罪体系中的地位，主要存在两种不同观点。一说认为在丢失枪支不报罪中，丢失枪支不报导致的严重后果应当发生在故意的认识范围内。〔2〕如果行为人对客观的危害后果没有认识或者认识的可能性，即便发生了严重后果也不成立犯罪。一说认为丢失枪支不报导致的严重结果超出了行为人主观故意的认识范围，属于客观的超过要素。〔3〕两种观点都承认严重后果属于犯罪构成要件，是客观方面的犯罪构成要素。

2. 列举式

有些法条在规定罪量时会把法益侵害严重后果的情形列举出来。严重的后果要素既是实质违法性的法律表现，也是形式违法性的判断前提。例如在失火罪中法条规定的致人重伤、死亡以及公司财物的重大损失就是严重后果的具体化。又如在妨害动植物防疫、检疫罪中，行为人主观上对引起重大动植物疫情危险的后果存在认识，具有放任或者希望危害后果发生的态度，行为人对于违反规定的行为产生危害后果具有预见可能性。而刑法规定的严重后果发挥了限制刑事处罚范围的作用。

在刑法中，实害犯只规定了罪量中的后果要素。故意伤害罪是典型的实害犯，行为在造成轻伤以上危害后果时才会成立故意伤害罪。而未造成轻伤以上

〔1〕陈洪兵：“中国式刑法立法模式下的结果犯与实害犯”，载《杭州师范大学学报（社会科学版）》2017 年第 5 期。

〔2〕黎宏：“论‘客观处罚条件’的若干问题”，载《河南省政法管理干部学院学报》2010 年第 1 期。

〔3〕张明楷：“‘客观的超过要素’概念之提倡”，载《法学研究》1999 年第 3 期。

危害后果的则根据《治安管理处罚法》的规定，处以行政处罚。行政处罚的内容主要是罚款或者15天以下的人身拘留措施。对于某些反复实施的故意伤害的行为而言，例如打架斗殴，酒后殴打他人等，行政处罚过于轻微，很难产生管教效果，导致故意伤害他人的犯罪行为不能得到及时治理。实践中还有大量具有轻微伤危害后果的故意行为不能受到刑事处罚，也不能进行行政处罚。例如打骚扰电话等导致出现烦躁、不安情绪的后果不构成本罪。

在故意伤害罪中，界定故意伤害行为导致的轻伤结果有两层含义：其一，轻伤以下的轻微伤或者一般的殴打行为不构成本罪。故意伤害行为没有造成轻罪以上后果的，就不能认定为故意伤害罪。然而在司法实践中，出现了将不应当认定为故意伤害罪的行为按照故意伤害罪处罚的案例。例如将正当防卫的行为认定为双方斗殴的行为或者防卫过当的行为，成立故意伤害罪。其二，构成故意伤害罪的伤害结果仅限于肉体伤害，而不包括精神伤害。[1]我国刑法理论对轻罪的通说采取"生理机能损害说"。世界卫生组织对于健康进行了定义，健康不仅包括身体健康，也包括精神健康。但是故意伤害罪的保护范围较为狭窄，仅仅是对身体健康权利进行保护。故意伤害罪仅针对侵犯人身健康权利的犯罪行为进行惩处，却没有对侵犯身体的完整性行为以及侵犯精神健康权利的行为进行制裁。实践中，许多伤害行为产生的伤害不仅存在于身体健康中，还存在于身体的完整性中。实践中，经常发生暴力剪剃他人头发的情况，对于剪除头发的行为，虽然在生理机能上没有造成损伤，但是毛发已失，头发作为身体的一部分，剪去头发，身体已经不再完整。由于剪去头发没有造成生理机能的损害，达不到轻伤的标准，所以仍然不能将剪头发的行为认定为犯罪行为。精神伤害是由于神经遭受伤害导致的，而神经与身体机能的关系密切。当受害人受到侵害，即便身体上没有显现出一定程度的伤害，由于神经受到刺激而导致的精神伤害，也应当受到刑法的保护。行为人使用恐吓、精神刺激等手段对他人进行间接的故意伤害，导致被害人精神失常或者出现精神疾病的事例并不鲜见。恐吓、精神刺激等手段不是直接作用于被害人身体上，而是间接导致被害人受到损害，对于此种违法行为一般不将其认定为犯罪，而是依据《治安管理处罚法》对行为人处以行政处罚。

---

〔1〕 马克昌主编：《百罪通论（上卷）》，北京大学出版社2014年版，第521页。

二、罪量因素与司法解释

最高司法机关有权进行司法解释，这是我国本土法治发展的特色产物。虽然刑法条文规定了罪量因素，但是我国刑法对犯罪的规定过于抽象，不能直接进行司法适用。[1]例如从数额角度分析，刑法对盗窃罪规定了三档法定刑：数额较大的，数额巨大的和数额特别巨大的。实践中，司法机关仍然无法直接适用该法条。每个人对于较大、巨大、特别巨大的理解是有差别的。不要说办案人员与犯罪人的理解是不同的，就连办案人员之间理解也不相同。如果不进行统一明示，就会导致法官根据自己的理解审判案件，那么就容易得出同案不同判的审判结果。单单一个盗窃罪的罪量就不统一，可以想象如果对于刑法罪量没有恰当的解释，我国司法判案将陷入混乱。

对罪量因素进行司法解释是中国特色审判经验集体智慧的结晶。对于有行政刑法的国家，因为行政刑法体量巨大，司法人员可以依据行政刑法进行执法，自然没有必要再颁布司法解释。我国没有行政刑法，在法律职业共同体的综合素质尚需提高的前提下，最高司法机关的法律解释将会长期存在。而在我国一切犯罪事宜都由刑法规定，客观上给我国的刑事法律带来了巨大的负荷。最高司法机关的法律解释对于统一裁判标准以及公正司法起到了不可或缺的效用。1981 年 6 月 10 日，全国人大常委会《关于加强法律解释工作的决议》首次提出最高人民法院及最高人民检察院在具体应用法律、法令工作中发生问题的，可以进行有权解释。该决定虽然时间久远，但是至今仍然具有效力。该规定为我国开启了大规模颁行司法解释的时代。由刑事立法对犯罪罪量作出框架性规定，在司法解释中以立案追诉标准的形式将罪量因素具体化。罪刑法定原则不只是立法解释原则，也是司法适用原则。既可以是刑法的规定，也可以是司法解释的规定。我国刑法的罪刑法定原则中所指的“法”是由法律和司法解释共同组成。

司法解释在实践中适用范围的广泛性跟我国立法背景不无关系。从司法解释的发展轨迹中也可以确立司法解释具有的法律效力。司法解释具有的立法职能并没有明确规定于《立法法》中。司法解释具有解释立法的效力，司法机关

---

〔1〕 陈兴良：“刑法的明确性问题：以《刑法》第 225 条第 4 项为例的分析”，载《中国法学》2011 年第 4 期。

具有颁布重要法律文件的权力。1981年全国人大常委会授予最高人民法院和最高人民检察院具解释刑法的权力。2000年的《立法法》就“两高”的司法解释只字未提，司法解释身份未明。但是在2015年修订的《立法法》的附则部分增加了司法解释的规定。虽然《立法法》并未提及司法解释的法律效力，但是却在法律层面承认“两高”的司法解释是生效的法律文件，是有法律依据的。例如2007年最高人民法院、最高人民检察院《关于办理受贿刑事案件适用法律若干问题的意见》，在司法实践中被作为法律文件直接援引。为了司法实践的需要，《刑法修正案（九）》将贪污罪的处罚条款进行了修订，原条文对贪污罪的法定刑规定了四档明确的犯罪数额。以5000元、5万元和10万元为界限，司法机关可以直接根据该条文对贪污犯罪进行定罪量刑。经过修订，新的条文对于贪污罪的犯罪数额没有规定具体犯罪数额，而是以“数额较大”“数额巨大”和“数额特别巨大”作为法定刑的分档标准。因为在刑法修订之后具体明确的罪量法律规定被修改成抽象表述，司法机关无法直接根据《刑法》办理贪污类案件。对于贪污罪罪量何为数额较大、数额巨大、数额特别巨大，仍然需要进一步地解释。2016年最高人民法院、最高人民检察院《关于办理贪污贿赂刑事案件适用法律若干问题的解释》，对于贪污贿赂案件规定了明确的犯罪数额，根据我国各个省份的经济发展不同，以犯罪金额区间的形式规定了犯罪金额标准。以3万元作为“数额较大”的入罪标准，20万元以上不满300万元认定为“数额巨大”，300万元以上认定为“数额特别巨大”。在实践中，司法机关处理贪污贿赂案件都是以该解释规定的数额标准作为认定犯罪定量因素的根据。

三、罪量因素与犯罪成立

对于罪量因素而言，即使行为在外在形式上符合构成要件，但是在量上没有达到一定的严重程度，也不成立犯罪。鉴于刑法分则中有许多含有定量限制的犯罪，定量因素的考量与犯罪构成的实质有关。这与外国刑法理论的可罚的违法性论是不同的。可罚的违法性要求违法性需要有质与量的满足，在质上值得科处刑罚，在量上还应当达到一定严重程度。[1]其一，少数犯罪罪刑条款里的罪量因素为客观的超过要素，具有限制处罚范围作用。虽然罪量因素不能与主观方面进行呼应，但是具有预见的可能性，仍然存在于构成要件范围内。例

〔1〕 张明楷：《外国刑法纲要》，法律出版社2020年版，第114页。

如在丢失枪支不报犯罪中，造成严重后果是客观的超过要素，只要行为人对造成严重后果的结果具有预见可能性，不管该结果是故意还是过失，都不会影响犯罪的成立。[1]根据符合罪过说，在主观方面就算不是故意，至少也是过失。[2]其二，罪量因素不等同于结果责任。丢失枪支不报罪中的严重后果并不局限为法益损害后果，还包括法益面临的危险。罪量因素是行为可能造成的结果，而非行为必然产生的结果。其三，在犯罪构成要件内部，两种形式的罪量因素可以对应同一个法定刑。如生产、销售不符合安全标准的产品罪规范就同时包含严重后果以及销售金额五万元这两种对应不同法益的罪量因素。罪量的本质属于可罚性达到一定严重程度的违法性。[3]罪量要素在我国刑法中的地位类似于大陆法系刑法中的客观处罚条件。

（一）罪量因素与入罪

在刑法分则中，具体犯罪的罪量因素表现为两种立法方式：概括式和列举式。在侵犯知识产权罪一章中，假冒专利罪就是概括式。刑法规范以“情节严重”来说明假冒他人专利，只有达到情节严重程度以上的假冒专利行为才构成犯罪。侵犯商业秘密罪就是典型的列举式。在侵犯商业秘密罪规定中，列举了三种造成重大损失结果的情形。在本罪中，给权利人造成重大损失是成立侵犯商业秘密罪的构成要素。行为没有造成重大损失不构成犯罪，也不能作为犯罪未遂处理。侵犯商业秘密罪是结果犯，在不具备列举的损害结果时，犯罪自然不会成立。在刑法分则中，具体犯罪的违法性根据大致分为两类：一类是结果无价值，犯罪行为导致法益遭受侵害或者受到威胁；另一类是行为无价值，客观行为本身的样态以及行为人的主观恶性是违法性的根据。[4]罪量在行为犯和结果犯中的判断形式并不相同。行为犯的罪量因素比较容易判断，评估罪量大小主要根据对行为情节的分析来作出。例如在危险驾驶罪中，行为人醉酒将车开进停车场的行为，由于情节显著轻微，不认为这种行为构成犯罪。对于结果犯而言，由于结果具有复杂性，导致涉及结果的罪量因素往往比较复杂。[5]对于侵害不

---

〔1〕 张明楷：“‘客观的超过要素’概念之提倡”，载《法学研究》1999 年第 3 期。

〔2〕 涂龙科：“犯罪论中数额的地位”，载《法律科学（西北政法大学学报）》2012 年第 4 期。

〔3〕 陈兴良：《教义刑法学》，中国人民大学出版社 2017 年版，第 364 页。

〔4〕 张明楷：《外国刑法纲要》，法律出版社 2020 年版，第 111 页。

〔5〕 李本灿：“以情节为中心重构贿赂罪罪刑体系——兼评《刑法修正案（九）》（草案）贿赂罪定罪量刑标准的修订”，载《南京大学学报（哲学・人文科学・社会科学）》2015 年第 4 期。

同法益的犯罪而言，造成的结果可以是侵害国家安全、侵害公共安全、侵害人身权利、侵害财产权利等。为了实现保护法益的目的，刑法应当结合不同法益的性质，判断构成各个犯罪的罪量要素。例如盗窃罪的罪量要素要求数额和情节至少有一个符合刑事立法的量的规定。出于保护不同性质法益的需要，数额、情节、后果三者在定罪量刑中的作用存在争议。有学者提出在认定职务犯罪的场合，应当确立情节的一元中心地位，强化情节在定罪量刑中的作用。[1]有学者提出数额和情节都是受贿罪的罪量要素，虽然已经不再适宜“唯数额论”的罪量要素内容，但是受贿情节尚不能独立发挥犯罪成立的考量作用，应当建立“数额+情节”的罪量模式。[2]

罪量因素具有区分罪与非罪的功能，罪量因素的量化可以避免推定有罪。客观而言，近几年我国的杀人、伤害、抢劫等严重暴力刑事案件立案数持续下降，杀人案件每 10 万人的发案率为 0.8%，低于治安状况最好的日本和瑞士。因此我国公安治理社会安全的水平和维护社会秩序的效果都处于世界一流水平。但是在我国，每年公安机关受理的报警数量要远比法院受理的立案数量多得多。预计一直到 2020 年，每年中国的犯罪总量将稳定在 1000 万起至 1500 万起。在这一千多万件案件中，占一般案件 80%左右、占重大案件 50%左右的盗窃案件几乎是恒数，数量不会下降。[3]根据 2016 年《最高人民法院工作报告》的统计，法院 2014 年、2015 年审结的一审刑事案件数量分别为 102.3 万件和 109.9 万件。在短期内，司法机关处理的案件数量不会有较大增长。而根据统计数据，法院一年只能受理公安十分之一的案件数量。要将公安的全部的立案案件交给法院审理，法院会吃不消。有观点提出在学理上和法律条文上都应当取消犯罪的定量因素。对于犯罪的界定不以社会危害性作为区分标准，而只以刑法规定为界。也就是说，只有刑法规定的是犯罪，刑法没规定的不构成犯罪。[4]现有体制下，取消刑事立法的数量因素，将违法行为全部交由司法部门处理并不现实。由于立案数目庞大，法院只能通过限定犯罪的数量因素方式，才能有效打击犯罪。

---

[1] 李本灿：“以情节为中心重构贿赂罪罪刑体系——兼评《刑法修正案（九）》（草案）贿赂罪定罪量刑标准的修订”，载《南京大学学报（哲学·人文科学·社会科学）》2015 年第 4 期。

[2] 商浩文：“论受贿罪数额与情节定罪量刑标准之调和”，载《政法论丛》2018 年第 6 期。

[3] 冯树梁：《中国犯罪学话语体系初探》，法律出版社 2016 年版，第 359~360 页。

[4] 谢川豫：《危害社会行为的制裁体系研究》，法律出版社 2013 年版，第 282 页。

罪量因素将刑事违法性与刑罚处罚连接了起来。虽然刑事违法性和社会危害性具有不同的话语体系，但是定量因素打破了刑事违法性和社会危害性之间的壁垒，在解释层面搭建了相互沟通的桥梁。罪量因素将只有罪质欠缺罪量的行为排除在刑法范围之外，明确了犯罪的边界；罪量因素还根据罪量程度针对侵害不同法益的犯罪行为采用不同的刑罚处罚，实现罪刑的协调。另外，犯罪严重程度决定着刑罚严厉程度，犯罪的严重程度是由刑罚轻重反推得到。[1]罪量因素为刑罚裁量提供规范依据，准确把握罪量因素可以避免社会危害性理论成为空洞的形式。定量因素体现了社会危害性的大小。社会危害性的大小与刑罚的严厉程度之间的关系并非一成不变，而是随着社会发展、文明进步变动，这种变动在数额犯中体现得尤为明显。以贪污罪为例，最高人民法院、最高人民检察院颁布的《关于办理贪污贿赂刑事案件适用法律若干问题的解释》将贪污数额较大的标准由 5000 元提高至 3 万元。

刑法罪量因素衔接了行政违法和犯罪。在违法行为和犯罪行为两者在性质上具有同一性的场合，定量因素具有区分违法和犯罪的作用。一旦取消定量因素，意味着与犯罪具有相同形式的违法行为不再接受行政机关的行政处罚，而全部由司法机关经过诉讼程序处理，导致刑事案件数目急剧膨胀的结果。虽然违法行为和犯罪行为的性质相同，然而两类行为对行为人而言法律制裁的性质不同，前者为行政处罚后者为刑事处罚。由于不同量的作用，使得相同性质的行为产生了不同性质的结果。简言之，量变引起质变。司法程序是实现法治的轨道，既可以惩罚犯罪行为，也可以规范国家暴力机器的运转。由于我国刑法在立法上过于强调刑罚的谦抑性，以至于罪行严重的犯罪才会受到刑事制裁，对于轻微的反社会行为不通过司法程序进行制裁。轻微的反社会行为多数都违反了行政法律，受到行政机关的处罚。在罪量因素不明时，行政处罚和刑罚处罚二者无法衔接，中间就会出现空隙和重合。当行政处罚和刑罚出现了空隙，适用刑法规范就容易出现刑罚过重的结果；当行政处罚和刑罚内容上重合，就会造成罪刑条款的虚置，进而浪费刑事立法资源。在行为有可能构成犯罪的场合，罪量因素的存在让犯罪和违法的分界变得清晰，达不到罪量标准的违法行为不构成犯罪，受到行政处罚；达到罪量要求的行为则成立犯罪，受到刑事处罚。

---

〔1〕 白建军："犯罪轻重的量化分析"，载《中国社会科学》2003 年第 6 期。

刑法罪量因素将构成犯罪和实现刑罚目的联系起来。罪量因素并非只是犯罪的门槛，还具有过滤犯罪的功能。犯罪概念的数量因素具有过滤部分性质轻微犯罪行为的作用。在司法环节中认定数量因素的依据则主要以司法人员的主观判断为主。对于我国而言，犯罪案件数量庞大是基本国情，不同司法人员对同类案件的理解不尽相同，那么在审判中，对于同类案件的审判结果就会五花八门。法院裁判结果缺乏一致性，则容易导致纷争，有违同案同判的原则。这就为犯罪人员规避法律提供了温床。从更深层次来看，这种分裂的局面是不可能在我国长存的。数量因素与人们对于犯罪的评价有关。通过犯罪的数量因素，可以对犯罪成立进行判断。而犯罪的数量因素来源于有限的司法资源与众多的犯罪案件之间关系紧张的状态。数量因素不是一成不变的，会随着人们认知的改变而产生变化。数量因素代表犯罪的罪行程度，依据罪刑均衡原则，罪行大小决定刑罚轻重。刑法中犯罪适度也能让我们在惩罚犯罪人时不至于太野蛮。罪量因素不能满足所有人的期待。正如有人认为犯罪门槛低了，也有人认为犯罪门槛太高了。因此想要犯罪圈范围能够获得所有人的满意并非易事。

鉴于我国刑法结构的刑罚偏重，根据罪刑法定原则判断定量因素在轻微犯罪和严重犯罪中的解释上存在差异。根据责任主义，犯罪成立要素的罪量因素将刑罚限定在较低范围，避免适用更为严厉的刑罚，客观上起到刑罚克减的效果。刑罚克减是刑法结构的重大调整方向。在社会主义法治时代的中国，刑罚的目的不再是为了惩罚犯罪人，而是转移到对公民守法意识的培养上。在全民守法的社会背景之下，将刑罚从惩罚性目的转变为矫正性目的，从而进一步转化刑法的重刑模式为轻刑模式。罪量因素在认定犯罪成立过程中扮演的角色始终未能厘清。罪量问题是中国刑法理论中一直存在的问题，围绕定量因素的争讼从未断绝。而且刑法规范中的罪量因素由于本身文义的抽象性和概括性，也会导致司法适用中出现困惑。关于罪量因素在犯罪成立中的体系性地位，学界存在两种主要观点：其一，罪量本质上类似于客观的处罚条件，与不法和责任无关。其二，罪量是与不法相关并且成立犯罪应当满足的条件。〔1〕另外，为了避免定罪僵化，罪量因素在该当性解释中应当受罪刑法定原则的制约。相较于严重犯罪，在轻微犯罪认定犯罪的过程中，客观解释论的立场侧重于入罪，主观解释论的立场则侧重于出罪。实践中，情节较轻、认罪态度较好的轻微犯罪

---

〔1〕 梁根林："但书、罪量与扒窃入罪"，载《法学研究》2013 年第 2 期。

可以采用不起诉的方式实现程序性分流。定量因素通过主观解释予以出罪，法官发挥自由裁量权并不违背罪刑法定原则，而是属于司法能动的空间。[1]

（二）罪量因素与出罪

犯罪概念的罪量因素适应我国社会治安发展的需要。我国采取治安处罚与刑罚的二级制裁体系，轻微的违法行为由公安行使处罚决定权，严重的违法行为受刑法的调整。罪量因素体现法益侵害的严重程度，刑法只处罚严重侵害法益的行为，因此将罪量因素引进犯罪概念是可以理解的。不管刑法采取的是立法定量还是司法定量，将轻微危害行为排除在犯罪圈外是任何国家刑法的精神内涵。在我国刑法中，但书将犯罪圈划定在一个更小的范围内，充分体现了但书刑法谦抑的立法价值。在刑法分则中，具体犯罪的罪量规范存在于后果、情节和数额的客观表述中。刑法分则明确规定的罪量是成立犯罪的积极条件。

刑法总则具有限制刑法分则的作用，适用分则规定必须遵循总则的精神。即便分则的具体罪状里没有关于数额、后果和情节罪量的文字表述，总则的但书仍然具有出罪的功能。[2]但书将够不到罪量标准的行为排除于犯罪之外。有学者认为定量因素并非都存在于所有犯罪中，对于分则中有定量限制的犯罪，不能直接适用但书条款作出情节轻微、危害不大的出罪判断，只有对于性质较轻的犯罪，在条文中没有提出罪量要求的条件下，可以适用但书。[3]例如对于危险驾驶罪而言，醉酒驾驶机动车的行为不能以情节显著轻微危害不大作为出罪的解释。[4]这种观点是值得商榷的。从必然性的角度来看，凡刑法中已经规定的犯罪罪名，不管是轻微罪行还是严重罪行，都有出罪考察的必要，都应当受到但书的约束。如果刑法中没有但书，那么就容易使分则中具体犯罪的罪量认定机械化，造成入罪的绝对化结果。罪量不能绝对化、机械化，只有定罪恰当符合比例原则，才能与但书规定的关于犯罪的价值判断一致。罪量因素不仅是犯罪成立的标准，同时在司法实践中，不符合罪量要求的行为也会被排除在犯罪圈之外。行为符合犯罪构成要件的形式标准，因为情节显著轻微危害不大达不到犯罪的量被排除在刑法范围外，所以罪量因素是出罪的主要依据。在具体个罪的罪量因素解释中，除了要考虑个罪规范保护目的，还应当体现总则条

---

〔1〕储槐植："现在的罪刑法定"，载《人民检察》2007年第11期。

〔2〕梁根林："但书、罪量与扒窃入罪"，载《法学研究》2013年第2期。

〔3〕张永红："刑法第13条但书的适用范围"，载《黑龙江省政法管理干部学院学报》2006年第6期。

〔4〕陈兴良："但书规定的法理考察"，载《法学家》2014年第4期。

款对分则个罪规范的制约功能。[1]在刑法分则中，定量因素被直接规定为犯罪成立的积极条件写进罪刑条款。

罪量因素是犯罪构成要件范畴内的概念，是构成要件的客观形式要素。罪量因素是罪行的形式特征，法益是罪行的实质内涵描述。罪量因素与法益虽然存在于不同话语体系下，但是共同指向犯罪。客观方面的罪量因素与刑法规范保护法益的目的高度契合。刑法具有保护法益的职能，具有处罚侵害重要法益行为的作用。一方面需要保护重要法益，另一方面刑法需要谦抑。具体个罪的罪量要素立法形式比较概括，多以数额较大、情节严重、后果严重表述之。法益是存在于犯罪构成要件之外的抽象概念。当形式和实质一致时，认定犯罪需要符合罪量规定，并不需要单独对社会危害性进行考察。然而司法中存在特殊情况。当形式和实质不一致，即天理、国法和人情不能得到统一时，虽然符合刑法对犯罪行为的罪量要求，但是法益侵害在程度上达不到犯罪应受处罚的严厉程度时，应当对罪量谨慎解释。例如“兰花案”“鹦鹉案”“许霆案”等，行为符合犯罪构成要件的罪量规定，具有罪刑条款规定的数额、情节要求，但是由于刑罚的严厉性超出了一般民众的预期，行为人受到的刑罚与行为人的责任不相符合，就应当在责任刑以下结合必要的预防刑进行处罚。

罪量因素是侵害法益的客观表达。行为人主观方面要么具有认识，要么不具有认识，这是非此即彼的问题，不存在既认识又不认识的可能。虽然生活中人们在主观上可能认识不全面，但是在刑法中对于主观罪过判定而言，只存在认识与没有认识两面。在主观认识方面存在识别定量因素的可能性，客观罪量因素的认识程度对刑罚裁量具有一定影响，但是对于定罪来说并没有刑法上的不同。主客观统一原则不意味着主观因素全部要在客观因素中体现，也不意味着客观因素要全部与主观因素相对应。数额和情节不是构成要件的类型性要素，亦不决定行为的违法性质。行为人主观能否准确认识客观的罪量数额和情节要素不是构成故意必不可缺的要素。[2]例如在盗窃罪中，财物价值以及行为情节实为客观的超过要素，并不需要行为人主观上具有认识。[3]以“天价葡萄案”为例，虽然行为人偷摘了科研所实验培养的23.5公斤的葡萄，但是行为人自身根本无法认识涉案的葡萄带来的直接经济损失高达11 220元。刑法只要求行为

---

〔1〕 姜涛：“规范保护目的：学理诠释与解释实践”，载《法学评论》2015年第5期。

〔2〕 陈兴良：《教义刑法学》，中国人民大学出版社2017年版，第368页。

〔3〕 张明楷：“论盗窃故意的认识内容”，载《法学》2004年第11期。

人应当认识到行为对象是具有较大价值，在行为人认识的财物价值范围内产生相应的罪过。虽然偷窃葡萄的行为在事实上导致了11 220元的损失，但是行为人本人无法认识到盗窃科研葡萄行为导致的真实危害后果，只能以认识到偷盗23.5公斤葡萄在当时具有的市面价值，作为与其主观罪过对应的犯罪数额。即使客观构成要件的定量因素足以影响量刑，行为人主观认识犯罪数额与客观的犯罪数额存在较大数量偏差，也不会影响犯罪的成立。

结　论

罪量因素在认定犯罪的过程中具有重要的地位。在内容上，罪量因素中的数额要素和后果要素都是只体现客观不法性的概念，而情节要素则具有主观不法性与客观不法性的综合内涵。在立法上，刑法总则但书的罪量规定是抽象和消极的出罪依据，刑法分则个罪的罪量规定是明确且积极的定罪依据。对于刑法分则没有罪量要素规定的犯罪，但书中抽象、消极的罪量规定发挥着涵括的出罪作用。另外司法解释对个罪的罪量进行明确解释，采用积极的罪量规定限缩刑法适用的范围。总而言之，我国犯罪概念的定量因素是我国刑法意义重大的创制。[1]

---

〔1〕 储槐植："现在的罪刑法定"，载《人民检察》2007年第11期。

混乱还是有序：自首之司法认定的现状及反思

——以余金平案为起点

黄晓亮　陈安悦*

摘　要： 北京市第一中级人民法院否定了被告人余金平自首的成立，反映出司法实践中在交通肇事逃逸后自首之认定的较大分歧。本文认为，本案应当认定自首成立，不能将自首的认定与对自首行为人处罚从宽的幅度相混淆。交通肇事后逃逸并不否定自首的成立，问题的关键是被告人是否如实供述自己的罪行，涉及的"主要犯罪事实"并非特定犯罪的全部构成要件要素，而是成立犯罪所需的必要、基本的构成要素。关于同种罪行是否成立自首，应当区分主要犯罪事实和次要犯罪事实，可以对供述事实与掌握事实分别衡量。自首后逃跑再投案的问题涉及对自首之本质的认识，应当分析具体情形，结合行为人之人身危险性和投案的司法查处成本来认定。

关键词： 自首　交通肇事逃逸　如实供述　从轻处罚

北京市第一中级人民法院作为二审法院于 2019 年 12 月 30 日作出（2019）京 01 刑终 628 号刑事判决书，既驳回了被告人余金平的上诉，又驳回了门头沟区人民检察院的抗诉，加重了对被告人余金平的刑事处罚。该判决一经公开，便引起了刑事法学界的热烈讨论。在程序方面，讨论的热点是二审判决是否违反了上诉不加刑的原则、认罪认罚制度是否得以遵行；而实体方面，则是自首认定是否存在问题、可否适用缓刑。对这些问题进行分析，显而易见，有助于总结和反思在司法实务中刑事法规范适用和法检之间关系的实际情况。

---

* 黄晓亮，法学博士，北京师范大学刑事法律科学研究院教授、博士生导师，中国法学会海峡两岸关系法学研究会理事；陈安悦，北京师范大学刑事法律科学研究院刑法专业硕士研究生。

一、余金平案的裁决过程与关于自首的争议

作为一审法院的门头沟人民法院在其刑事判决书中认定，“鉴于被告人余金平自动投案，到案后如实供述犯罪事实，可认定为自首，依法减轻处罚”。但是，一审法院否定了检察院关于适用缓刑的量刑建议，对被告人不适用缓刑，其理由是“其主观恶性较大，判处缓刑不足以惩戒犯罪”，具体表现为：（1）作为一名纪检干部，本应严格要求自己，其明知酒后不能驾车，但仍酒后驾车从海淀区回门头沟区住所；（2）在发生交通事故后逃逸，特别是逃逸后擦拭车身血迹，回现场附近观望后仍逃离，意图逃避法律追究。比照《刑法》第 72 条第 1 款的规定，一审法院其实是否定“犯罪情节较轻”这一缓刑适用条件。不过，在一审判决书中，一审法院却认定被告人成立自首。那么，“意图逃避法律追究”的情形其实也就不存在了。否定的理由就剩下“纪检干部知法犯法”这一个。尽管一审法院如此认定，并无太大问题，但在说服力上稍有欠缺。当然，自首的情节还是发挥了积极的作用，即一审法院在认定逃逸的情况下减轻了处罚，判处被告人二年有期徒刑。

一审法院没有对被告人判处缓刑，是不接受量刑建议，在实质上也是不接受检察机关所做的被告人认罪认罚结论。检察机关提起抗诉，主要理由也是放在是否可以适用缓刑的问题上。笔者认为，一审法院否定缓刑适用，检察机关抗诉主张适用缓刑，关键的问题都在于被告人是否具备“犯罪情节较轻”的情形。而对此情节的认定，却处于法院的自由裁量权范围内，属于法院可自由裁量的范围，过多争论，并无意义。当然，一审阶段的争议在实质上表现为一审法院是否必须接受检察机关经认罪认罚程序后所提出的量刑建议。但是，对此，抗诉的检察机关、支持抗诉的上级检察机关并没有过多地强调。

二审法院对全案进行了认真、详细的审理和分析，首先是对案件的事实进行了非常准确的还原，对有些事实的认定超出了一审法院审理乃至公诉人指控的范围，有些细节是一审法院并未注意和认定的。其次，对一审法院、公诉人、辩护人以及被告人提出的争议问题进行了非常全面的回应和法律认定。尽管二审法院的改判，符合《刑事诉讼法》第 236 条第 1 款第 3 项的规定，但因涉及了案件基本事实、关键量刑情节，二审法院的改判让被告人无法再次上诉，对被告人是不利的。

这里分析二审法院对自首的否定。二审法院否定自首的成立，主要理由是被告人“未能如实供述主要犯罪事实”。二审法院对自首的成立作了界定，即自首“是指犯罪嫌疑人自动投案后，如实交代自己的主要犯罪事实”。该界定与最高人民法院《关于处理自首和立功具体应用法律若干问题的解释》第 1 条的认识也是一致的。而就交通肇事罪而言，二审法院认为，“在交通肇事案件中，主要犯罪事实包括交通事故的具体过程、事故原因及犯罪对象等方面事实。对于驾驶机动车肇事致人死亡的案件而言，行为人在事故发生时驾车撞击的是人还是物属关键性的主要犯罪事实”。而余金平在投案后未对酒后驾车撞人进行如实供述，因而不属于“自动投案后的如实供述”。

二、由案及法之交通肇事逃逸与自首的认定

对于一审法院和二审法院关于余金平是否成立自首的不同认定，刑事法界进行了热烈的讨论，其实也反映出在交通肇事逃逸后自首之认定的较大分歧和混乱状态。但以笔者之见，应当认定自首的成立。不能将自首的认定与对自首之行为人处罚从宽的幅度这两个问题混淆在一起。

首先，交通肇事后逃逸，与自首是两个不同的问题。交通肇事后不逃逸，在现场救助并接受处理，可被认定为“自动投案和如实供述”。但逃逸并不否定自首的成立。交通肇事后逃逸，再去向公安机关投案，符合条件，可以成立自首。对此，最高人民法院《关于处理自首和立功若干具体问题的意见》第一部分也作了明确的阐述。就本案而言，被告人逃逸后自动投案，是可以准确认定的。因而问题的关键是被告人有否如实供述自己的罪行。

其次，自首中如实供述的内容，是行为人的罪行。《刑法》第 67 条第 1 款将自首中行为人如实供述的内容规定为“自己的罪行”，而最高人民法院的司法解释以及本案的二审法院都界定为“主要犯罪事实”。就“罪行”而言，在语义上，包括了部分罪行和全部罪行、次要罪行与主要罪行等层面的含义；最高人民法院的解释却限定为主要犯罪事实，排除了对供述次要事实而认定自首的可能性，在一定程度上讲，也降低了犯罪嫌疑人的负担，即不需要对全部犯罪事实如数供述，对主要犯罪事实的如实供述也可认定自首的成立。因而不管是从自首认定的难易程度，还是从对犯罪嫌疑人或者被告人的有利性的角度，都可以认为最高人民法院上述司法解释的规定是合理的。当然，有论者对所谓

的基本犯自首和加重犯自首存在争论。[1]显然，这里的争论其实也是涉及主要犯罪事实与次要犯罪事实的问题。笔者赞同该论者的观点，即不能区分所谓的基本犯自首和加重犯自首，又不能否认行为人对基本犯之事实进行自首的基础性意义。在行为人投案后，只要有对基本犯之事实的如实供述，即可认定自首的成立。至于该如何从宽处理，则是法院进行自由裁量的问题。

再次，比较复杂的是，不同类型之犯罪的主要犯罪事实该如何确定。对此，最高人民法院没有，也不太可能对所有犯罪的主要犯罪事实进行一一的界定，那么，对多种行为方式或者情形成立犯罪的情况下，不同的方式或者情形之主要犯罪事实具体是什么，更是有认定上的困难，容易出现分歧。在此情形之下，二审法院对交通肇事案件的主要犯罪事实作了界定，即“交通事故的具体过程、事故原因及犯罪对象等方面事实”；然后又界定了交通肇事致人死亡所成立犯罪的主要犯罪事实，即“行为人在事故发生时驾车撞击的是人还是物属关键性的主要犯罪事实”。笔者认为，这里的界定是不适当的，不合理地缩限了交通肇事案犯罪嫌疑人自首认定的范围。就自首的本意而言，是犯罪嫌疑人或者被告人向司法机关主动投案，承认自己是行为人，即自己的行为违法，有危害性，侵害了特定的对象；同时对具体过程，或者说行为与后果的因果过程，进行基本和如实的叙述，不做歪曲和变更。但要求行为人将细节和要素都很详尽地讲述出来，可能是对行为人过高的要求。在非共同犯罪的案件中，行为人讲明自己的行为造成了侵害，愿意承担法律责任，就可认定自首的成立。因而“主要犯罪事实”并非特定犯罪的全部构成要件要素，而是成立犯罪所需的必要、基本的构成要素。就交通肇事案件而言，供述自己导致交通事故，即可满足“如实供述”的要求；若供述人自愿接受法律的处理，就可认定自首的成立。从这个角度而言，区分所谓的基本犯自首和加重犯自首，也是不妥当的，会导致从根本上否定自首之情节成立的后果，对行为人反而不利。不能将自首之刑罚裁量的大小幅度，与自首是否成立的问题，混淆在一起。

最后，交通肇事逃逸和自首的认定前提是基本一样的。认定交通肇事逃逸，要先认定行为人认识到发生了交通事故，但并不一定要求行为人很清楚地认识到发生了何种交通事故、造成何种损害后果。从道路安全法的角度看，不可能

---

〔1〕 顾永忠：“对余金平交通肇事案的几点思考——兼与龙宗智、车浩、门金玲教授交流”，载《中国法律评论》2020 年第 3 期。

对行为人赋予过多的注意义务，且从操作的便利性上讲，只要发生交通事故，行为人就应当停留现场，报告警察，救助伤亡，防止损害扩大。做到此点的，在事后可以认定为自首，[1]因为是否成立犯罪，需要有个交通事故责任认定的过程，不能让行为人对这样专业、耗时的活动承担认识的义务。同样，即便是交通肇事逃逸，行为人事后去投案，也不一定让其明确地讲述事故的细节和责任的程度；只要其认识到发生了事故，存在自己的责任，愿意承担责任，即可认定自首。若过高地赋予行为人义务，则会造成人们不愿意去自首的情况，反而不利于此类案件的处理。就本案而言，不管余金平是否造成了人员伤亡，但其对发生交通事故，并无否认；其去投案之时，公安机关只能确定是他的车造成了事故，并不能确定他就是行为人，其投案显然是确定了基本的犯罪事实，而其承认事故是其造成，则可认定其属于如实供述。当然，现场等候处理的自首，与逃逸之后自首，在从宽处罚的幅度上，确实存在差别和不同。但是，在司法实践中，我们不能将这种不同作为认定是否存在自首的不同。交通肇事逃逸而不自首，对行为人不会考虑从宽处罚；交通肇事逃逸后自首，则要考虑从宽处罚，而这种从宽处罚，在幅度上会低于现场救助并等候处理的自首。

三、由点及面之自首认定的疑难问题

交通肇事逃逸后自首的认定是自首之刑法规范适用的典型问题，其所引发的争论反映出刑事法界对自首之认定的不同认识，集中地反映出自首之认定与自首之处罚的差异性。在前述案件中，若二审法院并不否认自首的成立，只是认为不足以从宽到适用缓刑，那么，可能会弱化相应的争论与分歧。在不能假设的情况下，我们还要去考查和分析关于自首之认定的其他争论情况，从而全面地了解自首之刑法规范在适用上的实际状况。

（一）再论如实供述主要同种罪行之自首否定说

如前所述，《刑法》第 67 条第 1 款和第 2 款对自首的界定，在如实供述的罪行上，并没有其他的界定。在这样的情况下，关于同种罪行是否成立自首的问题，不仅理论上存在争议，而且司法实务上也存在不同的认识，比较主流的是否定说。

即便是司法解释，有关的认识也不统一。最高人民法院 1998 年 5 月 9 日发

[1] 张明楷："论交通肇事罪的自首"，载《清华法学》2010 年第 3 期。

布并实施的《关于处理自首和立功具体应用法律若干问题的解释》第 4 条中规定：“被采取强制措施的犯罪嫌疑人、被告人和已宣判的罪犯，如实供述司法机关尚未掌握的罪行，与司法机关已掌握的或者判决确定的罪行属同种罪行的，可以酌情从轻处罚；如实供述的同种罪行较重的，一般应当从轻处罚。”最高人民法院与最高人民检察院于 2009 年 3 月 12 日联合发布《关于办理职务犯罪案件认定自首、立功等量刑情节若干问题的意见》，延续了该思路，其第三部分第一段指出：“犯罪分子依法不成立自首，但如实交代犯罪事实，有下列情形之一的，可以酌情从轻处罚：（1）办案机关掌握部分犯罪事实，犯罪分子交代了同种其他犯罪事实的；（2）办案机关掌握的证据不充分，犯罪分子如实交代有助于收集定案证据的。”第二段指出：“犯罪分子如实交代犯罪事实，有下列情形之一的，一般应当从轻处罚：（1）办案机关仅掌握小部分犯罪事实，犯罪分子交代了大部分未被掌握的同种犯罪事实的；（2）如实交代对于定案证据的收集有重要作用的。”但该思路在后来却有所改变。最高人民法院于 2010 年 12 月 22 日发布了《关于处理自首和立功若干具体问题的意见》（以下简称 2010 年意见），第二部分区分了主要犯罪事实的情况，具体指出，“犯罪嫌疑人多次实施同种罪行的，应当综合考虑已交代的犯罪事实与未交代的犯罪事实的危害程度，决定是否认定为如实供述主要犯罪事实。虽然投案后没有交代全部犯罪事实，但如实交代的犯罪情节重于未交代的犯罪情节，或者如实交代的犯罪数额多于未交代的犯罪数额，一般应认定为如实供述自己的主要犯罪事实”。

在笔者看来，在司法实践中，上述规定存在冲突的情形却导致了适用上的混乱。

第一，2010 年意见就如实供述同种罪行是否成立自首的认定，区分主要犯罪事实和次要犯罪事实，是最高司法机关对《刑法》第 67 条第 1 款和第 2 款规定的进一步明确，其实也进行了限缩，将全部罪行限定为主要犯罪事实，降低了行为人如实供述的负担，在同种罪行之自首认定上更为充分地体现了宽严相济的基本刑事政策。但是，该规定与 1998 年解释与 2009 年意见却并不一致。司法机关在适用上更多地选择 1998 年解释和 2009 年意见的规定，对自首的认定予以从严掌握。

第二，从司法解释本身的效力来看，对于未处理的危害行为及相关情节，新司法解释的效力要优于此前的司法解释。最高人民法院、最高人民检察院于 2001 年 12 月发布的《关于适用刑事司法解释时间效力问题的规定》第 3 条对此作出了明确的规定。因而就前述的三个规范性文件存在冲突的问题，应当按照该规定第 3 条来办理。也就是说，关于如实供述同种罪行是否成立自首的问题，应当区分主要犯罪事实和次要犯罪事实，不能以供述主要犯罪事实或者数额更大之事实的情形，否定成立自首，从而对行为人作出不利的认定。

第三，关于主要犯罪事实与次要犯罪事实，2010 年意见的表述在可操作性上存在一定的问题，即这二者并不容易区分。因而司法实践中法院并不积极适用该规定，导致了与辩方的分歧和争议。但是，难以区分并不等于可以不去区分。2010 年意见其实对法院提出了区分的要求。就具体的判断，笔者认为，可以对供述事实与掌握事实进行分别衡量，先看二者是否各自独立成立犯罪；若是各自成立犯罪，那么，就看哪一个的量刑更重些，供述事实成立犯罪后量刑较重的，可以认定自首成立，就供述事实成立犯罪的量刑进行从宽考虑，否则，不成立自首；若综合在一起才能认定成立犯罪，那么，需要看哪一个事实对行为是否达到犯罪程度的危害性有决定性的影响，供述事实如果占了更大分量，那么，对总体上成立犯罪，可以考虑成立自首，并在供述事实的范围内考虑从宽幅度。这种导向的自首认定给行为人从宽处罚的希望，从而鼓励其对主要犯罪事实进行如实供述，有助于降低犯罪侦查的成本和缩小犯罪黑数。〔1〕

（二）自首后逃跑再投案的处理

司法实践中，有些行为人感觉到自己实施的危害行为构成了犯罪，主动向司法机关投案并如实供述罪行，办案机关对其认定自首，并在罪行较轻的情况下为其办理取保候审，但行为人在取保候审期间不辞而别，不联系办案机关和监督部门，后听说办案机关对其通缉或者要求到案，再次投案。对此，是否认定自首，不免引发了争议，在一定程度上说，这种争议还非常大，是截然相反的否定论和肯定论。

否定论者认为，1998 年解释第 1 条有“犯罪嫌疑人自动投案后又逃跑的，不能认定为自首”的规定，因而行为人在取保候审期间脱逃又投案，虽然已被采取强制措施，但其供述的是司法机关已经掌握的罪行，不符合《刑法》第 67 条第 2 款和 1998 年解释第 2 条的规定，进而不能认定为自首；〔2〕犯罪嫌疑人被

〔1〕 高铭暄、赵秉志主编：《刑罚总论比较研究》，北京大学出版社 2008 年版，第 456 页。

〔2〕 “投案自首后，取保候审期间逃跑又投案的能否认定自首”，载中国法院网，https://www.chinacourt.org/article/detail/2017/08/id/2981820.shtml，最后访问日期：2021 年 3 月 12 日。

动到案后，逃跑再自动投案，再逃跑再自动投案，如此循环反复，皆可成立自首，则自首制度就完全被滥用。[1]而肯定论者则认为，对“犯罪嫌疑人自动投案后又逃跑的，不能认定为自首”的规定不能停留在字面意义上机械理解；从近年来我国自首制度的法律规定来看，可以得出这样一种趋势：成立自首的条件逐渐宽松，可见立法对于自首行为的鼓励；在第二次投案时，使自己先前的逃跑行为得到弥补，在这个过程中，同样产生了节约司法成本的效果，完全符合自首制度的规定和实质，应当认定为自首。[2]可以看到，同样具备审判人员的身份，不同的论者对自首后逃跑但再次投案是否属于自首的问题，却可能有截然相反的认识。

笔者认为，之所以出现上述情况，涉及对自首之本质的认识。就认识的路径而言，是对自首进行实质性的认识，还是进行形式性的认识，产生了不同的结论。对此，可以从如下几点来进行分析和界定。

（1）对自首进行实质性的认识。形式化地认识自首，自然会否定上述情形成立自首的看法，但是，很容易不当地限制自首认定的范围，造成对行为人不利的后果。因为不分析具体的情形，一概地否定再次投案的性质，实际上忽略了行为人之人身危险性的降低，也否定了行为人投案对司法查处成本的节省。因而从认识路径上看，否定论有一定的偏颇和不当之处。

（2）关于自首后逃跑，就行为人而言，原因是比较多的，有些是出于对刑罚的恐惧和害怕而想逃避刑事处罚，有些则是个人生产生活的特定需要（如打工、探亲、看病等）；在逃跑之后再次投案，同样也有多种原因，但大体上都是觉得无法逃避刑事处罚，在刑事责任确定的情况下，投案接受处理是比较好的选择。但是，对此种情况若不认定为自首，那么，就难以鼓励行为人积极向司法机关投案接受处理，增大了司法机关将行为人控制归案的难度，形成不好的社会效应，势必违反有罪必罚的原则。

（3）尽管 1998 年解释第 1 条第 1 项最后一段指出，“犯罪嫌疑人自动投案后又逃跑的，不能认定为自首”，但是，这里并没有提及逃跑后再次主动归案的情形，可谓解释上存在不周延的情况；从语义上理解，这里主要是指逃跑后被

---

〔1〕“抓获后逃跑再投案不能构成自首”，载中国法院网，https://www.chinacourt.org/article/detail/2007/05/id/247259.shtml，最后访问日期：2021 年 3 月 12 日。

〔2〕“主动投案后逃跑又投案能否认定为自首”，载中国法院网，https://www.chinacourt.org/article/detail/2013/05/id/957981.shtml，最后访问日期：2021 年 3 月 12 日。

抓获归案，并不包括行为人再次主动投案的情形；从法不禁止即自由的原则看，司法上并不能将逃跑后再次归案的情形排除在自首之外。有论者基于此持肯定论的看法。〔1〕

（4）关于对循环恶意自首顾虑，在一定程度上也有合理之处，行为人恶意利用该规定而多次逃跑和投案，确实会形成坏的影响。但是，应该看到，这种情况并不多见，将少数或者个别的情况当成普遍情况加以刑事法规制，就会造成法律成本过高、不利于节省司法资源的不良后果，弊大于利。其实，从刑事强制措施的角度看，行为人在自首后被采取取保候审，随后逃跑，接着再次归案，就不再符合取保候审的条件，办案机关不太可能再次对其予以取保候审，相反，要依法批准逮捕，予以羁押，行为人不会有再次逃跑的机会。〔2〕对此，于2015年10月9日印发的《最高人民检察院、公安部关于逮捕社会危险性条件若干问题的规定（试行）》有着明确的规定。而从实体法上看，对循环恶意自首的情形，虽然认定为自首，但从宽的幅度完全可予以严格的掌控，从严考量行为人的人身危险性，给予比例很小的从宽量刑考虑，切实地实现罪刑相适应原则的要求。因而程序法和实体法都能在机制上堵截循环恶意自首的情形，不必将此作为否定再次投案成立自首的理由。

（5）关于从羁押场所逃跑后投案的情形，是成立原来犯罪的自首，还是成立后续构成之脱逃罪的自首呢？笔者认为，自首后在羁押场所逃跑，与自首后脱离取保候审或者监视居住状态逃跑，有着不同的性质和法律后果；前者是违反刑法之新的危害行为，根据《刑法》第316条第1款的规定，可认定为脱逃罪，应当与行为人此前自首之犯罪进行数罪并罚，对此前的自首中主动投案这一点予以彻底的否定，符合前述1998年解释第1条第1项最后一段的规定，因而再次归案的情形不能属于对原来犯罪的自首；不过，脱逃后再次主动投案，且如实供述脱逃之事实情形，则可认定为对脱逃罪的自首，依法考虑从宽处罚，当然，从宽处罚之幅度，应当予以较为严格的控制。这里还需要提醒的是，若行为人归案后，对原来的犯罪仍然予以承认，并不推翻原来的供述，那么，可以考虑对行为人适用《刑法》第67条第3款关于坦白的规定，考虑是否从宽和从宽多少的问题。

---

〔1〕“多次自动投案后又多次逃跑能否认定自首？”，载江西法院网，http://jxfy.chinacourt.gov.cn/article/detail/2015/12/id/2250353.shtml，最后访问日期：2021年1月5日。

〔2〕詹静：“‘社会危险性’的理解与把握”，载《检察日报》2013年9月15日，第3版。

四、由表及里之自首认定的本质问题

从上面的分析可以看出，刑事法学界对自首在司法实践中认定存在较大的分歧和争议。在笔者看来，之所以出现这种情形，是因为长期以来刑事法学界不重视也没有深入研究自首的本质和功能。尽管《刑法》第 67 条第 1 款和第 2 款对自首的成立条件作了界定，但刑事法界仅从表面看问题，没有深入考虑自首的本质和功能及二者的关系；对前述 2010 年意见也没有给予足够的重视，进而没有正视刑法及 2010 年意见对自首之功能的准确定位。

关于自首的本质，国外理论分析不多，而国内论者作了一定的分析和讨论，主要有悔罪说、投案说、主动受罚说。〔1〕从自首和坦白、当庭认罪相比较，共同点确实在于如实供述和承认犯罪；不同于后两者之处在于自首中的主动投案。在现实生活中，行为人自首，有着各种不同的考虑，有些人是出于悔罪心理，有些人则是争取从宽处罚，还有些人确实是因为走投无路。统一的表现就是行为人主动投案，接受司法机关的控制，将自己交由司法机关来处理，接受司法机关的处理结果，对于国家来说，节约了一定的法律成本和司法资源，实现了刑罚的及时性和必然性，对司法权威的维持和存续有着很重要的意义。

但是，对此问题的分析也不能绝对化。因为实施危害行为后很快被抓获归案，与逃跑一段时间后主动投案，对司法机关就危害行为成立犯罪而进行的司法工作来说，未必存在很大的差异，甚至有相反的情形，即逃跑后主动投案，反而延迟了对犯罪的侦查乃至审查起诉，尤其是有些犯罪嫌疑人因走投无路而被迫投案，因长时间不到案，对司法机关的工作造成了较为严重的影响。不考虑这种负面影响，一概地予以从宽处理，反而违背了司法的目的。某些共同犯罪案件，部分共犯当时被缉拿归案，进行了处理；而部分共犯逃跑，长期没有被抓获，司法机关无法及时对之追究刑事责任，使得刑罚不能及时实现，就在实际上损害了司法的公正。在一定意义上说，长期不归案，与自首后逃跑而不归案，对司法公正的实现有着相同的不良作用。

这就意味着对此种情形下的自首未必要给予太大的从宽处理，进而也表明自首之情形的复杂性，那么，对自首的处理，就不是单一的，相反，应当是多元多种选择的。对大多数自首的情形，应当考虑从宽处罚；对少数自首的情形，

〔1〕 高铭暄、赵秉志主编：《刑罚总论比较研究》，北京大学出版社 2008 年版，第 456 页。

如恶意自首，自然不能从宽处罚。这一点在最高人民法院于2010年2月8日发布之《关于贯彻宽严相济刑事政策的若干意见》中有明确的体现（第17条）。这告诉我们，自首的本质与其功能是两个不同的问题，不能相混淆。主动投案且如实供述就是自首，至于对自首的行为人是否从宽处罚，则要看具体的自首情形在多大程度上揭示和表明其人身危险性的降低。恶意自首的情形表明了行为人之主观恶性和人身危险性的强烈性，否定了对之予以从宽的基础；[1]而非恶意的自首，也要根据自首的具体情况来判断。2010年意见对此有明确的阐述，即“自首的还应考虑投案的主动性、供述的及时性和稳定性等”。因而自首作为法定从宽情节本身有一定的幅度。尽管没有自首就没有从宽处罚，但自首的成立与从宽处罚的幅度不存在必然的联系。不同情形的自首情形可能有不同的从宽处罚幅度。我们不能将自首的本质与其功能相混淆。从该角度来说，逃跑后自首的行为人与未逃跑被羁押的行为人相比，其可能有着相同的处罚，甚至比未逃跑被羁押的行为人可能接受更重一些的处罚。不能不结合具体情况就简单地认为未逃跑被羁押的行为人一定要遭受更重的处罚，在后者有坦白情节的情况下，可以考虑给予比逃跑后自首的行为人更大幅度的从宽处罚。只有这样，才是真正地贯彻罪刑相适应原则的要求。

当然，还要注意的是，不能将对其他犯罪和量刑情节的考察，与对自首的考察相混淆。有些情况下，认定行为人成立自首，即便考虑了从宽处罚，甚至是考虑给予较大幅度的从宽处罚，但是，因为其他犯罪和量刑情节的存在，并基于这些情节而对行为人从重处罚，从而在总体上对行为人并不从宽处罚，即自首的从宽情节与其他从严情节同时存在且相互抵触，司法机关考虑不再予以从宽处罚。2010年意见对此也有明确的阐述，即“对具有自首、立功情节的被告人是否从宽处罚、从宽处罚的幅度，应当考虑其犯罪事实、犯罪性质、犯罪情节、危害后果、社会影响、被告人的主观恶性和人身危险性等”。此种情况下，并不是对自首成立的否定，而是对自首所起到之从宽处罚功能的减少乃至彻底归零。因此，对行为人之量刑的考虑，根据《刑法》第61条的规定，是综合性的活动；自首作为法定酌定从宽处罚情节，并不必然地具备使得行为人在总体上得到从宽处罚效果的作用。

---

〔1〕 张军、赵秉志主编：《宽严相济刑事政策司法解读——最高人民法院〈关于贯彻宽严相济刑事政策的若干意见〉的理解与适用》，中国法制出版社2011年版，第356页。

那么，如此理解和认识自首，会否导致自首的虚化和无意义呢？笔者的看法是否定的。世界上大多数国家或者地区在刑法中对自首所作的规定，表现为相对从宽的原则，即是否必然从宽、从宽的具体幅度，都有多种情形，具体规定取决于各国的刑事政策和法律文化传统。[1]根据我国《刑法》第67条的规定，从功能上讲，自首不是应当型法定从宽情节，并不必然导致对行为人的从宽处罚，即便从宽处罚，也要根据自首的实际情况来确定从宽处罚的具体幅度。而从本质上讲，自首揭示和表明了行为人之人身危险性的降低程度，能够区别于坦白、当庭认罪认罚等情节，因而有其独特性。

五、由论及案的简要回应与反思

司法实践中对自首的认定出现较多的纷争与分歧，是因为大多数论者将自首的成立条件（本质）与其功能相混淆，忽视了其从宽处罚的多种选择性质。有些论者认为，对某些行为人，若认定自首，就要对其给予较大幅度的从宽处罚，从而可能造成量刑失衡，因而就否定自首的成立。在上述余金平案件中，一审法院对自首的认定其实符合自首的本质，没有忽视自首之功能的多种可能性，因为即便认定自首，对被告人余金平也未必适用缓刑，自首的认定和缓刑的适用是两个不同的问题；但是，二审法院却改变了自首的认定，有先入为主的原因，其要改变否定缓刑之适用，在理由上包括对一审法院关于自首之认定的否定，不能不说是陷入了自首之本质和功能相混淆的误区。根据我们前述的分析，自首的本质在于有否主动投案，至于说主要犯罪还是次要犯罪事实，有时难免出现仁者见仁智者见智的情形，论者其实可以进行针对性的分析；但不能因为担心量刑失衡而对本属于自首的情形予以否定，否则，自然会引起更大的争议。从程序的角度看，二审法院对自首的否定，注意到了案件事实中更多的细节，虽然表现出细致的特点，但没有再给上诉人（被抗诉人）余金平及其辩护人表达意见的机会，显得不够妥当，难以让人接受。[2]

---

〔1〕 陈兴良：《刑法适用总论》（下卷），法律出版社1999年版，第503页。

〔2〕 龙宗智："余金平交通肇事案法理重述"，载《中国法律评论》2020年第3期。

论区块链项目中ICO的刑事法律风险及其防范

赵新新*

摘　要： ICO行为本身是一种合法、有益的行为，其在迎合资本市场需求、促进技术研发、产品更新等方面具有实际意义。但同时由于区块链及ICO行为的特殊性，也极其容易被不法分子利用，进行违法犯罪活动，在这一过程中存在着非法吸收公众存款、集资诈骗、侵占投资人资产等刑事法律风险。因此，一方面，要对ICO行为中的不同行为类型进行甄别、评价，做好风险防范；另一方面，要鼓励创新、趋利避害、推动ICO乃至区块链行业的健康发展。

关键词： 区块链　ICO　刑事法律风险　防范

一、引　言

近年来，比特币以及区块链已经突破了虚拟社区，不断地向实体经济和金融领域蔓延。同时，其作为金融科技领域最突出的创新热点，也不断引起人们的广泛关注。但是，在这一新事物如火如荼的发展过程中，各类以此为噱头的乱象也随之出现。其中，最典型的就以区块链中的ICO（Initial Coin Offering，即首次代币发行）为名目的非法融资活动。2017年9月4日，中国人民银行等七部门发布《关于防范代币发行融资风险的公告》，意在有效规制各类发行代币非法融资的活动。随后，中国互联网金融协会于2017年9月13日、2018年1月13日又分别发布了《关于防范比特币等所谓“虚拟货币”风险的提示》及《关于防范变相ICO活动风险提示》，强调ICO中可能面临诈骗、非法证券、非法集资等违法犯罪的风险。但是，这场充满风险的游戏似乎并未因此而有所改变，不少投机者在比特币参数基础上作出修改，推出各种“山寨币”，继续开

* 赵新新，日本一桥大学法学研究科博士研究生，本文为国家留学基金委留金亚［2016］9106号基金资助。

展各类非法融资活动。

也正是由于这些滥竽充数的投机，使得基于区块链项目中的 ICO 行为面临涉众型经济犯罪的风险。面临这种风险，不仅投资者的财产可能受到威胁，国家金融管理秩序也可能遭受挑战，这与区块链技术创新的初衷背道而驰。2019 年 10 月 24 日，在中共中央政治局会议上，习近平总书记强调要把依法治网落实到区块链管理中，推动区块链安全有序发展。[1]那么，在刑法上，对于基于区块链开展的各类 ICO 融资行为该如何应对呢？

本文主要围绕区块链项目中 ICO 融资过程中所面临的刑事法律风险及其防范展开相关研讨。首先从比特币、区块链、ICO 的基本概念谈起，介绍 ICO 的融资模式，以厘清 ICO 的本质，在此基础上分析代币发行中可能面临的刑事法律风险。最后，为了区块链行业中 ICO 项目的健康发展，提出如何做好相关的风险防范。

二、ICO 的模式及其本质

ICO 融资作为科技金融的创新，是以区块链技术为基础和前提的。在展开相关讨论之前，笔者以区块链的母币——比特币为例，对区块链技术展开介绍。

（一）区块链运行的机制

社会交易信用体系的建立，往往需要有足够信用度的第三方（比如支付宝、微信支付等）作中间背书，我们通常称这种模式为中心化交易或者集中式账本（如图 1）。[2]但是，事实证明中心化交易存在诸多弊端。比如，作为第三方的信用平台机构，长期获得普通大众的信任，其直接后果就是形成垄断，进而影响交易规则的制定，对一般交易者形成事实上的欺压；又如，由于机构需要保证对交易各方的管控力以及控制自身风险，因此难免会最大限度地收集个人信息，导致个人隐私遭到侵犯；再如，中心化后台的数据维护需要巨大的成本，且一旦遭到黑客攻击，将导致难以估量的损失等。与此相对的是去中心化交易，即分布式账本（如图 2）。[3]以比特币为例，比特币完全实现了点对点的交易，它使得在线支付由一方发起并直接支付给另外一方，中间不需要经过任何第三

---

〔1〕 习近平："加快推动区块链技术和产业创新发展　把区块链作为核心技术自主创新重要突破口"，载《人民日报》2019 年 10 月 26 日，第 1 版。

〔2〕 汪青松："区块链系统内部关系的性质界定与归责路径"，载《法学》2019 年第 5 期。

〔3〕 汪青松："区块链系统内部关系的性质界定与归责路径"，载《法学》2019 年第 5 期。

方机构。[1]在比特币交易中，交易方均无需提供任何个人信息，只需从自己钱包地址向对方发送比特币或者向对方提供自己的钱包地址接收比特币。在交易过程中，系统则会自动把每笔交易在全网公开展示，让全网予以确认和记录，矿工[2]接收到交易信息后通过电脑运行的比特币软件对交易进行确认，且一旦确认形成，就不可撤销。[3]当交易确认达到六个以上该笔交易即宣告成功，对于已经记录的每一笔交易，均可通过比特币网络进行溯源性的查询且永远不可篡改。同时，每笔交易被记录下来的时候都会被盖上时间戳，每笔交易按时间顺序推进，形成不可逆的数据链条，即区块链，概而言之，区块链是一个分布式、共享化、同步性的公共账本。[4]

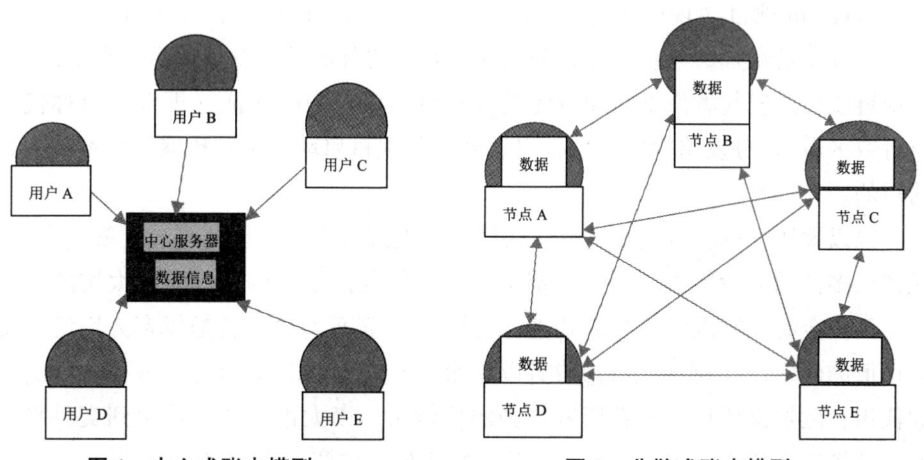

图1　中心式账本模型　　**图2　分散式账本模型**

那么在这其中比特币与区块链之间又是什么样的关系呢？比特币是保障分布式记账的激励机制。为了维持分布式账本的运行，必须鼓励人们积极参与分布式记账——矿工在参与记账的过程中能够获得比特币奖励。目前，这一奖励有两个来源，一方面是使用该区块链的人支付的手续费；另一方面是系统自动

〔1〕 Satoshi Nakamoto，“Bitcoin：A Peer-to-Peer Electronic Cash System”，2008年末发表于比特币论坛，www.bitcoin.org，最后访问日期：2019年10月22日。

〔2〕 即能够参与到比特币系统中的网络节点，凭借各自计算机的计算能力参与区块链的运行和维护的人。在此过程中，网络节点有一定可能获得比特币奖励，这种行为即业界通常所说的挖矿行为。

〔3〕 赤羽喜治：“分散泰帳技術とは何か”，载《ジュリスト》总第1529号，2019年3月，第15~16页。

〔4〕 岡田仁志：《仮想通貨——技術・法律・制度》，東京経済新報社2015年版，第48页。

生成给予参与运行和维护该区块链的矿工的奖励。[1]比特币是数字币中的母币，而之后发行的代币皆以其为参照、以区块链为基础，进行项目构建。[2]

（二）首次代币发行

如上所述，比特币只是区块链上见到的第一个应用，它是一个先锋，但它只是把区块链技术应用到了数字币上。而之后出现的以太坊和其他竞争者则开始将区块链应用到了更多层面，在此背景下，首次代币发行则应运而生。

首次代币发行是指创业者在区块链技术的支持下通过发行新代币，向投资人募集特定虚拟货币（通常该虚拟货币的市场认可度较高，且价值相对稳定）的融资活动，这一概念源自股票市场的首次公开发行（IPO）概念。2013 年 7 月 Mastercoin 项目（现更名为 Omni）通过众筹比特币融资，并生成 Mastercoin 数字币分发给众筹参与者，这是公认最早开展的首次代币发行项目。自那以后，区块链项目的发起者们不断通过此类方式将其项目中的通证（即业界所称代币或者数字币。）分发给投资者们，以达到筹集项目启动资金及拓展社区参与人数的目的。[3]

以以太坊为例，以太坊允许区块链项目发起者在其区块链平台上筹集资金，就像很多公司从股票市场上筹集资金一样，但与此不同的是，在以太坊的平台上筹集资金必须以以太币为基础进行结算。[4]简而言之，就是投资人用已有实际价值的数字币（例如比特币或者以太币等）参与项目的众筹，换得项目新发的代币；区块链项目发起者用筹集到的比特币、以太币等数字货币到交易平台上去兑换法定货币，完成融资和产品、技术研发的资金启动等。

严格说来，代币发行包括首次代币发行和之后的代币发行。但就目前各大数字资产交易平台中已完成代币发行的项目来看，所有区块链项目在首次代币发行后均未有再次增发代币融资的行为，因此在本文中将首次代币发行及代币

〔1〕 斎藤賢爾：“ビットコインというシステム”，载《法とコンピュータ》第 33 号，2015 年 7 月，第 21~23 页。

〔2〕 Satoshi Nakamoto，“Bitcoin：A Peer-to-Peer Electronic Cash System”，2008 年末发表于比特币论坛，www.bitcoin.org，最后访问日期：2019 年 10 月 22 日。

〔3〕 Vitalik Buterin，“Mastercoin：A Second-Generation Protocol on the Bitcoin Blockchain”，https://bitcoinmagazine.com/articles/mastercoin-a-second-generation-protocol-on-the-bitcoin-blockchain-1383603310/，最后访问日期：2019 年 10 月 22 日。

〔4〕 Vitalik Buterin，“Ethereum：A Next-Generation Smart Contract and Decentralized Application Platform”，https://github.com/ethereum/wiki/wiki/White-Paper，最后访问日期：2019 年 10 月 22 日。

发行视作为同义词使用（以下统称“代币发行”）。

可能会有读者提出疑问，区块链项目发起者们为何要将代币发行作为其项目启动方式呢？根据目前已完成代币发行的区块链项目白皮书及全球数字交易平台呈现出的交易现状，完成发行的数字货币，实质上是进入了一个每时每刻无涨跌限制的全球性交易市场，在该市场中任何“数字化或代币化”的资产均可进行交易，人们可以在不需要金融中介的情况下，从世界各地的投资者那里获得投资。[1]换言之，它是“企业家精神的民主化”，结束了传统金融机构对融资理念和创意的垄断。从人文社科到自然科学领域，从理念、创意到技术、应用，都可以通过代币发行，利用区块链技术拓展、开发新产品。这是一个极其强大的工具，将使创造者能够更有效地保留对自己成果的控制权和所有权，而无需专门向金融业出售。

显然，通过发行代币筹集项目启动资金已逐渐成为区块链项目启动的主要方式。[2]但是，这其中鱼龙混杂，也不乏打着代币发行的幌子另行其事的行为，为了更清晰地分析此类行为的法律关系及风险，接下来笔者拟先对代币发行的特征、其与传统筹资模式相比的优势及投资者与项目方的关系进行介绍。

（三）代币发行的特征、优势

与传统筹资相比，通过代币发行融资具有以下四方面的特征。

首先，通过代币发行募集的是虚拟的数字货币而非传统的法币。与传统 IPO 相比，发行人通过代币发行募集的是虚拟币，如比特币或以太币等，而非传统的法币。与传统货币相比，比特币等数字货币没有统一的发行方，想要拥有虚拟货币，必须依据特定算法通过计算机大量的计算而获取，或通过数字货币的交易平台使用美元、人民币等法币购买而获得。

其次，代币发行融资属于非股权类的产品或服务融资。一般而言，根据融资项目的白皮书，投资者通常投资并持有的是代表项目方产品、服务的权益或者凭证，而非代表所持企业股份的凭证。这是代币发行区别于传统 IPO 的重要特征。

再次，代币发行融资受到的监管限制较小。作为一种全新的融资方式，代

〔1〕 上沼紫野：“暗号通貨に関する海外の現状”，载《法とコンピュータ》第 33 号，2015 年 7 月，第 40~42 页。

〔2〕 野村豊弘：“暗号通貨の法的問題”，载《法とコンピュータ》第 33 号，2015 年 7 月，第 34 页。

币发行建立在区块链技术的基础上，往往通过“智能合约”，即预先编写好的计算机程序代码自动开展特定数字货币的募集与代币的分配，避开了传统 IPO 对募集者的各项程序和实质性要求，以极低的门槛开展融资活动。目前各国对这种建立于计算机代码技术之上的新型融资手段缺乏有效的监管，因此代币发行项目的信息往往较少对外披露，隐匿性较高。[1]

最后，代币发行融资便捷、速度快。代币发行没有严格的一、二级市场之分，任何项目在其初期就可以对外募集，对项目方的存续年限和经营业绩均无要求，借助区块链并通过线上交易平台，从代币发行开始到投资人认购结束，整个募集过程在数小时甚至数分钟内即可完成。另外，代币发行跨国融资亦很容易实现，因为虚拟货币具有电子化、数字加密、全球通兑等特点，投资者将特定虚拟货币直接汇入项目方的账户，较少受外汇或资本跨境的额度、程序等法律法规的管制，从而可以使项目方快速获得全球投资者的投资。

基于上述特征，与传统融资相比，代币发行融资具有以下四个优势：第一，与传统风险投资相比，其可以进入一个无限的全球性投资者市场。[2]第二，代币发行很少有通常的障碍和限制。通常获得传统的股权类风险投资很困难，会遇到比如地理限制、语言和文化障碍、社会阶层障碍和网络障碍等。另外，风险投资也有很高的成本，比如在股权份额上被放弃，然后股权资本被稀释，但代币发行融资很少有这方面的风险。第三，代币发行拥有一个无限的全球二级市场，在这个市场中，代币可以随时进行交易。第四，设计代币的工具具有灵活性以及可附加条件等特性，且不受限制。比如在智能合约中，理论上可以设置达成交易的任何条件。

（四）代币认购人与发行人的关系

代币发行将创业者和投资者的利益非常有效地结合在一起。投资者购买代币，或因为他们想分享项目的成果，或因为他们喜欢区块链这一技术应用，甚至因为喜欢项目开发人员和团队等。如果项目得到发展，他们所持有的代币便会升值，投资者便能通过项目来赚取利润；如果他们不再愿意投资这个项目的话，则随时可以抛售代币，退出投资。

---

〔1〕 森下哲郎：“分散泰帳技術と金融取引”，载《ジュリスト》总第 1529 号，2019 年 3 月，第 30 页。

〔2〕 野村豊弘：“暗号通貨の法的問題”，载《法とコンピュータ》第 33 号，2015 年 7 月，第 30 页。

在传统的风险投资中，公司结构是封闭的、不灵活的，即公司以外的人员不能参与其日常运营与维护。此外，由于创业者存在道德风险等缘故，在传统风险投资中投资者与创业者之间，无论是在战略上，还是在利润分配和未来发展上，利益冲突都在所难免。与此相对，如上所述，区块链是一个分布式、共享化、同步性的公共账本，基于这一特性，代币发行项目主链一旦完成上线后，项目方必须将该项目的全部代码以及数据向全网公开，之后该项目的代码更新以及正常运行由全网的矿工来共同推进，就意味着项目处于一种完全透明、公开的机制之下，脱离了创业者的控制，同时意味着摆脱了道德风险的影响。[1]

综上所述，基于区块链的去中心化特性，可以看出，对于发行代币融资的创业者而言，代币发行中的刑事法律风险存在于代币发行项目主链上线之前，即基于发行代币融资所产生的风险。接下来，将对 ICO 融资行为的刑事法律风险展开分析。

三、ICO 融资行为的刑事法律风险分析

2017 年 8 月 4 日最高人民法院印发《关于进一步加强金融审判工作的若干意见》(以下简称《意见》),《意见》指出，以金融服务实体经济为价值本源，依法审理各类金融案件。对于能够实际降低交易成本，实现普惠金融，合法合规的金融交易模式依法予以保护。对以金融创新为名掩盖金融风险、规避金融监管、进行制度套利的金融违规行为，要以其实际构成的法律关系确定其效力和各方的权利义务。对于以金融创新名义非法吸收公众存款或者集资诈骗，构成犯罪的，依法追究刑事责任。

从最高人民法院下发的《意见》可以看出，以金融创新为名的融资活动，如果没有逾越法律规定的红线，司法将予以保护和调整；如果逾越了法律红线，构成犯罪的，将依法追究其刑事责任。由此可见，在司法上，对于基于区块链项目发行代币的金融创新，既不能全盘否定，亦不能放任自流。因此有必要从以下几方面对发行代币融资所产生的刑事法律风险进行分析、评价。

(一) 对代币发行行为的评价

如上所述，所有愿意体现区块链去中心化、公开透明本质特征的项目方，

---

〔1〕 赤羽喜治："分散泰帳技術とは何か"，载《ジュリスト》总第 1529 号，2019 年 3 月，第 19 页。

都必然经历发行代币这一环节，即发行代币是区块链发展的应然环节。[1]公开发行代币的过程大致如下，首先，项目方提前将其含有募集特定数字货币（如比特币、以太币）、拟发行的代币数量及代币配售比例等信息的白皮书公开发布在特定的网站、交易平台。其次，投资者们可按照项目方提前公布的募集方案向特定的钱包地址发送拟募集的数字货币。最后，项目方会根据配售比例及投资者们向其发送的特定数字币的数量进行该项目代币的分发。在对区块链项目中发行代币这一行为展开评价之前，首先，要对代币发行的不同情形进行甄别。

从全球各大数字资产交易平台公布的代币发行白皮书来看，代币的发行存在以下两种情形：第一，代币发行是基于线下的实体公司的经营而进行。例如Lykke币，这一代币的发行方是瑞士登记注册的Lykke金融科技公司，而根据此代币的置换规则Lykke代币可以与该金融科技公司的股权产生直接联系，即每拥有100枚Lykke代币可以得到该公司的1份股权。第二，代币发行并不依赖于线下的实体公司。即尽管代币发行方可能有公司企业的背景存在，但是该代币发行并不直接与该公司产生直接联系，而是基于去中心化网络进行的，项目的发行主体完全依靠自己的技术团队，项目发起、代币发行、产品研发与进一步的运营均完全由该技术团队负责，融得的资金也不受团队背后的公司支配，而是用于该团队下的技术、产品的研发。

在上述第一类中，代币与公司股权能够产生直接联系，当代币发行人向社会不特定对象发行代币或者向特定对象发行代币累计超过200人时，根据《刑法》第179条、《证券法》第10条以及《最高人民法院关于审理非法集资刑事案件具体应用法律若干问题的解释》（以下简称《解释》）第6条的规定，是否构成涉嫌成立擅自发行股票罪呢？问题的关键在于代币是否可以认定为具有股票属性或者股票。

从有价性和流通性上来讲，股票和代币都具有价值，并可以进行市场交易、转让等。但是，股票作为股权的象征，其代表着股东财产所有权的同时，也象征着股东对公司的管理权，即股权是财产权属和管理、控制权属的结合。[2]而代币的价值主要体现在随着项目的普及它的升值空间变大，从区块链去中心化的特性来说，拥有代币并不代表拥有对区块链的管理、控制权。因此，二者不具有

---

〔1〕 赤羽喜治："分散泰帳技術とは何か"，载《ジュリスト》总第1529号，2019年3月，第19页。

〔2〕 曾言："浅论股权的法律属性"，载《江汉大学学报（社会科学版）》，2008年第3期。

同质性。另外，目前我国相关部门并没有将代币界定在证券类型之中，立法上未作修改之前，代币在法律上只能界定为虚拟商品，故，代币不应被视为股票。[1]在上述案例中，虽然Lykke代币可以置换Lykke金融科技公司的股权，但这也仅仅是代币作为商品流通性的一种体现，并不能因此将代币等同于股票。

另外，根据《刑法》第179条的规定，"未经国家有关主管部门批准，擅自发行股票……数额巨大、后果严重或者有其他严重情节的……"由此可见，擅自发行股票罪其侵犯法益主要是国家对证券市场的监管制度。根据上述《关于防范代币发行融资风险的公告》《关于防范比特币等所谓"虚拟货币"风险的提示》及《关于防范变相ICO活动风险提示》的规定，在我国大陆地区并未承认全球各数字资产交易平台及场外的数字资产交易在证券市场中的法律地位。并且，央行、证监会、银保监会等相关部门也未出台相应的规章制度对上述交易给予指引及规范。目前，国内投资者能够通过各主要数字资产交易平台或者场外市场进行的数字货币交易在法律上属于灰色地带。因此，现有的数字资产交易市场（无论是场内还是场外）均不能被定性为国家有明确交易规范的证券市场，那么如果将发行代币的行为认定为侵害了国家对证券市场的管理制度缺乏足够依据。

综上，发行代币是否可能构成擅自发行股票罪，不论对于第一种类型还是第二种类型的代币发行，答案都是否定的。

（二）对融资行为的评价

如上所述，基于代币发行模式的融资中，项目方通常公开向投资者募集一定量的比特币等数字货币，在其募集结束之后，可以直接到交易平台兑换法定货币，从而获得所需资金。其可能存在涉及非法吸收公众存款罪的刑事风险。

《刑法》第176条规定，"非法吸收公众存款或者变相吸收公众存款，扰乱金融秩序的……"充分体现了该罪的双重违法性特征，首先，非法吸收公众存款的行为违反了行政（金融）管理规范的要求，具备了行政违法性，因此被评价为"非法吸收或者变相吸收"；其次，非法吸收公众存款的行为具有严重的

---

〔1〕王冠："基于区块链技术ICO行为之刑法规制"，载《东方法学》2019年第3期；"首例涉比特币侵权纠纷宣判，法院确认比特币虚拟财产属性"，载https://mp.weixin.qq.com/s/zUvmIh2ro4aYzPmFwQFTSQ，最后访问日期：2019年10月24日。

社会危害性，于是就具有了刑事违法性。[1]另外，根据上述《解释》第 1 条的规定，违反国家金融管理法律规定，向社会公众吸收资金的行为，同时具备下列四个条件的，除《刑法》另有规定的以外，应当认定为《刑法》第 176 条规定的“非法吸收公众存款或者变相吸收公众存款”：（1）未经有关部门依法批准或者借用合法经营的形式吸收资金；（2）通过媒体、推介会、传单、手机短信等途径向社会公开宣传；（3）承诺在一定期限内以货币、实物、股权等方式还本付息或者给付回报；（4）向社会公众即社会不特定对象吸收资金。因此，可以看出非法吸收公众存款的客观行为表现为两种情况：第一，非法吸收公众存款，即未经主管部门批准，面向社会吸收资金，出具凭证，承诺在一定期限内还本付息的活动。第二，变相吸收公众存款，即未经主管部门批准，不以吸收公众存款的名义，向社会不特定对象吸收资金，但承诺履行的义务与吸收公众存款相同，即都是还本付息的活动。[2]由此可见，“吸收存款或资金”“承诺还本付息或者给付回报”是非法吸收存款罪的客观行为中必不可少的要素，其中“还本付息或者给付回报”具有对价性、必然性。[3]下文将结合非法吸收存款罪成立的要件要素进行讨论。

首先，代币发行人募集到的数字货币能不能解释为非法吸收存款罪中的“款”呢？即数字货币能不能成为非法吸收公众存款罪的行为对象，对此，有观点认为数字货币不可以成为非法集资的对象，[4]笔者对此不能认同。从上述法律规定来看，该罪名中的“款”不仅包括存款，也包括违反实体规定或者程序规定变相吸收的资金，[5]即二者都具有财产属性，如果行为人以吸收其他财物的形式，吸收资金并支付利息的则应当认定为变相吸收存款。[6]那么，代币是否具有财产属性呢？第一，代币具有处分性，代币虽然存在于一系列的加密数字、字母中，但是其交付的实现是从一个钱包网址发送到另一个网址，其具有独立性，持有人可以自由地转让、交换、处分。第二，代币具有可支配性，能

---

〔1〕 邹玉祥：“非法吸收公众存款罪之行为类型研究——基于网贷背景下的教义学展开”，载《政治与法律》2018 年第 6 期。

〔2〕 张明楷：《刑法学》，法律出版社 2016 年，第 778 页。

〔3〕 莫洪宪、刘芷含：“互联网股权众筹的刑事风险防范及规制”，载《广西大学学报（哲学社会科学版）》2018 年第 2 期。

〔4〕 王冠：“基于区块链技术 ICO 行为之刑法规制”，载《东方法学》2019 年第 3 期。

〔5〕 张明楷：《刑法学》，法律出版社 2016 年，第 778 页。

〔6〕 王作富主编：《刑法分则实务研究》（上），中国方正出版社 2007 年版，第 494 页。

够为持有人所控制，它以加密数据的形式可以存在于交易平台、网站，也可以离线的形式存在于网盘、手机等设备中，能够随时为持有人所携带、操作。第三，代币具有有价性，持有人通过金钱购买或者用金钱购买特定数字货币后，使用特定数字货币购买，并且持有人可以在交易平台上随时将其抛售、转换成金钱。我国《刑法》第 92 条规定："本法所称公民私人所有的财产，是指下列财产：（一）公民的合法收入、储蓄、房屋和其他生活资料；（二）依法归个人、家庭所有的生产资料；（三）个体户和私营企业的合法财产；（四）依法归个人所有的股份、股票、债券和其他财产。"因此，数字货币作为虚拟商品具有财产属性。[1]另外，因为数字货币拥有全球性的二级流通市场，募集者可以随时将募集到的特定数字货币转化为资金。综上，数字货币能够成为非法吸收公众存款罪的行为对象。

其次，这种融资行为是否满足非法吸收存款罪的成立条件呢？根据上述《解释》规定，非法吸收公众存款罪的前提是具有非法集资行为，判定该行为是否非法集资行为，应从以下四方面综合考量。第一，非法性，即违反国家金融管理法律规定，未经有关部门批准非法吸收或者借用合法经营的名义变相吸收资金。第二，公开性，即通过媒体、推介会、传单、手机短信以及所抽象的可被冠之以"各种途径"的诸如互联网、标语、横幅、宣传册、讲座、论坛、研讨会等宣传方式主动向社会公众传播吸收资金的信息的行为。[2]第三，利诱性，即在其宣传中能够让投资人看到丰厚的可期待性利益。第四，公众性，即资金吸收的对象是社会上不特定的多数人。

随着前文所述《关于防范代币发行融资风险的公告》《关于防范比特币等所谓"虚拟货币"风险的提示》以及《关于防范变相 ICO 活动风险提示》的出台，一切代币发行均被定性为未经批准的非法融资行为，那么是不是可以就此认定发行代币融资的行为具有刑法意义上的非法性呢？刑事违法性判断具有其相对独立性，在其他领域具有非法性并不必然等于刑事上的非法性。[3]故对其非法性还需要从附随行为中进一步判断。实践中，《解释》第 1 条第 2 项、第 4 项规定的情形通常是相伴而生的，发行人无不通过互联网、媒体、推介会、移动终端

---

〔1〕 神作裕之："仮想通貨から暗号資産へ"，《法学教室》第 463 号，2019 年 4 月，第 1 页。

〔2〕 李勤："非法吸收公众存款罪与集资诈骗罪区分之间——以'二元双层次'犯罪构成理论为视角"，载《东方法学》2017 年第 2 期。

〔3〕 吴镝飞："法秩序统一视域下的刑事违法性判断"，载《法学研究》2019 年第 3 期。

等向社会公众进行宣传，因此，在公开性和公众性的考量上疑问不大。那么，代币发行人是否构成《刑法》第 176 条规定的非法吸收公众存款罪，关键要看是否满足《解释》第 1 条第 3 项，即代币发行人是否有向投资人承诺在一定期限内以货币、实物、股权等方式还本付息或者给付回报，对投资人进行利诱性迷惑。

根据代币发行的一般融资模式，项目方获得比特币等数字币后，可以直接到交易平台兑换法定货币，从而获得融资，而投资者则希望项目成功后其拥有的代币升值，然后到二级市场抛售后获利。在这种融资模式中，代币发行人往往不会在投资人买入时对其承诺一定期限内还本付息或给付回报，而投资人在买入代币时，其获利心态则是期望代币升值，而不是从代币发行人那里拿到好处。如此，代币发行人的行为很难全部符合《解释》第 1 条中的 4 项规定，从而难以构成《刑法》第 176 条规定的非法吸收公众存款罪。

反之，如果代币发行人为了快速融资，向投资人许下回报承诺，那么，是不是一定构成非法吸收公众存款罪呢？非法吸收公众存款罪是扰乱金融秩序的犯罪，《刑法》第 176 条所禁止的是从民间获得资金从事金融业务的行为；《刑法》第 176 条没有表述为非法吸收公众资金，而是表述为非法吸收公众“存款”，也直接表明成立本罪要求行为人从事金融业务。[1]由此可以看出，只有当行为人使用发行代币募集来的资金从事货币、资本等经营活动，扰乱金融秩序时，才可以认定为非法吸收公众存款罪。对于将发行代币募集的资金用于产品、技术研发等货币、资本经营之外的行为，则不能认定为非法吸收公众存款罪。

（三）对“跑路”等非法占有行为的评价

根据《2017 年上半年国内 ICO 发展情况报告》，代币发行项目涉嫌非法集资和主观故意诈骗的情况很多，真正募集资金用作项目投资的极少，现实中，发行人募集资金后不用于项目经营活动、肆意挥霍、携款潜逃等行为也不在少数。[2]那么，如果能够认定项目方在融资时已经具有非法占有的目的，或者在该过程中产生了非法占有故意的，通过代币发行完成融资并“跑路”的，是否构成集资诈骗罪呢？

---

〔1〕 张明楷：《刑法学》，法律出版社 2016 年，第 780 页。

〔2〕 参见国家互联网金融安全技术专家委员会：“2017 年上半年国内 ICO 发展情况报告”，载搜狐网，http://www.sohu.com/a/160181241_355147，最后访问日期：2019 年 10 月 24 日。

根据《刑法》第192条规定，集资诈骗罪是指，以非法占有为目的，使用诈骗方法非法集资，数额较大的行为。根据《解释》规定，非法吸收公众存款罪与集资诈骗罪具有相同的行为模式，即非法集资行为，[1]并且《解释》第2条和第4条分别对非法吸收公众存款和集资诈骗行为进行了界定，从这两条规定看，区分该两个罪名的关键是看行为人主观上是否具有“非法占有的目的”以及客观上是否使用了“诈骗方法”。故，将上述“跑路”的行为认定为集资诈骗罪是没有疑问的。

问题在于代币发行人将募集到的资金用到了技术、产品的研发上，但是由于技术或者商业模式等客观原因导致项目失败，代币大幅度贬值，失去流通价值，业内称为“归零币”，而此时募集到的资金尚有剩余，如果代币发行人携款“跑路”的话，该如何定性，是构成集资诈骗罪还是其他犯罪呢?

首先，这里涉及集资诈骗罪中非法占有的时间点的确定问题。犯罪的主观方面反映为客观行为的具体表现及其实现，集资诈骗罪中非法占有目的的产生应在行为时，并且这里的“行为”是指具体犯罪构成要件的行为，如果行为人在行为时没有非法占有目的，而是在事后才产生此目的，则不能认定行为人具有集资诈骗罪的犯罪目的。[2]代币发行人完成融资后，将资金用到了产品和技术研发上，只是在由于技术或者商业模式等客观原因导致项目失败后携款“跑路”，此时其集资行为已经结束，而占有的目的和故意产生于集资行为完毕之后。故，不能认定为其构成集资诈骗罪。

那么，该如何对上述行为展开评价呢?在此不得不提的是，代币发行人在发行代币融资时，一般都会以白皮书的形式发布其技术、产品研发计划以及承诺将融资用于该技术、产品的研发上。笔者认为，在对上述行为展开刑法评价之前，有必要理清该承诺的民法性质，即该承诺到底是一种要约还是单方法律行为。如果是要约，则白皮书就具有合同性质，但由于合同的成立需要所涉多方当事人达成合意，包括双方法律行为即契约与多方法律行为如决议，[3]因此，合同的当事人必须是特定、明确、具体的，而在发行代币融资中，投资人

---

〔1〕 李勤:“非法吸收公众存款罪与集资诈骗罪区分之问——以‘二元双层次’犯罪构成理论为视角”，载《东方法学》2017年第2期，第147页。

〔2〕 赵秉志、许成磊:“金融诈骗罪司法认定中的若干重点疑难问题研讨”，载姜伟主编:《刑事司法指南》，法律出版社2000年版。转引自侯婉颖:“集资诈骗罪中非法占有目的的司法偏执”，载《法学》2012年第3期。

〔3〕 朱庆育:《民法总论》，北京大学出版社2016年版，第136页。

拿到代币后并不能排除其将代币转手的情形，代币的流通性也决定了投资人的不确定性，因此将上述承诺评价为要约行不通。

代币发行人在白皮书中承诺将融资用于技术、产品研发上，就意味着融资必须用在该特定事项上，且一旦承诺即产生法律效力，则该行为属于单方法律行为中的诺成行为，其生效无需当事人之间达成合意，仅需单方面作出意思表示即可成立并生效。[1]这也就意味着，如果项目由于技术或者商业模式等客观原因失败而终止，代币发行人对于募集到的资金则不能再进行使用，代币发行人有义务使用剩余资金按比例将代币赎回，即按比例将资金返还到投资者手中。因此，这种情况下，代币发行人对剩余资金只是暂时占有。而此时代币发行人如果携款“跑路”，且款额足够大的话，是否构成侵占罪呢？根据我国《刑法》第 270 条第 1 款有关侵占罪的规定：“将代为保管的他人财物非法占为己有，数额较大，拒不退还的，处二年以下有期徒刑、拘役或者罚金；数额巨大或者有其他严重情节的，处二年以上五年以下有期徒刑，并处罚金。”从语义上讲，条文中的“代为保管”只是明确了行为人所处的保管地位，并未对行为人获得这一保管地位的来源作出任何限定。以往人们总是倾向于将“代为保管”解释为“受托代理他人实施保管”，因而，自然会将“代为保管的他人财物”等同于委托物。但是，“代为”的通常含义是“代替别人做（某事）”，因此我们完全可以将“代为保管”理解为“代替他人实施保管”，另外，从我国立法来看，也并未将“代为”的含义仅仅限定在“受托代理他人做事”的范畴，[2]比如《刑事诉讼法》第 264 条第 2 款规定，“对被判处有期徒刑的罪犯，在被交付执行刑罚前，剩余刑期在三个月以下的，由看守所代为执行”。很明显，这里的“代为执行”并非受监狱委托执行，而是代替监狱执行。[3]因此，在上述情形中，项目失败后，代币发行人手中占有的剩余资金能够解释为基于先前诺成行为对投资人财产的暂时代为保管，若其携款“跑路”，则构成侵占罪。

（四）小结：ICO 融资行为中存在的刑事法律风险

综上，ICO 融资行为本身不具有违法性，但当代币发行人扰乱金融秩序或者侵占投资人的财产时，则存在刑事法律风险。比如当代币发行人以承诺回报

---

〔1〕 朱庆育：《民法总论》，北京大学出版社 2016 年版，第 136 页。

〔2〕 陈璇：“论侵占罪处罚漏洞之填补”，载《法商研究》2015 年第 1 期。

〔3〕 陈璇：“论侵占罪处罚漏洞之填补”，载《法商研究》2015 年第 1 期。

的方式进行融资，并将募集的资金用于从事货币资本等经营，扰乱金融秩序时，则构成非法吸收公众存款罪；又如，当行为人以非法占有为目的，使用诈骗方法募集资金的，则构成集资诈骗罪；再如，在产品研发的过程中，代币发行人恶意操控币价，让代币价格降得特别低、几乎归零，成为“归零币”，迫使投资者抛售代币，以此侵占募集资金的；或者，技术、产品研发失败，代币发行人将剩余的募集资金占为己有的，则构成侵占罪。

四、区块链项目中 ICO 的刑事法律风险防范

区块链中的代币发行可谓是互联网问世后信息技术领域的重大发展，其为技术创新、产业发展乃至社会信用体系的建立等提供了新可能。古语有云，“矩不正，不可为方；规不正，不可为圆”。纵使其潜力无穷，若对其产生的刑事风险缺乏有效防范，对行业发展、增进信任毫无助益。〔1〕因此，对区块链代币发行中的刑事风险防范，必然离不开规范的治理。但是规范的治理并不等于“一刀切”式的否定和严罚，正如日本学者宫本英脩所言：“刑法不能采取那种认为对所有违法行为都以刑罚对待的狂妄态度。”〔2〕在法益的保护上，刑法是最后的补充性手段。因此，我们必须严守刑法的谦抑性，对此，需要从两个方面进行努力。第一，对 ICO 行为进行正确的认识和评价，对于其所产生的刑事法律风险，在司法层面上发挥解释的规制机能，明确合理的处罚范围，但同时要预防刑事立法的恣意性。第二，从刑法规范外部，完善相关制度、规范。防范相关刑事法律风险的产生。

为保护广大投资者的合法利益以及促进区块链行业的健康发展，提高可靠的保障，可从以下三方面进行防范。

（一）实现对代币发行的规范管理

首先，需要及时制定有效的法律规范。区块链技术作为一种无需借助特定第三方即能实现人与人之间价值交换的技术，在未来的商业社会中将大有可为。同时，代币发行作为区块链项目中启动、后续运行及未来发展区块链时无法回避的问题，如果在区块链发展初期就将其视为洪水猛兽，断然取缔或全盘否定，

〔1〕［美］凯文·沃巴赫：“信任，但需要验证：论区块链为何需要法律”，林少伟译，载《东方法学》2018 年第 4 期。

〔2〕宫本英脩：《刑法大纲》，弘文堂 1932 年版，第 16 页。

未免过于简单粗暴。但是，更不宜持放任不管的态度，尤其是在我国民间投资的底层环境尚比较粗粝的发展阶段。在这个阶段，国家若能就区块链中的代币发行及时出台配套的法律法规，针对代币发行人、交易平台以及投资人各自的行为进行有效规范，则对区块链行业的健康发展乃至代币发行中刑事风险的防范具有积极意义。

其次，加强跨境、跨区域的刑事风险防范。区块链技术的发展真正实现了点对点的价值交换，打破了全球资本市场的壁垒。[1]代币发行人可以自行选择代币发行地以及流通范围。但目前，世界各国以及地区对区块链项目发行代币所持态度各有不同，这就增加了代币发行中的刑事风险。比如，瑞士、新加坡对于区块链代币发行持比较宽松的态度，所以现在很多区块链项目选择了瑞士、新加坡发行，但同时代币却在其他国家和地区流通。这种情形下，在代币发行涉罪时，就要求针对跨境、跨区域犯罪加强国家和地区之间的协作，以全球化视野进行刑事风险的防范。

最后，签订行业自律协议，形成行业自律组织。区块链的特殊性，要求该行业必须具有高度的自律性。以美国的股权众筹为例，其 2012 年出台的《创新企业扶持法》（JOBS 法案）中明确要求股权众筹平台必须在被认可的自律协会进行登记。[2]我国可以参照该法案，对区块链行业作出硬性规定，加强区块链行业内部的约束力和自律性，充分发挥交易平台对代币发行人的约束作用。

（二）建立严格、系统的监管体系

目前我国代币发行融资尚处于起步阶段，需要有关部门给予充分的引导和监督，才能更好地健康发展，因此，有必要及时建立严格、系统的监管体系。

首先，要明确监管主体以及监管主体的职责。监管主体及其职责的不明确，容易导致在代币发行领域产生法的灰色地带，为一些不良代币发行人预留不法空间。由于区块链可能涉及不同的行业，在进行分业监管的同时，针对跨业经营等也应进一步加强不同监管部门之间的合作。

其次，加强交易平台的审查义务。对代币发行人和项目的审查与监督是防范刑事法律风险的重要一环，而目前我国大部分数字货币交易平台对募集者均

---

〔1〕 小出篤："分散台帳技術と法制度"，载《ジュリスト》总第 1529 号，2019 年 3 月，第 21 页。

〔2〕 盛佳、柯斌、杨倩主编：《众筹　传统融资模式颠覆与创新》，机械工业出版社 2014 年版，第 55 页。

无实质性要求。比如，有的交易平台在其官方网站上明示：完成项目是筹资人的责任，平台并不对完成筹资但最终没有成功的项目负责，也不负责退款，这种处理方式将对风险的判断全部转嫁给出资人。但是，在实践中，投资人和募资人往往信息不对等，其很难判断一个代币发行项目是合法募集还是非法集资。因此，笔者认为，应当加强交易平台对代币发行人和项目的审查、监督责任，在代币发行时对发行人的状况进行审查，在发行后对项目的进程进行实时监控，并及时向投资人反馈；如交易平台因未履行上述义务而给投资者造成损失，则应当向投资人承担相应责任等。

最后，对涉罪的代币发行人或者交易平台及时依法作出惩罚。刑法的谦抑性，在于其补充性和最后性，当代币发行人或者交易平台涉罪，其他法律规范不能有效对其进行有效规制时，刑法应及时对此作出反应。

（三）加强投资人被害防范

首先，应在区块链行业代币发行中建立合格投资人制度，可参照私募股权投资基金合格投资人制度来设立前期参与项目代币认购人的准入条件。为了规范代币发行活动，保护投资人的合法权益，可对单个项目的投资人人数、最低投资额、投资额与个人收入或资产比例等方面进行限制，代币发行项目方违反合格投资人制度的，对其进行加重处罚，且要求其对给不合格投资人造成的损失，承担赔偿责任。此外，代币发行人应当意识到无论融资与否，只要涉及代币发行，都具有面向全球公开市场的资本市场属性，因此，其也应向代币认购人提示投资风险，核查认购人是否具备合格的条件。

其次，相关部门要加强对投资者的教育、引导。现实中某一类人常常比其他人更容易称为犯罪侵害的对象。[1]这类人具有一个共同特征——被害性。被害者的被害性分为诱发性因素和易感性因素，其中，易感性因素反映了被害人容易接受加害人的诱导，从而成为加害对象。[2]因此，相关部门有必要对投资人加强教育、引导。比如，在相关网站上作出提示，对区块链进行细致介绍，并对可能涉罪的代币发行行为进行类型化介绍、分析，以便于投资人更好地区分、辨别。

最后，作为投资人，更需要加强学习，具备独立思考、使用工具、判断风

〔1〕刘军：《刑法学中的被害人研究》，山东人民出版社2010年版，第23页。

〔2〕张智辉、徐名娟编译：《犯罪被害者学》，群众出版社1988年版，第39~41页。

险的能力，自觉抵制与代币发行融资交易及“虚拟货币”相关的非法金融活动，远离市场乱象。同时，鉴于代币发行项目多以公司、团队化方式出现，利用最新区块链技术或打着区块链技术旗号，加入“新型商业模式”，普通投资人根本无法识别投资风险，所以在进行大额投资时，可聘请专业风控人士保驾护航。

结 语

综上所述，ICO 行为本身是一种合法、有益的行为，它能够活跃民间资本，促进相关行业技术研发、产品更新；但同时，由于区块链及代币发行的特殊性，其也极其容易被不法分子利用，进行违法犯罪活动，在这一过程中也存在非法吸收公众存款罪、集资诈骗罪、侵占罪等刑事法律风险。因此，尤其是目前区块链行业尚处于起步阶段，在推动鼓励创新的同时，也应坚持防范风险、趋利避害、健康发展的原则。唯有如此，才会为代币发行产业在我国的健康发展奠定良好的基础，从而通过数字货币以及区块链快速带动我国整个数字资产行业的健康发展。

科学证据对司法决策的影响与启示

张昱琦*

摘　要：随着全球科技文明的高度发展，科学技术在改变人们生活方式的同时也极大促进了司法领域的变革，在现代刑事法庭上，科学证据的时代已然来临，其在司法决策过程中的广泛运用很大程度上提高了事实认定的科学性和准确性。然而，科学证据的出现也为司法决策带来巨大挑战，法官极易出于对科学的尊重而放弃"守门人"职责，错误地将"科学证据"与"正确的证据"画等号，这不仅可能影响法官的自由心证，也可能使科学证据成为导致冤假错案的"帮凶"。因此，在科学证据辅助法官进行司法决策的同时，我们应明确证据的相关性、可靠性、可采性以及证明力等规则对科学证据的规制方式，探究其影响司法决策的具体因素，在承认其科学性的同时也应看到其自身所存在的缺陷和审判中所暴露出的问题，使裁判者重新审视科学证据时代对司法决策所提出的新要求，回归裁判理性，守护公平与正义。

关键词：科学证据　司法决策　证据规则　规范分析

一、引言

我国证据制度经历了从神明裁判到口供裁判再到证据裁判的三个阶段，已逐步确立了以证据为基础的自由心证裁判方式，以法官的内心确信作为司法决策的依据，这也是世界各国所共同尊重与认可的基本诉讼原则。随着时代的发展与社会的进步，科学技术已融入人们生活的方方面面，在刑事庭审中同样被广泛运用，证据制度也随之进入一个崭新的发展阶段，即以科学证据为主导的时代。科学证据与传统的法定证据种类最大的区别在于其"科学性"，它是综合运用自然科学等领域的专业知识，以科学或技术为基础而形成的证据的统称。

---

* 张昱琦，中国政法大学刑事司法学院博士研究生。

科学证据的表现形式也有很多，常见的如指纹鉴定、声纹鉴定、DNA检验、测谎检查、醉酒的化学分析、毒理学分析、枪弹证据检验、车速检测、精神病学和心理学分析等，其被广泛运用于刑事法庭上，成为影响案件定罪量刑的关键证据，对案件事实的认定和最终的司法决策意义重大。蔡墩铭教授曾言："所谓证据裁判主义，于今日法科学应用之时代，应改称为科学证据裁判主义。"〔1〕此言恰反映出科学证据对现代刑事诉讼制度与司法决策之重要影响，也意味着我们应进一步提升对科学证据的认识广度与深度，并深刻反思其对司法决策所提供的启示与价值。

二、科学证据对司法决策的现实影响

科学证据在刑事审判活动中的广泛运用使其在司法证明过程中扮演着越来越重要的角色，其不仅关系到事实认定的准确性，而且对司法决策的影响也日益突出。一方面，科学证据的出现为人类带来证明方法的新飞跃，提升了司法证明的科学性，从而有效降低了错案发生的概率；另一方面，法官对科学证据的错误认识也可能导致其对科学证据持有过度的信赖，自由心证能力不足，从而对案件事实的准确查明产生负面的影响，也一定程度上导致了冤错案件的发生。因此，对科学证据影响司法裁判的认识应保持辩证的思维，理性分析、客观评价。

（一）科学证据促进司法决策更科学

在各国的刑事诉讼司法实践中，将科学技术作为辅助裁判者发现事实真相的手段具有普遍性，而科学证据正是科技与法律结合的重要产物。美国学者曾提出关于科学证据影响力的见解，认为事实认定科学化的问题将成为未来证据法研究的重要课题，科技的发展必然会使传统的事实认定方式面临巨大挑战，很多重要的事实问题都将依赖于科学技术手段的运用，仅依靠人类的感官或传统的信息来源将无法跨越事实与真相之间的距离，唯有借由高科技而取得的科学证据才能拓宽人类查明真相的途径，弥补人类感官的不足。〔2〕我国也有学者提出，现在人类社会的司法证明活动已经进入了科学证据时代。〔3〕因此，科学证据具有

---

〔1〕 蔡墩铭：《刑事证据法论》，五南图书出版公司1997年版，第4页。

〔2〕［美］米尔建·R. 达马斯卡：《漂移的证据法》，李学军等译，中国政法大学出版社2003年版，第200页。

〔3〕 何家弘：《神证·人证·物证》，大众文艺出版社2003年版，第169页。

普通证据所不具备的发现事实的能力，这一点是中外法学界所一致认可的事实，其对于提升司法决策的准确性、科学性以及在提升司法效率等方面发挥着重要作用。

任何证据的产生都以追求客观真实为首要目的，科学证据也不例外。其一，与普通证据相比，科学证据有助于裁判者运用科学技术手段更好、更快地查明案件事实。以传统的犯罪案件为例，由于科技水平的提升，指纹数据库、DNA数据库等数据库的建立已为刑事犯罪案件的侦查活动提供了重要的数据支持，使之前很多因无法认定被害人或犯罪嫌疑人身份而难以侦破的案件在侦查过程中变得有迹可循，其科学性与准确性也更有保障。其二，科学证据的出现也有利于减少和纠正冤假错案。以DNA检验为例，由于其具有较高的排他性、稳定性及客观性，其在刑事司法领域的运用曾帮助许多无辜者被洗冤，使他们重获自由。回顾我国近些年所平反的冤错案件发现，其在事实认定环节均存在不同程度的认识错误，而科学证据无疑将为人类凭感官查明事实真相的过程增添更多理性的成分，为防范和纠正冤假错案提供有效帮助。其三，科学证据还极大提升了刑事侦查活动的效率，适应现代快节奏的社会对刑事诉讼所提出的更高要求。对于那些非传统的犯罪案件，例如高科技犯罪案件，科学证据更能发挥其独有的优势，在辅助事实裁判者查明案件事实真相的过程中扮演极为重要的角色，以促进司法决策更加科学与理性。

（二）科学证据使司法决策面临挑战

科学证据并非真正的“科学”，但由于其具有“科学”的外衣，故极易导致法官对科学证据出现认知偏差，进而产生事实认定错误的后果，影响司法决策的准确性。因此，在刑事审判实践中，科学证据的不当运用也带来了一定的负面影响，使司法决策面临挑战。有学者曾对震惊我国的20起冤案进行过调研分析，发现其中的15起冤案（占比75%）均在鉴定意见方面存在问题。[1]而类似的问题并非仅出现在中国，据美国“无辜者计划”2019年的数据显示，在经DNA检测证实无辜者被错判的案件中，有近一半（占比45%）的冤案是由“法庭科学的不当使用”造成的。[2]这些具有讽刺性的数据也在提醒我们应重新审视科学

〔1〕 陈永生：“我国刑事误判问题透视——以20起震惊全国的刑事冤案为样本的分析”，载《中国法学》2007年第3期。

〔2〕 张保生、董帅：“中国刑事专家辅助人向专家证人的角色转变”，载《法学研究》2020年第3期。

证据及其与司法决策的关系。

在刑事审判实践中，科学证据为司法决策所带来的最大挑战主要在于科学与法律的碰撞，即法律人不懂科学，科学家又不懂法律，从而导致两类人的沟通与理解存在难以跨越的障碍。对于司法决策者而言，其对于科学证据的认知不同于对普通证据的直接认知，而是需要具备更高的认知水平和更专业的认知能力才能应对，如不具备高水平的认知能力，则司法决策就会呈现出完全依赖“法定规则”的情形。有学者将其描述为“绝对的法定证明认知力”。〔1〕以鉴定意见为例，其在实践中表现为法官对一份鉴定意见完全采信；对两份不同的鉴定意见难以取舍，仅能从鉴定机构的级别、资质等方面进行简单的比较与选择；对多份不同的鉴定意见，法官则大多采取机械的折中办法认定案件事实，其本质反映的是法官无法对科学证据进行有效的、实质的审查与判断，只能通过简单的形式审查来认定证据。

从科学证据的内涵及表现形式分析，其虽然具有证据取得及分析方法上的科学性，但裁判者绝不能据此就直接将其视为“科学的证据”或“正确的证据”，因为科学证据有失真的可能，若法官不经审查、质证、认证等程序就直接将其作为定案的依据，则可能直接导致冤假错案的发生。科学证据失真的原因有很多，取证技术的不完善、人为操作的不规范等都有可能导致其失真。事实上，这些问题是无法完全避免的，从证据的收集到保管、鉴定等各环节，任何一步的失误都将影响整个证据的证明力，进而影响法官的事实认定。另外，科学家所坚持的科学也并不是绝对的真理，人类本就无法穷尽对真理的全部认识，而不同科学家对同一事件或现象的认知也可能是不同的，他们很有可能依据自身所相信的、基于不同学科的理论而得出截然相反的结论。因此，科学证据所指向的事实并非绝对真实、可靠，若法官因为专业知识的欠缺就放弃自由心证，将事实认定的责任交给科学家，放弃“守门人”的职责，则司法制度将面临前所未有的危机。有学者曾直接指出，在科学证据的时代，“法庭正暗地里将作出（事实）裁决的权力托付给没有政治合法性的外人”。〔2〕这无疑将会使现代刑事诉讼中通过审判来实现公平与正义的价值面临巨大挑战，为此，我们必须正视科学证据为司法决策所带来的挑战，并通过规范分析与制度重塑等方式予以回应。

---

〔1〕 元轶：“庭审实质化压力下的制度异化及裁判者认知偏差”，载《政法论坛》2019 年第 4 期。

〔2〕［美］米尔建·R. 达马斯卡：《漂移的证据法》，李学军等译，中国政法大学出版社 2003 年版，第 200~201 页。

三、科学证据影响司法决策的规范性要素分析

为充分发挥科学证据对事实认定的积极作用，同时尽最大可能减少其所带来的负面影响，需从证据规则对科学证据的规制方面进行分析，以司法决策者对证据审查认定的一般思路为线索，回归有序的司法证明研究方式，从科学证据的可采性和证明力规范两个方面展开论述。可采性规范要求审查科学证据是否与待证事实具有相关性、证据来源是否可靠，从而认定其是否具有证据资格；证明力规范要求审查科学证据是否具有证明的效力，进而认定其能否作为定案的依据。因此，在法庭上，对科学证据的可采性和证明力的审查是认定其是否具有证据资格的基本要求，二者共同决定了其对待证事实有无证明作用和证明效果，同时也决定着裁判者所做司法决策的准确性。

（一）科学证据的可采性规范分析

所谓证据的可采性（admissibility of evidence），〔1〕简单而言，其含义包括两个方面内容：其一，不相关的证据不可采；其二，相关的证据也不一定可采。〔2〕总体而言，可采性规则是关于证据资格的规范，是法官对证据审查和认定的第一步，具有可采性的证据才能够进一步考虑其证明力问题，因此，证据的可采性需要有明确的法律规则作为法官审查判断的依据，其在我国乃至世界范围内正逐步成为证据法学研究的重点。

从科学证据的可采性规范内容来看，其既包括对证据相关性的规范，又包括对证据可靠性的规范。相关性要求科学证据与待证事实存在相关联的属性，即该证据能够对司法决策者的事实认定或理解证据起辅助证明的作用。可靠性则要求科学证据是基于充分的事实或数据所产生的，其所依据的原理、方法和技术等均能够以成熟的科学技术为理论或实践依据，且具有科学的可验证性，能够有效适用于案件事实。只有具备相关性和可靠性的证据才是裁判者可采纳的证据，这一规则的确定也为司法决策者有效审查、认定证据提供了准确的指引。

我国的科学证据可采性规范在2012年《最高人民法院关于适用〈中华人民共和国刑事诉讼法〉的解释》（以下简称《刑事诉讼法解释》）第84条、第85

〔1〕 证据的可采性，在大陆法系被称为证据能力（competency of evidence）。

〔2〕 参见《美国联邦证据规则》第402条。

条和最高人民法院、最高人民检察院、公安部、国家安全部、司法部《关于办理死刑案件审查判断证据若干问题的规定》（以下简称《死刑案件证据规定》）第 23 条、第 24 条均有所体现。然而，上述法律规范在理论与实践中均存在诸多不合理、不完善的内容，其对于科学证据的可采性规范也主要通过对其主要的表现形式——鉴定意见的审查与认定规则体现出来。根据《刑事诉讼法解释》第 84 条的规定，对鉴定意见证据能力的认定应从十个方面进行审查，其中，除程序性审查事项之外，该条在第 8 项规定了应对证据相关性进行审查，又在第 3 项、第 4 项、第 6 项和第 7 项分别规定了与证据可靠性相关的审查内容。[1]从条文构成和表述上来看，我国的证据规则对科学证据相关性审查的重视程度明显不足，将其置于程序性审查和可靠性审查之后，违背了对科学证据审查认定的基本规律，同时，该条文所反映出的是对证据形式审查的重视，对证据内容的可采性尚缺乏严格的法律规制，对此，可参照美国的相关规定作比较分析。

科学证据可采性标准的确立在美国同样经历了漫长而艰难的发展历程。在立法性规范方面，《美国联邦证据规则》第 702 条关于专家证人证言的规定反映了科学证据的可采性标准，2000 年修订后的该规则对裁判者审查认定科学证据的方式与内容作出规定。该条款首先规定了科学证据的相关性审查规范，紧随其后的是关于对科学证据可靠性审查的内容，该规则要求由专家证人所提供的科学证据应能够辅助裁判者理解证据与认定事实，同时其证言应以充分的事实或数据为依据，证明原理或方法必须可靠且能适用于案件事实。[2]除第 702 条之外，修正后的《美国联邦证据规则》第 704 条、第 705 条和第 403 条等条文也都涉及科学证据可采性的考量因素。在立法性规范产生之前，一些判例作为法的渊源也对科学证据可采性标准的发展与演变发挥着较大的影响力，并始终伴随着立法性规范共同成长。从《美国联邦证据规则》产生前由弗赖依案（Frye v. United States）所形成的“普遍接受性”（general acceptance）标准[3]到 1993 年多伯特案（Daubert v. Merrell Dow Pharmaceuticals, Inc.）作为判例总结出的科学证

---

〔1〕 参见《刑事诉讼法解释》第 84 条的相关规定。

〔2〕 参见《美国联邦证据规则》第 702 条。

〔3〕 “普遍接受性”标准要求，认定专家证人所提出的意见等科学证据具有可采性，除了要求其具有相关性和能够辅助陪审团认定事实外，还要求该证据所依据的科学原理或技术必须获得其所在特定领域内的普遍接受性。参见 Fryev. United States, 293 F. 1013（D. C. Cir. 1923）. 另见 John D. Borders, *Fit to be Fryed*: *Frye v. United States and the Admissibility of Novel Scientific Evidence*, 77 Ky. L. J. 849（1989）。

据具有可采性的四因素，即“多伯特标准”[1]，再到1997年的通用电气公司案(General Electric Company v. Joiner)[2]以及1999年的“库霍轮胎公司诉卡麦克海尔”案(Kumho Tire Company, Ltd. v. Carmichael)[3]，法官对科学证据的审查决定权逐步扩大，法官的“守门人”职责逐步确立，同时，法官的职责范围不仅限于以科学知识为依据的专家证言，还适用于以技术和其他专门知识为依据而提出的专家证言，科学证据的可采性标准在司法实践中得以发展成熟。由此可见，在立法与司法的共同规范下，美国的法官对科学证据的可采性具有充分的自由心证的空间，法官能够在制度与规则的保障下做科学证据的“守门人”，这无疑能够为我国科学证据可采性规则的确立与完善带来一定的启发与借鉴。

（二）科学证据的证明力规范分析

科学证据的证明力主要是指科学证据对待证事实能够产生何种程度的证明效力。裁判者在司法决策的事实认定环节不仅要对证据能力进行审查，还需对其能否达到证明标准以证明待证事实做主观上的判断。通常而言，不同的科学证据的证明力是存在个案差别的，这不仅与科学证据所运用的原理或方法有关，还与鉴定人员对于不同案件所实施的具体操作有关。一些看似微小的操作误差都可能会对证据的证明力产生巨大的影响。以DNA鉴定为例，其检验原理、检验方法的科学性已得到人类社会的普遍认可，但由于鉴定所需要的技术要求较高，操作较为复杂，检材也有被污染的风险，故对于此类科学证据的审查与证明力认定应更加严格要求。认定DNA证据的证明力要求裁判者必须根据案件的具体事实对证据材料的提取、保管、检验设备、检验试剂和检验技术以及鉴定人的个人品行、专业素质等方面作综合的审查与判断，绝不能基于对科学的过度信赖而放弃对科学证据的审查认定，因为任何检验环节出现问题都将影响该证据的证明力。因此，盲目采信科学证据不仅损害程序正义，也会使裁判者的司法决策与事实真相渐行渐远，影响实体公正的实现。

---

[1] “多伯特标准”确立了法官采纳科学证据所审查的四因素：(1) 是否一项“理论或技术……能被（且已被）检验”；(2) 它是否“已接受同行评议并发表”；(3) 就一项特定技术而言，其是否“已知或可能存在的错误率”很高，以及是否有“对该技术操作进行控制的标准”；(4) 该理论或技术是否在“相关学术界”内具有“普遍接受性”。参见 Daubert *v.* Merrell Dow Pharmaceuticals, Inc., 509 U.S. 579 (1993)。

[2] General Electric Company *v.* Joiner, 78F. 3d 524 (1997).

[3] Kumho Tire Company, Ltd. *v.* Carmichael, 526 U.S. 137, 131F. 3d 1433 (1999).

司法决策者对科学证据证明力的认定可以看作是事实判断问题，具有较强的主观性，依赖于法官的经验判断，反映出法官的自由裁量权。然而，在我国过去的司法实践中，证据规则似乎并没有给予法官充分的自由裁量空间，科学证据在中国的审判中曾被直接赋予了比其他证据更高的证明力，与现代证据理念与司法文明的要求不相符。例如，2001年和2008年的《最高人民法院关于民事诉讼证据的若干规定》第77条规定了数个证据对同一待证事实的证明力认定原则，其中，第2项直接规定了“鉴定结论、勘验笔录或者经过公证、登记的书证，其证明力一般大于其他书证、视听资料和证人证言”。类似由立法者确定或由司法解释作文字化规定的科学证据证明力大小的判断标准实际上都是法定证据主义的体现，是违背现代证据的规范性要求的，因为包括科学证据在内的任何证据都不应具有预设的证明力。证据证明力只能由法官结合具体的案件事实和证据情况等内容自主判断。值得肯定的是，在现代证据理论的指引下，我国已对上述错误的证明力规范进行了基本的修改与完善，在2019年新修正的《最高人民法院关于民事诉讼证据的若干规定》中，类似的为科学证据预设证明力的规定已被删除，对科学证据证明力审查标准的概括性规定几乎都承认了应由事实裁判者依逻辑推理及生活经验依法独立审查判断证据的规则。这种以立法促司法改革的方式在当今中国的法治背景下是值得被提倡的，只是我国的法官早已习惯赋予科学证据较高的证明力，这一固化了的司法决策思维需要在实践中进一步转变与更新。

四、科学证据时代对司法决策的启示

科学证据是一把“双刃剑”，其对裁判者司法决策的形成既存在积极意义，也带来了一定的负面影响。一方面，科学证据在依靠科学技术服务于司法活动的过程中展现出超越普通证据的精准性与科学性；另一方面，科学证据本身的失真或专家对证据的操作不当等问题也会为事实认定带来较大阻碍，影响司法决策的正确性。从制度规范的层面看待科学证据，我国的相关证据规则尚不能完全适应新时代对科学证据审查认定的要求，在科学技术飞速发展与进步的今天，如何有效利用科学证据辅助司法裁判，使事实认定更准确、司法决策更科学，这将是全体法律人特别是司法决策者在科学证据时代需要理性思考的重要议题。

（一）重塑科学证据对司法决策的影响力认知

司法决策者应当在科学理论的指引下重塑对科学证据及其影响司法决策的正确认识，依据客观的评价标准进行有效的自由心证，尽最大可能避免科学证据为司法决策带来的负面影响。在我国当前的司法实践领域，法官对科学证据审查与判断能力严重不足的问题较为普遍，甚至罹患“司法鉴定依赖综合症”，[1]无限放大了科学证据在司法决策中的作用，这使得科学证据不能有效发挥其价值，反而成为冤假错案的“帮凶”。对此，我们应结合司法实践，综合对科学证据各规范性要素的分析，深刻反思法官在司法决策过程中所存在的问题，并提出裁判思维和裁判方式等方面的改进措施，这也正是科学证据时代为司法决策所带来的启示。

从司法决策的角度出发，在刑事诉讼活动中，对犯罪嫌疑人的定罪与量刑均需要法官通过刑事裁判思维的方式，达到内心确信的标准，最终确定应适用的罪名与刑罚。[2]对于科学证据的审查，法官的裁判思维应与其审查普通证据的思维方式保持一致性，即法官应具有实质性审查的权利与义务。在科学证据运用于司法证明活动之时，法律与科学就已经突破了学科的限制，共同成为法官找寻事实真相的重要工具。法官对科学的认识与运用将直接影响其对相关证据的认定，并通过裁判思维的加工作出最终的司法决策。虽然科学证据有较明显的技术性特征，但这绝不能够成为法官不经审查、盲目采信的理由，这也对现代法庭上裁判者的综合素质提出更高的要求。

为解决法官对科学证据过度信赖、无效审查的问题，需在裁判者认知心理学的方面重塑科学证据对司法决策的影响力认知。法官在审查认定科学证据的时候，既不能够把司法决策的职权让渡给科学家，由其代替法官行使事实认定的职责，也不能够保守地否认有效的科学证据，阻止其发挥对司法决策的帮助作用，唯恐科学家剥夺法官裁判的自由。[3]法官应相信科学、利用科学，但不能迷信科学，要始终正确认识其在对科学证据的审查认定以及司法决策过程中的职责与定位，守护好科学证据时代下的司法公平与正义。

---

〔1〕 常林：《司法鉴定专家辅助人制度研究》，中国政法大学出版社 2012 年版，第 162 页。

〔2〕 张昱琦：“刑事裁判思维方式比较研究”，载卞建林主编：《诉讼法学研究》，中国检察出版社 2020 年版，第 299 页。

〔3〕 Bryan A Garner，*Black's Law Dictionary*（*seventh edition*），West Group，1999，p. 23.

（二）规范对科学证据可采性的审查

司法决策应以对科学证据可采性的审查为基础，在法律意义上，具有可采性的证据才是适格的证据，但我国目前对科学证据的可采性规范大多存在于理论研究的阶段，仅在部分规范中有所提及，且其合理性也存在质疑。总体而言，相关证据规则的欠缺导致法官在对待科学证据的可采性审查方面无所适从，因此，在加强科学证据的规范性建设方面，我国还有很长的路要走。为应对当今社会对司法决策的高要求，法官在对科学证据的审查与认定过程中需首先加强对其可采性的审查，具体可进一步细化为对科学证据相关性和可靠性的审查判断。

针对前文中所提到的我国对科学证据相关性审查的忽视问题，可借鉴参考《美国联邦证据规则》中对证据相关性的审查判断规则，即不相关的证据由立法明确规定排除，相关的证据可依据传闻证据规则、品性证据规则、不得用于证明过错和责任的证据规则、非法证据排除规则、最佳证据规则、作证特免权规则等进行排除。〔1〕在相关性的审查基础上，法官应进一步从科学证据内容的可靠性方面作实质审查，辨明科学证据所依据的专业知识是否科学、可靠，即重点审查其所依据的原理是否科学以及具体的操作方法是否科学，只有在大量的实践基础之上归纳、概况形成的具有规律性的原理才能符合司法决策对科学证据的基本要求，也只有将科学原理以科学的方法付诸实践，科学证据的有效性才能得到根本性保证。同时，裁判者还应具备区分科学证据原理的科学性与方法的有效性的能力，这将影响对科学证据可采性与证明力的区别性审查与认定。

在我国的刑事司法实践中，有部分科学证据在可采性方面尚存在一些争议，学界对此尚难形成较为统一的意见。例如，通过测谎技术获得的鉴定意见、通过观测鞋底压痕与步态的关系而得出的专家意见、通过颅骨成像技术获得的结论性意见等，这些在原理、方法与技术方面未获得统一认可的科学证据在实践中广泛存在，但其可采性目前仍存疑，有待于更高水平的科学技术的检验。对于此类证据，绝对的采纳或是排除都不是最佳的解决方式，因此，司法决策者或许可以尝试将可采性问题转化为证明力问题来处理，即肯定其中在法官认知范围内的科学合理的部分，明确其作为证据所能证明的效力大小等内容，以法

〔1〕 不相关证据排除规则参见《美国联邦证据规则》第402条的规定；相关证据排除规则参见《美国联邦证据规则》第801~807条、第404~405条、第412~415条、第407~411条、第1001~1008条和第502条的规定。

律明文规定的方式为科学证据留出一定的“灰色地带”，为那些有利于事实认定但又无法绝对确定其可采性的科学证据留出法官自由心证的空间。事实上，任何科学证据都无法给出绝对正确的结论，以明确的法律规范赋予司法决策者较充分的裁量自由，如此方能在保证科学证据可采性的同时发挥其更大的证明价值。

（三）重视对科学证据证明力的认定

依据现代刑事诉讼法学原理，法律对证据的证明力一般不做刚性要求，往往赋予裁判者较大的自由裁量空间，这同时也为裁判者对证据证明力的审查判断能力提出更高的要求。一般情况下，法官可依据自由心证原则进行认定，但“自由心证不能随心所欲，它必须符合经验和逻辑，即接受理性的限制，同时须以制度设置保证其具有可检验性以及可矫治性”。[1]在法律规范保障不足的现状下，我国法官对科学证据证明力的审查判断缺乏统一的标准，这也导致司法决策易受非理性因素的影响。依据波斯纳的司法决策理论，法官裁判会受到多种先验因素的影响，其对案件事实的认识、对相关证据的认定等本就与其个人特点、职业阅历以及生活经验等因素密切相关，而各种情感的、直觉的或常识性的思考都会塑造法官无意识的司法前见，最终影响法官的司法决策行为。[2]就科学证据的审查而言，这一理论同样适用。由于法官所掌握的科学原理与技术知识有限，故其对于科学证据的审查将更加依赖于主观的、感性的、直觉的因素，这也将使本就相对自由的科学证据的证明力裁量空间被无限放大，可能对司法公正造成破坏。我国目前的审判现状不容乐观，有些法官仅凭单个的指纹证据就定罪的情况，这一问题也需要引起司法决策者的重视与反思。

为应对我国现有的法律框架内对科学证据证明力规范的不足，解决长期以来司法实践中因法官对证明力问题认定错误而导致的冤假错案等问题，我国对此应当引起足够的重视，确定一个适当的标准，并以此来规范法官的主观认定行为，这也将对法官关于科学证据的认知能力提出更高的要求。正如前文所述，首先，裁判者应在对科学证据证明力的审查判断中坚持其不具有预设的证明力，其与普通证据一样，都需经历质证等程序方能进一步认定。其次，裁判者还应在事实认定中坚持孤证不能定案的原则，确立严格的补强证据规则，绝不能仅

〔1〕 龙宗智：《证据法的理念、制度与方法》，法律出版社 2008 年版，第 191 页。

〔2〕［美］理查德·波斯纳：《法官如何思考》，苏力译，北京大学出版社 2009 年版，第 337 页。

凭单个的科学证据给被告人定罪。再次，要明确区分科学证据是种属认定还是同一认定，判断其是否具有排他性，这对于科学证据的证明力认定意义重大，即种属认定结论只能确定相关客体是否属于同一种类，不具有排他性；而同一认定结论可以确定相关客体是否具有同一性，此类证据具有排他性，证明力明显大于种属认定结论。复次，在审查认定科学证据证明力的同时，还应当对证明力与危险性的高低进行综合的评估，若危险性实质上超过了证明力，则应赋予法官一定的司法排除裁量权。对此，可参考借鉴美国的相关规则，以科学证据危险性与证明力的关系作为审查判断证据与认定事实之间的联系的重要考量因素，在鼓励采纳证据的前提下，审查判断该证据的危险性大小，当危险性明显高于证明力时，则应当对这一证据予以排除。[1]最后，法官对科学证据证明力的判断过程具有内部性、隐秘性的特点，故应当以制度规范的形式将法官裁判思维进行一定程度的外化与公开，可要求其以书面的形式说明对科学证据证明力的认定理由，以此来约束司法决策行为，保障司法公正。

结　语

科学证据时代已经来临，在科学技术为司法证明提供便利之时，裁判者也应正视其为司法决策所带来的挑战，以更加理性的视角深刻认识、规范审查科学证据，在现有法律规范的基础上发挥科学证据对事实认定以及司法决策的帮助作用，并重新审视现有的法律规范，在实践中发现制度漏洞，再结合中西方优秀的规范理论进行制度重塑。从对美国科学证据的可采性及证明力规范的比较分析中不难发现，国外学者对科学证据的研究起步更早、发展更快，且其判例法的传统更加有利于在实践中发现制度的不合理因素并予以纠正、改良。相较于我国的研究而言，美国对科学证据的认识无疑更加深入，值得进一步借鉴。然而，如果不顾及我国的法文化传统与司法现状，法的移植则必然遭遇失败；如果不顾及我国法官的决策思维与认知力现状，法的本土化过程也终将困难重重。因此，我们应广泛学习、谨慎接纳，在立足于我国法治现状的同时促进西方优秀的司法理论与我国古老而悠久的法治文明的结合，以提升法官对科学证据系统性、专业性的认知为出发点，有效利用科学证据，回归裁判理性，促进司法决策更科学。

---

〔1〕 参见《美国联邦证据规则》第403条。

域外视野

中世纪教会与神明裁判之兴衰*

高童非**

摘　要： 神明裁判作为中世纪重要的司法程序和证明方式，其与基督教会有着密切的联系。神明裁判最先源于异教传统，但基督教兴起后，二者便紧密地结合在一起。也正由于中世纪教士广泛地参与神明裁判，导致教会担心其触犯圣经中有关血的禁忌。最终在多位教会法学家的批判下，第四次拉特兰会议颁布禁令禁止教士参与神明裁判，这也直接致使神明裁判迅速走向衰落。由此可见，废除神明裁判是教会出于神学上的考量而主动作出的选择。因此，认为神明裁判的消亡是世俗力量削弱了教会的权威，或是理性战胜了迷信的观点并不能成立。

关键词： 神明裁判　教会法　司法制度　司法理性

一、问题的提出

神明裁判（Ordeal）是通过神的意志来判断案件事实并决定嫌疑人是否有罪或当事人的权利主张是否成立的一种证明方式和司法程序。无论从存续时间、地域分布还是适用的对象和范围来看，神明裁判都具有广泛的影响力。在中世纪司法制度史上，神明裁判始终占据着重要地位。由于其与此后的纠问制程序、陪审团制度等审判方式迥然不同，加之其又与当时宗教、民俗等领域联系甚密，神明裁判长期以来都以独特的魅力吸引着众多学者的目光。

中世纪的神明裁判的种类繁多，但是大体上可划分为以下两类，即单方神

* 本文系中国博士后科学基金第 68 批面上资助（资助编号：2020M680795）的阶段性成果。

** 高童非，中国人民大学法学院博士后研究人员。

判（Unilateral Ordeal）和双方神判（Bilateral Ordeal）。[1]二者的区别在于是争议的双方还是仅有其中一方接受神明的考验。在单方神判中，应用较广的有沸水审、冷水审和热铁审，抽签审、圣餐审等方式也可归入其中。而双方神判最典型的就是司法决斗，当然也包括十字架裁判等方式。本文大多数情况下考察的是作为整体的神明裁判，但论证的对象主要是沸水审、冷水审、热铁审、司法决斗这四种第四次拉特兰会议（Fourth Lateran Council）提到的也是最为常见的神判方式。

虽然在 9—12 世纪的拉丁基督教世界，神明裁判几乎适用于所有类型的犯罪，但不可就此认为它是当时主要的司法证明手段。因为适用神判有一个重要的前提，即只有在穷尽合法的证明方式仍然无法查明事实真相的情况下才能启用。[2]因此，神判实际上只是一种权宜手段，是一种最后的救济。例如 12 世纪英格兰就规定，“唯有当未证明的事实无法以其他方式探知时，方可采取热铁神判”。《萨克森明镜》也有言：“除非没有其他方式可知悉真相，否则在任何案件中使用神判皆属不当。”[3]

此外，除开司法决斗，神明裁判一般被适用于奴隶、经常犯罪者等没有发誓资格者，或者找不到足够辅助誓言人者。[4]由于这些人无法通过共誓涤罪，因此只能采用神判。将神判与誓言结合在一起考察是必要的。有学者指出，神明裁判最主要就是适用于誓言缺失的情形，在没有宣誓证言不得对任何人定罪的世界，神判就是宣誓证言的替代品。[5]由此出发，在证人和原告缺失的情形下也都需要动用神明裁判。

反观司法决斗，其一般适用于较高等级者之间发生的诉讼，参加决斗的双

---

〔1〕 John W. Baldwin, The Intellectual Preparation for the Canon of 1215 against Ordeals, Speculum, Vol. 36, No. 4, Oct. 1961, p. 613. 也译作单向神判与双向神判。

〔2〕 在进行此界定时必须非常谨慎，惠特曼教授就认为将神判视为缺乏其他证明方式时揭示特别事实的程序，这是一种错误的解释路径。See James Q. Whitman, The Origins of Reasonable Doubt, Theological Roots of the Criminal Trial, Yale University Press, 2008, p. 67. 笔者将在文章的最后处理这一问题。

〔3〕 ［美］罗伯特·巴特莱特：《中世纪神判》，徐昕、喻中胜、徐昀译，浙江人民出版社 2007 年版，第 39 页。

〔4〕 李秀清：《日耳曼法研究》，商务印书馆 2005 年版，第 427 页。诉诸神明裁判的有时也有地位较高的人，且大多是被指控不贞的妇女。

〔5〕 James Q. Whitman, The Origins of Reasonable Doubt, Theological Roots of the Criminal Trial, Yale University Press, 2008, p. 82.

方应为相同等级的自由民。[1]由此可见，决斗的适用始终与社会地位相联系。即使在决斗被废除之后，一些法律仍然特许在贵族之间使用决斗解决纠纷。虽然民事案件和刑事案件均可适用决斗，但刑事案件的适用一般只局限在重罪案件中，[2]这一点类似于宣誓制度。几乎所有可能判处死刑或者损坏肢体的案件都可适用司法决斗。[3]此外，在有关名誉问题的案件中，决斗也相当常见。

尽管存在以上多个限制条件，但神明裁判在中世纪司法审判中的运用仍然相当普遍。而且需要注意的是，要做到精确描述神明裁判的适用范围是几乎不可能的，因为一方面当时拉丁基督教世界政权林立，各地关于神判的立法与实践都有一定差别；另一方面，神判存续的时间跨度很长，即使是同一个地方的实践也存在前后不一的情况。因此在分析论证时必须在动态观察的基础上力求寻找它们共同的特征以及最关键的要素。

几个世纪以来，围绕着神明裁判是否是非理性的制度，或是废除神明裁判是否意味着理性破除迷信的争论一直没有间断过。显然，众多学者将神明裁判视作基督教在西欧中世纪具有强大统治力的表现之一，所以他们在评价神判的衰微时，很乐于将之形容为理性取代迷信或是王权侵蚀教权的过程。总之，他们认为基督教在此次运动中受到了创伤。而且在分析神明裁判废除之原因时，也多将其归功于替代性程序的出现，从而使得纠问制程序与陪审团制度取代神明裁判成为司法理性化进程的一部分。

但是近年来，一批学者逐渐意识到，将神明裁判看作非理性的神判机制有失偏颇。他们具体分析了神明裁判衰落的原因以及当时的理论背景，从而对批评神明裁判的一些观点进行了有力的批驳。[4]不过无论持何种观点，有一个问题总是无法绕开的，那就是基督教与神明裁判的关系。当前有关二者关系的论述只是散见于对神明裁判的论述之中，因此对其进行专门的梳理是有必要的。因为只有厘清二者的关系，才能对神明裁判衰弱，直至退出历史舞台这一过程作出合理客观的解释。

---

〔1〕 李秀清：《日耳曼法研究》，商务印书馆 2005 年版，第 432 页。

〔2〕 Edward L. Rubin, Trial by Battle. Trial by Argument, Arkansas Law Review, 2003, p. 263.

〔3〕 侣化强：《形式与神韵：基督教良心与宪政、刑事诉讼》，上海三联书店 2012 年版，第 101 页。

〔4〕 [美] 罗伯特·巴特莱特：《中世纪神判》，徐昕、喻中胜、徐昀译，浙江人民出版社 2007 年版，第 213 页。

二、神明裁判与基督教之关系

神明裁判与基督教的关系可谓是错综复杂，甚至当时的教会法学家都无法对此问题下定论。这一困境也可以从12世纪教会关于神明裁判的巨大争论中反映出来。当然，教会最终通过第四次拉特兰会议，在神明裁判与教会之间划了一道不可逾越的鸿沟，但两者之前的关系绝不是泾渭分明的。正因为基督教过多介入神明裁判之中，使两者结合得太过紧密，才最终导致教会选择从中抽身而出。

（一）神明裁判的宗教渊源

由于公元800年前的文献资料极其稀缺，因此要追溯神明裁判最早的起源几乎是不可能的。但鉴于本文旨在考察基督教与神明裁判的关系，所以只需确定是否有地区在未受基督教影响之前就已存在神明裁判。

最早提及神明裁判的是法兰克王国的《萨利克法典》。该法典规定："如果有人被判处把手放入沸水锅的考验，那么，双方可以达成协议，使被判决者可赎回自己的手，并提出共同宣誓的证人。"〔1〕虽然这一法典可以追溯到法兰克国王克洛维皈依基督教后不久，但它更多是对此前习惯法的汇编。而且从法典条文的复杂程度来看，这也不可能是新近的基督教的产物。因此法兰克人在皈依基督教之前便已采用神明裁判是没有疑问的。如此看来，神明裁判最早是异教法兰克人的习惯，而非基督教的传统。

其实解释这一问题也不必太过费劲，因为神明裁判本身就不是基督教世界的特产。在世界各地，像巴比伦、希腊、罗马，〔2〕甚至是中国都能找到早期神明裁判的痕迹。〔3〕神明裁判其实是一种人类早期社会普遍采用的证明方式，而非源于特定的某个宗教。比这一解释更能说明问题的是，诸多极具影响力的教会法学家也不认为神明裁判是基督教的产物。例如，对于司法决斗的起源，总体上教会法学家都将其归于传统习俗或是伦巴第的实践。〔4〕

---

〔1〕《萨利克法典》，法律出版社2000年版，第34页。这一规定在法典的最初校订本中就已出现。

〔2〕李秀清：《日耳曼法研究》，商务印书馆2005年版，第427页。

〔3〕关于中国的神明裁判可参见高其才：《多元司法　中国社会的纠纷解决方式及其变革》，法律出版社2009年版，第13~17页。

〔4〕John W. Baldwin, The Intellectual Preparation for the Canon of 1215 against Ordeals, Speculum, Vol. 36, No. 4, Oct. 1961, p. 621.

不过，虽然神明裁判更多的是一种源于异教的传统，但基督教对神明裁判的推行和传播确实起到了一定的作用。历史学家业已证明，神明裁判在11世纪、12世纪和13世纪传播的一种重要方式与基督教的传播紧密相关。例如，10世纪和13世纪，斯堪的纳维亚和东欧诸国这一弧形地带被基督教教化，而也是这个时期，神明裁判进入其司法实践。〔1〕

对神明裁判的普及，基督教的一次明显推动在于“上帝的和平与休战运动”。中世纪前期由于国家力量不够强大，族间的仇杀相当盛行。为了建立一个有序的共同体，人们在教会的影响下通过彼此宣誓在特定的时间和地点休战，以停止内部的暴力活动。当时最为动荡不定的地区是法国的南部，那里的主教会议似乎就是和平与休战运动的源头，如990年的夏鲁（Charroux）主教会议和990年至994年的圣保罗主教会议。后来在克吕尼修会的推动下，和平与休战运动扩展开来。〔2〕

对于想要禁止暴力冲突，在法律濒临崩溃的社会重新建立秩序的人们来说，神明裁判这种令人畏惧且无可置疑的证明方式显然是最为便捷有效的手段。至少在法国南部和加泰罗尼亚地区，和平与休战运动应被视作神明裁判普及的根源。1068年的比克（Vich）宗教会议规定，“对于那些扰乱或破坏上帝的和平与休战之人，就其裁判的所有证明和赎罪皆须在圣佩德罗（San Pedro）大教堂通过冷水神判进行”。此外会议还规定，“倘若有人在上帝的休战中对他人造成了任何损害，让他支付双倍赔偿金，随后在圣尤拉莉亚（St Eulalia）大教堂以冷水神判弥补上帝的休战”。〔3〕在上帝的和平与休战运动中采用神明裁判处理背誓者的方式一直持续到12世纪。

从以上分析可知，神明裁判本身并不是基于基督教而产生的制度，但随着基督教势力的扩大，神明裁判与基督教信仰逐渐融合。基督教势力的扩张促进了神明裁判的传播，而神明裁判的推行反过又来强化了基督教的信仰。

（二）神明裁判的运行与教士的参与

神明裁判的基督教化首先表现在语词的变化上，“上帝的神判”（iudicium

〔1〕［美］罗伯特·巴特莱特：《中世纪神判》，徐昕、喻中胜、徐昀译，浙江人民出版社2007年版，第58页。

〔2〕［法］菲利普·内莫：《教会法与神圣帝国的兴衰——中世纪政治思想史讲稿》，张竝译，华东师范大学出版社2011年版，第233页。

〔3〕［美］罗伯特·巴特莱特：《中世纪神判》，徐昕、喻中胜、徐昀译，浙江人民出版社2007年版，第69页。

Dei）越来越多地被用来指称神明裁判。[1]这一变化表明基督教的上帝逐渐取代各个民族的神明，最终成为神明裁判借助的唯一力量。神明裁判的基督教化并非源于教会的强制推行，更像是民众自发地将上帝引入原有的神明裁判之中。此后虽然部分教会确认了神明裁判的实施方式，但这些举措都是滞后的，都是建立在上帝已被纳入神明裁判之中的这一事实上的，同时也是一种对既有模式的回应和将其纳入自身管控范围的尝试。

基督教接受神明裁判可以从教皇的态度中一览无余。在 11 世纪和 12 世纪，格里高利七世（Gregory VII）、尤金三世（Eugenius III）和亚历山大三世（Alexander III）也都在一定程度上认可教会在特定情况下运用神明裁判处理案件。[2]在之后的论述中也可确认，大量的早期教会法汇编及教令集都允许使用神明裁判。而像伊沃（Ivo）、格拉蒂安（Gratian）等诸多极具影响力的教会法学家同样不排斥将神明裁判纳入教会司法体系之中。

神明裁判被基督教化后，在其施行过程中，教士的参与是必不可少的。如英国法律就规定，“神明裁判只有在主教在场、在主教指定的场所或者至少在主教的使臣和主教派遣的教士在场的情况下方可举行”。[3]当时，主持神明裁判的并非法官而是教士，法官只是维护神明裁判的秩序而已。如前所述，中世纪许多神明裁判都是在教堂中举行，即使不在教堂，教会也会为神明裁判出借圣物，使得神明裁判得以神圣化。在一些学者的论述中，神明裁判一度还与洗礼相提并论，几乎被视作一项圣事。

教士参与神明裁判不仅是为了争取自身的司法权威，还牵涉经济利益。如果被告人被判处罚款或没收财产，这些财物中的一部分便会成为教会收益。即使是被告人通过神明裁判洗刷了嫌疑，主持神明裁判的教士或举行神明裁判的教堂也会得到一定的报酬。有关支付给教士的报酬，中世纪的法律有着较为详细的规定，而此类现象也得到了当时一些财务记录的印证。[4]

与基督教结合后，神明裁判发展出一套极具基督教特色的仪式。下面有一

---

[1]［法］罗伯特·雅各布：《上天·审判——中国与欧洲司法观念历史的初步比较》，李滨译，上海交通大学出版社 2013 年版，第 31 页。

[2] John W. Baldwin, The Intellectual Preparation for the Canon of 1215 against Ordeals, Speculum, Vol. 36, No. 4, Oct. 1961, p. 615.

[3]［英］约翰·哈德森：《英国普通法的形成——从诺曼征服到大宪章时期英格兰的法律与社会》，刘四新译，商务印书馆 2006 年版，第 84 页。

[4] 当时英格兰的税务卷宗（Pipe Roll）对此有大量的记录。

段有关圣餐裁判仪式的记载：仪式的开始是一段特殊的弥撒，即裁判弥撒。在弥撒进行过程中，主持仪式的人告诫将要经受神明裁判检验的人说，如果他有罪就不要领受圣体，然后向他呈上圣体，同时讲道："我们的主耶稣基督的身体和血液今天要被用来检验你。"接下来还要对水进行祈祷，祈祷中会提到用以洗礼的水，以及一段领受圣体的祷词："我们的主耶稣基督是信实公义的法官，今天用他的水来检验你。"〔1〕

从以上提到的圣餐裁判可以看出，神明裁判的方式也受到了基督教的直接影响。圣餐裁判即是要求先证者不经咀嚼咽下一片圣餐中的干面包。除此之外，另一个源于基督教的神明裁判是十字架审。十字架审要求争议双方站在十字架旁，双臂伸直保持十字形的姿势，直到其中一方坚持不住以致手臂下垂。〔2〕

此外，为处理宗教犯罪，即侵犯上帝的犯罪，而诉诸神明裁判是最为常见的。这其中主要包括异端和巫术两类犯罪。在神明裁判受到极大挑战的年代，许多学者依然为对异端的神明裁判网开一面。而在巫术领域，有关神明裁判的最晚的记录就是针对巫术案件。这其中的逻辑并不难理解。首先，异端、巫术等案件直接触犯上帝权威，让其接受神明裁判不仅可以让上帝直接惩处罪犯，还可以用这种方式震慑异端及施行巫术之人。其次，这些犯罪都极难证明，用神明裁判可以免去复杂的证明程序。最后，异端、巫术等都与异教或魔鬼相联系，将其交由上帝裁断也是法官自我保护的一种方式。

综上，神明裁判这种异教的传统在其后的发展中与基督教紧密结合在一起。当时教士广泛地参与到神明裁判之中，按唱诗者彼得（Peter the Chanter）的话说，离开了神职人员的参与，神明裁判是不可能进行的。〔3〕也正是由于神职人员频繁活跃于神明裁判之中，为此后教会反对神明裁判并使之逐渐消亡埋下了伏笔。

三、教会对神明裁判衰退的影响

纵观神明裁判的历史，其高峰应当在加洛林时期。但直到神明裁判被废止

〔1〕［法］罗伯特·雅各布：《上天·审判——中国与欧洲司法观念历史的初步比较》，李滨译，上海交通大学出版社2013年版，第41页。

〔2〕 James Q. Whitman, The Origins of Reasonable Doubt, Theological Roots of the Criminal Trial, Yale University Press, 2008, p. 59.

〔3〕 John W. Baldwin, The Intellectual Preparation for the Canon of 1215 against Ordeals, Speculum, Vol. 36, No. 4, Oct. 1961, P. 630.

的 13 世纪，其都未经历过一个制度寿终正寝前通常会出现的衰落期。实际上，自 800 年查理（Charlemagne）被教宗利奥三世（Leo Ⅲ）加冕为“罗马人的皇帝”至 13 世纪初的 400 多年间，神明裁判都处于全盛期。[1] 因此可以说，神明裁判的终结是一个司法制度上的突变，而这种制度上的巨大变革一般都会涉及某些重大的历史事件。对于神明裁判来说，这个历史事件就是 1215 年第四次拉特兰会议的召开。关于神明裁判衰落的原因，学界历来都是争议不断。但无可争议的是，第四次拉特兰会议禁止神职人员参与流血裁判的规定极大抑制了神明裁判的使用，并最终导致教会及世俗法庭发展出陪审团、刑讯等其他规则和程序以应对教会的指令。

虽然教会最终坚定地站在了神明裁判的对立面，但在 1215 年之前，教会内部对神明裁判是否符合基督教信仰这一问题曾经展开过激烈的争论。因为无论是《圣经》还是早期教父的著作，对神明裁判的态度都相当模糊。因此，在此有必要首先梳理一下作为教会最高权威文献的圣经中有关神明裁判的论述及案例。这些经文或故事在中世纪一再被提及，无论支持或反对神明裁判的教会法学家、神学家都将其作为自己理论的基础。

（一）圣经中有关神明裁判的论述及案例

圣经中并无系统论述神明裁判的章节，也没有任何文字直接表明上帝对神明裁判的看法或评价。但是从散见于圣经各卷中的一些故事或是案例中，还是可以间接地看出经文背后所隐含的意思，以管窥圣经对神明裁判的态度。当然，通过分析可知，圣经文本在此问题上的论述给予后世极大的解释空间，支持者和反对者都能从中找到依据。不过这些经文本身并不是矛盾的，只是诠释者的立场不同罢了。

1. 支持者依据的经文

圣经文本中最接近神明裁判的记载要属《民数记》第 5 章类似“苦水裁判”的规定。经文说道，被指通奸的妇女要想洗刷自己的嫌疑，须带上供物来到祭司面前。祭司要把圣水盛在瓦器里，又从帐幕的地上取点尘土放在水中，让妇人面对这苦水起誓。祭司要对她说：“你若背着丈夫行了污秽的事，在你丈夫以外有人与你行淫，愿耶和华叫你大腿消瘦，肚腹发胀，使你在你民中被人

[1] 方宇：“神明裁判的终结——第四次拉特兰会议第十八条教规研究”，华东政法大学 2009 年硕士学位论文。

咒诅，成了誓语。并且这致咒诅的水入你的肠中，要叫你的肚腹发胀，大腿消瘦。”妇女以“阿门”回应。祭司要写下这咒诅的话，并将所写的字抹在苦水里，再让妇人喝下致咒诅的苦水。从这些文字中可以看出这里的描述和此后中世纪神明裁判的运作方式十分相像。但这也并不是真正意义上的司法裁判，而且对后人来说也根本没有效法的可能。因此，这节经文并不被认为是直接确立了神明裁判的先例，但是这个事例确实还是困扰了中世纪许多神明裁判的反对者。

神明裁判的支持者要论证的其实就是上帝是否会在神明裁判之中彰显其意志，即上帝是否会介入神明裁判之中。关于这一点，圣经有两个例子似乎可以为此提供一些依据。第一个例子是一个广为流传的故事，即大卫与歌利亚的决斗。这一事迹记载在旧约撒母耳记下第 17 章，年轻的大卫奉耶和华之名在一对一的决斗中战胜了强大的非利士人歌利亚。神明裁判中司法决斗的支持者以此认为上帝会在决斗中支持正义一方，因而决斗不仅是正当的而且还是有效的。

至于上帝会介入单向神判之中同样也可以在圣经中找到依据。根据但以理书的记载，但以理的三位朋友因拒绝侍奉异教的神，也不肯拜异教的神像，而被尼布甲尼撒王扔进比平时热七倍的火窖之中。这三个人在火中不仅毫发未伤，还能自由行走，而且火窖中竟又多出一人，相貌就如神子。〔1〕中世纪的教会法学家由此认为，上帝会使正义之人安然经受住热铁、火等考验。在中世纪热铁审判前的祷词中，但以理书的故事也被反复提及：“倘若你对该指控是无罪的，你便可安心地用手承受这热铁，上帝，公正的法官，将会令你免受灼伤，正如他从熊熊烈火中拯救了三位孩童。”〔2〕

但是与上一段经文相比，但以理书的另一个典故对神明裁判来说更为重要，那就是在中世纪被反复提及的苏珊娜的故事。苏珊娜是一位虔诚美丽的少女，因拒绝与两位长老通奸而反受其诬告，被以通奸的罪名判处死刑。然而上帝听到了苏珊娜的呼号，启示年轻的但以理替她伸冤。但以理将两位长老分隔开来单独受审，指出二者描述的不同之处揭穿了其作伪证诬陷苏珊娜的事实。〔3〕这

---

〔1〕《圣经》但以理书 3：19—25。

〔2〕［美］罗伯特·巴特莱特：《中世纪神判》，徐昕、喻中胜、徐昀译，浙江人民出版社 2007 年版，第 31 页。

〔3〕参见《圣经》思高本，达尼尔书 13：1—64。

个故事收录在但以理书的附录之中，虽然这部分经文后来被视作次经，但苏珊娜书的经文在中世纪仍然具有强大的影响力。在西欧司法档案中，这是被提及次数最多的圣经掌故。这个故事首先展现了一幅上帝如何介入尘世的审判之中的图景，这与神明裁判的基本理念是一致的。神明裁判开始前的祷文中通常都会说："正如您从诬告中解救苏珊娜"，[1]可见苏珊娜的故事被认为是神明裁判发挥作用的根据。不过，这段经文还可引申出另一个问题。苏珊娜的故事给了作证指控他人犯罪之人严重的警告，若其作出不实的证明将受到上帝的审判。因此，这些中世纪人们耳熟能详的故事致使时人畏惧指控或作证。这样一来，将缺乏证人或原告的案件交由神明裁判显然是最安全之道。

2. 反对者依据的经文

纵览神明裁判废除前几个世纪的文献可知，教会法学家、神学家们反对神明裁判大多都诉诸以下两个理由：不可参与流血裁判和不可试探上帝。这些理由都是直接取自圣经的规定，因此有必要在此先分析一下这些理由背后的经文依据。

将神明裁判斥为流血的裁判是反对神明裁判的最主要理由，第四次拉特兰会议禁止神明裁判就是立足于这一点。这涉及基督教中"血污"和"血罪"观念。对血的禁忌是犹太教的古老传统，圣经也将血看作一种不洁之物。[2]《利未记》就指出女人在生育以后、在经期或患血漏期间都是不洁的，男人不可与之接触，否则将被污染。这些污秽之人在一定期满后要向上帝献上赎罪祭。[3]

相比血污的观念，血罪与神明裁判联系更为紧密。《创世记》写道："凡流人血的，他的血也必被人所流。"[4]另一段更加重要的经文出现在新约的福音书里。本丢·彼拉多（Pontius Pilate）在耶稣被判处死刑后用水在众人面前洗手，并说道："流这义人的血，罪不在我，你们承担吧！"而众人都回答说："他的血归到我们的子孙身上。"[5]这种血罪的观念在中世纪的作品中被反复提

〔1〕 James Q. Whitman, The Origins of Reasonable Doubt, Theological Roots of the Criminal Trial, Yale University Press, 2008, p. 65.

〔2〕 相关研究可参见［英］玛丽·道格拉斯：《洁净与危险》，黄剑波、卢忱、柳博赟译，民族出版社2008年版。

〔3〕 参见《圣经》利未记，12：2—8；15：19—33。此外，《利未记》第7章、第17章都提及血的禁忌。

〔4〕《圣经》创世记，9：6。在该隐杀亚伯故事中，亚伯的血从地里发出声音向上帝哀告。（创4：10）

〔5〕《圣经》马太福音，27：24—25。

及。[1]而神明裁判，尤其是司法决斗，在实施过程中极有可能造成受审人流血。即使在审判时没有流血，但是在随后的刑罚中大多免不了流血，这些血罪同样归于参与神明裁判之人。这一层次的含义才是血罪观念最为普遍的影响之处。因此，只要参与到刑事诉讼和裁判中就有背负血罪的危险，[2]也是因为这个原因，神明裁判最终被教会禁止。

反对神明裁判的另一个理由是不可试探上帝，关于这一点，圣经中可以找到许多依据。例如，新约记载撒旦将耶稣带到殿顶上，说若他是神的儿子便从顶上跳下去，上帝会派使者保护他。但耶稣回应道："不可试探主你的神。"这里试探就是指让上帝显现出神迹以证明其神性。12 世纪对神明裁判日益增长的怀疑，主要就是因为神明裁判被认为是在强制上帝作出判断，是在考验上帝的神性，因而是不虔诚的。

除了以上两点直接的理由，还有一些经文可以间接地被用来反对神明裁判。例如《出埃及记》中摩西从以色列人中挑选有才能的人，立他们为百姓的首领。他们可随时审判百姓，有难断的案件就呈到摩西那里由他来处理。这里显然表明上帝希望人们运用理性和才智审断案件，而不是将案件诉诸上帝的奇迹。但是这些间接用来攻击神明裁判的武器在当时并不常被提及。

（二）教会法学家对神判的批判

教会法学家对神明裁判的批判按照立场的坚定程度大致可分两类。一类是以伊沃、格拉蒂安为代表，他们总体上反对神明裁判，但允许其在个别情况下使用。另一类是以唱诗者彼得为代表，他们激烈地反对神明裁判，试图将其在实践中完全废除。当然，这里的教会法学家与神学家之间并无必要作出太过严格的区分。本文接下来将对教会法学家或神学家反对神明裁判的理论进行简要的梳理。

教会内部对神明裁判率先发难的也许可追溯至加洛林时期的里昂大主教阿戈巴尔德。他认为忠实的信徒不应相信全能的上帝会希望通过沸水或热铁来揭示人们生活之中的隐秘之事。上帝的审判是隐秘而不可窥探的，而司法程序是可

---

〔1〕 James Q. Whitman, The Origins of Reasonable Doubt, Theological Roots of the Criminal Trial, Yale University Press, 2008, p. 33. 在此惠特曼教授指出了基督教与犹太教关于血的禁忌的一个区别，他认为到了中世纪，基督教的血污观念逐渐弱化，而血罪观念则日益强化。

〔2〕 从词源上看，拉丁语的法庭（curia）即源于血（cruor）。

预测的，因此，任何形式的神明裁判具有不正当的本质。[1]

最早对神明裁判提出质疑的教皇被认为是 858 至 867 年在位的尼古拉一世（Nicolas Ⅰ）。尽管他注意到圣经中有大卫与歌利亚决斗的例子，但在 867 年的教令集中他仍然禁止了司法决斗。其后的斯蒂芬五世（Stephan Ⅴ）将热铁审和水审斥为非基督教传统的迷信发明。11 世纪的亚历山大二世（Alexander Ⅱ）也认为冷水审和热铁审只是一种习惯，而且没有得到教会法学家和使徒们的支持。[2]但是，与教皇的态度不同的是，宗教会议时常准许神明裁判的实施，[3]这些不同权威之间的矛盾使得教会法学家们对神明裁判的立场变得十分犹豫。

立场较为模糊之人包括最著名的教会法学家之一，夏尔特尔的主教伊沃。他虽然在原则上反对神明裁判，但却允许热铁审、沸水审、十字架审和司法决斗的运用。在他看来，只有通常的证明方式都穷尽了才能使用神明裁判。他的犹豫还体现在他的几封书信之中。在 1097 年的英王威廉二世（William Rufus）诉勒芒主教希尔伯特（Hidebert）叛逆案件中，伊沃曾致信希尔伯特。他在这封最著名的书信中强烈抨击了神明裁判，并敦促希尔伯特拒绝对方提出的热铁审判。但令人费解的是，在给希尔伯特的另外一封信中，他却同意在一个男子与其未婚妻之母发生性关系的案件中采用热铁审。[4]

另一位必须要提及的教会法学家是格拉蒂安。他在其垂范后世的《教令集》中收录了一些前几个世纪的教皇们对神明裁判的谴责，并反复强调对关乎流血事项的排斥。例如，他写道："一个谋杀犯不能成为神职人员，因为后者绝对不能沾染任何鲜血。"[5]此外，他还注意到了上文提及的苦水裁判，以及一些规定圣餐裁判或某些不特定的"上帝的审判"的教会法规，但他不能确信这些教皇的规定是否"适用于所有类型的神明裁判"。[6]可见圣经并未给这些教

---

[1] Charles M. Radding, Superstition to science: Nature, Fortune, and the passing of the Medieval ordeal, The American Historical Review, Vol. 84, No. 4, Oct., 1979, p. 946.

[2] W. Baldwin, The Intellectual Preparation for the Canon of 1215 against Ordeals, Speculum, Vol. 36, No. 4, Oct. 1961, p. 618.

[3] 方宇："神明裁判的终结——第四次拉特兰会议第十八条教规研究"，华东政法大学 2009 年硕士学位论文，第 13 页。

[4] W. Baldwin, The Intellectual Preparation for the Canon of 1215 against Ordeals, Speculum, Vol. 36, No. 4, Oct. 1961, p. 618.

[5] 佀化强：《形式与神韵　基督教良心与宪政、刑事诉讼》，上海三联书店 2012 年版，第 61 页。

[6] ［美］罗伯特·巴特莱特：《中世纪神判》，徐昕、喻中胜、徐昀译，浙江人民出版社 2007 年版，第 108 页。

会法学家们足够清晰的指示，而教皇的态度以及早先的教规更是加剧了他们对神明裁判的困惑。

但是从12世纪中叶起，教会法学家对神明裁判的批判日益严厉，这其中态度最为坚决彻底的是唱诗者彼得。彼得对神明裁判极为感兴趣，他将其视为一个关键的问题，并详加论述。他首先援引了上文提及的《申命记》和《马太福音》中不可试探上帝的经文，以此认为神明裁判并不符合圣经的要求，不仅旧约还是新约都是如此。更重要的是，他解释了一直困扰着格拉蒂安等人的苦水裁判的故事。在他看来，苦水裁判只是上帝对犹太人的特殊让步，就如上帝也曾容许过离婚。同样，他认为像大卫与歌利亚的决斗这样的神迹是上帝的自由行为，不可要求其每次都发生。彼得对神明裁判的反对是彻底的，他甚至反对在异端案件中适用神明裁判。当然，他也反复提及了此后被第四次拉特兰会议所确立的反对理由：神职人员应避免参与流血裁判。在他看来神职人员为神明裁判祝圣就如同提供场所供人通奸一样该被处罚。彼得反对的彻底性也体现于他在这个问题上比他人走得更远。他认为即使某个裁判不会导致流血，神职人员也不得参与。〔1〕

唱诗者彼得的反对意见中另一个值得注意的问题是他不仅在神学层面分析这一问题，还在实践理性的基础上主张废除神明裁判。他收集了大量的案例证明神明裁判实际上并没有发挥作用。不仅存有被控谋杀之人因神判被处死后被害者却现身于世的事例，还有人通过试验掌握了在水审中获胜的方法。不过最终他还是以圣经为基础，援引《申命记》第18章的经文，指出若神职在神判前声称上帝将会在裁判中彰显正义但结果却是无辜人被惩罚，那他就是做了假预言，下场就如假先知一般。〔2〕

唱诗者彼得的重要之处不仅在于其反对的态度热烈鲜明，还在于他和主持第四次拉特兰会议的教皇英诺森三世（Innocent Ⅲ）之间的关系。虽然当今学界对这位教皇早年的经历知之甚少，就已知的一些线索也是争议极大。但就目前掌握的信息来看，英诺森三世与唱诗者彼得之间还是颇有渊源的。年轻的罗它里奥（Lotariodei Conti di Segni），也就是后来的英诺森三世早年曾在巴黎接受

---

〔1〕 W. Baldwin, The Intellectual Preparation for the Canon of 1215 against Ordeals, Speculum, Vol. 36, No. 4, Oct. 1961, pp. 626-633.

〔2〕 W. Baldwin, The Intellectual Preparation for the Canon of 1215 against Ordeals, Speculum, Vol. 36, No. 4, Oct. 1961, pp. 628.

神学训练，亦在博洛尼亚学习教会法。[1]他在巴黎时唯一的导师是科贝伊的彼得(Peter of Corbeil)，而当时身在巴黎的唱诗者彼得也教导过他同样可以成立。[2]从二者的思想来看，英诺森三世与唱诗者彼得及其学生兰顿（Stephen Langton）都非常相像，例如在神明裁判、教皇禁令等问题上的观点态度都能看到思想传承的痕迹。所以在此也可以推断这些学者反对神明裁判的思想最终影响了英诺森三世，使其从开始的犹豫转向神明裁判坚定的对立面。由此可见，神明裁判最终被废除，与像唱诗者彼得这样的教会法学家或神学家的努力是分不开的。

（三）第四次拉特兰会议与神明裁判的消亡

根据1213年8月19日的召集令，[3]第四次拉特兰会议于1215年11月在罗马的拉特兰宫召开。这是史上规模最大、最具代表性，也是最具影响力的大公圣会，共有四百多位主教和八百多位修士、教士及堂会代表见证了这一空前绝后的盛况。[4]这其中很大一部分原因在于英诺森三世通过第四次十字军东征攻占了君士坦丁堡，于1204年在那里建立了“拉丁帝国和拉丁宗教区，[5]从而扩大了罗马教会统治的版图。会议召开之时，正值中世纪教会权威的顶峰，因此强势的英诺森三世得以在圣会中发动全面的改革，并且平息此前的诸多争端，图谋进一步扩张教会的势力。

1. 第四次拉特兰会议的规制

第四次拉特兰会议的成果集中在其发布的71条教规上。这些教规的作者是英诺森三世本人，当然他拟定教规时一定得到了教廷的协助。但是就目前的文本来看，无法辨认出这些文字出自教会中哪位法学家的作品。[6]

---

〔1〕［美］布莱恩·蒂尔尼、西德尼·佩因特：《西欧中世纪史》，袁传伟译，北京大学出版社2011年版，第337页。有学者对英诺森三世是否真正学习过教会法提出了质疑，但在当时这两门学科的界限并不清晰，不过罗它里奥的确更像一位神学家而非教会法学家。

〔2〕P. D. Clarke, Peter the Chanter, InnocentⅢ and Theological Views on Collective Guilt and Punishment, The Journal of Ecclesiastical History, Vol. null, Jan. 2001, p2.

〔3〕即 Vineam Domini Sabaoth。

〔4〕Anne J. Duggan, Conciliar Law 1123-1215, The Legislation of the Four Lateran Councils, ed by Wilfried Hartmann and Kenneth Pennington, The History of Medieval Canon Law in the Classical Period, 1140-1234, From Gratian to the Decretals of Pope Gregory I, The Catholic University of America Press, 2008, p. 341.

〔5〕［德］毕尔麦尔等编著：《中世纪教会史》，雷立柏译，宗教文化出版社2010年版，第229页。

〔6〕A. Garcia, The Fourth Lateran Council and the Canonisrs, ed by Wilfried Hartmann and Kenneth Pennington, The History of Medieval Canon Law in the Classical Period, 1140-1234, From Gratian to the Decretals of Pope Gregory I, The Catholic University of America Press, 2008, p. 368.

这些教规涉及诸多主要的内容，例如，教规重申了天主教信仰的要素、严词斥责了当时盛行的异端、严格规定了圣餐和告解圣事的教旨、规制了教士的日常生活、订立主教选举和教士资格的规则等。这些规则中虽然有像精简神职这样的规定，由于执行不充分而并未发挥预期作用，[1]但可以确定的是其中有一条对后世产生了巨大的影响，那就是关于神明裁判的规定。

有关神明裁判的内容规定在第 18 条，教规规定如下："任何教士不得宣判死刑，不得执行死刑，亦不可在执行死刑时在场……任何教士也不得书写或口授注定要执行死刑的信文。因此之故，在王室大法官法庭，这种差事留待给世俗之徒而非教士来做。再者，任何教士不得指挥强盗、弓箭手或其他从事流血差事的人。任何副执事、执事或教士，不得实施灼烧和切割的外科手术。任何人也不得在热水审、冷水审、热铁审的司法验证或神明裁判中施与任何祷告；早前禁止决斗审的禁令仍然有效。"[2]

从这一文本可以看出，教会禁止神明裁判的依据就是本文之前反复提及的有关血的禁忌。如执行死刑、强盗、弓箭手、外科手术等都与血密切相关。这一规制是纯粹从神学出发的，其理由并不基于任何对神明裁判结果的不信任。而且这一禁止也完全是为教会自身考虑，而并非旨在推进司法领域的改革。

这一规则的影响是重大的，一方面，其在教会内部禁止神职人员参与神明裁判，即使是书写或口述的形式亦被禁止。而另一方面，其也禁止世俗法院强迫教士主持或参与神明裁判，若世俗政权或法院作出违反教令之事，将面临被教会处以绝罚的危险。[3]

2. 神明裁判的消亡与替代程序的兴起

毫无疑问的是，第四次拉特兰会议对神明裁判的规制是富有成效的，可以说这是神明裁判迅速衰落并退出司法领域的直接原因。但由于 13 世纪欧洲交通相当不便，地方行政也不发达，这导致了禁止参与神明裁判的教令真正推及开来花费了不少时日，因此第四次拉特兰会议只是废除神明裁判这一历史进程的起点。

---

[1] ［美］布莱恩·蒂尔尼、西德尼·佩因特：《西欧中世纪史》，袁传伟译，北京大学出版社 2011 年版，第 342 页。

[2] James Q. Whitman, The Origins of Reasonable Doubt, Theological Roots of the Criminal Trial, Yale University Press, 2008, pp. 48-49.

[3] 方宇："神明裁判的终结——第四次拉特兰会议第十八条教规研究"，华东政法大学 2009 年硕士学位论文。

最早明确禁止神明裁判的国家皆是与教皇关系密切的已中央集权的小国家。1216 年和 1219 年丹麦和英格兰的王室法令率先对教皇的要求作出了回应。此后，苏格兰王国和西西里王国先后在 1230 年和 1231 年废止神明裁判。瑞典也在这之后颁布了禁令，但并未在所有地区生效，于是瑞典又在 1320 年重申了对神明裁判的禁止。而 1274 年挪威的地方法令也删除了此前曾经存在过的神明裁判。〔1〕

教会的禁令除了使神明裁判逐渐消退外，更重要的是，它使得废除神明裁判的国家不得不寻找替代性方案以解决司法证明的难题。显而易见的是，神明裁判被废除后，共誓涤罪成为最便捷的替代物，因为其本身就是当时常用的证明手段。但是早先之所以形成共誓涤罪与神明裁判并存的局面，就是因为后者具有前者难以替代的作用。因此共誓涤罪只能是短暂的过渡方式，而不能作为长久之计。

有关彻底填补神明裁判留下的空缺这一问题，英格兰作出的回应是最迅速和最有效的。英格兰王室很快用新的制度取代了神明裁判，那就是其独有的陪审团制度。虽然早在亨利二世（Henry II Curmantle）时期陪审团就已被运用到司法实践中，但那时神明裁判的使用依然相当普遍。例如，在 1166 年颁布的《克拉伦登巡回法庭条例》（Assize of Clarendon）中就有许多关于水审的具体规定。〔2〕而神明裁判的废除直接导致了陪审团制度的广泛运用，有学者就指出，1215 年对英国陪审团的发展而言，最有意义的不是大宪章，而是英诺森三世禁止神明裁判，它使得陪审团制度成为重罪案件中唯一的替代方式。〔3〕

欧洲大陆采取的方案与英格兰完全不同，他们发展出了纠问制程序，在司法实践中广泛地采用刑讯。纠问制原本就是教会法的产物，其成因是 9 世纪《伪艾西多尔教令集》（Pseudo-Isidorian Forgeries）规定的严格程序反弹。〔4〕在 1198 年

〔1〕［美］罗伯特·巴特莱特：《中世纪神判》，徐昕、喻中胜、徐昀译，浙江人民出版社 2007 年版，第 166 页。此处还提供了 13 世纪司法记录的统计数据，这些材料也在实践层面印证了这一说法。

〔2〕 Rosemary Pattenden, The Exclusion of the Clergy from Criminal Trial Juries: an Historical Perspective, Ecclesiastical Law Journal, 1999, 5 (24), p. 152.

〔3〕 Morris B. Hoffman, Peremptory Challenges Should Be Abolished: a Trial Judge's Perspective, University of Chicago Law Review, Summer 1997, 64, p. 819.

〔4〕 侣化强：《形式与神韵　基督教良心与宪政、刑事诉讼》，上海三联书店 2012 年版，第 163—166 页。

的教令中，英诺森三世为了应对神职人员腐败的问题就已将其引入司法程序之中。[1]而1215年第四次拉特兰会议的第8条教规也确立了运用纠问制程序审理异端案件。这样看来，因为有着这些预先的铺垫，欧洲大陆采用纠问制程序以彻底取代神明裁判就顺理成章了。

四、关于神明裁判理性与否的论争

长期以来，神明裁判都被学界视为野蛮落后迷信的解决纠纷方式，被贴上非理性的标签。早在启蒙运动时期，这种斥责便达到了巅峰。时人就认为在所有不合理和非理性的制度中最为过分和荒谬的就是神明裁判，其将人们的财产、声誉和生命交由运气、身体力量和技巧来裁断。[2]但直到现在，这种范式仍为学界所沿用。例如卡内冈教授就认为，"非理性的审判方式"对中世纪这样特定的历史阶段来说已经足够。他以12世纪为分界线将证明的历史分为两个时期，即非理性证明时代和理性证明时代。[3]按此划分，神明裁判显然被视为是非理性的。而鲍德温也认为纠问制程序和陪审团相对神明裁判来说是更为理性的制度。[4]

在此，理性有两个层面的含义。许多人将神明裁判视为一种宗教的迷信，认为陪审团制度和纠问制程序的兴起是对教会权威的一次打击，是中世纪人们由迷信转向理性的表现。但是根据以上分析这种观点显然是站不住脚的。

如前所述，神明裁判本身源于异教的传统，而非基督教的产物。更确切地说，那是一种在世界各地都很常见的古老习俗。基督教兴起之后，神明裁判至少在一开始是被动地介入神明裁判之中。神明裁判最终的基督教化是不可避免的，而神职人员过多地参与神明裁判引起了罗马教会的担忧。在多位教会法学家的口诛笔伐之下，最终由大公圣会颁布法令禁止神职人员参与神明裁判，这也使得神明裁判迅速走向衰落并最终消亡。

由此可以看到，神明裁判废除的直接原因是教会主动颁布的禁令，而且废

---

〔1〕 Albert C. Shannon, The Medieval Inquisition, The Liturgical Press, 1991, p. 58.

〔2〕［美］罗伯特·巴特莱特：《中世纪神判》，徐昕、喻中胜、徐昀译，浙江人民出版社2007年版，第206页。

〔3〕［比］R. C. 范·卡内冈：《英国普通法的诞生》，李红海译，中国政法大学出版社2003年版，第81页。

〔4〕 W. Baldwin, The Intellectual Preparation for the Canon of 1215 against Ordeals, Speculum, Vol. 36, No. 4, Oct. 1961, p. 614.

除的原因也是出于神学上的考量，即避免触犯血的禁忌。即使从结果来看，纠问制程序被运用到教会司法实践中之后，教会对异端等行为的控制明显加强了。因此，神明裁判的衰亡对教会而言是有利无害的。

更耐人寻味的是，当时的教会法学家多次将“迷信”这个词施加在神明裁判之上，[1]但是他们不是在怀疑基督教信仰或上帝的存在，而是为了证明神明裁判并不符合基督教传统。因此，若是站在基督教的对立面指责神明裁判是一种迷信，那这些教会内部的观点显然可以作为反例。所以从这里可以看出，“迷信”这一词在评价同一个事物时，会因角度或参照物的不同而得出不同的结果。如果简单地将宗教等同于迷信，再用如此含糊和相对化的术语来描述神明裁判未免太过粗略。

对于司法实践而言，理性在另一个层面上的意义在于是否利用人类的智识客观公正地审断案件。在这个意义上说，神明裁判当然不是动用人类的智慧决定案件的结果，而是求助于神明的介入。这样看来神明裁判的确不能称得上理性，但是这一评价是否公允要与神明裁判的功能联系起来考察。

传统观点认为，神明裁判是在普通的程序用尽的情况下仍然无法查明案件事实时才使用的，也就是说神明裁判是一种事实发现程序。本文在一定程度了认可了这一解释，因为如前所述，这样的限定条件得到了当时一些法典规定的印证。但是仅仅将其视为事实发现程序定然是不全面的。

新近的研究表明，神明裁判其实更大程度上是一种道德慰藉程序。道德慰藉程序就是指为法官、士兵、刽子手或那些出于必要而参与集体杀戮或其他不祥之事之人设计的，旨在为他们缓释或消除道德责任的重负。[2]由于受宗教教义的影响，时人认为给他人定罪并施以刑罚是一项极其危险之事，参与审判之人时常与杀人犯相提并论，并且很有可能因此丧失灵魂得救的机会，故而法官在刑事诉讼中时常背负着极大的心理压力。[3]文章之前也提及，神明裁判的一个重要适用条件为案件缺少证人和原告。在这些案件中，法官通常会得到巨大的自由裁量空间来判断被告人是否犯罪并决定对其施以何种刑罚，所以此类案

---

〔1〕 W. Baldwin, The Intellectual Preparation for the Canon of 1215 against Ordeals, Speculum, Vol. 36, No. 4, Oct. 1961, p. 621.

〔2〕 James Q. Whitman, The Origins of Reasonable Doubt, Theological Roots of the Criminal Trial, Yale University Press, 2008, p. 13.

〔3〕 See James Q. Whitman, The Origins of Reasonable Doubt, Theological Roots of the Criminal Trial, Yale University Press, 2008, pp. 27-49.

件中的法官是最为危险的。不难想象，倘若这些案件都诉诸神明裁判，即将这些案件都交由上帝裁决是最安全的方式。

在此并不能证明神明裁判就是以此目的而设立的，但在实施过程中，神明裁判的确起到了缓解道德压力的作用。最明显的是，在1215年神明裁判被教会禁止后，欧洲兴起的替代性程序同样也注重减轻法官的道德责任。

以英格兰的陪审团制度为例，这一制度设置并不是为了使司法调查的结果更接近于事实真相，因为没有任何理论或实践表明多位外行人的判断一定会比专业法官的裁断更为客观准确。和神明裁判一样，陪审团的设立旨在避免法官对事实问题进行判断，并以此作为定罪的依据。所以，将道德责任由法官转移给不特定人组成的陪审团才是陪审团制度设立的目的。而在不采用陪审团制度的欧洲大陆，纠问制程序同样起到了道德慰藉的作用，只是此时证人更多地代替法官承担了这一道德压力。

不过，相比于将神明裁判视为道德慰藉程序，在这个问题上还存在一个更具有启发性的解释路径。司法审判的首要目的一直被认为是给予当事人公平公正的判决，而这种判决的基础在于必须查明案件的事实真相。但其实容易被忽略的是，司法审判的直接目的在于解决纠纷和维护社会的安定有序，它要求司法机关给出一个让身处社会之中的人们都能信服和接受的裁断。在当今社会，尽可能查明事实真相当然是让人信服的也是可避免社会矛盾冲突的最佳方式。但是在中世纪，当时的证明手段远不如现在这样发达，如何在疑难案件中给出让人们都能接受的结果成了一个棘手的问题。

将神明裁判纳入司法裁判当中，法官成功地将责任推给了上帝，使得裁判的结果变得不可置疑。上帝的决定是绝对正确的，当时即使是无辜者在神明裁判中失败，他们也只是认为自己也许是在其他方面得罪了上帝而遭此报应，而不会抱怨司法的不公。这一理论也可以用来解释陪审团制度。在邻人中挑选陪审员来认定案件的事实问题也是为了给出一个让人无法指责的结果。由于陪审团的成员总是变化不定的，因此没有人或者机构会为错误负责。陪审团实际上承担了原先上帝的工作。

最后再回到神明裁判是否是一项非理性的制度这个问题上。相信没有多少人会指责陪审团制度是一项非理性的制度，但是陪审团与神明裁判的运作机制实际上并无二致。二者唯一的区别在于陪审团仰赖的是人类的智识，也就是因为这一点它被认为是理性的制度。但作为一个整体，陪审团却也容易沦为集体的暴政，或是集体的推卸责任。

彼得·布朗（Peter Brown）认为，神明裁判是一种达成共识的工具，它是缓慢的、弹性的和治疗性的，即它对群体的紧张情绪适用一种深思熟虑的抚慰，并使人心平气和，缔造安宁。因此，他认为神明裁判在当时的社会背景下是理性的。[1]这种功能主义的观点似乎走得有些太远，但若以非理性来评价神明裁判，也许更是一种脱离历史背景的苛责。

---

〔1〕参见［美］罗伯特·巴特莱特：《中世纪神判》，徐昕、喻中胜、徐昀译，浙江人民出版社 2007 年版，第 50 页。还有观点认为神明裁判满足了特定时期的社会和历史的需要，它达成了明确裁断未决诉讼的目标，成为实现该目标的一种理性手段。参见喻中胜："烈火中的正义：火审论考"，西南政法大学 2008 年硕士学位论文。

历史背景下的帕克：正当程序模式中的形式主义与公平

[美] 哈达尔·阿维拉姆 文　余鹏文 译*

摘　要：赫伯特·帕克于1968年出版的《刑事制裁的界限》引起了学术界数十年的讨论。本文认为，对于帕克提出的两种刑事诉讼模式概念，最好应在其理论法学的专业背景和沃伦法院革命时的政治氛围中加以理解。在此历史背景下，本文提出了两种差异化的正当程序观：形式主义和公平。这一区别有助于阐明美国最高法院关于刑事诉讼程序事项的评议和裁判，例如，特里诉俄亥俄州案和阿普伦迪诉新泽西州案。最后，笔者鼓励在今后评论帕克模式时，需对法律传统和历史背景予以特别关注。

关键词：赫伯特特·帕克　帕克模式　正当程序　形式主义—公平二分法　公平

引　言

对赫伯特·帕克（Herbert Packer）两种刑事诉讼模式的学术迷恋，诞生了一条令人惊叹的学术脉络。这条脉络涉及各类学术学科，将多个现实问题联系起来，至今跨越了40多年，却仍在刑事司法制度和现象方面提供了有趣见解。这一卓有成效的学术道路始于1964年帕克发表的经典论文《刑事诉讼的两种模式》，并于1968年作为《刑事制裁的界限》(*The Limits of the Criminal Sanctions*)

* [美] 哈达尔·阿维拉姆（Hadar Aviram），现为加利福尼亚大学哈斯汀法学院（ the University of California, Hastings College of the Law）教授；余鹏文，中国政法大学刑事司法学院2018级刑事诉讼法学硕士研究生。该文刊载于2011年冬季《法律与社会科学调查》（36 Law & Soc. Inquiry 237）。本文翻译已得到作者授权，但译文未经其审核，一切文责由译者承担。在此特别感谢Aviram教授及《法律与社会科学调查》的Erlanger编辑对于翻译工作的支持。

一书中的第二部分，继续高歌猛进。对该领域的研究热情和积极参与一直持续至今，也表明了刑事法学一直是站在伟人的肩上不断发展的。

在这本书出版四十周年后不久，笔者完成了这篇评论，并在其中增加两个新论点。本文的前半部分旨在阐明作为刑事法学者，帕克在专业领域上的学术成就，以及戏剧性的宪法现实——沃伦法院革命（the Warren Court revolution）如何塑造其刑事诉讼认识观。正是在此背景下，帕克将刑事诉讼概念化为犯罪控制和正当程序之间的连续统一体，这也正是其最受称赞之处。帕克不仅是一个合理解释宪法革命的学者，也是一位冷酷的预言家；他敏锐地观察到，在支持被告人的判决激增的情况下，美国刑事诉讼正在向正当程序模式过渡，也准确地预测到伯格和伦奎斯特法院（the Burger and Rehnquist Court）的强烈反弹。笔者认为，当时受社会学家和政治学家批判的诉讼模式以及之后诞生的诸多模式，应当根据是否有助于理解复杂的刑事诉讼法学来进行更客观的评价。本文后半部分认为，即使在最高法院狭小的判决范围内，帕克也未能完全明确正当程序的“敌人”。沃伦法院的正当程序模式之所以被后来的法院颠覆，不仅是基于犯罪控制效率和信任警察的考量，还因为对正当程序内涵的理解过于狭隘和形式化。上述针锋相对的解释可以追溯到 19 世纪的宪法合并争论，也可以说明为何后沃伦法院如此强烈地支持政府的反制措施，尤其值得关注的是斯卡利亚（Scalia）法官的相关意见。对此，正当程序仿佛是自己的敌人，而帕克在 1972 年临终时对正当程序的幻想也随之破灭了。

一、帕克模式批判

刑事诉讼模式研究始于帕克 1964 年发表的文章，并在《刑事制裁的界限》一书出版后，陆续以书评形式展开。[1]在早期，学者对帕克模式论基本上是赞同的，但随着时间的推移，对帕克模式论的批评愈演愈烈。而批判的方式往往取决于批评者的学科背景和研究兴趣。从以下讨论中也可以看出，相对于帕克，

〔1〕 Blumberg, Abraham S. 1969. Review of *The Limits of the Criminal Sanction*, by Herbert L. Packer, *University of Pennsylvania Law Review* 117（5）：790－94；Katz, Al. 1969. Review of *The Limits of the Criminal Sanction*, by Herbert Packer. *University of Pennsylvania Law Review* 117（4）：640－44；Schwartz, Murray L. 1969. Review of *The Limits of the Criminal Sanction*, by Herbert Packer. *Stanford Law Review* 21（5）：1277－94；Charles, William H. R. 1970. Review of *The Limits of the Criminal Sanction*, by Herbert Packer, *University of Toronto Law Journal* 20（1）：109－12；Golding, M. P. 1971. Review of *The Limits of the Criminal Sanction*, by Herbert Packer. *Philosophical Review* 80（1）：117－22.

提及更多的是批评者及其专业爱好。事实上，《刑事制裁的界限》一书三个部分都深深吸引着读者并激发其阅读兴趣。只是哲学家们被第一部分吸引，这一部分对实证主义进行了抨击，并对功利主义进行了一种原始的经济论证。〔1〕书中第三部分则主要阐述在无被害人的犯罪中反对使用刑事制裁，在当时看来是非常现实的，也契合民众对吸毒等问题发生巨大转变的态度，〔2〕但在关注被害人权利的时代，该书却失宠了。〔3〕因此，从长远来看，最受关注的是《刑事制裁的界限》第二部分，其中包括刑事诉讼的两种模式：犯罪控制和正当程序。〔4〕模式论引起了社会学家的极大关注，后来又被用于发展一系列学科和专题计划，但在该书出版时帕克并未预见到会获得如此之大的成就。

帕克提出，通过将一个特定的刑事诉讼程序定位在两个极端特征之间的连续体上来加以理解，即犯罪控制模式和正当程序模式。两种模式关注不同的价值理念，相应地具有不同的偏好和流程。但两种模式都不是描述现实刑事司法系统，而是将两者之间的平衡作为一个有效工具，用于评估现实世界中特定刑事司法系统的价值基础。

帕克认为，犯罪控制模式是围绕程序效率理念而形成的，这意味着以最快、最具成本效益的方式处理尽可能多的案件。该流程类似于大规模生产装配线，以高效理念作为核心。因此，司法人员需要尽快筛选出具有重要实体或程序性争点的问题案件。帕克创造性地将分流理念概念化为一种描述性的概率声明，即“有罪推定”。根据该推定，案件中已通过警察和检察官审查的被告人极有可能是有罪的。这一假设有以下几项重要的含义：首先，犯罪控制模式非常强调刑事诉讼的早期阶段，即强调警察侦查和检察官自由裁量作为法院的“守门人”。由于在早期阶段重视效率，犯罪控制模式将重心放在为侦查机关提供查明案件事实所必需的权力、自由和权威。其次，审判是一个复杂和昂贵的诉讼阶段，其中充满技术性的细节和障碍，并不是一种受欢迎的案件处理

〔1〕 Golding, M. P. 1971. Review of *The Limits of the Criminal Sanction*, by Herbert Packer. *Philosophical Review* 80 (1): 117-22.

〔2〕 Schur, Edwin M. 1965. *Crimes without Victims: Deviant Behavior and Public Policy: Abortion, Homosexuality, Drug Addiction*. New York: Prentice Hall.

〔3〕 Roach, Kent. 1999. Four Models of the Criminal Process. *Journal of Criminal Law and Criminology* 89 (2): 671-716.

〔4〕 Macdonald, Stuart. 2008. Constructing a Framework for Criminal Justice Research: Learning from Packer's Mistakes. *New Criminal Law Review* 11 (2): 257-311.

方式。相反，经过预审的案件可以通过有罪答辩和辩诉交易，在“快速通道”上被迅速处理。最后，犯罪控制模式重视终局性，不鼓励对法院判决进行上诉审查。

相比之下，正当程序模式强调无罪推定，需要通过公平程序机制，确保对刑事审判结果进行“质量控制”。该模式较为质疑侦查阶段，认为其中可能充满偏见和滥用公权力的可能性。而审判，特别是对抗性庭审，则被誉为一种有效平衡机制，用于平等武装被告人以有效对抗司法。其中包括举证责任、宪法赋予的一系列审判权以及辩护律师的有效辩护权。正当程序模式愿意牺牲效率，以避免产生不公正审判结果，并且特别关注保障贫困群体和少数族裔被告人的权利，因为他们最容易遭受司法机关滥用权力的迫害。正当程序机制不仅在审判时为被告人提供权利保障，也为再审定罪提供更多可能。

针对帕克模式论的第一类批评来自法律界和社会各界，特别是当时刚萌芽的刑事法庭民族志学研究群体。在《刑事制裁的界限》出版后，1969 年布隆伯格（Blumberg）发表一篇评论，认为帕克模式隐瞒了一个更接近犯罪控制模式的现实：一个主要以效率和辩诉交易为主导的刑事司法系统。〔1〕该社会学批判主要针对法律学者脱离法庭日常动态现实，特别是下级法院。马尔科姆·菲利（Malcolm Feeley）更有力地阐述了这一观点，认为这两种模式并非同一构造。菲利认为正当程序只是法院创设的一个规范化、理想化概念，用于掩盖事实上更接近犯罪控制的司法现实。〔2〕多琳·麦克巴内特（Doreen McBarnet）进一步推动这一观点，认为正当程序的存在事实上是为了在合法的幌子下确保定罪，所以“正当程序［是］用于控制犯罪”。〔3〕

另一类批评则是针对两种模式无法完全概括刑事诉讼范围。其中第一篇评论来自约翰·格里菲斯（John Griffiths），当时他是耶鲁法学院的一位研究法律和社会学的非传统青年学者。格里菲斯针对帕克出版的书连续发表了两篇评论。在一篇冗长的书评中，他称《刑事制裁的界限》是“一本非常令人失望的

〔1〕 Blumberg, Abraham S. 1969. Review of *The Limits of the Criminal Sanction*, by Herbert L. Packer, *University of Pennsylvania Law Review* 117（5）: 790–94.

〔2〕 Feeley, Malcolm M. 1979a. Pleading Guilty in Lower Courts, *Law & Society Review* 13（2）: 461–66. Feeley, Mafcolm M. 1979b. *The Process Is the Punishment: Handling Cases in a Lower Criminal Court*. New York: Russell Sage Foundation.

〔3〕 McBarnet, Doreen J. 1981. *Conviction: Law, the State and the Construction of Justice*. London: Macmillan.

书……非常非常糟糕”。[1]而在随后的一篇文章中，他认为两种模式的适用范围较为狭窄，事实上仅呈现了同一模式的两个方面，即“警察”和“美国公民自由联盟”之间的“斗争”。[2]在格里菲斯看来，两种模式之间的选择仅仅意味着，将两种价值偏见中的一种纳入刑事司法系统。基于此，格里菲斯提出了“家庭模式”，作为竞技模式的补充。在家庭模式下，国家要像对待孩子一样对待罪犯，惩罚罪犯使其吸取教训，以帮助罪犯重新融入社会。在许多方面，格里菲斯的范式是三种研究方式的先驱，即分别是布雷斯韦特和佩蒂特（Braithwaite and Pettit）提出的“共和”模式、[3]麦考伊（Mccoy）提出的解决问题的法院哲学[4]以及富特（Foote）提出的将美国以外的法律制度映射到两种模式构造的研究[5]。但是，正是因为当时格里菲斯激烈的批评，使其失去了耶鲁大学的终身任职。卡尔曼（Kalman）认为格里菲斯的任职表决背后有一个更深远的现实背景：格里菲斯对帕克的抨击，被视为对朗德利亚法学院教学方式的批判，也被认为意图支持新生的法律和社会范式，而牺牲“老派”的理论模式，因而被当做 20 世纪 60 年代末对左翼教员的政治“清洗”的一部分。[6]

针对帕克模式提出的其他模式表述如下：在迈克尔·金（Michael King）的一篇内容丰富的文章中，他提出了一系列补充模式，其中包括医疗模式（与犯罪学的实证主义学派相对应）、官僚模式（可以看作是犯罪控制模式的一种变体）、身份贬抑模式（侧重于污名和标签）和权力模式（涉及犯罪学自我批判，尤其是马克思主义）。[7]这些模式以各种宽泛视角为基础（有关犯罪学根源的精

---

〔1〕 Griffiths, John. 1970b. The Limits of Criminal Law Scholarship. Review of *The Limits of the Criminal Sanction*, by Herbert Packer. *Yale Law Journal* 79 (7): 1388.

〔2〕 Griffiths, John. 1970a. Ideology in Criminal Procedure, or a Third "Model" of the Criminal Process. *Yale Law Journal* 79 (3): 367.

〔3〕 Braithwaite, John, and Philip Pettit. 1992. *Not Just Desert: A Republican Theory of Justice*, Oxford: Clarendon Press.

〔4〕 McCoy, Candace. 2003. The Politics of Problem-Solving: An Overview of the Origins and Development of Therapeutic Courts. *American Criminal Law Review* 40 (4): 1513-34.

〔5〕 Foote, Daniel H. 1992. The Benevolent Paternalism of Japanese Criminal Justice. *California Law Review* 80 (2): 317-90.

〔6〕 Kalman, Laura. 2005. *Yale Law School and the Sixties: Revolt and Reverberations*. Chapel Hill: University of North Carolina Press.

〔7〕 King, Michael. 1981. *The Framework of Criminal Justice*. London: Croom Helm.

彩讨论，请参阅塞巴2006年发表的文章）。[1]在众多文献中，另一个备受关注的模式则是与被害人相关。道格拉斯·贝洛夫（Douglas Beloof）认为，被害人参与刑事诉讼程序具有一系列独立的权益，这些利益既不完全符合犯罪控制模式，也不完全符合正当程序模式，而是由刑事诉讼对被害人造成二次伤害时所产生的。被害人的利益在决定起诉时可能与国家或被告人的利益保持一致，也可能因与国家和被告人对辩诉交易的偏好不同而背道而驰。[2]肯特·罗奇（Kent Roach）通过引入两种被害人模式来阐述被害人观点：惩罚性和非惩罚性模式。惩罚性模式是身份贬抑模式的一种变体，强调被害人的地位。当然该模式并不涉及实际被害人，而是国家对被害人的援引，该理论曾在西蒙（Simon）2007年出版的《通过犯罪的规制》（*Governing through Crime*）一书中重现。罗奇的第二种模式是恢复性司法与格里菲斯家庭模式的混合体。[3]之后，约翰·斯蒂克尔斯（John Stickels）等人进一步完善了被害人模式，以解决被害人满意度问题。[4]基思·芬德利（Keith Findley）最近对"补充模式/新范式"系列理论作出了贡献，他认为无辜者运动通过加强权利保障程序与审判结果可靠性之间的联系，超越了犯罪控制与正当程序之间的差异。[5]

2008年斯图亚特·麦克唐纳（Stuart Macdonald）发表的一篇评论重新回溯了刑事司法"模式化"的基础。麦克唐纳坚持反对达马斯卡（Damaska）的观点[6]，认为帕克的目的不是现实描述刑事诉讼，而是在不附加价值判断的前提下，呈现两种韦伯式的刑事诉讼理想模式。然而，帕克对理想模式的选择存在问题："帕克在两种模式之间的对话……揭示了两种相互矛盾的意见：一是无法清晰有力地表达犯罪控制模式的内容，二是无法理解正当程序模式相对应的

---

〔1〕 Sebba, Leslie. 2006. Herbert Packer's Models of Criminal Justice in Historical Perspective. Paper presented at New Directions in Criminal Courtroom Research, Tel Aviv, Israel.

〔2〕 Beloof, Douglas Evan. 1999. The Third Model of Criminal Process: The Victim Participation *Model*, *Utah Law Review* 1999 (2): 289-331.

〔3〕 Roach, Kent. 1999. Four Models of the Criminal Process. *Journal of Criminal Law and Criminology* 89 (2): 671-716.

〔4〕 Stickels, John W. 2008. The Victim Satisfaction Model of the Criminal Justice System. *Journal of Criminology and Criminal Justice Research and Education*, http://www.scientificjournals.org/journals2008/articles/1370.pdf (accessed October 7, 2010).

〔5〕 Findley, Keith A. 2009. Toward a New Paradigm of Criminal Justice: How the Innocence Movement Merges Crime Control and Due Process. *Texas Tech Law Review* 41 (1): 133-74.

〔6〕 Damaska, Mirjan, 1973. Evidentiary Barriers to Conviction and Two Models of Criminal Procedure. A Comparative Study. *University of Pennsylvania Law Review* 121 (3): 506-89.

模式。”〔1〕后来在尼尔斯·贾勒伯格（Nils Jareberg）〔2〕等人的基础上，麦克唐纳提出了一种更为统一的模式化方式，即根据模式实现的可行性范围来提供类型化模式。其中部分模式对评估刑事司法系统更具有价值，而另一些模式则更适合作为实证研究工作的框架。针对前者，麦克唐纳认为是一套纯粹的刑事诉讼“理想模式”，以韦伯式理想为标准夸张到非现实的程度。

总结以上内容，笔者认为需要区分直接针对帕克本人的批判，还是将帕克理论作为一种模型来提出创新理论和制度。早期的民族志学批判者有合理的理由认为，帕克忽视了本地区的经验事实，指出犯罪控制模式并非帕克所提出的“模式”，而更像是现实。同样，格里菲斯的意识形态批判也主要针对帕克模式概念过于狭隘。此外，提出被害人模式的批判者，特别是罗奇，也认真地指出，帕克在写作时并未预想保障被害人的权益，也未对无被害人犯罪概念的质疑进行回应。对今天重读帕克作品的读者来言，理解上述区别是一门重要课程：帕克的模式及其局限性不仅应置于其所处时代的政治背景下，也应根据其学术环境来理解。

二、历史背景下的帕克

麦克唐纳以帕克的显性目标为基础，建立了自己的理想模式，即创造一个连续体的两个极端，而非对美国或其他国家法律体系进行现实描述。然而，虽然帕克发表了特殊声明，但两种模式似乎与美国现行刑事诉讼程序有着千丝万缕的联系。笔者并不想像麦克唐纳那样，认为这是一个理论上的局限，而是把其看作证据，证明帕克的思想在多大程度上受到其见证的宪法革命的影响，因为当时的沃伦法院在逐步合并《权利法案》中限制州权的条款。在此特定背景下，帕克模式可以被看作是一次机智而豪迈的试验，试图将一种现实司法变革概念化。而这种改革远远不只是法院更频繁地在刑事案件中作出支持被告人的裁判，沃伦法院也不仅仅是一个“支持被告人”的法院，而是致力于通过宪法合并机制以及对联邦制的实质性改造，以构建一个崭新的刑事诉讼审查机制。该模式通过将对抗程序概念化，以解决侦查—起诉程序中存在的弊端和歧视。

〔1〕 Macdonald, Stuart. 2008. Constructing a Framework for Criminal Justice Research: Learning from Packer's Mistakes. *New Criminal Law Review* 11 (2): 276.

〔2〕 Jareborg, Nils. 1995. What Kind of Criminal Law Do We Want? In *Beware of Punishment: On the Utility and Futility of Criminal Law*, ed. Annika Snare, 17-45. Oslo: Pax Forlag.

需要铭记的是，正如格里菲斯事件所表明，当时的法学院比现在更加教条主义，也更偏离社会科学。跨学科研究工作并不常见，如格里菲斯这样的法律和社会学者也被视为异类，而非作为掌握学科发展趋势的先驱。当时的政治学家和社会学家开创了民族志研究，其中包括苏德诺（Sudnow）[1]和富特（Foote）[2]以及后来的菲利（Feeley）、霍伊曼（Heumann）[3]、艾森斯坦和雅各布（Eisenstein，Jacob）[4]和纳杜利（Nardulli）[5]。当这些学者将目光放在法庭动态、辩诉交易和警务[6]等领域，他们才刚开始将刑事诉讼作为一个理论领域来予以规制。而且，学者们主要关注联邦最高法院的判决，并将刑事诉讼作为宪法的一个分支。在未来多年里，众多学者和学院依旧坚持这一点。

正是在这样的专业背景下，帕克所作的贡献才最值得赞赏。在当时法学背景下，帕克创造性地将犯罪控制模式作为一种分析工具，即作为一个“我们与之斗争”的稻草人，来突出正当程序革命的戏剧性效果。犯罪控制模式概念对读者而言是一个全新概念，不仅展示了帕克超越理论论述的才能，而且也引发学界关注刑事诉讼中封闭的部分：警察局和下级法院。而帕克大胆使用“有罪推定”一词来描述司法体系中法庭日常工作的盖然性现实的想法，在当时肯定是革命性的。帕克具有如此开放性思维可能源于其视野广阔。在他令人印象深刻但短暂的职业生涯中，帕克曾担任斯坦福大学的副教务长，所以比其他同事有更多机会接触跨学科研究工作。[7]比如帕克早期关于前共产主义理论的著作

---

〔1〕 Sudnow, David. 1965. Normal Crimes: Sociological Features of the Penal Code in a Public Defender's Office. *Social Problems* 12: 255–76.

〔2〕 Foote, Caleb. 1956. Vagrancy-Type Law and Its Administration. *University of Pennsylvania Law Review* 104 (3): 603–50.

〔3〕 Heumann, Milton. 1981. *Plea Bargaining: The Experiences of Prosecutors, Judges, and Defense Attorneys*. Chicago: University of Chicago Press.

〔4〕 Eisenstein, James, and Herbert Jacob. 1977. *Felony Justice: An Organizational Analysis of Criminal Courts*. Boston: Little, Brown.

〔5〕 Nardulli, Peter F. 1978. *The Courtroom Elite: An Organizational Perspective on Criminal Justice*. Cambridge, MA: Ballinger.

〔6〕 Goldstein, Joseph. 1960. Police Discretion Not to Invoke the Criminal Process: Low-Visibility Decisions in the Administration of Justice. *Yale Law Journal* 69 (4): 543–94; Skolnick, Jerome H. 1966 *Justice without Trial: Law Enforcement in a Democratic Society*. New York: Wiley.

〔7〕 Ehrlich, Thomas, Gerald Gunther, J. Keith Mann, Byron D. Sher, and John Henry Merryman, Chairman. 1972. Memorial Resolution: Herbert L. Packer, Stanford Historical Society, http://histsoc.stanford.edu/pdfmem/PackerH.pdf (accessed October 7, 2010).

直接涉及政治话题，对沃伦委员会关于肯尼迪遇刺案的报告分析和对警察自由裁量权缺乏审查的批判亦是如此。[1]帕克的思想灵活开放，作为一个知名人物，他能够超越教条主义的话语体系，拓宽理解沃伦法院革命的研究途径。后人非常有见地地将帕克的著作与亚伯拉罕·戈尔茨坦（Abraham Goldstein）进行比较。1973年戈尔茨坦巧妙地证明了刑事活动是如何被国家所“操作”用于针对被告人，但可惜并没有像帕克那样拓宽视野，从整体上超越输赢来审视刑事诉讼程序。[2]

当人们想到帕克在其从事的学科领域内的著作时，就会明白为何《刑事制裁的界限》一书在法律学者中获得如此大的成功，令学者们都觉得此书新颖、令人耳目一新。相反，社会科学家则批评帕克没有积极参与下级法院的实证调研。但无论如何，帕克模式的主要受众是精英法学院的杰出法律学者，而他们的注意力还是集中在最高法院和宪法上。

那么在支持政府和支持被告的判决之间的法律分歧中，帕克又新增了什么内容呢？正如戈尔茨坦于1973年指出的，其中一些可以解释为刑事诉讼从当事人主义向职权主义转变。但是，还有一些更关键的争点。犯罪控制模式的特点不仅仅是赞同政府立场，而是将尊重效率作为刑事诉讼的主要目标。这一目标促使在审判过程中倾向于选择不透明、无障碍的调查方式，而非跨越审判障碍的刑事诉讼。而正当程序模式不仅通过保障权利来支持被告人，还代表了一种信念，即设立明线规则和审判障碍是保证刑事诉讼结果正义的最佳方式。

在帕克逝世后，刑事诉讼法学者将视线转移到后沃伦法院的逆转趋势，才发现帕克提出的开放模式更有意义。无可争议的是，在沃伦时代许多方面都是革命性的，比如通过宪法对被告人权利和警察规定产生重要影响。但是，很少有学者在分析伯格法院判决时，指出沃伦法院已经消亡。1983年至1984年彼得·阿雷内拉（Peter Arenella）详述了一次由耶鲁·卡米萨尔（Yale Kamisar）和杰罗德·伊斯雷尔（Jerod Israel）等著名学者参与的会议，在会议中他们认为，伯格法院时代很难被视为一场“反革命”，也没有一边倒作出支持政府的

---

〔1〕 Packer, Herbert L. 1958. *Ex-Communist Witnesses: Four Studies in Fact-Finding*. Stanford, CA: Stanford University Press. ——. 1964b. The Warren Report: A Measure of the Achievement. *Nation*, November 2, 295. ——. 1966. The Courts, the Police, and the Rest of Us. *Journal of Criminal Law, Criminology, and Police Science* 57 (3): 238-43.

〔2〕 Goldstein, Abraham S. 1973. Reflections on Two Models: Inquisitorial Themes in American Criminal Procedure. *Stanford Law Review* 26 (4): 1009-26.

判决。阿雷内拉对这些肤浅的、一维的研究方式提出批评。他依据帕克模式，通过展示后沃伦法院判决的特点，即从解决司法体系障碍的明线程序规则朝着事实上定罪的总体目标转变，从而揭示了戏剧性的范式变革。[1]20世纪70年代和80年代亦是如此，反映出日益信赖倾向政府的“总体情况”审查。这些审查包括事实上定罪争点，并允许警方在审前拥有较大自由裁量权来决定案件的处理走向。后来最高法院的判决相应地也限缩了沃伦法院所提供的宽泛的宪法保护范围，如米兰达警告和吉迪恩案中获得律师帮助权。在这些判决中，尊重国家机制是一个重要考量因素。同时，后沃伦法院的判决也非常重视终局性，导致定罪后适用救济程序的情形大幅缩减。[2]

因此，在刑事诉讼范围上，帕克模式可能比评论和批评所言更封闭或更开放。从某种意义上说，帕克模式更封闭。它在功能上是最好的，也是最容易理解的，因为可以解释美国联邦最高法院在某一特定时期作出的判决，以及预言到特定时期过后会出现一种逆势。然而，某种意义上来讲，帕克模式也更开放，因为其帮助理解沃伦法院判决内含的价值理念，以及随后出现的反制措施，而不仅限于支持政府和被告人之间的态度转变。当然上述转变也充分说明了不同法院对刑事诉讼不同阶段相关价值的理解有差异，依赖权利文义作为精准审判机制的意愿程度不同，以及在刑事诉讼中对客观性和价值选择的看法不一。

笔者对帕克模式的批判也置于这一学科背景下，即主要集中在最高法院判决的转变上。但问题是，帕克的“一维光谱”是否足以解释沃伦法院革命和随之而来的反弹。

三、两种正当程序模式，或为何犯罪控制—正当程序模式无法解释最高法院判决

在一个公认帕克模式为经典的学术世界中，20世纪70年代以来最高法院发生的许多变革，在法学院教科书中都被解释为从正当程序转向犯罪控制。[3]

---

〔1〕 Arenella, Peter. 1983-1984. Rethinking the Functions of Criminal Procedure: The Warren and Burger Courts' Competing Ideologies. *Georgetown Law Journal* 72 (2): 185-248.

〔2〕 正如罗奇1999年报告的那样，帕克本人敏锐地感受到这种转变，在他生命的最后阶段，对正当程序模式的失败表示失望。

〔3〕 Dressler, Joshua, and George III Thomas. 2006. *Criminal Procedure: Principles, Policies, and Perspectives*, 3rd ed. St. Paul, MN: Thomson/West; Whitebread, Charles H., and Christopher Slobogin. 2006. *Criminal Procedure: An Analysis of Cases and Concepts*. New York: Foundation Press.

阿雷内拉分析，法学界通说认为，后沃伦法院的判决体现了对警察更加信任（通过放宽合理根据标准，允许排除规则中的善意例外，以及针对令状原则创设更多例外）；相比于法律上无罪推定，更加强调事实上有罪（区别可能会损害事实真相的非自愿供述标准与技术性违反米兰达规则）；减少干预国家规则（尤其是可能需要预算支出的事项，如为贫困的被告人提供法律顾问）；以及更加强调终局性（通过限制上诉，特别是联邦人身保护令程序）。法律和社会学界认为，上述学理变革是尼克松时代“严厉打击犯罪”政策所推动的政治趋势征兆。〔1〕而且，事实上，最高法院并未真正意义上与政治活动相互独立，如尼克松任命伯格（Burger）、布莱克曼（Blackmun）、鲍威尔（Powell）和伦奎斯特（Rehnquist）法官，导致最高法院构造产生重大变化，进而引发最高法院倾向于作出保守判决。虽然相关机构研究表明，这些变化应该谨慎看待。〔2〕但是，当时的部分趋势依旧难以解释。其中一个谜团便是1968年特里诉俄亥俄州案〔3〕，由沃伦法官撰写的重要判决，被普遍认为是赋予了警察更多权力空间来实施拦截和搜身，并使其能够无证拦截和种族定性。〔4〕特里案是一个犯罪控制的判决吗？我们该如何解读斯卡利亚法官的一些判决，例如在2000年阿普伦迪诉新泽西州案〔5〕中坚持陪审团才有权决定提高量刑？

笔者认为，这些谜团的答案需要通过更深入理解帕克正当程序模式才能寻求到。而帕克在将犯罪控制视为正当程序的对立面时，自然也就没有发现沃伦法院存在另一个“敌人”。

法院革命是正当程序本身的阴暗面。通过仔细分析最高法院法官们的宪法立场，可以得出结论：不只存在一种正当程序模式，而应是两种。第一种模式强调形式主义，第二种模式强调公平。表1总结了两种正当程序模式之间的主要区别。

---

〔1〕 Beckett, Katherine. 1997. *Making Crime Pay: Law and Order in Contemporary American Politics*, New York: Oxford University Press; Garland, David. 2001. *The Culture of Control: Crime and Social Order in Contemporary Society*. Chicago: University of Chicago Press; Simon, Jonathan. 2007. *Governing through Crime: How the War on Crime Transformed American Democracy and Created a Culture of Fear*. New York: Oxford University Press; Lynch, Mona. 2009. *Sunbelt Justice*. Stanford, CA: Stanford University Press.

〔2〕 Epstein, Lee, Valerie Hoekstra, Jeffrey A. Segal, and Harold J. Spaeth. 1998. Do Political Preferences Change? A Longitudinal Study of U. S. Supreme Court Justices. *Journal of Polities* 60 (3): 801-18.

〔3〕 *Terry v. Ohio*, 392 U. S. 1 (1968).

〔4〕 Aviram, Hadar, and Daniel L. Portman. 2009. Inequitable Enforcement: Introducing the Concept of Equity into Constitutional Review of Law Enforcement. *Hastings Law Journal* 61 (2): 413-57.

〔5〕 *Apprendi v. New Jersey*, 530 U. S. 466 (2000).

表 1　形式主义与公平

	形式主义	公平
正当程序的含义	法定程序权利保障	关注公平听证的整体效果
“宪法包”	被告人受益于《权利法案》中规定的所有权利，而非超越这些权利	被告人受益于对公平的普遍认识，这种认识可能超出《权利法案》的范围，或者在损害公平的情况下排除权利
阶段	强调定罪是刑事诉讼的“主演”	强调刑事诉讼的其他阶段，如量刑
无罪推定	对正当程序至关重要	仅次于公平性考量
诉讼参与主体	强调传统的诉讼参与人，如辩护律师和陪审团	强调实用助手：法官和医疗专家
平等观念	宪法权利不区分人群差异	认识到阶级、种族和性别差异

形式主义倡导者将正当程序视为保障《权利法案》所规定的一系列权利，以及遵守法律条文，而在某些案件中则是与立宪者的目的解释保持一致。另一方面，公平倡导者则对正当程序的定义更为灵活，也更重视整体的公平性。形式主义者保障《权利法案》规定的被告人权利而非超越“宪法包”。相比之下，公平倡导者可能会保障部分《权利法案》规定之外的被告人权利，并且也可能会基于整体公平考量被告人的最大利益，在个案中放弃部分宪法保障。

在帕克最初的二分法中，犯罪控制强调侦查阶段，而正当程序强调审判阶段。在审判阶段，形式主义正当程序侧重于作为刑事审判“主演”的定罪阶段，因此保障与该阶段直接相关的权利，如最重要的无罪推定。相反，以公平为中心的正当程序更注重刑事诉讼程序的审前和审后阶段。对于证据不足或存在政府不法行为的案件可以非正式驳回，使之成为一个重要的但不太明显的公平竞技场。[1]而在辩诉交易和极少数的庭审中，量刑阶段变得越发重要，也引发更多法律后果；此时，应当仔细审查被告人的个人情况，形成具有前瞻性的量刑判决。因此，形式主义正当程序更加强调与定罪阶段有关的诉讼参与主体，如辩护律师和陪审团。而以公平为中心的正当程序认为，在陪审团存在偏见或过度惩罚时，可能会取消陪审资格，所以更加强调在审前和审后阶段具有更大自由裁量权的诉讼参与主体，如法官、缓刑监督官和其他医务人员。

〔1〕 Findley, Keith A. 2009. Toward a New Paradigm of Criminal Justice: How the Innocence Movement Merges Crime Control and Due Process. *Texas Tech Law Review* 41 (1): 133-74.

最后，正当程序的两个模式都强调平等，但两者对此理解不同。形式主义正当程序认为平等是在普遍保障宪法权利需求的基础上，无视被告人的人群差异。而基于公平的正当程序认识到被告人具有不同的个人特征，当被告人因阶级、种族和性别等因素引发特殊偏见或歧视时，可以根据这些因素区别对待。

如以下讨论所示，两种正当程序模式的诞生都源于是否依据宪法第十四修正案规定的"合并原则"，将《权利法案》同样适用于各州的争论。更关键的是，两种正当程序模式之间的差异可以有效解释最高法院判决中一些先前无法解释的变革，特别是当人们将沃伦法官在特里案中的判决视为基于公平的正当程序的典型时，以及斯卡利亚法官在阿普伦迪案中的判决被视为基于形式主义的正当程序的范式时。

四、形式主义—公平二分法的理论渊源

正当程序的对立理解早于沃伦法院，可以追溯到布莱克—哈伦（Black-Harlan）时代关于宪法合并的讨论。此次讨论的一个简短背景是，在 19 世纪美国批准宪法第十四修正案之前，最高法院裁决禁止将《权利法案》的解释适用于各州案件。〔1〕即使在最高法院具有将联邦宪法规则适用于各州的理论依据之后，即宪法第十四修正案，法院最初还是犹豫不决。〔2〕然而，现实中开始出现了两种宪法合并方式。

布莱克法官主张的第一种方法是宪法合并的形式主义化理解。根据该方法，第十四修正案将《权利法案》合并，除此之外没有独立含义。而任何试图扩张解释"正当程序"的举措，都超出其他修正案所规定的法律权利总和，被认为是"本身违反宪法，因为其巧妙地将公共政策领域的最终决定权移交给法院，而牺牲了立法机关的利益。在这些领域中，没有明确的宪法规定来限制立法权"。〔3〕虽然这绝对不是一种犯罪控制手段，但还是表达了对"法院将其自身的公正和基本正义概念替换成《权利法案》的文义，并作为解释和实施《权利法案》的出发点的结果"感到非常担忧。

第二种方法最著名的倡导者是哈伦大法官，其目的不是合并所有限制各州

〔1〕 *Barron v. Baltimore*, 32 U. S. 242 (1833).

〔2〕 如涉及大陪审团的案件，参见 *Hurtado v. California*, 110 U. S. 516 (1884)。

〔3〕 *Adamson v. California*, 332 U. S. 46 (1947).

的联邦宪法权利，使之成为一个整体。相反，宪法合并取决于权利的背景。根据1932年鲍威尔诉阿拉巴马案[1]的判决理由，此方法的倡导者研究了审判特定类型被告人的实际法律效果，特别是少数族裔和贫困人员。他们认为宪法权利应以个案形式赋予各州被告人，并且判决应当根据各方在听证会上对整体公平性所作出的贡献来决定。[2]

其实这两种方法是第二种连续体的极点，不同于帕克的犯罪控制—正当程序连续体，因为难以判断形式主义—公平正当程序二分法是有利于刑事被告人，还是更有利于政府。一方面，灵活解释第十四修正案可能会曲解“正当程序”这一术语，超越宪法增设其他保障措施，例如在量刑时获得公平听证权或再教育权。另一方面，这种灵活性（对哈伦法官来说也是如此）意味着一些《权利法案》条款不一定适用于各州。

还必须谨记的是，“整体公平”的方法根据各司法管辖区的统计人口、文化背景和执法技术的不同，对其当地历史和政治背景更为关注。哈伦法官也明确说明了泛化形式主义的最终结果，即“通过侵犯各州主权，或在联邦法实施时削弱《权利法案》规定的特定保障机制来实现强制统一，但这并不符合设立联邦制度的目的”。[3]对哈伦法官来言，关注当地特殊背景意味着更加限制某些州的实践做法，但这种灵活解释可以为当地确立更多的宪法保障措施，例如在少数民族权利薄弱的州为其提供辩护，如1932年鲍威尔诉阿拉巴马案。[4]

五、以公平为中心的正当程序典范——特里案判决

如前所述，刑事诉讼学界的传统观点认为，沃伦法院以牺牲犯罪控制为代价转向正当程序，随后伯格法院的重心发生逆转。伴随着正当程序革命出现的强烈反应，以及随后尼克松政府时期发生的司法和政治上的反弹，都可能是针

---

〔1〕 *Powell v. Alabama* 287 U. S. 45 (1932).

〔2〕 Cord, Robert L. 1975-1976. Neo-incorporation: The Burger Court and the Due Process Clause of the Fourteenth Amendment. *Fordham Law Review* 44 (2): 215-48; Amar, Akhil Reed. 1998. *Terry* and Fourth Amendment First Principles. *St. John's Law Review* 72 (3-4); 1097-131.

〔3〕 *Malloy v. Hogan*, 378 U. S. 1 (1964).

〔4〕 有关该判决涉及种族方面的更多资料，参见 Goodman, James E. 1995. *Stories of Scottsboro*. New York: Vintage。

对民权运动，[1]但推动这场革命的是作为象征性表现的沃伦法院判决。[2]该论点特别强调以下几项判决：1961年马普诉俄亥俄州案确立了排除规则；[3]1963年吉迪恩诉温赖特案规定各州为被告人提供律师帮助，并由各州承担费用；[4]1966年米兰达诉亚利桑那案确立了经典的米兰达警告。[5]虽然随后的许多社会法律证据表明，米兰达警告由于警察采用讯问技术而变得毫无意义，[6]但在当时，仍被视为正当程序的象征，在受到诸多称赞的同时又饱受指责。由沃伦法官主笔的米兰达案判决理由，反映了帕克正当程序存在典型问题，即警察是一支有偏见且危险的队伍，并用警察指南中的案例来证明刑事被告人受欺骗情况。

鉴于此背景及其象征意义，许多理论学者对1968年特里案中沃伦法院的判决感到困惑，认为似乎违背了正当程序原则。[7]这项判决涉及“较轻”的搜查和扣押，即未达到逮捕或全面搜查的程度，而此类搜查通常被认为依据的理由要比合理根据和逮捕令的程度低。在特里案中，负责搜查特里的麦克法登（McFadden）警官，过去35年间一直在克利夫兰巡逻，由于案情详述的短暂拘留，使其被人们铭记。当时他观察到站在角落里的两个“（在他看来）不太对劲”的男子，推断他们抢劫了商店并短暂拘留了二人，之后拍打特里衣服的外套，发现了一把手枪。考虑到上述事实，法院本可以坚持搜查所需的“合理根据”要求，裁定对特里的拦截和搜查违宪。但是，沃伦法官反而选择适用一个较低的标准，即在进行拦截或搜查时只需要较低程度的怀疑——合理的怀疑即可。

众多批判者认同的一个经典解释是，该判决支持关注日常警务现实的犯罪

---

[1] Beckett, Katherine. 1997. *Making Crime Pay*: *Law and Order in Contemporary American Politics*, New York: Oxford University Press.

[2] Baker, Donald L, and William Blumenthal. 1983. The 1982 Guidelines and Preexisting Law, *California Law Review* 71 (2): 311-47.

[3] *Mapp v. Ohio*, 367 U. S. 643 (1961).

[4] *Gideon v. Wainwright*, 372 U. S. 335 (1963).

[5] *Miranda v. Arizona*, 384 U. S. 436 (1966).

[6] Leo, Richard A. 1996. *Miranda*'s Revenge: Police Interrogation as a Confidence Game. *Law & Society Review* 30 (2): 259-88. Leo, Richard A, 2008. *Police Interrogation and American Justice*. Cambridge, MA: Harvard University Press.

[7] Maclin, Tracey. 1998. *Terry v. Ohio*'s Fourth Amendment Legacy: Black Men and Police Discretion. *St. John's Law Review* 72 (3-4): 1271-322; Katz, Lewis R. 2004-2005. *Terry v. Ohio* at Thirty-Five: A Revisionist View. *Mississippi Law Journal* 74 (2): 423-500; Schwartz, Adina. 1995-1996. Just Take away Their Guns: The Hidden Racism of *Terry v. Ohio*. *Fordham Urban Law Journal* 23 (2): 317-76.

控制模式，[1]因此授予警察行使自由裁量权，也可以说认同基于种族等标准的判决。[2]沃伦法官非常熟悉警务，源于其作为检察官以及犯罪受害人的经历，[3]在了解执法所面临的现实挑战的基础上，才能解释为何采取一种切实可行的手段。该判决也引发了社会对警察自由裁量权的讨论。[4]最高法院并非不了解宪法权利革命时的政治氛围以及与搜查、扣押相关法律。在1961年合并排除规则之前，大多数警察在搜查和扣押时不受管制。当时，半数州都缺少针对警察的证据排除规则。[5]20世纪60年代和70年代关注警察的犯罪学揭示了一种“我们对抗他们（犯罪人）”的组织精神，所以不利于制定关于全新的、严格的合理根据标准的正当程序。最高法院也因不断作出刑事诉讼权利方面的判决而受到越来越多抨击，而警察在街上也面临潜在的暴力冲突。因此，立法机关授权警方加强警务工作，包括制定“拦截和搜查”法令。[6]1968年6月对特里案作出判决，当时正值总统竞选期，尼克松和阿格纽直接批判沃伦法院过于忽视犯罪控制。事实上，特里案判决中明确提到对警察的同情以及警察在现场面临的困境。

这一经典的判例解释不仅建立在沃伦法院的历史背景以及特里案所处社会环境基础上，也体现在特里案的后续上：一系列案件判决将警察的“搜查”权力扩展到了汽车和住宅领域，[7]最大限度地降低“搜查”所要求的怀疑程度，[8]并授权进行种族定性。[9]

---

〔1〕 Amar, Akhil Reed. 1998. *Terry* and Fourth Amendment First Principles. *St. John's Law Review* 72 (3-4); 1097-131.

〔2〕 Schwartz, Adina. 1995-1996. Just Take away Their Guns: The Hidden Racism of *Terry v. Ohio*. *Fordham Urban Law Journal* 23 (2): 317-76; Maclin, Tracey. 1998. *Terry v. Ohio*'s Fourth Amendment Legacy: Black Men and Police Discretion. *St. John's Law Review* 72 (3-4): 1271-322; Sundby, Scott E. 1998. An Ode to Probable Cause: A Brief Response to Professors Amar and Slobogin. *St. John's Law Review* 72 (3-4): 1133-40.

〔3〕 Cray, Ed. 2008. *Chief Justice: A Biography of Earl Warren*. New York: Simon and Schuster.

〔4〕 Goldstein, Joseph. 1960. Police Discretion Not to Invoke the Criminal Process: Low - Visibility Decisions in the Administration of Justice. *Yale Law Journal* 69 (4): 543-94; Muir, William K., Jr. 1977. *Police: Streetcorner Politicians*. Chicago: University of Chicago Press.

〔5〕 Katz, Lewis R. 2004-2005. *Terry v. Ohio* at Thirty-Five: A Revisionist View. *Mississippi Law Journal* 74 (2): 423-500.

〔6〕 Dudley, Earl C., Jr. 1998. *Terry v. Ohio*, the Warren Court, and the Fourth Amendment: A Law Clerk's Perspective, *St. John's Law Review* 72 (3-4): 891-904.

〔7〕 *Maryland v. Buie*, 494 U.S. 325 (1990); *Michigan v. Long*, 463 U.S. 1032 (1983).

〔8〕 *Adams v. Williams*, 407 U.S. 143 (1972); *Alabama v. White*, 496 U.S. 325 (1990).

〔9〕 *Whren et al. v. United States*, 517 U.S 806 (1996).

但是，最终的八对一多数判决，即授权根据低于合理根据的怀疑理由进行搜查和扣押，并不能完全用犯罪控制模式加以解释。沃伦法官的修辞显然体现对被告人所处困境非常关注，尤其是少数族裔，否则也不会预测到特里案后可能出现无证拦截和种族定性的现象：

“少数群体，特别是黑人，经常抱怨警察群体中某些人员对其大肆骚扰，也不会因为在刑事审判中排除证据而停止。然而，严格且不加思考适用排除规则……可能会造成严重的人员伤亡和打击犯罪积极性受挫。任何法律意见都无法预料到街头冲突的千变万化，我们只能判断眼前案件的事实。但是，根据我们的判决，法院仍然保留其防止警察专横或骚扰的职责…… ［并且］ 一旦查明此类行为，必须由司法机关予以谴责，其获得的‘果实’必须排除在刑事审判之外。”

虽然犯罪控制模式可以解释特里案中警察权力的扩张，但无法解释法院的极端沉默和限缩判例的想法。甚至更倾向于警方的哈伦法官，也认为需要一定程度的怀疑，才能拘留和拍打搜查嫌疑人。

因此，针对特里案判决存在一个更准确的解释，即该案是以公平为中心的正当程序模式典范，尽管这有悖常理。其为后人留下的遗产是，沃伦法院的判决已经涉足了一个警察行为领域。在该领域中，此前州警察完全不受监管，但对联邦警察要求严格分析是否有合理根据。在特里案，法官们认识到，“随着这一重要的新类型法律领域发展，将为全国各地的执法当局和法院提供初步指导。”然而，法院并不是简单地为警察论点盖上橡皮图章，也不是在事实基础之上尽可能扩张裁判。相反，法院精心起草了一份细致入微的司法意见，明确一项有限标准，并强调了警察滥用权力对特定社区的危害，同时也承认武器和街头上的火药味对警察的威胁。

这种细微差别以多种方式呈现在沃伦法官的司法意见中。首先，他明确拒绝使用“搜查”和“拦截”这两个术语，表明特里案中警察权力“超出了第四修正案的管辖范围，因为这两项措施都没有达到宪法意义上的‘搜查’或‘扣押’水平”。第二，他特别谨慎地描述必要怀疑程度是根据实际情况而不是直觉。第三，他仔细划定允许搜查的范围，以拍打衣服的外表面来探测手臂情况。

简而言之，正如多年后当时负责起草判决的法官助理所解释的，特里案是沿着一条未知道路迈出的极为谨慎的第一步。公正地讲，笔者认为该司法意见中体现的克制，为后来最高法院和下级法院处理涉及大量社会问题的案件，树立了一个重要的榜样，而这些问题正是首席大法官沃伦提到的“各种各样街头冲突”。[1]

虽然在很大程度上特里案最终影响的是犯罪控制，但最初的目的是使警察活动更为透明化和可控化。这一解释促使我们能够站在沃伦法院所处的整个历史背景下来理解特里案，而不是作为一个局外人无从解释。

六、以形式主义为中心和以公平为中心的正当程序竞技场——阿普伦迪案和布莱克利案

如前所述，传统观点认为后沃伦法院是以犯罪控制为导向的，这在分析各种事项上是准确的，而且由于伯格、伦奎斯特和罗伯茨法院都具有支持政府的倾向，该解释容易被过度泛化。但是，此种做法有可能导致误解后沃伦法院的一些重要的、影响深远的支持政府的判决的真正渊源，特别是由斯卡利亚法官撰写的判决。

斯卡利亚法官毫无疑问会天然地支持被告人，他撰写了一份影响深远的一致意见，并且在阿普伦迪诉新泽西州案中是关键性摇摆投票。该意见认为，除了事先定罪的事实，任何加重刑罚超过法定最高刑的事实必须在起诉书中提出，提交给陪审团，并且必须证明排除合理怀疑。该判决以及斯卡利亚法官的一系列异议，随后都促使法院在 2004 年布莱克利诉华盛顿案中，将阿普伦迪规则扩展到任何必须查明的加重量刑事实，即使是在当时强制性量刑指南规定的法定允许范围内。[2]

早在阿普伦迪案之前，斯卡利亚法官就寻求解决滥用量刑加重的问题的方案，并极为关注正当程序的基本原理。他来到最高法院不久，就对联邦量刑委员会表示担忧。他认为，委员会是一个违宪的授权机构，并引用了政治哲学家约翰·洛克（John Locke）等关于社会治理的基本原则。[3]到 20 世纪 90 年代末，他已经将注意力集中在陪审团审判权上，[4]直到后来他在阿普伦迪案提出了极具影响力的一致意见。

---

〔1〕 Dudley, Earl C., Jr. 1998. *Terry v. Ohio*, the Warren Court, and the Fourth Amendment: A Law Clerk's Perspective, *St. John's Law Review* 72 (3-4): 898.

〔2〕 *Blakely v. Washington*, 542 U. S. 296 (2004).

〔3〕 *Mistretta v. United States*, 488 U. S. 361 (1986).

〔4〕 *Almendarez-Torres v. United States*, 523 U. S. 224 (1998); *Monge v. California*, 524 U. S. 721 (1998); *Jones v. United States*, 526 U. S. 227 (1999).

正如斯卡利亚法官在意见中所提到的，大多数法官认为阿普伦迪案宣告的权利是建立在正当程序的基础上。在阿普伦迪案中，相关刑事法规定持有枪支的最高徒刑为10年，但另一部仇恨犯罪法规定针对种族主义或威胁特定保护群体的犯罪，可以延长至20年有期徒刑。仇恨犯罪法规定，是否适用该法由法官根据优势证据来决定。但法院认为，认定某项犯罪是“仇恨犯罪”属于犯罪构成要件，需要由陪审团作出裁定。

该司法意见援引了一个与正当程序相关的经典案例，即1970年温希普案，[1]来解释这一权利。温希普案判决由布伦南（Brennan）法官撰写，该案认为每一个要件的证明都要排除合理怀疑，是“正当程序和公平待遇的基本要素”之一，即使是未成年人也必须赋予。该判决理由主要依据正当程序模式理念。在一个青少年盗窃储物柜的轻罪案件中，布伦南法官深入讨论了刑事司法体系自身的目的。他解释说，发现事实本身就是主观的，而这种证明责任存在误差幅度。哈伦大法官的一致意见进一步解释：

“[我]认为，在刑事案件中，排除合理怀疑的证明标准是建立在社会基本价值基础之上的，即将一个无辜的人定罪比释放一个有罪的人更为糟糕。正是由于各州在刑事审判中一直完全认可合理怀疑标准，最高法院才能在今天明确断定，正当程序作为基本程序公正的一种表现形式，要求刑事审判标准比普通民事审判标准更为严格。”

将斯卡利亚的一致意见与布雷耶（Breyer）法官在阿普伦迪案件的反对意见，以及后来在布莱克利案中的反对意见进行对比，是区分形式主义—公平正当程序的一项有趣实践运用。布雷耶法官在阿普伦迪案中表示，扩大陪审团审判范围可能会使被告人处于“否认其犯罪的同时要求提供犯罪证据的（而且可以想象是不公平的）尴尬境地”，从而对被告人权利造成潜在损害。而布莱克利案则提出了一个问题，即获得陪审团审判的阿普伦迪权利是否延伸到量刑指南中所规定的事实，布雷耶法官的异议主要集中于，在审判中引入形式主义，只会加强检察官在以辩诉交易为核心的司法体系中的地位。他的解释是一个经典的以公平为中心、以结果为导向的论点：

“量刑制度的公平性和有效性，以及刑事司法制度本身的公平性和有效性，取决于立法机关拥有宪法授权（在正当程序限制下）作出标志性决定。正如多

[1] *In re Winship*, 397 U.S. 358 (1970).

数人对第六修正案的解释，从根本上限制立法机关这方面的权力，会妨碍立法机关建立与宪法公平目标相一致的，甚至可能有助于推进这一目标的量刑制度。”

这一论点支持对量刑进行行政和立法规范，但必须有利于被告人。布雷耶法官的实用主义正当程序在整个法律意见中都是显而易见的。正如他所说，“无论量刑指南体系存在什么缺陷或者多少问题——相比于法院基本不变的宪法判决，其更有可能依据刑事司法界所有成员的经验和讨论，在其讨论的立法中找到解决方案”。

对布雷耶法官而言，斯卡利亚法官的观点支持一个以形式主义为中心的正当程序典范。而斯卡利亚法官则直接指责布雷耶法官，认为其支持一种“所谓公平和有效的刑事司法制度，是准备将刑事司法权交给政府的社会”。根据斯卡利亚法官的说法，布雷耶法官幻想了一个“完美公平的官僚机构”，其中：

“决定被告人所受刑期长短的事实将由一名政府雇员来确定是否存在（更可能并非如此）。布雷耶法官所认为牺牲审前权利保障是值得的说法是存在争议的。但不可争辩的是，一个人所认为的更好的司法系统，必然是或者更可能是依据宪法所设立的、保障陪审团审判权的刑事司法系统。”

斯卡利亚明确表示，相对于辩诉交易的现实情况，更倾向于法律明文规定的审判权。他认为布雷耶法官更倾向于选择非对抗性的事实认定，所以才“对陪审团审判普遍攻击”。他解释说：

“最终，我们的判决无法明确陪审团审判是否或在多大程度上损害刑事司法的效率或公平。人们可以争辩说，将司法完全交给职业法官处理，可以更好地服务于这两种价值；世界上许多国家，特别是那些遵循大陆法系传统的国家，都会采取这种做法。但是，制宪者所设想的刑事司法典范毫无疑问不是行政管理完善的大陆法系理念，而是通过严格划分法官和陪审团之间的权力来限制国家权力的普通法系理念。正如阿普伦迪案所述，每个被告人都有权坚持要求检察官向陪审团证明所有对刑罚至关重要的法律事实。而持不同意见者认为没有这种权利。这应该是问题的结论。”

从帕克的著作来看，这场争论的意义是什么？斯蒂芬诺斯·比巴斯（Stephanos Bibas）在阿普伦迪案判决后撰写了一系列文章，他认为该案表明形式主义优于有效保障被告人权利。这些文章随后在布莱克利案中被布雷耶法官所引用。在文章中，比巴斯反对将阿普伦迪案作为一个以公平为中心的正当程序案例，因为需要在辩诉交易和大量定罪的现实限制下保证公平。比巴斯认为，由于认罪压力，对绝大多数被告人而言，阿普伦迪案是用有意义的量刑听证权交易无意义的陪审团审判权。

对我们而言，比巴斯的观点表明，阿普伦迪案中多数法官在两种正当程序模式之间作出了选择。他们更关注的是形式主义的、不切实际的、坚持保障权利的定罪阶段，而牺牲量刑阶段中更丰富、更有意义的听证权。比巴斯指出，“陪审团审判权……是一种损害被告人在有罪答辩时获得听证的权利”。〔1〕

正当程序是否延伸到量刑阶段，并要求获得“更有意义的听证”？可以争论的是，如果加重刑罚需要依据一定证据标准来证明特定行为，则量刑听证就应该从正当程序的角度加以考虑。但是，听证会的其他方面属于行政程序。而听证会必须确保罪责刑相适应，所以最终裁判结果必要基于充分的辩论。听证会不像陪审团审判那么正式，也相应放宽许多证据规则。其中负责监督罪犯的法庭人员，如缓刑官，在阐释适当刑罚时会与检察官发挥着同样重要作用。而无罪推定或“法律上有罪”的推定原则上不再适用，除非适用阿普伦迪规则后仍有（法律上）合理根据。因此，量刑阶段比定罪阶段更为灵活、更为公开，也更有利于实质公平，即使定罪是通过形式主义正当程序的典范——陪审团审判来确定的。

在阿普伦迪案中坚持形式主义正当程序真的对被告不利吗？这个问题一直饱受争议。〔2〕比巴斯认为在很大程度上取决于法官和检察官行使自由裁量权的方式。但是，后来的讨论和判例法确实表明，对于特定类型的被告人来说，阿普伦迪规则是一种诅咒而非祝福。

其中一个例子是在毒品案件中为量刑要求证明毒品数量。早在 2001 年，就有人推测，依据阿普伦迪规则，所有贩毒案件中毒品数量都将在起诉书中明确写明，并提交给陪审团。这可能诱使被告人认罪，因为在陪审团面前证明毒品数量，会导致控方将陪审团置于堆积如山的毒品中，使得量刑阶段陪审团出现

---

〔1〕 Bibas, Stephanos. 2001b. *Apprendi*'s Perverse Effects on Guilty Pleas under the Guidelines, *Federal Sentencing Reporter* 13：335.

〔2〕 Bibas, Stephanos. 2001a. *Apprendi* and the Dynamics of Guilty Pleas, *Stanford Law Review* 54（2）：311-18. Bibas, Stephanos. 2001b. *Apprendi*'s Perverse Effects on Guilty Pleas under the Guidelines, *Federal Sentencing Reporter* 13：333-39. King, Nancy J., and Susan R. Klein. 2001. *Apprendi* and Plea Bargaining. *Stanford Law Review* 54（2）：295-310.

严重偏见。[1]据司法统计局2007年的统计数据来看，毒品案件比例占到联邦法院案件总数的三分之一，这一问题愈发严重。[2]此外，比巴斯还担心“在有罪答辩的司法实践中……只有不到4%的被告人得到陪审团审判……口头允诺有权获得陪审团审判毫无意义”。[3]根据新的后阿普伦迪规则，检察官现在可以强迫被告人承认一定数量的毒品，作为接受认罪协议的条款，而此前被告人可以在量刑时对其提出异议。比巴斯建议，检察官可以在审判的早期阶段强制执行“要么全盘接受、要么放弃”的辩诉协议，而无需在量刑听证中以额外的折扣换取对方放弃量刑加重抗辩权。

具有讽刺意味的是，阿普伦迪案和布莱克利案判决最终成为剥夺量刑指南强制性效力的理论基础。[4]这一结果恢复了部分司法自由裁量权，并削弱检察官整体的自由裁量权，与学术界和司法界对量刑指南的批评产生了共鸣。[5]然而，这并不是指形式主义正当程序在阿普伦迪和布莱克利案之后自然延续，他们都认为在裁判中应采用更多的模式而不是更少。斯卡利亚法官在布克案（*Booker*）和之后以公平为中心的判决中一直持反对意见，认为这是公平正当程序倡导者鬼鬼祟祟的举动，并在后来判决中提到，他“哀叹”布克案中“不同多数”的推断含糊不清；[6]托马斯大法官的观点也与之相似。[7]

结 论

特里案和阿普伦迪/布莱克利案的故事教会了我们，如何将帕克的模式应用到最高法院的判决中。虽然犯罪控制—正当程序连续体是理解最高法院刑事诉讼判决的有效工具，但不足以完全解释清楚沃伦法院的一些实用主义，或斯卡

〔1〕 Hrvatin，Adriano. 2001. *United States v. Nordby*：Ninth Circuit Survey——Case Summary. *Golden Gate University Law Review* 31（1）：105-22.

〔2〕 Bureau of Justice Statistics. 2007. *Federal Justice Statistics*，http://bjs.ojp.usdoj.gov/content/pub/html/fjsst/2007/tables/fjs07st101.pdf（accessed October 7，2010）.

〔3〕 Bibas，Stephanos. 2001a. *Apprendi* and the Dynamics of Guilty Pleas，*Stanford Law Review* 54（2）：317.

〔4〕 *United States v. Booker*，543 U.S. 220（2005）；*Cunningham v. California*，549 U.S. 270（2007）.

〔5〕 Griset，Pamala L. 1991. *Determinate Sentencing：The Promise and the Realities of Retributive Justice*. Albany，NY：SUNY Albany Press；Stith，Kate，and Jose A. Cabranes. 1998. *Fear of Judging：Sentencing Guidelines in the Federal Courts*. Chicago：University of Chicago Press. *Community Release Board v. Superior Court*，91 Cal. App. 3d 814（1979）；*People v. Begnald*，205 Cal. App. 3d 1548（1991）.

〔6〕 *Rita v. United States*，551 U.S. 338（2007）.

〔7〕 *Kimbrough v. United States*，552 U.S. 85（2007）.

里亚法官的一些有影响力的判决。斯卡利亚法官的判决严格遵守宪法原旨，而不是基于协助司法人员打击犯罪或保护被告人的需求。上述理论不仅仅是沃伦法官和斯卡利亚法官的修辞手法，也表明他们对程序正义的价值、执行和优先顺序持有各自坚定的信念。虽然司法实践并不只认可一种“刑事诉讼模式”，但这些案例表明精准表述宪法权利的重要性，或刑事诉讼阶段价值理念的相对重要，如何影响到最高法院的判决。正如上述所言，这些案例都是帕克诸多模式的天然竞技场。

必须指出的是，即使认可存在不同正当程序模式，但犯罪控制模式也很重要。事实上，形式主义—公平二分法一直深受最高法院对犯罪控制现实认识的影响。与20世纪60年代和70年代社会科学界对帕克的批判如出一辙，特里案的首席大法官沃伦、阿普伦迪案和布莱克利案的布雷耶法官都旨在扩大宪法赋予的权利，因为他们都正确地认识到刑事司法的经验事实：一个强大且基本上不受监督的警察队伍负责街头执法，还有一个边缘化宪法审判权的、庞大的辩诉交易机制。在某些方面，与麦克道纳所称“正当程序是为了犯罪控制”的主张相反，犯罪控制理念塑造并加强了正当程序的公平性。而在很大程度上，形式主义正当程序反映了一种忽视下级法院现实和效率需求的司法认知。根据分析，可以看出沃伦法院革命是一种复杂的混合体，其中既有天真的信念，即法律规则可以改造司法领域中根深蒂固的现实；也有现实的主张，即宪法监督——如果得到自由和创造性解释——总比完全缺乏监督要好。

较新的一些伦奎斯特和罗伯茨法院的判决，如布克案和坎宁安案（*Cunningham*），都削弱了量刑体系的强制效力。这可能会鼓舞帕克，因为他晚期对通过正当程序改变司法机构的可能性不再抱有幻想。帕克对沃伦法院革命的揭示，以及尼克松当选后该革命开始走向衰落，使其相信形式主义并不是解决刑事诉讼弊端的正确答案。因此，将正当程序的概念扩展到《权利法案》本义之外，从而涵盖开放的公平理念和量刑事项，反而会让帕克感到振奋。在《刑事制裁的界限》出版前几十年，最初的宪法合并争论就已经提出这一发展方向，但更现代化的范式（公平正当程序模式）可能已经超出帕克的预测能力。

最后，在帕克的学术和政治背景下，审视其对庭审学术研究的贡献，并不意味着帕克模式是错误的或贫乏的。恰恰相反，事实上这证明了帕克模式理论具有实用性，才启发了后来许多学者提出远远超出帕克在1964年或1968年所能意料的模式。新的作品应该注意不要错把帕克的观点描述为“稻草人”，也不要依据超出当时大多数刑事诉讼学者想象的前沿性，直接攻击帕克理论的不足。我们将帕克的两个模式连续体作为新模式或范式的经典外衣，是因为这是一个天然受欢迎的批判分析工具。刑事诉讼模式的研究者不能忘记所欠下的感激之债，因为太多新模式是建立在帕克的基础模式之上。

名家访谈

关于所谓中国青少年犯罪研究会的“科学方法论”问题

郭　翔*

摘　要： 中国青少年犯罪研究会从成立以来，一直重视和运用科学方法论，并且取得了令人瞩目的成果。在有关部门的积极配合下，中国青少年犯罪研究会曾组织领导多项重要调查，包括八省市青少年违法犯罪调查和武汉市武昌区的青少年违法犯罪调查。就相关调查的实证调研成果，本文予以了详细介绍，并讲述了相关调查的开展过程与学术贡献。

关键词： 中国青少年犯罪研究会　科学方法论　青少年违法犯罪

有人说，中国青少年犯罪研究会一起步的时候，就是动员全社会来参加，一直停留在倡导、宣传方面，再一个就是没有科学方法论。应当指出，对中国青少年犯罪研究会的这种说法和评论，是非常武断的，不真实的。张荆教授在访谈口述史中已对此说作了有力的纠偏说明，指出“这些说法与实际不符合，对中国青少年犯罪研究会的评价也有失公允”，“有一些口述史的内容，与当时的实际情况存在较大差异，需要核实与纠偏”。[1]张荆教授简要介绍了他亲自参加的由中国青少年犯罪研究会参与组织的几项重要调查，有力纠正了中国青少年犯罪研究会没有科学方法论的谬说。

我在接受访谈追忆张黎群先生创建和领导中国青少年犯罪研究会的辉煌业绩时，也对中国青少年犯罪研究会组织领导的几项重要调查作了简单介绍，用事实批驳了那种关于中国青少年犯罪研究会从成立以来一直没有科学方法论的

---

* 郭翔，中国政法大学教授。

〔1〕 翟英范：“真，是研究之魂（上篇）——张荆先生访谈”，载《河南警察学院学报》2017年第2期。

谬说。我明确指出，“不管什么人，凡涉及中国青少年犯罪研究会历史的言论，必须公平、公正、客观，要实事求是，有‘真凭实据’。如果信马由缰，不可能成为信史”。[1]接着我简单介绍了中国青少年犯罪研究会受全国人大内务司法委员会的委托，组织实施了八省市青少年违法犯罪调查；以及根据美国著名犯罪学家沃尔夫冈教授的建议并按照他两次在费城进行的同龄群青少年违法犯罪纵向跟踪调查的方法，在他亲自在方法和技术上提供咨询和指导下，中国青少年犯罪研究会在有关部门的积极配合下，在武汉市武昌区进行了同龄群青少年违法犯罪纵向跟踪调查；以及我了解的其他几项重要调查。现在我将较详细地介绍八省市青少年违法犯罪调查和武汉市武昌区的青少年违法犯罪调查，以正视听。

一、关于八省市青少年违法犯罪调查

其背景是，第七届全国人大常委会将制定预防青少年犯罪法列入立法计划。根据万里同志决策要科学化和民主化的指示精神，为了使立法建筑在科学基础上，全国人大内务司法委员会委托中国青少年犯罪研究会进行一次重要的青少年违法犯罪调查。在接到全国人大内务司法委员会的函件后，张黎群会长即指示由郭翔和肖约之（学会秘书长）尽快研究实施方案，认真组织调查。

在全国人大内务司法委员会的指导下，中国青少年犯罪研究会经过反复研究，拟出“关于青少年违法犯罪的调查方案”。方案提出，关于调查范围，确定为八个省市，即北京市、上海市、河北省、江苏省、湖北省、广东省、四川省及陕西省；调查对象和方法，方案要求，拟在八个省市的工读学校、少年管教所、监狱，以随机抽样的方法选择样本，按照问卷方式进行调查，必要时伴以个案访谈。调查数据经过电子计算机分析处理，然后写出调研报告。方案还列出八省市拟调查对象的分布和样本数额。为了保证调查的顺利进行，方案提出，成立以张黎群会长为组长、副会长郭翔和秘书长肖约之为副组长的调查领导小组，在全国人大内务司法委员会的指导下，具体组织实施调查；调查人员由中国政法大学法社会学与青少年犯罪研究所的研究人员担任。方案还要求所在省市的中国青少年犯罪研究会的理事、会员以及省市的青少年犯罪研究会协

[1] 张荆、翟英范：“我国青少年犯罪研究事业的奠基人（下篇）——郭翔先生追忆张黎群老先生访谈录”，载《河南警察学院学报》2017年第1期。

助调查，并列出名单。

1991年9月25日，全国人大内务司法委员会又正式行文给八省市人大常委会，指出全国人大内务司法委员会委托中国青少年犯罪研究会进行青少年犯罪问题专项调查，调查对象为工读学校、少年管教所、监狱中25岁以下的违法犯罪青少年。调查人员将分赴有关省市，请你会尽可能地为调查人员提供食宿、交通等工作上的便利，并与有关部门取得联系，希望他们对这项调查给予支持和方便，使调查能顺利完成。

随即调查人员分赴各省市，开展调研工作。在各有关方面的大力支持与配合下，经过调查人员的辛勤努力，问卷调查和个案访谈工作顺利完成。回京后交由年轻社会学者佟新（女）运用电子计算机进行分析处理，获得有效数据46万多个。在获得丰富和有效数据的基础上，中国青少年犯罪研究会撰写了一万多字的调查报告，上报全国人大内务司法委员会。

1992年3月26日，全国人大内务司法委员会办公室在全国人大内务司法委员会"调查研究"第二期上全文印发了这个报告，并注明报送委员长、副委员长、秘书长、副秘书长、人大常委会委员、本委成员、顾问，妇女儿童专门小组成员、青少年专门小组成员、特约研究员；全国人大各专门委员会、法工委、常委会秘书处、常委会办公厅各局室、秘书局综合外、工作通讯编辑室、中国民主法制出版社；中央政法委员会、中央办公厅、国务院办公厅、中央研究室、国务院研究室、法制局；各省、自治区、直辖市人大常委会、内务司法委员会、法制工作委员会、政法委员会。由此可见，全国人大内务司法委员会不仅重视这次调查工作和调查报告，而且使其产生比较广泛和重要影响。

现将全国人大内务司法委员会印发的这份"关于八省市青少年违法犯罪问题的调查报告"摘要介绍如下：

调查报告共分六部分，即，

（1）关于违法犯罪的一般情况；

（2）关于违法犯罪青少年的家庭情况；

（3）学校教育与青少年违法犯罪的关系；

（4）志趣爱好与交友情况；

（5）重新违法犯罪情况；

（6）预防青少年违法犯罪的几点建议。

报告首先指出，受全国人大内务司法委员会的委托和指导，中国青少年犯罪研究会在北京、上海、河北、江苏、湖北、广东、四川、陕西八个省市开展了一次比较系统的大型调查。这次调查的重点是要了解 25 岁以下的离婚家庭和破损家庭子女的违法犯罪情况；中小学流失生的违法犯罪情况；和以“两劳”青年为对象，了解他们违法犯罪及重新违法犯罪情况。调查的目的是促进社会治安综合治理，有针对性地做好预防青少年违法犯罪、教育挽救违法犯罪青少年的工作。

报告指出，此次调查采用的是社会学随机定比抽样和问卷的方法。据统计，共收回调查问卷 2013 份，经过上机处理，从中获得有效调查问卷 1983 份，其中男性被试者 1804 人，女性被试者 179 人。接着，报告介绍了这次调查的主要数据。

关于几项基本数据，地区分布：北京 282 人（男 269 人，女 13 人）；上海 248 人（男 223 人，女 25 人）；河北 431 人（男 398 人，女 33 人）；江苏 245 人（男 201 人，女 44 人）；湖北 330 人（男 309 人，女 21 人）；陕西 113 人（男 99 人，女 14 人）；广东 189 人（男 168 人，女 21 人）；四川 101 人（男 100 人，女 1 人）；未填 44 人（男 37 人，女 7 人）。共计 1983 人。

关于被处理人员的类别，工读生 248 人占 12.5%；劳教 42 人，占 2.1%；有期徒刑 1288 人占 65%；无期徒刑 111 人，占 5.6%；死缓 56 人占 2.8%；未填 238 人占 12.0%。

关于年龄分布，9 岁至未满 14 岁 38 人；14 岁至未满 18 岁 1026 人；18 岁至未满 25 岁 875 人；未填 44 人。

关于文化程度，文盲 86 人占 4.3%；小学 54 人，占 2.7%；初中或技校 1194 人，占 60.2%；高中或中专 121 人，占 6.1%；大专以上 5 人，占 0.3%；未填或填写不当 523 人，占 26.4%。

关于在学或在职状况，失学或辍学的 357 人；待业或无业 576 人；在学 536 人；在业 393 人；未填 121 人。

关于城乡分布，农村 690 人；县城（镇）466 人；城市 770 人；未填 57 人。

报告认为值得注意的是，将失学或辍学与待业或无业的人二项相加，则闲散在社会上的违法犯罪青少年 933 人，占有效总数的 47%。对这部分人的管理与教育应当作为预防青少年违法犯罪问题的重点。

关于初次劣迹（含违纪、违法或其他不良行为）以及第一次违法犯罪年龄，数据表明，初次劣迹的年龄高峰曲线为 8 岁至 17 岁，除 9 岁以外，这期间每个年龄段人数均过百人，而 12 岁至 16 岁为初次劣迹高发年龄段，这正与青少年的青春期相吻合。其中 10 岁至 16 岁合计 1166 人，占填卷总数的 58. 8%；6 岁至 13 岁的 906 人，占填卷总数的 45. 7%。这说明半数以上的被调查者在少年时期就染有劣迹。

关于第一次违法犯罪的年龄，减去未填的 343 人后，14 岁至 17 岁四个年龄档次的人员共 1064 人，占已填问卷人员总数的 64. 8%，即已填问卷每 3 人中就有 2 人在这四个年龄档次中有违法犯罪行为。调查发现，初次劣迹年龄最高峰值为 14 岁；第一次违法犯罪年龄最高峰值为 16 岁。说明从初次劣迹到第一次违法犯罪过程的转变有两年的渐进时间。

关于违法犯罪的直接原因（可填两项）。依次排列为：“一时冲动”的 701 人次，占 26. 7%；“受坏人教唆”的 536 人次，占 20. 3%；“无意思”的 438 人次，占 16. 6%；“好奇心”的 371 人次，占 14%；“迫于生活”的 184 人次，占 7%；“受坏书和坏录像的影响”的 169 人次，占 6. 4%；“报复社会或家庭的” 108 人次，占 4%；其他原因 136 人次，占 5%。

调查表明，绝大多数青少年违法犯罪是仅由一项主要因素引起的，说明违法犯罪的偶发性；在居前四位的原因中，一时冲动、坏人教唆、无意识、好奇心的占 78. 1%。从中反映出青少年违法犯罪在动因方面具有冲动性、盲从性、猎奇性等特点，这与第一次违法犯罪高发年龄段正处于青春期所具有的心理、生理特点相呼应。

关于违法犯罪时是否想到会处罚，回答没想过的有 1113 人，占 56. 1%；回答想过或不怕或认为不会抓到自己的共计 726 人，占 36. 6%；未填的 144 人，占 7. 3%。从这一角度反映青少年违法犯罪时具有无知、幼稚、缺乏法制观念等特点。

关于问道你曾有过几次违法犯罪的经历，1983 人中，回答一次的 1093 人，占 55. 1%；二次的 244 人，占 12. 3%；三次的 98 人，占 4. 9%；四次以上的 235 人，占 11. 9%；未填的 313 人，占 15. 8%。仅填写有二次以上的违法犯罪经历的就达 577 人，占 29%以上，如果加上有多次违法犯罪经历而未填的，当不少于三分之一。

关于违法犯罪青少年的家庭情况，父亲职业为工人的占 41. 5%；为农民的占 32. 7%；为干部的占 12. 8%；为知识分子的占 3. 6%；为个体工商户的占 4. 9%；

其他占1.3%；未填的占3.2%。母亲职业为工人的占38.7%；为农民的占36.7%；为干部的占6%；为知识分子的占3%；为个体工商户的占5%；其他占2.1%；未填的占8%。据此可见，父母为工人、农民、干部、知识分子的占多数。但这只是绝对数统计，如果以各职业的人口比例为基数，那么“干部、知识分子”的比例将会大幅度提高。

关于父母文化程度，父亲为文盲224人，占11.3%；小学583人，占29.4%；初中或技校641人，占32.3%；高中或中专的313人，占15.8%；大专以上147人，占7.4%；未填75人，占3.8%。母亲的文化程度，文盲424人，占21.4%；小学598人，占30.2%；初中或技校588人，占29.7%；高中或中专194人，占9.8%；大专以上50人，占2.5%；未填129人，占6.5%。调查表明，违法犯罪青少年文化程度属初中或技校的比例远大于其父母，但文盲和大专的比例又远少于其父母。说明这些青少年接受普遍的义务教育，但上进心薄弱，享有高中、大专学历者寥寥。

关于家长的教育方式方法，当说谎被发现时，1983人中，填写家长讲道理的占52.2%；打骂的占34.2%；不管不问的占4.7%；赞许的占0.2%；未填的占8.7%。

当学习成绩不好时，1983人中填写家长讲道理的占43.5%；打骂的占26.6%；不管的占12.9%；赞许的占1.8%；未填的占15.2%。

关于你是否有离家出走的经历时，调查证明，离家出走的经历同违法犯罪保持高度相关性。1983人中，填写有离家出走经历的944人，占47.6%；经常离家出走的446人，占22.5%；没有离家出走经历的465人，占23.4%；未填的128人，占6.5%。调查表明，有过一次以上离家出走经历的合计1390人，占70%以上。据分析，在未填是否有离家出走项目的128人中，其中有的也有过离家出走的经历。

关于离家出走的直接原因，主要是父母打骂、自己犯错误怕父母责骂主动离家出走或受到父母责骂而离家出走、受坏伙伴教唆离家出走以及想出去玩和赚钱等。

关于家庭成员或近亲属中有无违法犯罪记录的，调查发现有20.5%的人家庭成员或近亲属中有违法犯罪的记录，并存在有意传授违法犯罪行为和潜移默化的影响之可能，同时使这些青少年产生自卑、自暴、自弃、仿效、无所谓等心理。

关于父母的婚姻状况，调查发现其中父母分居、离婚、再婚、丧偶的占24.1%，即约四分之一的违法犯罪青少年生活在破损家庭之中。调查中还对违法犯罪和父母离婚有无关系、和父母再婚有无关系等进行了询问，大约有30%左右认为有关系。

关于学校教育与青少年违法犯罪的关系，调查表明，一般而言，学习成绩和违法犯罪率成反比关系。

在校学习成绩的自我评价中，在1983人中，自我评价上等的271人，占13.7%；中等的1115人占56.2%；下等的528人，占26.6%；未填的69人，占3.5%。据分析，一般自我评价较高，但即便如此，自我评价学习中等和下等的共计1643人，占82.9%。

关于旷课逃学经历，在1983人中，填写经常旷课逃学的589人，占29.7%；有一般性旷课逃学经历的527人，占26.6%；有时旷课逃学的699人，占35.24%；未填的占8.5%。有不同程度的旷课逃学经历总计占到91%以上。

关于旷课逃学时间有多长，1983人中，旷课逃学一星期左右的1049人，占52.9%；一个月左右的240人，占12.1%；半学期左右的105人，占5.3%；一学期左右的34人，占1.7%；一学年左右的34人，占1.7%；旷课逃学一个月以上至一学年的计413人，占20.8%。

关于旷课逃学的直接原因所占比例依次为厌恶学习、学习负担重、想去赚钱、家长不让上学及其他原因。

关于旷课逃学后干些什么，“闲逛”的730人，占40%；在外赚钱的120人，占6.6%；看书睡大觉的100人，占5.5%；与坏孩子鬼混的471人，占26%；其他及未填的562人，占28.3%。

关于开始旷课逃学的年龄，调查发现初次劣迹、初次违法的高发年龄与开始旷课逃学的高发年龄相一致。在1815有旷课逃学的经历人中，10以下就开始旷课逃学的有60人，占3.3%；11岁至13岁的266人，占14.7%；14岁至16岁的1036人，占72%；17岁以上的61人，占3.4%；未填的122人占6.7%。调查发现，开始旷课逃学的年龄从11岁开始增多，而以14岁至16岁为旷课逃学高峰年龄段，三个年龄段共计1306人，占全部旷课逃学经历人数的72%。

调查还就志趣爱好及交友情况、是否看过黄色录像、日常生活中崇拜什么样的人、平时对你影响最大的人是谁以及是否结交过朋友等进行了问卷调查调查和询问。调查发现，结交不良伙伴是青少年违法犯罪的重要原因。

所谓坏朋友是指具有打架斗殴、偷摸、耍流氓、赌博及其他不良品行或违法犯罪的人。在1983人中，填写“结交过坏朋友”的有1103人，占55.6%。调查表明，曾结交过坏朋友的占一半以上。国内外的学术研究与实践均证明，同龄不良群体、不良伙伴的影响是青少年违法犯罪的重要原因之一。在调查中发现，在旷课逃学后与坏孩子鬼混的人数占24.3%。从中也反映出结交坏朋友的概率之高及其不良后果。

关于重新违法犯罪的情况，在1983份问卷中，回答本次受处理属重新违法犯罪的285人，占14.4%。调查发现，重新违法犯罪人数在12岁至17岁期间逐渐增高，其中又以17岁为最多，16岁次之，两者相加为38.6%，占三分之一以上。18岁以后重新违法犯罪的数量呈下降趋势，18岁至25岁这八个年龄段合计才91人，平均每个年龄段为11.4人。

关于重新违法犯罪时父母的婚姻状况，在285人中，父母分居、离婚、再婚、丧偶的合计占28.8%，高于一般违法犯罪情况下父母离婚和破损家庭的比率。

关于重新违法犯罪时的身份，失学及无业或失业合计167人，占59%，远远高于在学在职青少年违法犯罪率。

关于第一次违法犯罪解教刑释后是否与一起关押过的违法犯罪人员来往，调查发现，有不同程度来往的合计161人，占56%以上。

关于第一次违法犯罪解教刑释后是否与一起干过坏事的朋友来往，其中有不同程度来往的175人，占61.4%。

关于第一次违法犯罪解教刑释后家长的态度、学校教师的态度、业余生活主要内容等也是调查的内容。至于再次违法犯罪的直接原因，主要有因生活困难、受坏人引诱、寻求刺激、控制不住自己、把受法律处理的损失补回来、有不满情绪或想报复社会等。

关于再次违法犯罪与第一次违法犯罪解教刑释后间隔时间，在285人中，一年以内的186人，占65.3%，居多数，其余为一年以上再次违法犯罪。

调查报告根据调查的情况和研究分析，就预防青少年违法犯罪提出八项建议。主要是：

第一，建议国家教委、公安部、司法部、民政部、劳动部及其他国务院有关部门和省、自治区、直辖市人大常委会，根据《未成年人保护法》的要求，尽快制定有关实施细则或条例；最高人民法院、最高人民检察院也应制定实施办法，以便《未成年人保护法》的贯彻执行。

第二，鉴于我国《刑法》和《治安处罚条例》在法律责任年龄上的限制，对不满14以下的少年实施了危害社会的行为缺乏有效的法律干预，建议制定《少年事件处理法》或《少年事件处理条例》，对8岁以上14岁以下的少年儿童实施危害社会的行为及不良行为分类予以法律上的处置，其中包括警告、责令改过、社区帮教、送工读学校，严重者可由政府收容教养。同时确定家长、学校、街道、居委会、村委会、派出所应负的管教责任等，借以弥补对不满14岁少年儿童的危害社会行为无法律干预的空白。

第三，鉴于本次被调查人中受刑事处罚的比例甚高（被判有期徒刑的1455人，占73%），建议进一步制定对青少年犯罪的非刑事处罚的规定，更大幅度地降低对违法犯罪少年的拘禁和刑事处理，使非刑事处罚逐渐成为处理和控制青少年违法犯罪的主要措施。

第四，调查中发现违法犯罪青少年从有初次劣迹到第一次违法犯罪存在一个渐变过程，为此建议加强对青少年越轨行为的早期干预，免除违法犯罪的形成。早期干预中要贯彻以下原则：一是早期干预从小抓起，及早抓起；二是早期干预主要是以德育和行为规范为主要内容。法律的干预功能主要是对青少年健康发展起保障、保护作用，不应主要用于处罚；三是早期干预不能违反青少年身心发展规律。过多地强调控制、压抑，会妨碍个性正常发展，导致逆反心理，其干预的结果可能事与愿违。

第五，初次劣迹和第一次违法犯罪年龄出现低龄趋向，与当代青少年青春期前移密切相关。建议广泛开展青春期教育，让青少年了解自己，让社会理解青少年在青春期特殊的心理、行为特征。认为青春期教育就是性教育，那是一种误解。青春期不仅易出现性越轨，而且还会伴随一系列其他行为问题。

第六，环境因素是青少年违法犯罪的重要外部原因。因此，注意净化微观环境，并提供适宜的闲暇生活场所和设施，以及有益的文件娱乐作品。

第七，调查中发现家庭结构变化和家教方式方法对青少年有重大影响。建议广泛设立家长学校，组织家教问题讲座和咨询服务，向家长宣传“鼓励孩子正向成才和防止孩子逆向堕落”具有同等重要意义。对虐待、遗弃、放纵孩子作恶、失职的家长应制定相应的法律规定予以处罚和约束。

第八，流失生使得学校、社会、家长对他们管束处于失控的境地，因此，学校应针对具体情况，为流失生创造回归校园的适宜环境和措施；流失生家长应担负起促使孩子重返校园的责任。对拒不履行家长义务的，教育部门或有关方面应给予训诫。

全国人大内务司法委员会将此期“调查研究”内部刊物印发报送范围较广，层级较高，并且研究成果厚重。故这次重要调查当时在决策层面产生了广泛影响。张黎群会长多次讲，这次调查是中国青少年犯罪研究会重要学术活动和重要学术成果之一，体现了理论联系实际、学术研究和社会效益相结合、科学研究人员和实际部门相结合的特点。

中国政法大学对我所研究人员承担并顺利完成这次调查任务也很重视。1993 年 3 月 30 日，校长办公室编印的《中国政法大学简报》（第一期）以“坚持科研正确方向，积极为法制建设服务，我校法社会学与青少年犯罪研究所 1992 年取得重要科研成果”为标题首先介绍了这次调查。指出“受全国人大内务司法委员会的委托和指导，在中国青少年犯罪研究会的组织指导下，该所承担了八省市青少年违法犯罪调查任务。按照抽样调查的方式，共选择 2000 多个样本，经过计算机分析处理，获得数据 46 万多个，对当前青少年违法犯罪的现状、特点和原因作了进一步的研究，提出了相应的预防和控制对策。在此基础上形成了一万余字的《关于八省市青少年违法犯罪问题调查报告》，全国人大内务司法委员会办公室于 1992 年 3 月 26 日印发报送委员长、副委员长及中央政法委员会和省、直辖市、自治区有关领导部门参考，直接进入党和政府高层的决策部门”。这份简报报送校主管部门、司法部、国家教委、北京市教育部门，及西南政法学院、华东政法学院、西北政法学院、中南政法学院。

顺便指出，我当时所在的中国政法大学法社会学与青少年犯罪研究所的研究人员确实对此次调查工作付出了辛勤和努力，尤其是年轻社会学者佟新（女）以严谨的态度和社会学的科学方法，运用电子计算机进行分析处理，获得各种有效数据，为撰写调研报名奠定了扎实基础。佟新后到北京大学攻读博士学位，并在取得学位后留在北京大学任教，是社会学教授。

根据张黎群会长的指示，并征得全国人大内务司法委员会的同意，中国青少年犯罪研究会会刊《青少年犯罪研究》1992 年第六期全文刊登了这份调研报告。在“编者按”中指出“这次较大规模的科学调研活动，是中国青少年犯罪研究会根据全国人大内务司法委员会的提议与委托，并在其指导下，组织中国政法大学法社会学与青少年犯罪研究所的研究人员具体实施的并得到了所在的省市人大常委会、劳改局、工读教育部门、中国青少年犯罪研究会的理事与会员及中国政法大学的大力支持与帮助。从 1991 年 8 月开始到 1992 年结束，历时半年。此次调查运用了社会学随机定比抽样的方法，选择样本 2000 余个，经过电子计算机分析处理，获得数据 46 万多个，具有较高的可信度和科学性。调查报告是在这次调研基础上形成的，也是这次调查的结晶”。又指出，“我国青少年犯罪研究的深入，理论层次的提高，科研成果的实际应用价值，在很大程度上依赖于运用现代方法进行广泛的调查。我们期望有更多的具有科学价值的调查报告问世”。

这次运用科学方法论进行的重要调查已经永远载入中国青少年犯罪研究会学术活动史册。

二、关于在武汉市武昌区进行的“同龄群青少年违法犯罪纵向跟踪调查”

我在追忆张黎群先生的访谈中已对此项调查做过简单介绍，[1]现再作些补充。

关于在武汉市武昌区进行的同龄群青少年违法犯罪纵向跟踪调查，是中国青少年犯罪研究会运用科学方法论进行的在国际犯罪学界有广泛影响的重要调查。这次调查是美国著名犯罪学家、宾夕法尼亚大学塞林犯罪学与刑法研究中心主任马汶·沃尔夫冈（Marvin Wolfgang）教授提议的，并在他亲自提供咨询和技术指导下进行的，是中国青少年犯罪研究会运用先进的科学方法论进行调查的典范。

沃尔夫冈教授和其助手在费城两次开展同龄群青少年违法犯罪纵向跟踪调查，一次是 1945 年出生，并至少在他们 10 岁至 18 岁这段年龄居住在费城的少年，计 9945 名。调查发现其中有 3475 名，即 35%的少年至少有过一次警方记录；而有 6470 名也即 65%左右的少年并无类似记录。调查发现少年犯罪次数有递减趋势，约有 46%的少年犯罪者在第一次犯罪后就自然停止再次犯罪，即由 3475 人减至 1862 人；约有 35%的少年犯罪者在第二次犯罪后不再犯罪，即由 1862 人减至 1222 人；而第三次犯罪后不再犯罪的人数较少。第四次至第五次犯罪的人则成为习惯性犯罪人。被捕五次以上的有 627 人，占有犯罪记录的 6%。

[1] 张荆、翟英范：“我国青少年犯罪研究事业的奠基人（下篇）——郭翔先生追忆张黎群老先生访谈录”，载《河南警察学院学报》2017 年第 1 期。

这627个习惯性犯罪人总共犯了3305桩罪行，占全部样本犯罪行为的51.9%，其中他们占杀人犯罪的71%，占强奸犯罪的73%，占抢劫抢夺犯罪的82%，占伤害犯罪的69%。

美国法律规定，未成年人如果离家出走、逃学、流浪、深夜不归等为“身份罪”，警方可采取干预措施，如系成年人则不构成犯罪；指标犯罪系刑事犯罪，指八种严重犯罪行为，即谋杀、强奸、抢劫、人身攻击、夜盗、偷窃、偷车、纵火等。少年犯罪调查中既有“身份罪”，也有指标罪。

第二次费城调查对象为1958年出生的居住在费城的人，共有28 338人，其中男性有13 811人，女性有14 527人。有警方记录的20 089人，习惯性犯罪人占7.5%，略高于1945年出生的人。1958年出生的女性犯罪人极少，占全部女性的1%。而1958年出生的人所犯严重罪行略高于1945年出生的人。

费城调查发现非白人族群青少年犯罪率要高于白人族群青少年犯罪率三倍之多；在校学习成绩好的不易成为犯罪青少年，学习成绩不好的则容易成为犯罪青少年。而且多数违法犯罪青少年出身于经济社会较低的家庭。

根据调查结果，沃尔夫冈强调，司法的重点是找出6%的习惯性犯罪人，而对第一次、第二次犯罪后不再犯罪的少年减少司法干预。

沃尔夫冈的费城调查在国际犯罪学界产生重大影响。随后在英国伦敦、瑞典斯德哥尔摩、日本东京及美国托管的波多黎各也进行了类似调查，深刻影响了一些国家的司法制度和刑事政策。沃尔夫冈希望在中国也进行类似调查，由此对不同国家、不同社会制度、不同发展阶段、不同历史文化背景的青少年犯罪进行比较研究。沃尔夫冈教授于1988年10月参加中国教育国际交流协会在上海举办的“轻微犯罪学生教育问题国际研讨会”和1989年1月来华访问时都同我提出过想在中国按照费城的调查方法进行调查；1989年8月，沃尔夫冈教授专程来华并在国家教委安排下到中国政法大学同我座谈在中国的调查问题。我向张黎群汇报后，中国青少年犯罪研究会决定开展此项调查工作，并着手进行筹备事宜。由于牵涉面较广，又有涉外问题，所以首先抓紧同各有关方面沟通协商。

经过中国教育国际交流协会与中国青少年犯罪研究会协商，并征得公安部的同意，由中国青少年犯罪研究会负责组织领导在中国的调查。

中国青少年犯罪研究会在张黎群会长主持下，召开会长会议研究调查有关事宜。关于调查地点，张黎群会长首先提出把北京、天津、上海三个直辖市排除在外。当时学会根据调研条件和调研力量曾考虑三个地方，即山东济南、四川成都、湖北武汉。经过反复研究，最终确定武汉。学会将初步意见告诉中国教育国际交流协会，并请他们函告公安部取得指导与支持，同时请学会副会长、公安部公共安全研究所所长戴宜生向公安部汇报请求支持，其本人参加学会组织的此项调查；学会亦通知学会副秘书长、湖北省青少年犯罪研究会常务副会长许前程，拟在武汉调查的意向。许前程欣然允诺，并表示将竭尽全力完成学会调查任务。

为确保调查工作的顺利进行，1990 年 1 月 13 日，中国教育国际交流协会以国际协（1990）003 号正式行文公安部，题目为“请支持在武汉市进行青少年犯罪随机抽样调查的请示”。文函首先指出，“中国教育国际交流协会系由原教育部报请国务院批准，于一九八四年成立的全国性对外交流的社会团体。一九八八年十月，协会曾与国家教委中学司在上海联合召开了‘轻微犯罪青少年学生教育国际研讨会’，就如何加强对有轻微犯罪行为的青少年，在接受义务教育期间的特殊教育问题，进行了研讨并取得一定成效。会后，与会的国际知名犯罪学家、美国宾夕法尼亚大学塞林犯罪学与刑法研究中心主任沃尔夫冈教授曾多次向我会及中国青少年犯罪研究学会建议，由中美双方联合在华开展一项当代通用的青少年犯罪问题的随机抽样跟踪调查。中国青少年犯罪研究学会认为进行此调查对填补我国在这一领域的学术研究空白具有重要意义，对具体地了解青少年犯罪的主客观原因，据此制定科学的预防和控制青少年犯罪的对策具有重要实用价值。最近，青少年犯罪学会向我会提出，希望在沃尔夫冈教授的指导下，共同进行这项工作”。

文函介绍，“调查对象，拟为一九七三年在武汉市出生并在十三岁以后至十七岁仍居住在该市的青少年。调查采取追溯调查和跟踪调查相结合的办法，即选定该市同一年龄、同等人数的没有问题和有问题的部分人，了解有犯罪记录的人的犯罪类型，分析学校、家庭、社区几方面的针对性教育，探讨科学的预防和控制青少年犯罪的对策及进一步的改进，加强对青少年的教育工作”。

文函指出，“调查资料的分析处理均由中方负责，美方只是在调查技术上给以指导。调查数据与结论，经中国方面同意后可提供学术会议引用。调查所需的经费由我会、中国青少年犯罪研究学会和美国宾夕法尼亚大学塞林犯罪学与刑法研究中心共同筹集，基本上不要国家单拨经费进行”。

文函强调，“我会认为，借鉴国外的科学的社会调研方法，并从实际出发开展这一课题的调研是有理论与实际意义的，是对有问题的青少年教育的延伸，故予以支持。但是进行此项目将涉及居民个人的人事档案及私人问题，为此，需取得你部和湖北省公安厅、武汉市公安局的大力支持，如你部公共安全研究所的领导同志能参加此项调查的组织工作均有助于这个调查项目的合法进行”。

文后附中国青少年犯罪研究学会的报告，同时将此文函抄送中国青少年犯罪研究学会。

公安部研究后，决定支持这项调查，同意戴宜生以公安部公共安全研究所所长的身份参与组织领导此项调查，并正式函告湖北省公安厅支持和配合调查工作。戴宜生持公安部领导批示件偕同我专门赴武汉市向湖北省公安厅报告。省公安厅负责同志热情接待戴、郭二人，表示大力支持在武汉市的调查，同时指示武汉市公安局予以支持和配合。我们二人又带着许前程同武汉市公安局领导见面沟通。武汉市公安局负责同志表示全力支持和配合此次调查，认为这是一项光荣的任务，有助于武汉市的预防和治理青少年犯罪的工作。戴、郭二人代表学会要求许前程尽快联络组织调研人员，其中特别提到先同武汉市公安局老公安康惠农及湖北省社会科学院的于真和许德琦联系商量，于、许二人曾著有调查手册工具书和社会调查方面的专著，目的在于事先做好调研骨干的联络和准备工作。

沃尔夫冈教授十分关心在中国的调查工作。1990 年初又专程来华了解调查的酝酿进展情况，在同我见面后又约请同张黎群会长见面。1990 年 2 月 7 日张黎群会长会见并宴请了沃尔夫冈教授，中国教育国际交流协会秘书长葛守勤和戴宜生、郭翔陪同在座。张会长代表中国青少年犯罪研究会当场敲定了武汉调查。

在取得有关方面的同意和支持后，学会抓紧研究调研方案。关于调查的组织领导问题，拟成立调查领导小组、顾问咨询委员会和调研办公室，建议张黎群会长任调查领导小组组长，但张会长意见他还是超脱些好。于是学会请张会长担任顾问咨询委员会的主任，中国教育国际交流协会和湖北省公安厅、武汉市公安局各派出一人担任咨询委员；决定郭翔担任调查领导小组组长，戴宜生、张潘仕（学会副秘书长）、许前程担任副组长；武汉调研课题组组长由许前程担任，康惠农任副组长，成员有于真、许德琦、吴再德、朱斌等。调研对象为 1973 年在武汉出生并在 13 岁以后至 17 岁仍居住在武汉市的少年，从中找出有违法犯罪记录的人，然后随机抽样同等数量的无违法犯罪记录的人进行回溯调查和跟踪调，从中找出违法犯罪规律性的东西，据以制订科学的防范对策。调研方案还就邀请沃尔夫冈教授咨询和技术指导及经费筹集和使用问题提出建议性意见。

1990年4月20日，中国青少年犯罪研究会致函中国教育国际交流协会，内容如下：现将我会“关于在武汉市对同龄群青少年违法犯罪情况进行跟踪调查的意见书”一份送上。请贵会对这一项目给予指导和支持。其中包括邀请美国宾夕法尼亚大学沃尔夫冈教授等有关外国学者来华以讲学方式，在调查方法与技术方面予以咨询帮助；收取沃尔夫冈教授筹集的资金项目的费用；在调查总结阶段，组织召开国际学术会议，以及其他有关本项目的对外联络工作。此外，请贵会派一名负责同志参加调研咨询委员会，派一名同志参加调研办公室。

文函指出，“在武汉市实施的纵向跟踪调查，对加强和改善青少年学生的教育，预防和控制青少年学生违法犯罪有着现实意义。因此，本项目应视为我会与贵会合作进行的项目。关于分工，我会意见，凡涉及本项目的对内联络组织工作，以我会为主负责；凡涉及对外联络与交流工作，请贵会负责”。中国教育国际交流协会同意中国青少年犯罪研究会的安排和建议。

1990年4月28日，中国青少年犯罪研究会又致函武汉市公安局，指出“为了贯彻党中央关于加强对青少年违法犯罪研究的指示，更好地为稳定社会大局服务，经我会与中国教育国际交流协会、公安部公共安全研究所协商，拟在武汉市对同龄群青少年违法犯罪情况进行纵向跟踪调查，以切实探求青少年违法犯罪规律，为党和政府及有关部门制定预防和治理青少年犯罪问题的决策提供科学依据”。函件附上中国青少年犯罪研究会关于调查工作的意见书，请武汉市公安局“给予大力指导和支持，并请贵局派一名负责同志参与咨询委员会”。武汉市公安局再次表示对调查工作的支持。

1990年5月，沃尔夫冈教授再次来华。他对中国青少年犯罪研究会在拟出的初步方案（意见书）和与各有关方面协商并达成共识的情况表示满意。此前学会曾通知许前程和许德琦二人来京，就落实调查方案交换意见，随后由郭翔、戴宜生带他们到国家教委外事接待室会见专门来华的沃尔夫冈教授。在各项准备工作就绪后，沃尔夫冈教授由我和戴宜生及中国教育国际交流协会的专职翻译杨孟女士陪同赴武汉，会见了各有关方面人士，同时在许前程主持召开的培训班上由沃尔夫冈教授简单介绍了费城的调查，以及调查的方法和技术。沃尔夫冈在北京和武汉了解情况后，对各项准备工作深为满意，并表示一定要帮助武汉的调查搞成功。

1990年6月15日出版的《青少年犯罪研究》（第六期）刊登简讯："同龄群青少年犯罪跟踪调查即将在武汉展开"。简讯指出，"同龄群青少年犯罪问题纵向跟踪调查，由中国青少年犯罪研究学会会同中国教育国际交流协会和公安部公共安全研究所经过反复协商，并取得湖北省公安厅、武汉市公安局的积极配合与支持，可望年内在武昌区范围展开，在取得经验并做好充分准备后，将逐步在武汉市城区展开"。简讯提到，"按照调查方案，将采用随机抽样方式，对1973年在武汉市出生并在13岁至17岁期间生活在武汉市而有违法犯罪记录的未成年人，进行回溯调查，并确定为跟踪调查对象，然后，再确定同等数量的同龄群中无违法犯罪记录的未成年人作为跟踪调查参照组，对两组人员从18岁开始进行为期四年的跟踪调查，考察其在违法犯罪方面的变化，从中寻找出第一次违法犯罪的年龄，第一次违法犯罪和多次违法犯罪的区别，违法犯罪的类型，违法犯罪的原因。对有关数据运用电子计算机分析处理"。简讯指出，"为了组织好这项调查工作，将成立有关方面负责人参加的咨询委员会，并成立调研办公室和调研工作小组。具体调查工作，将委托中国青少年犯罪研究学会中南地区研究与联络中心和湖北省社会调查研究会负责实施"。

纵观武汉的调查工作，大体分为五个阶段：

第一阶段从1990年1月到1990年12月，为准备阶段，包括联络各有关方面，取得共识和支持；拟定调研方案，组成调研机构；联系和培训调研人员，在武汉市武昌区粮道街进行试验性调查，以取得经验。同时调整调查方案，原拟在武汉全市调查，限于经费和人力，最后定在武汉市的武昌区实施调查。武昌区有得天独厚的条件。武昌是辛亥革命第一枪打响之地，历史名声大；又是武汉大学等著名高校集中之处；历史名胜黄鹤楼也在武昌；交通便利，社会管理也较好。所以经与各有关方面协商，都同意调查范围定在武昌。

第二阶段，从1991年6月开始，为在武昌区进行纵向回溯性调查阶段，确定A、B组跟踪调查对象。

第三阶段，从1991年6月至1994年12月，为纵向跟踪调查阶段，即考察A、B两组人员在违法犯罪方面的情况变化。

第四阶段，1995年1月至11月，为调查总结阶段。

第五阶段，从2000年6月至2001年6月，为补充调查阶段。

1998年沃尔夫冈逝世前夕，专门约请他的好友、北卡罗莱纳大学夏洛特分校刑事司法系主任弗瑞德教授和他指导的博士生、加州大学萨克门托分校任昕教授到床前交代他们继续武昌调查工作。二人承诺并遵从沃尔夫冈教授的临终嘱托，倾力支持和指导武昌的调查工作。

由于美国和中国的法律规定有所不同，因此涉及青少年的犯罪概念也有所不同。美国未成年人相关制度有“身份罪”的概念，指那些离家出走、逃学、流浪、深夜不归等构成身份罪，警方可予以干预；这些行为如系成年人则不视为犯罪。美国法律规定的指标犯罪，如杀人、抢劫、强奸、伤害、盗窃、入室盗窃等暴力犯罪和财产型犯罪，无论是成年人还是未成年人实施这些行为都属于犯罪。中国没有关于未成年人身份罪的规定。在中国所谓违法，是指违犯“治安管理处罚条例”等行政法规的行为；犯罪是指违犯“刑法”的行为。在调查中通称违法犯罪行为，因为警方对这类行为都要进行干预。但对每个人的行为属违法的归违法，属犯罪的归犯罪。

以许前程为组长的课题调查组首先联络、组织、培训调研人员。据调研人员分别来自湖北省和武汉市青少年犯罪研究会的理事和会员，武汉市警官学校学员，湖北省社会调查研究会的人士，华中师范大学社会学系的师生，各有关公安派出所的干警等。从调查开始到调查结束长达十余年的调查过程，直接或间接参与调查工作的调查人员近千人之多。

调查开始，先对武汉市居民和1973年出生的未成年人进行普查。武汉市有公安派出所263个，1990年全市人口为6 532 563人。当时派出所尚未配备电脑，调查人员到所有派出所逐个查阅户口卡片，找出全市1973年出生的未成年人计有26 976人。由于工作量太大，又受经费所限，故经过研究与协商，调查范围确定在武昌区进行。为取得经验，1990年下半年至1991年春，首先在武昌区的粮道街进行试点调查。粮道街处在历史名胜黄鹤楼下，共有居民42 284人，其中1973年出生的未成年人366人，男性195人，女性171人。经过回溯调查，有违法犯罪记录的为5人，占1973年出生的1.36%。

在粮道街试点调查后，随即在武昌区展开调查。武昌区辖有14个街道办事处，设有15个公安派出所。通过1990年摸底调查，武昌区共有居民204 254户，722 599人。其中1973年出生有5 341人，男性2 704人，女性2 641人。(到20世纪90年代末，武昌区人口增加到821 115人，十年间增加了约十万人。)

在回溯调查中，1973年出生的5 341名未成年人中，有违法犯罪记录的81

人，占同龄未成年人的1.51%，其中男性76人，女性5人。在有违法犯罪记录的81人中，属于轻微违法的47人，主要是流氓活动、打架、扒窃、损坏公物等。受到的法律处理主要是警告，共有33人；罚款8人；其他6人。属于犯罪的34人，主要是偷窃、流氓伤害、聚众斗殴等。受到的法律处理主要是拘留20人；送少年教养3人；判五年以下有期徒刑11人。

在确定81人为A组后，又在同一社区用随机抽样的方法选择出81名无违法犯罪的未成年人列为B组。将两组未成年人进行纵向跟踪调查。调查的重点内容包括A组有哪些人又有违法犯罪记录，有几次违法犯罪记录；违法犯罪的性质及造成的后果；对他们是如何处理的；他们再次违法犯罪的直接原因和间接原因；再次违法犯罪的年龄等。对B组跟踪调查的主要内容是他们有无违法犯罪记录，违法犯罪的性质、处理结果、违法犯罪的原因。同时两组人员的职业、家庭情况等也属于调查内容。由于两组人员职业的变化、地区流动等情况，调查人员还远赴广东、福建等经济发达地区通过公安部门查问两组人员中有无违法犯罪记录。由于调查人员认真负责、不辞辛苦，在有关方面配合下，完成了对A、B两组人员跟踪调查的任务。A组中有第二次违法犯罪记录的为8人，有再次违法犯罪记录的只有1人。这些人还不算习惯性犯罪人。调查发现重新违法犯罪率较低的原因之一在于武汉全市开展了社会帮教活动，帮教小组对这些有违法犯罪记录的回归社会的人开展有针对性的帮教活动，帮助他们悔过自新，重新做人。

经对B组81人跟踪调查，没有发现有违法犯罪记录的人，仅发现9个从事个体经营者在经营活动中有偷税、漏税、销售伪劣商品等经济方面不法行为。9人中8名为男性，1人为女性。

通过A、B两组人员的对比，发现A组人员文化教育一般较低，家庭收入偏差，有的属于残缺家庭，人品也有缺陷。而B组人员所受教育及家庭经济情况均较A组好。两组人员的人生目标和价值观念不同，B组人员的素质明显优于A组人员。

武汉调查同费城调查比较，美国的青少年违法犯罪率明显高于中国。美国有族群问题，而中国则未发现有族群问题。但是中美两国也有相似的地方，如在美国，较高社会经济阶层与中等社会经济地位家庭的青少年违法犯罪率较低，而社会经济地位较低的家庭的青少年违法犯罪率要高。同样，武昌的调查也显示，中等以上经济收入家庭的青少年违法犯罪率较低；而低收入家庭的青少年违法犯罪率要高。世界各国的青少年违法犯罪在这方面有着相似的共性。

1994 年下半年，许前程将武昌调查取得的阶段性成果书面报告给中国青少年犯罪研究会。1995 年 2 月，沃尔夫冈教授来华，专门了解武昌的调查问题。据会刊《青少年犯罪研究》1995 年 4 月 15 日出版的三、四期合刊上载出“郭翔、戴宜生会见沃尔夫冈教授”的简讯指出，“1995 年 2 月 20 日，中国青少年犯罪研究会副会长郭翔教授、戴宜生教授在国家教委外宾接待室会见了美国宾夕法尼亚大学塞林犯罪学与刑法研究中心主任马汶·沃尔夫冈教授，就中美两国的青少年犯罪情况及在中国武汉进行的青少年同龄群违法犯罪纵向跟踪调查进行了交谈”。简讯指出，“沃尔夫冈教授 1994 年被评为世界最有影响的犯罪学家。英国《犯罪学导刊》刊出了评选情况和结论。他在费城组织的两次青年同龄群跟踪调查，对美国的少年犯罪预防和少年司法制度产生了深刻影响，并引起国际社会的关注。英国、日本、瑞典等国已经进行类似调查。这位公认的犯罪学权威多次表示，希望中美两国应进一步加强在青少年犯罪研究领域的交流”。郭、戴简要介绍了武昌调查进展情况，并将许前程关于武昌调查阶段性成果报告交给沃尔夫冈教授一份。

沃尔夫冈教授回到美国后，让人把中文本报告翻译成英文，在美国国家司法研究所举行的“正在进行的研究”系列讲座中介绍了武汉调查的阶段性成果。讲座由美国司法研究所制成 60 分钟的录音，向全世界发行。讲座英文摘要发表在 1996 年 5 月美国国家司法研究所的研究报告中。沃尔夫冈于 1996 年 7 月下旬应邀参加大连国际学术会议时，将英文摘要递交给张黎群会长。沃尔夫冈的这份题为“中国的青少年违法犯罪：同龄组研究”由张会长交给中国司法部预防犯罪研究所的卢奇女士译成中文在《青少年犯罪研究》1996 年第十期和十一期合刊上发表。

根据张黎群会长指示，经学会研究，同意将许前程执笔的《武汉市同龄群青少年违法犯罪纵向跟踪调查回溯调查情况报告》，全文发表在 1996 年第四期《青少年犯罪研究》上。报告介绍了调查进展情况和数据分析，比较客观和全面地反映了武昌调查的阶段性成果。沃尔夫冈教授主要根据此报告和他收集到的其他中国犯罪资料，撰写成主要介绍武昌调查的讲座报告，并在美国司法研究所举办的讲座进行讲演，当时在美国和国际犯罪学界引起很大反响。沃尔夫冈教授在此后几次访华及中国青少年犯罪研究会的专家访美时，同张黎群会长和中国青少年犯罪研究会的其他领导多次提到在武昌调查结束时，由他出面邀请世界各国犯罪学家到武汉参加一次有关同龄群青少年违法犯罪调查的国际研讨会，并请中国青少年犯罪研究会和中国教育国际交流协会及中国有关方面做东道主负责组织领导此次国际学术会议。主要意图是在不同国家、不同社会制度、不同历史文化背景、不同发展阶段，进行青少年犯罪问题的比较研究。中国青少年犯罪研究会和中国教育国际交流协会及有关方面赞同沃尔夫冈教授的提议，认为在中国召开这样的国际学术会议，不仅会促进中国的青少年犯罪研究工作和预防治理青少年犯罪问题，而且会扩大中国的研究成果和实践经验在国际上的影响；同时又有助于借鉴和参考国际社会在青少年犯罪研究方面运用先进的科学方法取得的成果和经验。

但不幸的是，沃尔夫冈教授因患胰腺癌于 1998 年 4 月与世长辞。可欣慰的是，弗瑞德教授和任昕教授按照沃尔夫冈教授临终托付，继续配合和指导武昌的调查工作。以许前程为组长的课题调查组在 1994 年和 1995 年对 A、B 两组跟踪调查的基础上，又于 2000 年和 2001 年对两组人员进行跟踪调查。这次调查告一段落后，整个武昌调查即告结束。许前程执笔撰写了调查总结报告，并转交给任昕教授和弗瑞德教授。

经中国青少年犯罪研究会研究并征得有关方面意见，2002 年《青少年犯罪研究》第一期全文刊登了署名郭翔、许前程、戴宜生、张潘仕的《武汉市同龄群青少年违法犯罪纵向追踪调查研究报告》，实际上是武昌调查的最终总结报告。“其实这份调研报告是由许前程执笔撰写的，武汉市参与调查的人员为调研工作和报告的起草付出了艰辛劳动，而我及戴宜生、张潘仕并未参与报告的起草。但由于武昌开展的整个调查工作是由中国青少年犯罪研究会组织领导的，所以把我、戴宜生、张潘仕也在报告上署名；而我又是此次调查工作主要组织领导的参与者，所以把我的名字放在前面。当然，我们三人一直关注并配合武昌的调查。”

这份调查研究报告约三万余字，分为导论、武汉调查的理论基础（主要是借鉴和运用沃尔夫冈教授的费城调查的科学方法）、武汉跟踪调查的设计和开展、跟踪调查的运作、选择武昌区调查的理由和根据、调查样本的取得、回溯调查情况和取得的数据及分析、跟踪调查的情况和数据分析同龄群中有违法犯罪的未成年人和同数量没有违法犯罪的未成年人的有关情况比较、中美两国青少年违法犯罪比较分析和在调查中引发的几点思考和建议等。由于调查组织和进展得比较严谨，调查数据又经过严格审核和把关，所以调查结果具有较高的科学性和信度。这份调查总结报告和许前程此前提交的阶段性成果已经成为中国青少年犯罪研究会的重要学术文献载入中国青少年犯罪研究会的历史之中。

武昌调查是中国青少年犯罪研究会运用科学方法论的典范，并且是在美国著名犯罪学家提议和提供咨询及技术指导下进行的，调查结果得到沃尔夫冈教授和其承续者弗瑞德教授、任昕教授的认可，在国内外犯罪学界产生广泛影响。那种指责中国青少年犯罪研究会从成立以来一直没有科学方法论的说法是毫无根据的，是不负责任的。

实际上，中国青少年犯罪研究会成立以来一直重视运用科学方法论进行多次调查。1998 年 1 月，在广州市召开的中国青少年犯罪研究会工作会议上，张黎群会长在工作报告中简单回顾了中国青少年犯罪研究会进行的多次调查，指出“我们过去曾搞过一些调查，效果是成功的。青少年犯罪学是应用性很强的学科，不做深入的调查，很难把学术见解建筑在牢固的客观基础之上”。又说，“如果从来没有搞过调查，只是在书斋里著书立说，很难有自己的独到的科学见解。我并不是反对蹲在书斋里著书立说，我只是说，如果认真做些调查，会对在书斋里著书立说大有好处。我们不要小看调查，我国著名社会学家费孝通教授搞的‘江村调查’不是产生巨大影响吗？雷洁琼副委员长的先生严景耀教授，为了调查中国 20 年代的社会变迁和犯罪问题，就长时期深入北京监狱搞了系统调查，并根据此项调查，在美国哥伦比亚大学写了博士论文”。张黎群接着根据社会现实情况和研究需要，提出以下应重点调查的 12 个问题，即“独生子女犯罪的调查；城镇失业、半失业的家庭状况及子女犯罪的调查；城镇流动人口中的青少年犯罪调查；中小学生违法犯罪调查；女性犯罪与被害调查；青年员工犯罪调查；缓刑、假释的考察及效果调查；重新犯罪调查；社会风气、价值观、道德观与青少年犯罪调查；家庭结构、家庭关系和青少年犯罪调查；离家出走和辍学未成年人犯罪调查；农村变革和青少年犯罪调查”。张黎群说，“大家可以自选题目，下功夫搞些调查。调查的方法，既可以采取抽样方法，也可以是典型案例剖析。最好有正反两种样本，以便从比较分析中得出结论”。他表示，“总会也准备搞点调查，题目定下后，希望得到大家的支持”。

中国青少年犯罪研究会工作会议根据张黎群会长提议于 1998 年 1 月 16 日在广州召开，得到广州市中级人民法院的大力支持。出席会议的有中国青少年犯罪研究会的负责人、有关专业委员会的负责人或代表、部分省市青少年犯罪研究会的负责人或代表约 40 人；广州市中级人民法院院长、广州市青少年犯罪研究会会长邓国骥及市青少年犯罪研究会的常务理事列席了会议。张黎群会长在工作报告中对中国青少年犯罪研究会成立以来的学术成就的回顾与总结以及对今后的学术研究任务的提示与展望，得到与会人员的拥护和共识。1998 年《青少年犯罪研究》第一期全文刊出了张黎群会长这份长达两万余字的工作报告。

综合上述可见，中国青少年犯罪研究会从成立以来一直重视和运用科学方法论，并且取得了令人瞩目的成果。那种认为中国青少年犯罪研究会成立以来一直停留在倡导、宣传鼓动方面，没有科学的方法论的说法，是具有强烈误导性的。

编后记

奉上我们的一份热忱

自1887年美国第一家由学生编辑和管理的法学评论《哈佛法律评论》创立以来，世界范围内学生自主创办的法学类杂志已不胜枚举。这些出版物选题各有偏好，风格自成一脉，却无一例外由学生活跃在台前幕后，凭其年轻的声线传播学术的强音。即便如此，作为一本方才初生的学生自办学术交流平台，《刑事法学研究》仍试图在众多同类出版物中表现出鲜明的独立品格。

我们的编辑团队来自五湖四海。首卷的六位学术编辑分别是来自中国人民大学、中国政法大学、清华大学、吉林大学、南京大学、中国社会科学院大学等国内六所重点大学法学院的博士研究生，所涉专业涵盖刑法学、刑事诉讼法学及证据法学等二级学科。此外，参与首卷工作的还有来自四所不同高校的七位助理编辑，他们都是热衷于刑事法学研究的法学（律）硕士研究生。《刑事法学研究》的创办理念将这些二十几岁的年轻人紧密吸引到一起，克服时间上的冲突、地理上的距离，汇集和迸发出巨大的激情与热忱。不同的学术成长背景使编辑团队得以拥有开阔的学术视野、宽容的学术氛围和多元的学术思维。2020年5月27日编辑部成立后，为尽快呈现最好的学术作品，编辑们即展开了高效的审校工作，通过线上线下的形式进行学术碰撞与交流，团队的学术友情也在这一过程中不断升温。可以说，《刑事法学研究》首卷得以在较短时间内高质量出版发行，除了得益于赐稿作者的大力支持以外，编辑团队共同的理想与追求无疑是最有力的驱动。

我们的用稿标准遵从学术至上。为了不负赐稿作者对《刑事法学研究》的信任与厚爱，履行征文时“篇篇审校、件件回应”的承诺，编辑部以周为单位将新收稿件交由助理编辑进行初审，按照一人一票的原则，超过三分之二多数建议采纳的进入由学术编辑审阅的复审流程，再次超过半数建议采纳的由执行主编负责终审并决定用稿与否。在上述三个审稿环节中，文章的学术性是决定是否被采用的唯一标准，没有职称与职务的分别，没有身份与学历的差异。当然，我们深知每篇来稿背后的热情和期待都值得被呵护，特别是很多年轻作者愿意将文章交给这本尚未被纳入任何评价指标的初创平台，几乎完全是出于一种纯粹的学术表达欲，所以尽管有些文章最初因为或多或少的不足而很难被称为“上乘佳作”，我们仍然选择反馈给作者详尽的修改意见，并经其认真修改至符合录用标准后予以发表。我们期待，《刑事法学研究》不仅能够传播这一领域的大家思想、名家巨作，同时也能传递出这样的导向：我们乐于为年轻学人搭建舞台、创造机会，并与他们在推敲文字、精进文章的提升过程中共同成长。

我们的选题立基理论兼容时事。创办于新时代，《刑事法学研究》的使命在于推动以解决中国刑事法问题、服务中国刑事法实践为导向的刑事法学研究范式转型。鉴于此，我们始终怀揣强烈的问题意识，希望透过文章揭示司法改革大背景下我国刑事司法的实践面相。我们关注“正在发生”，于是将目光投向鲜活的时事以凝练“生活中的法理”；我们渴求“其中奥秘”，于是将视线转向理论的根基以实现“知其所以然”。值得一提的是，本辑《刑事法学研究》还收录了三篇经典外国文献的译著，以期展现人类文明共同财富中阐释法学命题的另一种方案。

如今，本辑《刑事法学研究》的出版发行使我们完成了逐梦路上的第一次振翅。特别需要感谢的是，中国政法大学出版社、靖之霖（北京）律师事务所李崇杰主任为本书的发行付出了大量智力与财力的支持。囿于我们自己的能力所限，这本汇集着作者与编者心血的书稿很可能还存在这样或那样的问题，但透过铅墨满溢出来的年轻的热忱，或许足以使大家相信我们将沿着臻于完善的进路稳步前行。我们期待用热忱感染更多的朋友关注、支持甚至加入这个团队，毕竟于我们而言，“与谁同行”和“去向何方”同样重要。

《刑事法学研究》编辑部

2020 年 9 月 15 日

《刑事法学研究》征稿启事

一、征稿主题介绍

《刑事法学研究》由中国政法大学国家法律援助研究院主办，中国政法大学出版社出版发行，每年出版一至两辑。主编为吴宏耀教授，执行主编为孙道萃副教授，现面向全国刑事法学杰出学者、研究人员常年征稿，欢迎同仁惠赐稿件。

在主题设置上，本书将以"中国问题"为终极的学术关切与理论归宿，倡导自主性、本土性、实践性、前沿性研究，鼓励有的放矢的比较研究，融合多元的方法论，力图整合刑事法学学科资源，促成聚力中国刑事法学研究的欣欣向荣之格局，具体设置的研究专题如下：

(1) 时代前沿。本专题旨在及时回应重大理论关切、法治需求以及实践动态。每辑将围绕我国重大刑事法治、刑事立法及司法等问题，特约法学名家领衔，就特定问题，以组稿等方式，通过刑法、刑事诉讼法、犯罪学、法社会学等多学科学者的集体参与，对我国刑事法学研究的新问题、新现象进行研究。

(2) 司法改革专题。本专题旨在推动理论界与实务界的互动与争鸣。每辑将围绕我国刑事法学研究、刑事司法改革与实践的前沿、热点问题，通过学术界与实务部门之间的学术互动与争鸣，以期产生学术研究的"聚焦"效应。

(3) 案例聚焦。本专题旨在通过挖掘个案的制度意义，以个案推动法治。每辑将围绕当前社会各界关注的热点案例、经典案例、重大疑难案例，通过透视个案正义的方式，深入推动案例指导制度等问题研究。

(4) 刑事法治。本专题旨在鼓励刑事法领域的实证研究与学术提升。每辑将根据来稿情况，遴选调研报告、大数据分析、刑事辩护实务等文章。

（5）学术争鸣。本专题旨在鼓励学术创新与学术争鸣，将遴选具有重大学术争议的创新性文章，鼓励批判性思维、对传统学说提出质疑，以激励学术自信与学术创新。

（6）域外视野。本专题主要登载域外刑事法治动态、刑事司法制度、域外刑事法制比较研究，以及我国港澳台地区的法制动态等文章。

（7）名家访谈。本专题以口述史的方式，通过对刑事名家的访谈，追忆刑事名家的学术成长之路、回顾特定时期学术问题的争鸣过程，以期以鲜活的文字记录我国刑事法学研究的发展历程。

二、投稿注意事项

（1）所投稿件或其主要内容，必须是未在其他公开出版物以及互联网上发表过的原创作品，所投稿件原则上不限篇幅和字数，但必须是署名作者本人实际完成，不存在任何违反学术规范情形，不存在任何知识产权争议。

（2）仅接受电子邮箱投稿方式，编辑部收稿邮箱：xingshifaxueyanjiu@163. com。来稿请以 Word 形式编辑，在邮件主题中注明作者与文章题目（作者+题目），并以附件的形式发送。此外，请在文稿中最后一页注明作者相关信息以及通讯地址、邮编、联系方式等。

（3）编辑部严格执行通行的审稿机制。作者在投稿后 3 个月内未接到编辑部通知的，可自行处理。作者在投稿后 3 个月内知悉来稿已为或将为其他公开出版物发表的，应立即通知本编辑部。

（4）投稿须遵循引注格式规范，具体内容参照中国法学会《法学引注手册》。

（5）稿件一经采用，《刑事法学研究》编辑部有权在不改变稿件基本观点和实质性内容的前提下，在定稿前对稿件进行编辑修改。

（6）不收取审稿费、版面费等任何费用。

（7）作者所投稿件如获采用，编辑部将支付稿费，并同意《刑事法学研究》在支付稿酬时代扣代缴国家规定的个人所得税。

（8）编辑部联系电话：010-58902957/15210848536（孙道萃）。